Informática forense

Un nuevo marco de trabajo para investigar
los cibercrímenes más impactantes del mundo digital

Luis Ortiz

Informática forense

Un nuevo marco de trabajo para investigar
los cibercrímenes más impactantes del mundo digital

Luis Ortiz

Informática forense

Luis Miguel Torres Ortiz

Derechos reservados © Alfaomega Grupo Editor, S.A. de C.V., México

Primera edición: 2023

ISBN: 978-607-576-109-1

Primera edición: MARCOMBO, S.L. 2025

© 2025 MARCOMBO, S.L. www.marcombo.com

Gran Via de les Corts Catalanes 594, 08007 Barcelona

Contacto: info@marcombo.com

ISBN: 978-84-267-3959-9

D.L.: B 1675-2025

Impreso en Servicepoint

Printed in Spain

Libro ecológico
Impreso con papel procedente de bosques gestionados de manera eficiente, libre de cloro.

"El éxito no viene solo. Requiere esfuerzo y sacrificio. La gente extraordinaria es simplemente la que está dispuesta a hacer lo que no está dispuesta a hacer la gente normal".
Robin Sharma.

Dedico esta investigación a los profesionales de la seguridad informática deseando que pueda brindar conocimiento y despertar el hábito invaluable de la investigación y la formación autodidacta.

Acerca del autor

Luis Miguel Torres Ortiz

Ingeniero en Computación (Informática) por la UNAM, Luis Ortiz es un investigador en informática forense que cuenta con diversas certificaciones en el campo de la ciberseguridad. Se desempeña como instructor y consultor en ambos tópicos para organizaciones del ámbito privado, por lo que se ha convertido en un divulgador incansable de técnicas y conocimiento que apoyen a la protección de la información de las organizaciones, así como de sus colaboradores en México y Latinoamérica.

Correo electrónico: informatica.forense.edaprehd@gmail.com

Agradecimientos

A mi madre, quien, sin un conocimiento absoluto en este ámbito, me enseñó todo.

A cada persona que me abrió las puertas de su conocimiento para comprender más y permitirme crecer como profesional.

A aquel niño que, con un sueño, impulsó la creación y culminación de esta obra.

Contenido

Prólogo

El crecimiento del uso de sistemas informáticos para cumplir con las necesidades corporativas ha generado un gran número de vulnerabilidades que pueden ser aprovechadas por usuarios maliciosos en todo el mundo. Estas acciones pueden incurrir en diversos impactos para las organizaciones, que pueden ir desde la interrupción de sus servicios, hasta el secuestro de información crítica para su funcionamiento, lo que genera incógnitas que pueden ser resueltas a través de una investigación en informática forense.

Las investigaciones en informática forense deben realizarse por profesionales de la informática altamente capacitados, y en constante actualización, para analizar cualquier artefacto que pueda contener un indicio o evidencia crucial que responda a algún cuestionamiento relacionado con el ataque.

Al abordar el procedimiento que se lleva a cabo en una investigación en informática forense en la presente obra, se utilizaron los conocimientos obtenidos a lo largo de la trayectoria profesional del autor durante la atención a diversos incidentes, certificaciones en la materia y formaciones que ha brindado en el ámbito privado. El presente libro consta de nueve capítulos; el primero nos habla de los tipos de usuarios en un sistema informático y los delitos que pueden llevar a cabo. El segundo y tercer capítulo nos muestran el conocimiento previo que un investigador en informática forense debe conocer, así como comprender los acontecimientos en un ataque informático. El cuarto capítulo de esta obra detalla los requerimientos en la formación de un perito en informática forense. En el quinto apartado podemos encontrar una guía para la creación de ambientes profesionales y el uso de herramientas para las investigaciones en informática forense separadas por los sistemas operativos más utilizados en el mundo. El sexto capítulo versa sobre un marco de trabajo sólido, robusto y creado con base en los estándares y las buenas prácticas que han sido estipuladas por las organizaciones internacionales más reconocidas en el mundo de la informática forense, el cual se llama EDAPREHD. Siguiendo con la dinámica de una obra tan completa, el séptimo capítulo hace referencia a la implementación de los ambientes creados y del marco de trabajo EDAPREHD en escenarios completamente reales que han sido recreados para la divulgación y aprendizaje del lector. Culminando esta obra, el contenido del octavo capítulo detalla los aspectos necesarios y requeridos para la implementación de un marco legal que pueda permitir una investigación en informática forense y, para culminar, se redacta el presente y futuro de esa ciencia que promete un crecimiento exponencial en los siguientes años.

Con el deseo del autor de generar más y mejores investigadores de la informática forense que puedan dar respuesta, y concienciación, a los riesgos en los sistemas informáticos para generar una cultura proactiva cada vez más robusta y completa.

CAPÍTULO 1
DELITOS Y USUARIOS INFORMÁTICOS

En la actualidad se lleva una vida custodiada por la tecnología en cada tipo de actividad cotidiana, por lo que se genera una demanda social en todo el mundo; ejemplos de ellos son: en la educación con clases a través de internet, en el entretenimiento con diversas plataformas para videojuegos y contenido audiovisual, en el transporte con aplicaciones móviles y portales web que ofrecen el tiempo de llegada y su traslado desde un origen hasta su destino, en el ámbito social con plataformas que ofrecen la capacidad de almacenar y compartir información con otros usuarios. Debido a esta demanda social, como señala el autor Gonzalo Quintero: "Internet no es una simple progresión en la evolución tecnológica, sino un cambio revolucionario en los modelos de las relaciones sociales que sirve a la fluidez de los intercambios comerciales y de todo tipo"[1], puede entenderse la necesidad de un medio de comunicación, como lo es internet, para revolucionar la vida cotidiana de las personas. Debido a esto, hoy en día puede visualizarse la cantidad de usuarios que se encuentra navegando y pronosticar la proyección de su aumento a través de la información compartida a empresas dedicadas al análisis del comportamiento de los usuarios, y mostrar estadísticas obtenidas por medio de avisos de privacidad que no son analizados adecuadamente, o que son requeridos para utilizar esa tecnología, portal o servicio que un usuario desea, lo que contribuye a la producción de gráficas e informes anuales con sus actividades, como se muestra a continuación:

---

[1] Quintero, G. (2001). "Internet y propiedad intelectual", *Cuadernos de derecho judicial*, núm. 10, p. 369-370.

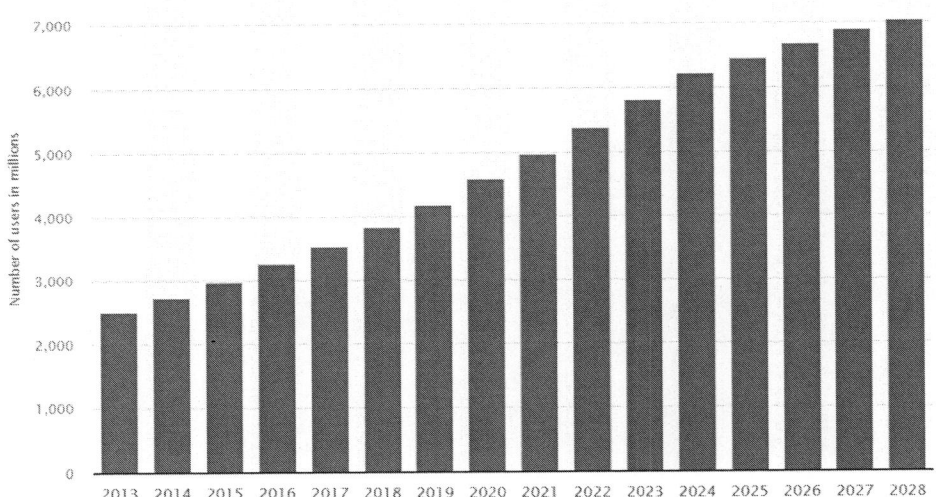

Figura 1-1. La empresa Statista, a través de su portal (https://www.statista.com/forecasts/1146844/internet-users-in-the-world). En 2023 se estima que se encuentren en internet 5,273.98 millones de usuarios en el mundo, hasta aumentar a los 5,631.54 millones de usuarios en 2025

Debido al incremento de usuarios que se proyectan, algunos interrogantes surgen de manera casi inmediata entre los analistas de seguridad de la información, como pueden ser:

- ¿A qué riesgos podrían estar expuestos los usuarios de internet?
- ¿Existen regulaciones para mitigar los posibles riesgos que un usuario pudiera tener al navegar por internet?
- ¿Qué información podría estar en riesgo?
- ¿De qué manera podría apoyarse a un usuario que haya perdido su información?

Estas cuestiones serán su punto de partida para conocer cada vez más a fondo los delitos informáticos, así como las legislaciones existentes en México y Latinoamérica.

1.1 ¿QUÉ ES UN DELITO INFORMÁTICO?

En el mundo actual, el incremento en el uso de las tecnologías en cada ámbito de la vida cotidiana genera un creciente número de usuarios cada día, consecuencia de la globalización digital de la sociedad, lo que genera el interés de un pequeño sector de usuarios en internet, que muestra una manera de delinquir en este ámbito. Apoyándose en el anonimato parcial de un usuario en internet, y a la información personal que es compartida por los usuarios en diversas plataformas, los usuarios maliciosos actúan con mayor facilidad y rapidez, lo que provoca un daño y amenaza la seguridad de la información digital.

Debido a estas acciones ilícitas, surge la necesidad de una definición concretando sus causas y consecuencias, lo que en el ámbito jurídico es conocido como un "delito"; no necesariamente se puede trasladar al ámbito informático, por lo que se deben analizar los componentes de estas acciones ilícitas. Cabe comenzar por conocer el alcance de la palabra "informática", la cual, en la Real Academia Española es definida como:

> "Conjunto de conocimientos científicos y técnicas que hacen posible el tratamiento automático de la información por medio de computadoras"[2].

Buscando la definición de "delito" se encuentra lo siguiente:

> "Acción u omisión voluntaria o imprudente penada por la ley"[3].

En México debe consultarse el término legal en el *Diccionario jurídico mexicano*, el cual expresa lo siguiente:

> "En derecho penal, acción u omisión ilícita y culpable expresamente descrita por la ley bajo la amenaza de una apena o sanción criminal"[4].

Las definiciones citadas anteriormente no concretan por sí mismas una definición de un delito informático, pero proveen las bases para generar su propia definición sobre dicho acto. Igualmente, se necesita poseer el contexto de estas definiciones, el cual, al tratarse de **datos lógicos** e **información digital** en general, proporcionará una guía para orientar una correcta definición.

Dentro del alcance de un sistema informático, se debe considerar su entorno y los perímetros de su existencia, por lo que hoy en día se puede visualizar el alcance y capas de seguridad de dichos sistemas, por lo que deben tenerse en cuenta las telecomunicaciones y el futuro de todo **sistema informático**.

1.1.1 PROPUESTA DE DEFINICIÓN PARA UN DELITO INFORMÁTICO

La información, como centro de atención, motor de funcionamiento y, por ende, activo más deseado en el marco de la computación (informática), debe ser visualizada como parte fundamental de una definición de la informática forense, ya que la información puede estar protegida para un grupo de personas o para el público en general, lo que nos proporciona la facilidad de generar la siguiente definición:

---

[2] Real Academia Española. *Diccionario de la lengua española*, 23 ed. [versión 23.6 en línea]. <https://dle.rae.es/inform%C3%A1tico#LY8zQy3>. Recuperado el 3 de enero de 2021.
[3] Real Academia Española. *Diccionario de la lengua española*, 23 ed. [versión 23.6 en línea]. <https://dle.rae.es/delito?m=form>. Recuperado el 3 de enero de 2021.
[4] Instituto de Investigaciones Jurídicas (1983). *Diccionario jurídico mexicano*, tomo III. Universidad Nacional Autónoma de México, p. 62.

> "Acción u omisión voluntaria o imprudente expresamente en la manipulación, pérdida, divulgación o redistribución de la información y medios de comunicación por medio de dispositivos electrónicos".

1.2 TIPOS DE DELITOS INFORMÁTICOS

Acorde con la definición propuesta de delito informático, existe una amplia diversidad de características que dependen del medio que se utilice para materializar el delito, el entorno en el que se encuentra y las técnicas con el objetivo de adquirir o manipular la información de terceros. Al conjunto de características usadas para aprovechar una **vulnerabilidad** de un sistema informático las llamaremos "vector de ataque". Los vectores de ataque pueden son catalogados de la siguiente manera:

Malware

El término "malware" deriva de la conjunción de dos términos en inglés: *"malicious"*, que significa malicioso, y el término "software", que es un **anglicismo** que hace alusión a un conjunto de programas, instrucciones o rutinas informáticas que manipulan los procesos que puede llevar a cabo un sistema informático, por lo que se puede proponer la siguiente definición de malware:

> "Software que provoca un funcionamiento para el que no fue diseñado inicialmente un sistema informático o dispositivo; generando acciones posiblemente dañinas, de manera malintencionada y sin consentimiento del usuario".

El malware y los diferentes escenarios en donde pueden existir genera un gran abanico para adaptarse a la necesidad del atacante; por lo que, en la informática forense, hay que conocerlos para reconocer su estructura y catalogarlos para proceder de manera adecuada ante cada uno de ellos. Debido a esta necesidad, cabe hacer un breve repaso de ellos:

Virus

Son fragmentos de software que se adhieren a la secuencia de inicialización como programas o **sistema operativo** sin el consentimiento ni permiso del usuario para realizar acciones de beneficio para un usuario malicioso, replicándose a sí mismo para llegar a otras partes del equipo donde se ha introducido. Normalmente se adjuntan en archivos ejecutables, **API**, en documentos por medio rutinas programadas, u otros recursos que se llaman **"contenedores"**, los cuales son un medio de transporte del virus, y que al ejecutarse en el equipo desencadenarán la ejecución del software incrustado en él.

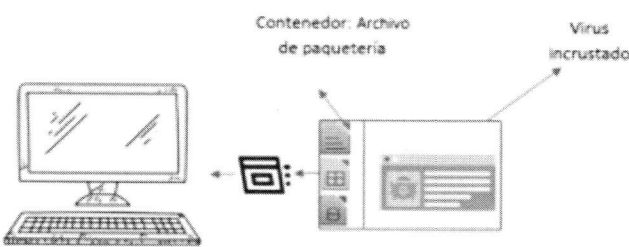

Figura 1-2. Infección de un virus informático a través de la ejecución de un programa de ofimática

En la actualidad, los virus resultan ser un medio efectivo para realizar sabotaje corporativo, espionaje industrial, gubernamental y hasta militar, por lo que su creación dependerá del objetivo del atacante, que puede ir desde la prueba de sus conocimientos hasta la generación de daños materiales y monetarios, entre otros. Debido a esto, independientemente del objetivo del atacante, puede llegar a comprobar las debilidades de un sistema informático y provocar un mayor impacto, por lo que sin importar de qué tipo de virus se trate, debe ser analizado y erradicado inmediatamente.

Troyanos

Comparando en la historia, puntualmente en la *Odisea*, escrita por Homero, cuando este narra la historia de la guerra de Troya, menciona una estructura enorme de madera que, según este relato, fue usada por los **aqueos** para introducirse en la ciudad fortificada de los troyanos, que no sospecharon que tal estructura contenía soldados enemigos que ayudarían a abrir las puertas de la gran ciudad para permitir a este pueblo entrar y provocar su caída definitiva:

> "Sí, mujer, con gran exactitud lo has contado. Conocí el modo de pensar y de sentir de muchos héroes, pues llevo recorrida gran parte de la tierra: pero mis ojos jamás pudieron dar con un hombre que tuviera el corazón de Odiseo, de ánimo paciente. ¡Qué no hizo y sufrió aquel fuerte varón en el caballo de pulimentada madera, cuyo interior ocupábamos los mejores argivos para llevar a los troyanos la carnicería y la muerte! Viniste tú en persona —pues debió de moverte algún numen que anhelaba dar gloria a los troyanos— y te seguía Deífobo, semejante a los dioses. Tres veces anduviste alrededor de la hueca emboscada tocándola y llamando por su nombre a los más valientes dánaos y, al hacerlo, remedabas la voz de las esposas de cada uno..."[5].

Así, teniendo como base la mención de Homero en su gran obra, en la informática se conoce como troyano al software incrustado de manera oculta en un programa legítimo que

---

[5] Homero (s. VIII a. C.). *Odisea*. IV, p. 265-290.

puede ser o no útil para el usuario final, pero que ejecuta acciones con fines maliciosos sin su consentimiento. A diferencia de los virus, un troyano no se replica a sí mismo, pero su concepción ha ido evolucionando desde los inicios discutidos del primer troyano informado por el portal Fourmilab[6] en 1975, fue llamado "animal" y fue desarrollado por John Walker, simplemente era un juego que ejecutaba un virus sin el consentimiento del usuario y sin efectos maliciosos. Hoy en día, los troyanos son introducidos en las grandes corporaciones mientras simulan contener imágenes, vídeos, música, documentos o programas, a través de descargas desde internet, una infección por unos dispositivos físicos o un correo electrónico. Algunos de los troyanos más utilizados hoy en día por los atacantes son:

Troyano Backdoor

Backdoor, de su significado en inglés "puerta trasera", este troyano ofrece a los atacantes crear una conexión sin el consentimiento del usuario para que puedan acceder de manera remota al equipo infectado para que envíe, reciba o ejecute acciones específicas.

Troyano Downloader

Downloader, de su significado en inglés "descargador", este troyano permite a los atacantes descargar e instalar software en los equipos para ejecutarlo automáticamente al realizar actividades específicas. Una vez realizada esta tarea, ya no lleva a cabo ninguna otra acción.

Troyano Bancario

Su objetivo es robar datos de cuentas bancarias en línea, o sistemas de pago electrónico, además de información de tarjetas de crédito y débito. Su impacto puede verse en los usuarios finales de las aplicaciones bancarias.

Troyano Keylogger

Monitorea y registra todo lo que se escribe con el teclado o las pulsaciones de la pantalla táctil. Se ejecuta para obtener información confidencial, tomar capturas de pantalla de las actividades que realiza el usuario y enviarlas a un usuario malicioso a través de la red.

Troyano Dropper

Su objetivo es instalar el malware y evitar su detección por el sistema. Algunos antivirus no son capaces de examinar la totalidad de componentes que incluye este tipo de troyano.

Troyano Bot

Su objetivo es infectar a los dispositivos que lo contengan para conectarse de nuevo a un servidor central que los administra, y puede ejecutar comandos de manera remota,

---

[6] Walker, J. (s. f.). *Fourmilab*. Recuperado el 10 de enero de 2021 de: <https://www.fourmilab.ch/>.

conocido como *"Command and control"*. Existen redes que son constituidas por una serie de dispositivos comprometidos previamente, conocidas como "botnets o redes de bots", además de obtener información, como la siguiente:

- Contraseñas
- Pulsaciones del teclado
- Información financiera
- Correos

Pueden crear mayores vectores de ataque aprovechando los recursos de los dispositivos dentro de una botnet, como lo siguientes:

- Spam
- Phishing
- DDoS
- DoS

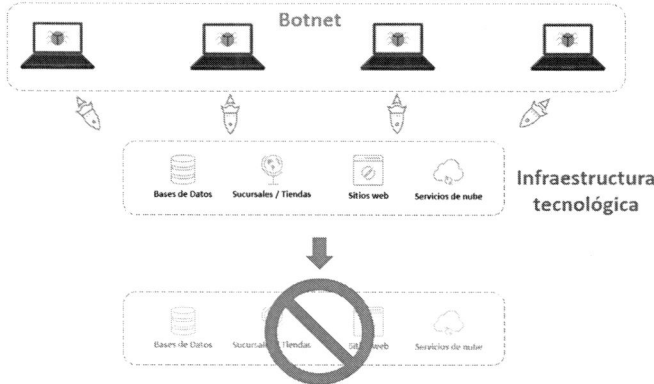

Figura 1-3. Funcionamiento de un ataque DoS a través de una botnet

Gusanos informáticos

En otra categoría de los virus se encuentran los gusanos informáticos. Este malware se replica a través de la red con el objetivo de alojarse en diversas ubicaciones lógicas de un equipo y causar daños en él.

Ransomware

El término "ransomware" es una conjunción de dos términos: El primero, "ransom", que proviene del inglés y tiene un significado en español de "rescate"; el segundo término es "software", que hace alusión a un conjunto de programas, instrucciones o rutinas que manipulan los procesos que se pueden llevar a cabo en un sistema informático. Siendo así, se puede entender que el ransomware en un tipo de malware que busca obtener acceso a un equipo o sistema informático con la finalidad de **cifrar** la información con una clave definida por su creador y/o administrador, incluso a través de **algoritmos** definidos por procesos internos en el malware, lo que le permite exigir un pago (normalmente a través de **criptomonedas**) para descifrar la información cifrada.

En 2023 se ha registrado una disminución del 23 % del uso del ransomware a nivel mundial, frente al aumento en dos años consecutivos desde el 2020 debido a la pandemia provocada por la COVID-19. Esto debido a cuestiones geopolíticas, precios de criptomonedas **volátiles** y el aumento de la atención de los gobiernos[7]. Teniendo en cuenta que el pago se solicita por medio de una vía no monitoreada y regulada, antes de realizarlo la víctima de este ataque debería formularse las siguientes cuestiones:

1. ¿Existen y/o son efectivos los respaldos?

    a. Los respaldos de todo sistema deben ser generados de manera recurrente según los objetivos de control para la información y tecnologías relacionadas **COBIT** (por sus siglas en inglés, *Control Objectives for Information and Related Technology*) en su versión 5. Este es un marco de trabajo de mejores prácticas dentro del proceso que se denomina Gestión de la continuidad (DSS04), perteneciente al dominio de entrega, servicio y soporte (DSS por las siglas *Deliver, Service and Support*), donde se menciona la importancia de la creación y prueba de respaldos en una empresa con sistemas de información.

    b. Además, el **estándar *ISO 27001*** en su dominio de seguridad de las operaciones *(A.12)*, a través de los objetivos de control en los que se encuentran el de respaldos (A.12.3), evita la pérdida de información derivando en el control y la creación y prueba regular de los respaldos de información y software (A.12.3.1- Respaldo de información).

    c. Igualmente, en la **Information Technology Infraestructure Library (ITIL)** se consideran las prácticas de respaldo en la fase de operación, y tiene el objetivo de la entrega de servicios de TI en las actividades de operación del servicio en el punto 5.2.3.1, que incluye conocer la información clasificada como crítica para realizar copias de seguridad.

2. ¿Existe un proceso interno o política que se aplica para el ransomware?

3. ¿Cuál es el impacto del ataque?

4. ¿Qué información ha sido cifrada?

5. ¿A quién se le estaría pagando? Las cuentas asociadas a los pagos que deben realizarse normalmente son muy difíciles de rastrear, por lo que saber el destinatario final del pago no es posible.

---

[7] Sonic Wall (2022). *Mid year 2022 cyber threat report* [en línea]. Recuperado el 22 de enero de 2021 de: <https://www.sonicwall.com/medialibrary/en/white-paper/mid-year-2022-cyber-threat-report.pdf>.

6. En caso de efectuarse el pago y el descifrado de los datos, ¿cómo asegurar que no hubo copias, que no habrá divulgación de información en el futuro?

7. Para la compañía, ¿sería preferible invertir en dispositivos, procesos, herramientas y personal para prevenir incidentes de ciberseguridad?

Spyware

Es un tipo de malware creado para recopilar información de un dispositivo, como lo pueden ser nombres de usuarios, contraseñas, **sesiones**, historial de navegación, información de software, entre otras más. Esta información es enviada a un usuario malicioso a través de internet sin necesidad de notificar o solicitar su autorización al usuario. Una vez obtenida esta información, puede servir para definir vectores de ataque más elaborados o gestionar los datos para algún beneficio.

Ingeniería social

La ingeniería social es el proceso de manipular a una persona a través de técnicas psicológicas y habilidades sociales para obtener información relativa a ella, un tercero o una compañía, lo que abre la posibilidad de gestionar la información o crear un vector de ataque más elaborado.

La ingeniería social se sustenta en un sencillo principio: "El usuario es el **eslabón** más débil", ya que todos los sistemas informáticos existentes en el mundo dependen, al menos, de una mínima intervención del ser humano, lo que se puede considerar como una debilidad independiente de la plataforma tecnológica. Debido al incremento de esta técnica, se han producido variaciones según el medio por el cual se realicen, esto ha ido creando la siguiente clasificación:

Phishing

El término "phishing" hace alusión a la palabra del inglés significa "pescar" en español, y se relaciona con la técnica de envío de correos electrónicos, los cuales poseen un enlace (simulando ser el anzuelo de una caña de pescar) que puede servir para obtener información del equipo solo al ingresar (acceder) a él o redireccionar hacia páginas web apócrifas con formularios para obtener información confidencial del usuario. El atacante, conocido como "phisher", utiliza la información pública asociada a la empresa o víctima que tenga como objetivo (logos, nombre, correos, puesto de trabajo, departamentos, firmas, entre otros) para intentar suplantar la identidad de un ente o persona que solicite información confidencial a su víctima.

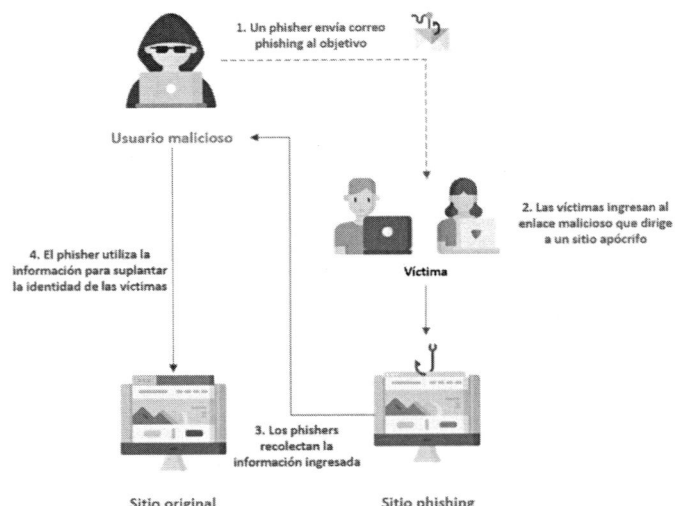

Figura 1-4. Funcionamiento de un delito informático de tipo phishing

Vishing

El término "vishing" tiene su origen al combinar el término inglés "*voice*", que significa "voz", y se combina con la técnica del phishing, lo que da como resultado una técnica que se realiza a través de un usuario malicioso conocido como "visher", el cual contacta con sus potenciales víctimas través de la telefonía móvil para obtener información por medio de un diálogo preparado y único para su víctima, obteniendo la capacidad de evadir la mayoría de mecanismos de seguridad a nivel físico y lógico dentro de la infraestructura tecnológica de las compañías.

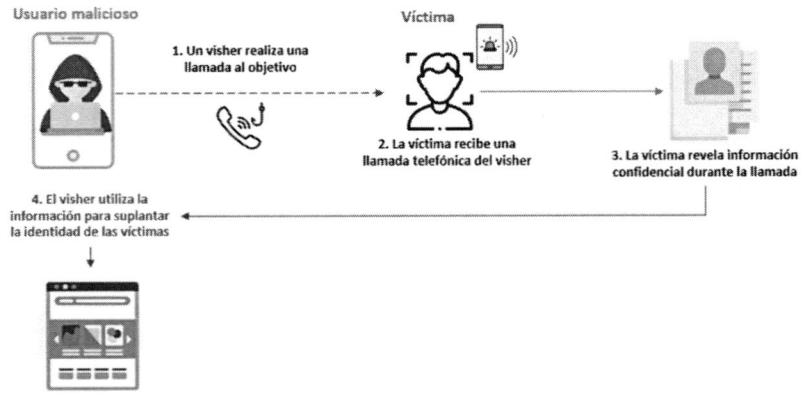

Figura 1-5. Funcionamiento del delito informático de tipo vishing

Smishing

El término "smishing" es acuñado a través de la conjunción entre la palabra del inglés "SMS" (*Short Message Service*), servicio utilizado para el envío de texto plano por mensajería en dispositivos móviles, y la técnica del phishing. Esta técnica tiene como objetivo captar la atención de un usuario legítimo a través de dispositivos y aplicaciones que manejen la mensajería instantánea, para insertar un enlace malicioso y obtener información de su dispositivo y/o solicitar información del usuario a través de formularios.

Pharming

El término "pharming" se deriva de la conjunción de la palabra inglesa "*pharm*", cuyo significado en español es "granja", y la técnica del phishing. Esta técnica de la ingeniería social aprovecha el funcionamiento de los protocolos de internet que realizan la traducción de una dirección IP hacia un nombre asignado por un servidor DNS. De esta manera, esta técnica ofrece la capacidad de direccionar al usuario hacia un portal apócrifo donde podrán ingresar su información sensitiva.

Baiting

El término "baiting" proviene de la unión del término de origen inglés "*bait*", que significa "cebo o carnada", con la técnica del phishing. Esta técnica consiste en proporcionar un dispositivo (dispositivo móvil, informático o de almacenamiento) que contenga un malware listo para comprometer el dispositivo o la red donde sea conectado para consultar su contenido. Hay diversos caminos que el atacante puede seleccionar para incitar la recogida del dispositivo con el software malicioso:

- **Abandonarlo intencionalmente.** Los usuarios malintencionados abandonan los dispositivos en sitios públicos como: recepciones, baños, salas de conferencias, ascensores, aparcamientos, entre otros.

- **Obsequio.** Una manera especial de propagar el software malicioso es la organización de campañas de mercadotecnia de una organización o marca reconocida para regalar dispositivos en eventos, plazas, parques o lugares públicos que sean muy concurridos.

- **Colocación directa.** Los lugares con dispositivos y entradas expuestas como oficinas, puntos de venta o salas de conferencias son el blanco perfecto para este tipo de actividades.

Corporativamente, la mejor solución para todos los vectores de ataque de la ingeniería social es la "concienciación" de sus colaboradores, es decir, la constante formación sobre los aspectos de la ingeniería social, su impacto en la empresa y las maneras de identificación de cada uno de ellos.

Man-In-The-Middle (MiTM)

Este vector de ataque, como su traducción del inglés lo sugiere (hombre en el medio), introduce un intermediario entre un usuario malicioso y la víctima con el objetivo de interceptar la información que se transmite entre los dispositivos. Este ataque puede materializarse en redes corporativas, redes privadas y redes públicas, las más susceptibles a esta técnica, y donde es más común el robo de información asociado a las redes sociales y las aplicaciones bancarias, empresariales y personales de un usuario.

Denegación de servicio (DoS)

La denegación de servicio es aquel vector de ataque que se materializa con el envío masivo de peticiones hacia un servicio web con el objetivo de sobrepasar sus límites de procesamiento y provocar un impacto en su disponibilidad durante el tiempo que el ataque esté en funcionamiento.

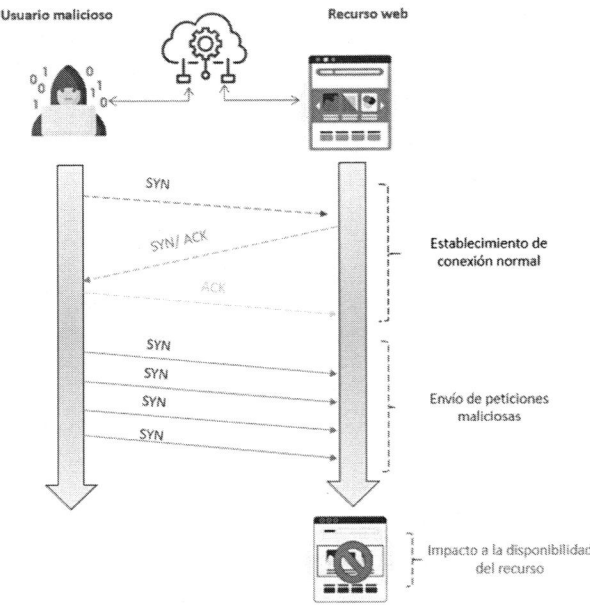

Figura 1-6. Funcionamiento de un delito de tipo Denegación de Servicio (DoS)

Una variante de los delitos de tipo DoS son los ataques de denegación de servicio distribuidos (*Distributed Denial of Service* - DDoS), los cuales tienen como función provocar la indisponibilidad de un proveedor de servicios a través de dispositivos infectados por troyanos de tipo bot, que se encuentran a la espera de instrucciones desde un punto centralizado, conocido como "*Command and Control* - C&C".

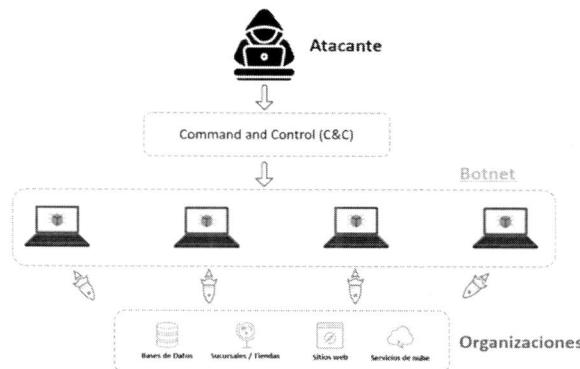

Figura 1-7. Arquitectura de un delito de tipo DDoS a través de una botnet

SQL injection

La inyección de comandos SQL es utilizada cuando un usuario malicioso detecta el uso de manejadores (gestores) de bases de datos a través de aplicaciones o sitios web, por lo que inserta instrucciones al gestor de la base de datos (*Data Base Management System* - DBMS), utilizando el lenguaje de consulta del servidor de la base de datos (*Structured Query Language* - SQL), con el objetivo de obtener información sensitiva o que pueda ser de valor para realizar vectores de ataque más elaborados.

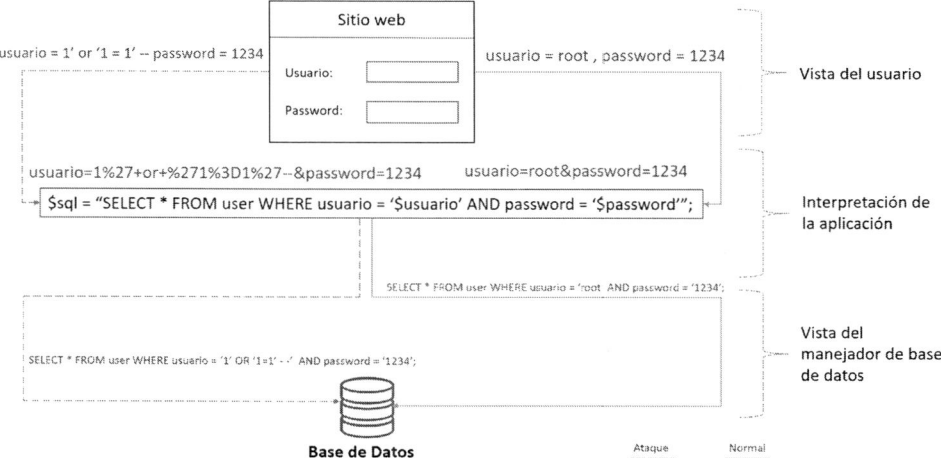

Figura 1-8. Funcionamiento de un delito informático de tipo inyección de comandos SQL

Algunas contramedidas contra el vector de ataque SQL injection pueden ser:

Formación constante de los desarrolladores. Los implicados en el desarrollo de la aplicación o sitio web deben ser formados constantemente de manera interna y a través de una institución especializada.

Sanitización de entradas de información al servidor. Cualquier entrada de usuario que requiera la comunicación con el gestor de la base de datos representa un riesgo potencial ante una inyección de código SQL malicioso, por lo que, incluso si son usuarios autentificados, deben ser tratadas de la misma manera.

Uso de marcos de trabajo para un desarrollo seguro. Apoyan al desarrollador en la visualización de malas prácticas de seguridad en tiempo real para cada lenguaje, por lo que podrían apoyar a los programadores de cada plataforma a mejorar la seguridad en el código que construyen.

Modularización. Este principio nos dice que se deben generar tres capas amplias: presentación, lógica de dominio (lógica empresarial) y acceso a datos. Así, la comunicación entre la aplicación o sitio web que establece una interacción con la base de datos no es expuesta desde fuera del servidor.

0-day

Este vector de ataque es generado cuando un usuario malicioso aprovecha una vulnerabilidad desconocida para los fabricantes de un software, lo que provoca que los administradores de la infraestructura informática de una organización, donde poseen un dispositivo con el hueco de seguridad, no puedan mitigarla y disponen de cero días para la notificación, preparación y creación de una solución. El ciclo de vida de un ataque de cero días es el siguiente:

Liberación del software. El fabricante de software libera una nueva versión o un nuevo producto para diversas plataformas generando mercadotecnia para la atracción de nuevos solicitantes y la renovación de los que ya lo son.

Atención de un grupo delictivo y/o un usuario malicioso. Los grupos delictivos analizan el software, las aplicaciones y las versiones más utilizadas en el mundo para adquirirlas, analizarlas y realizarles pruebas de seguridad para encontrar las debilidades de las que pueden aprovecharse y tomar el control del producto e incluso del dispositivo que lo contenga.

Generación de exploit. Los grupos delictivos y desarrolladores de software malicioso generan códigos y se centran en el aprovechamiento de los huecos de seguridad a través de rutinas o programas maliciosos, que reciben el nombre de "exploits". La creación de estos exploits puede estar tan remunerada como el nivel de acceso que permita acceder a un usuario malicioso.

Explotación masiva. El aprovechamiento masivo de la vulnerabilidad puede ser derivado de la venta y/o liberación por parte del exploit hacia el público en general, lo que impacta en todas las organizaciones que poseen el software vulnerable. Este tipo de ataque abre una ventana de tiempo específica para los atacantes que deseen aprovechar esta vulnerabilidad, sin mayores obstáculos, provocando la atracción de otros usuarios maliciosos que deseen obtener información sensitiva para su beneficio.

Creación de parches de seguridad. Debido a las alertas generadas y al alto número de incidentes relacionados con su producto, los fabricantes generan los llamados "parches de seguridad", los cuales hacen referencia a un cambio en el software que remedia la vulnerabilidad asociada con las versiones que son susceptibles al exploit.

Microsoft y algunas firmas de antivirus, así como desarrolladores de software reconocidos, liberan parches de seguridad de manera periódica generando un tiempo de respuesta amplio, que es aprovechado por los usuarios maliciosos.

Debido a la accesibilidad de cualquier usuario para obtener el exploit que puede afectar a la infraestructura tecnológica de una compañía, la pérdida de información, el impacto negativo en su reputación para con sus clientes y proveedores, deben ser implementadas estrategias como un **Plan de recuperación de desastres (DRP)** y un **Plan de continuidad de negocio (BCP)**, el cual debe ser analizado y desarrollado por la misma organización para garantizar la prestación de sus servicios y reducir el impacto final de un ataque de 0-day.

Además, un análisis de vulnerabilidades y/o pruebas de penetración realizado por una empresa consultora ajena a la compañía a través de especialistas (consultores de ciberseguridad) que analicen, informen y documenten los posibles fallos de seguridad en la infraestructura tecnológica.

Ataques de contraseña

A lo largo de la historia de los sistemas informáticos, el uso de las contraseñas para autentificar el acceso de sus usuarios ha sido el método más utilizado, por lo que han sido el objetivo más recurrente de los usuarios maliciosos. Dentro de las técnicas más conocidas para intentar encontrar la contraseña de un usuario están:

Ataque de fuerza bruta (*Brute Force Attack*): es el intento de cada combinación posible de caracteres generados para generar la posible contraseña.

Ataque basado en reglas (*Rule-basedattack*): este ataque se basa en la focalización del objetivo y la determinación de patrones existentes en la contraseña objetivo, como lo pueden ser el alfabeto, el idioma, los caracteres especiales, la longitud o el orden de las palabras entre otros.

Ataque por sílabas (*Syllable attack*): es un ataque que se basa en fragmentos de palabras que probablemente forman parte de la contraseña, y que han sido investigadas previamente para así generar combinaciones, permutaciones y obtener una diversidad de posibilidades que serán probadas hasta encontrar la contraseña correcta.

Ataque híbrido (*Hybrid attack*): esta técnica se basa en una combinación de algunos ataques previos, en donde se pueden sustituir, permutar y combinar símbolos, letras, idiomas y palabras para aumentar las posibilidades de éxito.

Un conflicto de ideas muy común que se encuentra relacionado con las contraseñas es la distinción entre los términos "autentificación" y "autorización". Una autentificación es un proceso para comprobar la identidad de un usuario que pretende acceder a un sistema informático para consumir un recurso, a diferencia de un proceso de autorización, en el cual se valida la identidad de un usuario a través de procesos específicos.

Secuencia de comandos entre sitios

Este vector de ataque utiliza el envío de <u>comandos</u> maliciosos en secuencia hacia un recurso específico, para incrustarse en sus componentes dinámicos, que interactúan con un usuario, y enviar una respuesta distinta a su diseño original. Debido a su naturaleza, la tecnología utilizada para realizar estas acciones maliciosas son HTML (*Hyper Text Markup Language*), *Javascript*, CSS (*Cascading Style Sheets*), CMS (*Content Management System*), herramientas de comunicación y algunos otros lenguajes de programación específicos.

La secuencia de comandos entre los sitios tiene una variante conocida como *XSS* (*Cross Site Scripting*), que tiene su significado en español como "ejecución de comandos en sitios cruzados", la cual es aprovechada de dos maneras; persistente y reflejada:

Persistente. Se genera cuando un usuario malicioso solicita recursos a un servidor añadiendo instrucciones válidas que, al procesarse, generan modificaciones permanentes en su estructura, lo que permite que sean visualizadas por cualquier otro usuario que introduzca información en el servidor.

Reflejada. También conocida como "no reflejada", este vector de ataque es utilizado cuando existe una modificación en la estructura de un servidor de forma temporal y exclusiva para el usuario que interactúa con sus componentes.

Otra variante de los ataques por secuencia de comandos es conocida como CSRF (*Cross-Site Request Forgery*), el cual tiene su significado en español como "falsificación de petición en sitios cruzados". Una manera de comprender este vector de ataque es la creación de dos servidores, aplicaciones o portales web, y el establecimiento de mecanismos que generan confianza entre ellos, como pueden ser contraseñas, cookies, certificados, tokens, entre otros. Una vez establecida esta confianza, un usuario malicioso puede aprovecharla para enviar instrucciones no autorizadas a un dispositivo o usuario normal y obtener información adicional del servidor.

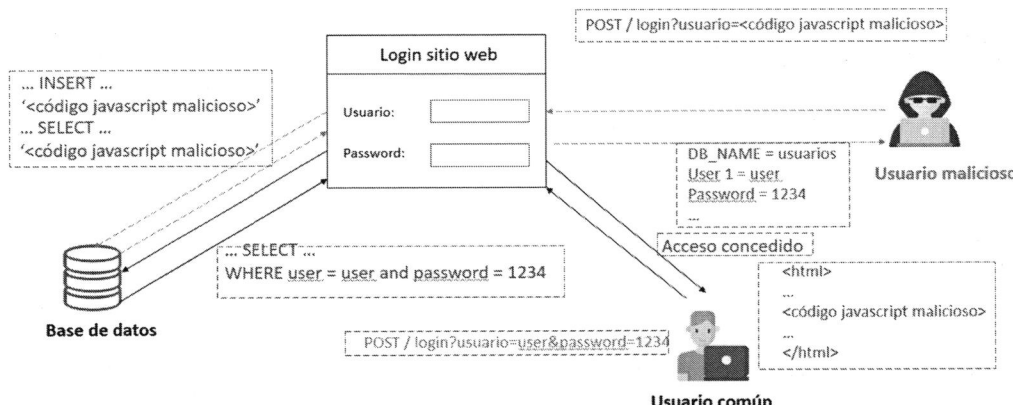

Figura 1-9. Funcionamiento de un delito de tipo *Cross Site Scripting*

Debido a la naturaleza de los vectores de ataque de los XSS y los CSRF, los **controles de seguridad, políticas** o **listas blancas** deben ser fortalecidos y apoyados de manera gradual en cada sistema informático.

Rootkits

Este vector de ataque establece su origen en los sistemas de tipo UNIX, debido a la existencia de una cuenta de usuario con mayores privilegios en sus sistemas, y gestiona los recursos sin restricción, llamada "root". La conjunción del nombre de esta cuenta con el término "kit", en el contexto de la informática, puede entenderse como un conjunto de herramientas.

Un rootkit es tipo de software malicioso que posee la tarea de obtener el control total del sistema comprometido a través de una cuenta con los mayores privilegios en el sistema, lo que complica su detección por un usuario legítimo. La variante más peligrosa de este vector de ataque es conocida como "rootkit persistente", debido a que el software malicioso se activa una vez iniciado el sistema operativo junto con los procesos más esenciales, como el BIOS (*Basic Input-Output System*), UEFI (*Unified Extensible Firmware Interface*) y en equipos antecesores, el MBR (*Master BootRecord*).

La manera de detección más común para un rootkit es el constante análisis y monitoreo de los dispositivos corporativos y/o personales con soluciones conocidas como *"Anti-Stealth"*, que han sido desarrollados por marcas especializadas y que, en algunos casos, permiten realizar acciones reactivas ante este tipo de malware.

1.3 TIPOS DE USUARIOS EN LOS SISTEMAS INFORMÁTICOS

Dentro del contexto de la informática, un usuario se entiende como un identificador que puede ser asignado a un software, dispositivo o persona para hacer uso de los recursos y servicios digitales. Además de los usuarios comunes, que utilizan los servicios digitales con normalidad, puede encontrar usuarios "maliciosos" que poseen habilidades específicas y una finalidad que pueda dañar la **integridad**, **confidencialidad** y **disponibilidad** de la información que se maneja en los sistemas informáticos.

El estudio y relación de un usuario malicioso con las actividades que realiza dentro de un sistema informático pueden derivar en un perfil criminal del individuo y proyectarse a un grupo de usuarios que actúan de la misma manera, y se encuentran involucrados en delitos informáticos, lo que permite obtener mayor información sobre sus intenciones, objetivos e incluso anticipar algunas de sus acciones. Debido a la relevancia de una posible categorización de los usuarios maliciosos dentro de un sistema informático, se proponen las siguientes:

Script Kiddie / Lammer

El nombre de este tipo de usuarios es otro anglicismo para referirse a un usuario digital que no posee las habilidades técnicas para realizar un ataque a los sistemas informáticos utilizando programas, aplicaciones o portales web sin comprobar su contenido o comprender su funcionamiento. A este tipo de usuarios se los considera fanáticos de la seguridad informática y son miembros de grupos y foros relacionados con el tema para obtener reconocimiento ante usuarios no técnicos.

Cracker

El origen del término cracker también proviene del inglés *"to crack"*, cuyo significado es quebrar o romper. Los usuarios crackers poseen un nivel técnico alto sobre el funcionamiento y composición de un sistema o software, lo que les permite aprovechar sus vulnerabilidades para obtener un acceso no autorizado a sus recursos. Los accesos obtenidos pueden ser utilizados con fines de lucro, reconocimiento de sus capacidades o por razones asociadas a sus ideologías.

Hacktivistas

Con el acceso de cualquier persona a internet, la manera de protestar, organizar movimientos de protesta y difundir información ha evolucionado gracias a los medios digitales disponibles permitiendo la creación del concepto de "hacktivismo". Este término está conformado por la palabra "hacker", el cual refiere a una persona que tiene conocimientos avanzados debido al estudio, análisis y práctica de alguna actividad, así como del término "activismo", el cual posee un significado de "ejercicio de **proselitismo** y acción social de carácter público, frecuentemente contra una autoridad legítimamente constituida", según la *RAE (Real Academia* Española). Con el contexto anterior, puede entender el hacktivismo como el "uso de capacidades técnicas en la tecnología para una causa social específica a través de medios digitales".

Debido a que el hacktivismo se realiza a través de medios digitales para realizar interrupciones en los sistemas de información, accesos no autorizados, difusión de información sensitiva de instituciones gubernamentales, compañías reconocidas internacionalmente y de algunas figuras públicas, las acciones de un usuario o grupo de hacktivistas se consideran delitos informáticos. Estos usuarios de internet poseen una diferencia significativa respecto de los demás usuarios maliciosos de este listado, ya que los distingue una motivación relacionada a su ideología personal y/o grupal. Algunas de las características de estos grupos son:

- Una ideología política clara.

- Consistencia entre sus ideologías y sus acciones.

- Una jerarquía bien diseñada para los miembros del grupo y la permeabilidad del liderazgo.

- Un proceso de reclutamiento formal y bien estructurado.

- Herramientas para realizar sus ataques, y que ponen a disposición para los miembros del equipo.

Con posterioridad a un ataque utilizan medios públicos para publicitar y promover sus éxitos, incluso en los principales canales de medios y sitios web[8]. Algunas de las técnicas de los hacktivistas son la ingeniería social y los ataques de denegación de servicio, pero también hacen uso del:

Defacement. De su significado del inglés, "desfiguración", se refiere a la vulneración de un sitio web para cambiar su estructura y contenido hacia el público con el fin de hacerse con la autoría del ataque e imponer leyendas que lo avalen.

Doxing. Este término (también suele escribirse como doxxing) nació en la década de los noventa, donde el anonimato era una característica muy relevante entre los grupos delictivos en el mundo informático, y entre los cuales existían competiciones para obtener mayor exposición o reconocimiento en el mundo por medio de un **alias** o nombre de usuario que identificaba a sus integrantes. Esta práctica generó actos desleales para eliminar la competencia entre los grupos, donde exponían documentos conocidos como "docs", los cuales contenían información confidencial de algunos de ellos. Este término sufrió algunos cambios a través del **vulgarismo** de los cambios literarios, transformándolo en el término "dox", a lo que se añadió su conjugación en gerundio en inglés (terminación *ing*). Hoy en día, el doxing se refiere a la actividad de exponer información sensitiva de un usuario o persona, como nombres completos, direcciones, números telefónicos, direcciones de posesiones mobiliarias, información financiera, redes sociales, contraseñas, y mucha más información, en sitios web, foros, portales o redes sociales.

Secuestro de información. Esta técnica es la más compleja debido a la organización que debe llevar una acción de esta naturaleza: cuidado de los detalles, obtención de la información, acceso a los sistemas, escaneo constante, producción de programas maliciosos a medida para las versiones específicas, producción de un acceso persistente, aprovechamiento de las vulnerabilidades y evasión de las soluciones de seguridad.

Protección contra el hacktivismo

Algunas de las protecciones más comunes que se pueden llevar a cabo para protegerse de las acciones que realizan los hacktivistas son:

- Uso de un software antivirus en equipos corporativos.
- Uso de soluciones para análisis de redes corporativas.
- Uso de soluciones anti-spam.
- Creación y apoyo de un plan de recuperación de desastres (DRP).
- Administración constante de recursos públicos de Internet, como lo son: la infraestructura, los correos electrónicos, los sitios web, las redes sociales, entre otros.
- Actualización constante de su infraestructura tecnológica.

---

[8] Check Point Research (2022). *The New Era of hacktivism – state-mobilized hacktivism proliferates to the west and beyond* [en línea]. Recuperado el 1 de febrero de 2021 de: <https://research.checkpoint.com/2022/the-new-era-of-hacktivism>.

Phreakers

Phreaking es un término que se compone de la palabra del inglés *"phone"*, que significa "teléfono", y la palabra *"freak"*, que significa "entusiasta"; se relaciona con grupos de personas que analizan, estudian, modifican o experimentan con dispositivos y sistemas de telecomunicaciones, y manipulan las frecuencias de ondas de radio para acciones no autorizadas, o que en un principio no fueron pensadas para una función específica.

Corporativos

Este tipo de usuarios maliciosos poseen interés en la información corporativa que pueda convertirse en una ganancia monetaria para ellos. Aunque la información sensitiva proveniente de las grandes compañías posee un valor más elevado, la complejidad para obtenerla también lo es; por lo que estos usuarios han modificado ligeramente su estrategia para incluir a pequeñas y medianas empresas que manejan información digital. Una variante de estos usuarios son aquellos que solo tienen como objetivo a algún corporativo debido a malas relaciones o experiencias, exponiendo información relevante de la infraestructura, las tecnologías, los mecanismos de seguridad, el personal o los horarios, entre otros aspectos que pueden ser aprovechados por los crackers o hacktivistas.

Gubernamentales

Estos usuarios se especializan en el análisis de toda la infraestructura tecnológica de un país buscando vulnerabilidades que les permitan acceder a información confidencial, realizar ciberespionaje, interferir en temas electorales, posicionamiento de servicios, búsqueda de delincuentes o grupos delictivos, incluso con fines militares que les permitan obtener ventajas estratégicas, por lo que algunos países poseen grupos gubernamentales especializados para el análisis e investigación del ámbito tecnológico.

Ciberterroristas

Según la RAE, el término terrorismo significa: "Actuación criminal de bandas organizadas, que, reiteradamente y por lo común de modo indiscriminado, pretende crear alarma social con fines políticos"[9].

El terrorismo convencional, generado por los usuarios que comparten ideologías de grupos terroristas, hoy en día utiliza los recursos de internet para coaccionar a gobiernos u organismos internacionales con el fin de demostrar sus capacidades y generar un impacto negativo en las infraestructuras tecnológicas (energético, telecomunicaciones, hospitalario, militar, entre otros). Aunque en la RAE no se tiene definido un significado para la palabra ciberterrorismo, se propone:

> "Ataque premeditado y político por parte de grupos subnacionales o agentes clandestinos con el uso de medios tecnológicos y de telecomunicaciones para

---

[9] Real Academia Española: *Diccionario de la lengua española*, 23 ed. [versión 23.6 en línea]. <https://dle.rae.es/terrorismo>. Recuperado el 10 de febrero de 2021.

el daño, interrupción o pérdida de información, sistemas o datos en contra de objetivos no combatientes con el propósito de coaccionar, intimidar y generar terror en una población, gobierno o región específica".

Los grupos terroristas han encontrado diferencias entre las pérdidas económicas y humanas utilizadas para los ataques presenciales y la necesidad de inversión en infraestructura tecnológica para llevar a cabo un ataque a través de internet, por lo que obtienen mayor disposición de sus simpatizantes. Debido al anonimato, complejidad y la escasa regulación internacional generan recursos legales que suelen ser aprovechados por la defensa de los pocos incriminados en este tipo de delitos.

Proveer y garantizar la seguridad en internet se ha convertido en un objetivo primordial de los gobiernos y los organismos internacionales; sin embargo, no es una tarea sencilla debido a los cambios significativos que se deben crear en sus infraestructuras, las regularizaciones que deben especificar cada escenario posible, así como la colaboración entre los gobiernos y organismos especializados para identificar usuarios que realizan delitos informáticos que traspasan sus fronteras. Un tema muy relevante es la tipificación de delitos informáticos para crear un proceso bien definido para tratar a los autores de las actividades maliciosas.

Además de estas acciones, la producción de estudios del comportamiento, antecedentes, motivaciones, finalidad y técnicas que puedan brindar información sobre su estado psicológico con el objetivo de contener y reducir los delitos debido a ciertos perfiles, e incluso anticipar incidentes que pudiesen realizar grupos o individuos, actualmente, en las mismas condiciones.

1.4 PERITAJES PSICOLÓGICOS Y SU RELACIÓN CON LA INFORMÁTICA FORENSE

Las ciencias forenses pueden brindarnos diversas investigaciones y análisis que nos pueden ayudar a determinar el ¿cómo?, ¿por qué?, y el ¿para qué?, detrás de la gestación de delitos informáticos realizados por un usuario malicioso. Este proceso puede ayudar a las instancias legales a determinar la naturaleza de la acción de un usuario malicioso y determinar su situación jurídica. Para determinar la funcionalidad, el objetivo y el contenido de un peritaje psicológico, el maestro en psicología social de grupos e instituciones, y en educación por la Universidad Autónoma Metropolitana (UAM), Juan Federico Zúñiga Ramírez nos detalla lo siguiente a través de un fragmento de sus conocimientos:

¿Qué es un peritaje psicológico?

"Es un conjunto de técnicas especializadas realizadas por especialistas (peritos) que facilita la apreciación, valoración y elementos probatorios, con el fin de coadyuvar a que los procesos para la toma de decisiones sean idóneos y justos, que contengan los elementos necesarios para el sustento de un hecho o acontecimiento basado en un análisis predefinido, y que posea un valor legal, científico, centrado principalmente en el sujeto (peritado)".

Objetivo de una evaluación psicológica

"Las entidades públicas y privadas los utilizan para dirimir cuestiones psicológicas, aportar información necesaria para eliminar controversias judiciales como el tiempo, modo, lugar y/o espacio de las partes involucradas en un delito. Distinguir entre verdad, mentira u omisión ofreciendo un sentido y sustento para la determinación de existencia de daño psicológico u afectaciones a nivel psicológico que el peritado pudiese tener".

¿Cómo se realiza una evaluación psicológica?

"Para realizar una evaluación adecuada en el ámbito de la psicología forense, primeramente, debe incluirse información relativa a la persona analizada, tales como informes clínicos, denuncias, demandas, antecedentes del caso, evolución y cualquier otro dato que pueda aportar información relevante hasta llegar a su situación actual. Adicionalmente, las entrevistas pueden brindar orientación y sentido a la evaluación, debido a que poseen el objetivo de obtener información a través de cuestionamientos premeditados que esclarezcan las capacidades cognitivas, además del enfoque y la percepción de la persona analizada.

Las capacidades cognitivas e intelectuales deberán incluir procesos como atención, memoria, percepción, motivación, análisis de pensamientos, lenguajes y emociones, además de la capacidad de aprendizaje y la personalidad de la persona evaluada. En caso de que estas capacidades muestren alteraciones de la realidad o estándares establecidos, seguramente la veracidad de los acontecimientos estará trastocada y se podrán generar realidades alternativas que solo existan para el peritado, e incluso, podrá trastocar la veracidad de algunas pruebas proyectivas, requiriendo analizar si puede transmitir información que pueda ser de utilidad en el esclarecimiento de los hechos. Una vez que se tiene claro que cognitivamente los procesos darán veracidad, y que no existe una alteración de la realidad, se procede a diagnosticar traumatismos a partir de los eventos que llevan a la demanda o exigencia, y se entra en el universo de la controversia, de si cognitivamente el proceso es correcto y existe evidencia de algún proceso traumático.

Este universo da posibilidades de exploración profunda en la entrevista, que consta desde el proceso de "rapport", o lo que se conoce como generar empatía para poder conocer qué llevó a la acción al peritado, según Paul Ricœur, denomina el objetivo hermenéutico, que es recuperar y restaurar el significado, el sentido real del acontecimiento cuestionando la idea desde la conciencia del sujeto en el marco de no caer en una falsa conciencia a través del concepto del inconsciente, romper con la sospecha dando paso a las técnicas y herramientas a partir de la estructura, porque se realiza el peritaje como un fundamento de la verdad".

"Analizando los aspectos mencionados anteriormente, es menester centrarse en los elementos que dan solidez y amalgaman al peritaje, como las pruebas psicológicas en las cuales existe un amplio abanico de posibilidades. Aunque son técnicas estandarizadas que muestran cierta evidencia de la conducta de un individuo, personalidad, e incluso un acontecimiento, no existe una homogeneización en el mundo del peritaje de cuáles aplicar, pero sí existen pruebas específicas dependiendo de los casos o circunstancias de la evidencia que se busca, puesto que lo que se intenta es calcular reacciones en distintas circunstancias basadas en diferentes aspectos o posibilidades. Existen infinidad de instrumentos diseñados para el apoyo del desarrollo de este tipo de peritajes, no hay un listado exhaustivo de motivaciones que lleven a la construcción de nuevas pruebas; sin embargo, si analiza las técnicas existentes encontrará tres fuentes principales de trabajo de desarrollo de pruebas:

1. **Origen de pruebas en respuesta a necesidades prácticas.** Las pruebas de uso más generalizado se han realizado debido a un peritado con características específicas que generaron la posibilidad de documentarse para servir de apoyo en investigaciones similares.

2. **La prueba de inteligencia Binet.** Se creó para emparejar a los niños de las escuelas de París que podían requerir lo que en la actualidad se conoce como "educación especial", lo que ha originado la creación de la Stanford Binet IntelligenceScale (Escala de Inteligencia Stanford Binet) con el objetivo de utilizarse con los ciudadanos estadounidenses.

3. **Inventario Multifacético de Personalidad de Minnesota (MMPI).** Se elaboró para ayudar en la clasificación de los pacientes mentales en la práctica clínica de los hospitales de la Universidad de Minnesota en los Estados Unidos de Norteamérica, sin embargo, esta prueba aclara elementos de funcionalidad en la persona analizada, así como rasgos y características de su personalidad.

En el universo de las pruebas proyectivas (evaluación de la personalidad y otras características mentales como la atención o la concentración), estas generan una gran crítica debido a su origen psicoanalítico, ya que están sujetas a la interpretación, y esta puede tener un cierto nivel de construcción subjetiva, lo que da un sesgo que generalmente puede inclinarse hacia las valoraciones del "intérprete".

Determinación de hallazgos

"La correlación de la información precedente a la evaluación psicológica, las pruebas realizadas y la entrevista, dan elementos de veracidad objetiva y profundidad, formarán parte de la determinación de hallazgos, que claramente puede contener variaciones dependiendo del caso concreto que trate, pero una buena estructura y redacción permiten tener una visión amplia y clara, así como contundente, de los hechos ocurridos sin caer en contradicciones".

Dictamen

"La información obtenida durante el proceso del peritaje se sustenta a través de la metodología, las fuentes y los materiales de apoyo que muestren los hallazgos encontrados y es procesada para la determinación y justificación de las conclusiones emitidas por el perito. En los dictámenes finales, es común encontrar características como:

- Nombre completo del perito
- Nombre completo del peritado
- Cédula profesional
- Objetivo del pericial o del informe
- Fecha
- Firma".

Después del apoyo y dirección que el Dr. Juan Zúñiga ha ofrecido en el ámbito del análisis psicológico de una persona, cabe mencionar que será posible trasladar estas evaluaciones a los usuarios maliciosos cuando en una investigación se logre capturar a los posibles gestores de un delito informático para conocer sus motivaciones y quizás, después de diversos estudios, apoyar perfiles psicológicos y generar una base para investigaciones relacionadas con la informática forense.

CAPÍTULO 2
FUNDAMENTOS DE LA INFORMÁTICA FORENSE

Para introducirnos en la informática forense hay que poseer algunos conocimientos previos que serán de gran utilidad para comprender la composición, el funcionamiento, las limitaciones, las ventajas y las particularidades de los diversos dispositivos, **sistemas operativos** y sistemas de archivos que se encuentran comúnmente en una investigación de informática forense.

Para comenzar con este camino en la comprensión de un entorno digital en la actualidad, conocerá los sistemas operativos más utilizados en el mundo; su organización, componentes y la interacción entre cada uno de ellos para proveer los servicios para los que fueron destinados.

2.1 FUNDAMENTOS DE LOS SISTEMAS OPERATIVOS WINDOWS

Los sistemas de archivos NTFS han sido creados para los **sistemas operativos** Windows, los cuales se han convertido en el sistema operativo más utilizado en los equipos informáticos en el mundo, por lo que se han convertido en el objetivo de usuarios y grupos maliciosos para crear vectores de ataque y aprovechar sus vulnerabilidades; y es muy probable que estos sistemas sean encontrados en sus investigaciones.

2.1.1 SISTEMAS DE ARCHIVOS NTFS

NTFS (*New Technology File System*) es el sistema de archivos para las versiones recientes de Windows con características que permiten la existencia de **clústers** y **particiones** en los discos de almacenamiento de tamaños considerables (16 TB[1] aproximadamente), así como cifrado, **metadatos** enriquecidos, entre otras. Los sistemas de archivos NTFS siguen la filosofía de "todo en un archivo", por lo que todos los datos relativos a los archivos guardados se almacenan en una tabla llamada *Master File Table* (MFT). La MFT guarda un **índice** con información de un archivo y su ubicación en los bloques del disco que lo contiene, ya sea de manera contigua o aleatoria, el tipo de archivo, el tamaño, la fecha de creación y la última modificación de un recurso. En la documentación oficial de Microsoft se puede encontrar todas las capacidades y limitaciones de los sistemas NTFS[2].

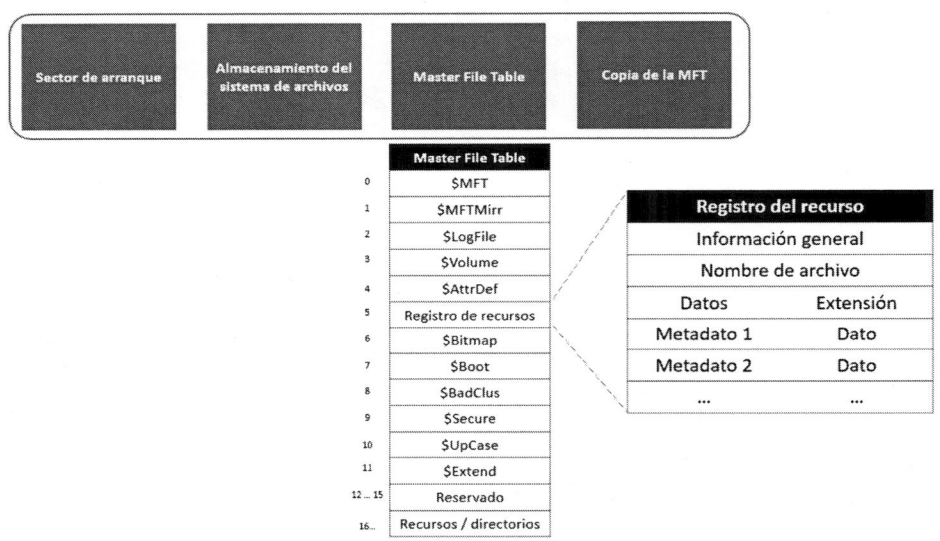

Figura 2-1. Estructura de sistema de archivos NTFS

2.1.2 SISTEMA DE JERARQUÍA DE ARCHIVOS EN SISTEMAS NTFS

Los sistemas de archivos NTFS poseen una estructura jerárquica que se asemeja a un árbol, donde se puede ver un directorio principal con todo su contenido (normalmente identificado con la letra C). Cada recurso importante dentro de los sistemas operativos Windows se encuentra en un directorio inferior (asemejando las ramas de un árbol) y cumple una función específica. La organización de sus archivos y unidades de almacenamiento está ideada para hacer su interacción más intuitiva y comprensible para cualquier usuario, y gestionar mejor su contenido.

---

[1] 1 TB = 1000 GB
[2] Gerend, J. (2022). *Introducción a NTFS.* Microsoft Learn [en línea]. Recuperado el 3 de marzo de 2021 de: <https://learn.microsoft.com/es-es/windows-server/storage/file-server/ntfs-overview>.

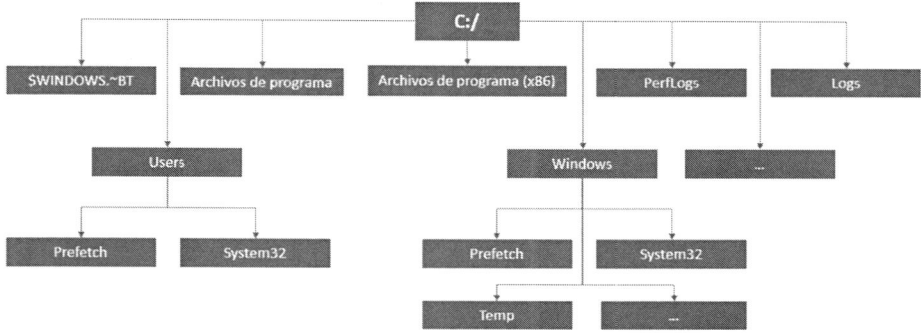

Figura 2-2. Estructura jerárquica de los sistemas de archivos NTFS

2.1.3 PROCESOS EN LOS SISTEMAS OPERATIVOS WINDOWS

En informática, un proceso se refiere a la ejecución de software al que se le asignan estados y recursos para su administración. Los sistemas operativos NTFS proporcionan recursos destinados a la inicialización de los procesos como un espacio en memoria y un tiempo de uso del **microprocesador (CPU)** para llevarlos a cabo. Cuando se crea un proceso se le asocia un conjunto de datos denominados "Bloque de Control de Proceso (BCP)", el cual le acompaña durante todo su ciclo de vida recogiendo detalles como:

- Estado actual.

- PID (*Process identifier* - Identificador de proceso).

- Valores de registros asociados al proceso (contador de programa, referencias, acumuladores, entre otros).

- Valores de los recursos asignados (memoria, dispositivos de entrada y salida, entre otros).

Todos los procesos tienen la capacidad de comunicarse y sincronizarse con otros procesos, así como con los recursos del sistema. A partir de esta característica se pueden catalogar tres tipos:

- **Independientes:** son aquellos que no interactúan con otros procesos, solo con los recursos del sistema.

- **Cooperativos:** son aquellos que se comunican y sincronizan para realizar una actividad común.

- **Competitivos:** la mayoría de los procesos en algún momento de su existencia requerirán utilizar un mismo recurso, por consiguiente, competirán por él. Cuando esto sucede, se convierten en procesos competitivos.

Algunos servicios conocidos en los sistemas operativos Windows son:

System. Proceso responsable de gestionar las tareas del sistema, la comunicación con los componentes físicos y el **kernel** del equipo para su uso.

Windows Logon Application (winlogon.exe). Es el proceso responsable de realizar los cambios del sistema, como un usuario, registro o evento, entre otros, para mostrar los cambios en el reinicio del equipo o cierre de sesión.

Windows Session Manager (smss.exe). Es el proceso responsable de crear la memoria virtual del sistema, además de iniciar procesos esenciales para el arranque como winlogon.exe y csrss.exe.

Windows Startup Application (wininit.exe). Es uno de los primeros procesos que se ejecutan al inicializar el sistema operativo y el último cuando se termina, debido a que una de sus tareas es asegurarse de que los demás procesos terminan correctamente; también se encarga de iniciar otros procesos indispensables como lsass.exe o lsm.exe.

Client Server Runtime Process (csrss.exe). Es el proceso responsable de controlar procesos en segundo plano.

Windows Explorer (explorer.exe). El proceso que se encarga de gestionar los componentes de la interfaz gráfica, como las ventanas del explorador, el escritorio o la barra de tareas, entre muchas más.

Local Security Authority Process (lsass.exe). Es el proceso que se encarga de hacer cumplir las políticas de seguridad en el sistema.

Local Session Manager Service (lsm.exe). Es el proceso encargado de analizar la fiabilidad de las fuentes en los archivos ejecutables, lo que evita que se realicen cambios en las configuraciones del equipo[3].

2.1.4 SERVICIOS EN LOS SISTEMAS OPERATIVOS WINDOWS

Los servicios en los sistemas de archivos NTFS son programas que se ejecutan sin mostrarse ante el usuario final (conocido como segundo plano). Estos servicios permiten crear aplicaciones de larga ejecución que se ejecutan en el sistema operativo y se pueden iniciar automáticamente al arrancar el equipo. Los servicios se crean al instalar un servicio o aplicación en el sistema, ya que serán quien los gestione a través de instrucciones como: iniciar, pausar, reanudar y detener su ejecución, además de instrucciones que pueden personalizarse. Un ejemplo práctico de su utilidad es el análisis de accesos a cuentas de usuario desde servicios que no deberían obtenerlo, que nos dará una pista de una anomalía en el funcionamiento del servicio y apoyará las investigaciones. En los sistemas operativos Windows los usuarios pueden visualizar el administrador de control de servicios para monitorear y gestionar las actividades de los servicios existentes en el sistema.

---

[3] Batchelor, D. (2022). *Servicios del sistema crítico - Win32 apps.* Microsoft Learn [en línea]. Recuperado el 14 de marzo de 2021 de: <https://learn.microsoft.com/es-es/windows/win32/rstmgr/critical-system-services>.

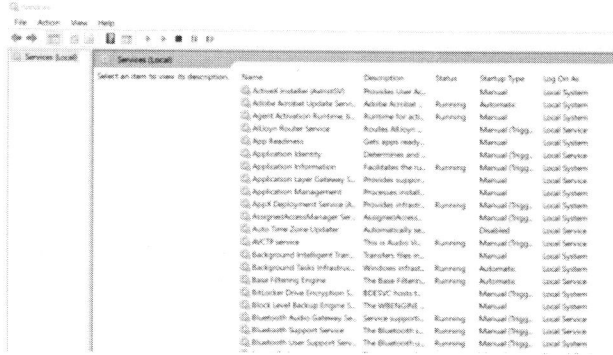

Figura 2-3. Imagen del administrador de servicios en Windows

2.1.5 REGISTROS EN LOS SISTEMAS OPERATIVOS WINDOWS

Los registros en los sistemas de archivos NTFS son una base de datos jerárquica y centralizada que administra los ajustes de configuración asociados a los servicios, los procesos, las aplicaciones, los controladores de dispositivos, las preferencias de usuario y la configuración. Los registros de los sistemas operativos Windows se componen de una estructura de base de datos jerárquica de claves y valores:

- **Claves del registro.** Son contenedores que contienen valores y otras claves con la misma estructura, a las que se las conoce como subclaves.

- **Valores del registro.** Son información específica que será leída por algún proceso del sistema y determinarán el funcionamiento del equipo.

No todas las aplicaciones en los sistemas de archivos NTFS utilizan un registro (algunas utilizan archivos **XML** o archivos ejecutables locales para almacenar su configuración). Una característica muy importante de los registros es que, aunque se desinstale un programa, los registros pueden permanecer almacenados y conservar algunas configuraciones que fueron generadas por la aplicación desinstalada.

Dentro de la estructura jerárquica de los registros en Windows se encuentran categorías que ofrecen un funcionamiento específico:

- HKEY_CLASSES_ROOT → Instrucciones de funcionamiento personalizadas.

- HKEY_CURRENT_USER → Configuraciones del usuario.

- HKEY_LOCAL_MACHINE → Configuración del equipo.

- HKEY_USERS → Registro de usuarios que acceden al equipo.

- HKEY_CURRENT_CONFIG → Registro del hardware del sistema4.

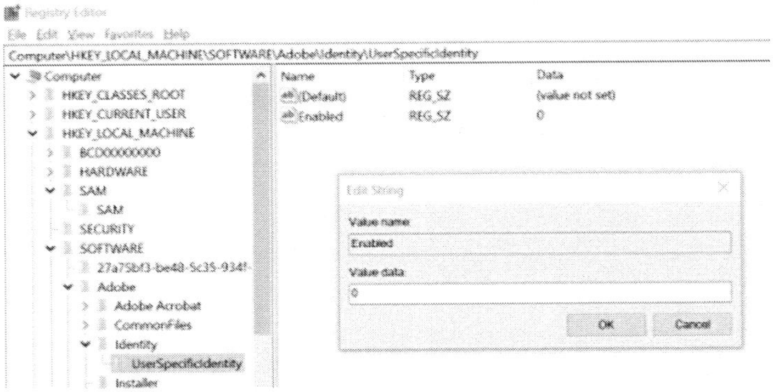

Figura 2-4. Editor de registros en los sistemas operativos Windows

2.1.6 EVENTOS EN LOS SISTEMAS DE ARCHIVOS NTFS

Los sistemas NTFS utilizan registros para identificar eventos del sistema operativo que son generados por los servicios, las aplicaciones nativas o de terceros que interactúan con el sistema operativo. Según el identificador que posea un evento registrado, se pueden identificar algunas acciones de los usuarios del sistema operativo como accesos exitosos, tiempo de uso del sistema operativo o accesos fallidos, entre otros. Gracias a la descripción de los eventos del sistema operativo, un investigador en informática forense puede analizar los identificadores de eventos para comprender y relacionar las acciones que un usuario del sistema ha realizado dentro de él.

Los sistemas operativos de Windows proporcionan un mecanismo de registro centralizado a los recursos y aplicaciones, en los que se pueden almacenar sus eventos y visualizarlos a través del visor de eventos.

---

4 Deland, H. (2022). *Windows registry information for advanced users.* Microsoft Learn [en línea]. Recuperado el 19 de marzo de 2021 de: <https://docs.microsoft.com/en-us/troubleshoot/windows-server/performance/windows-registry-advanced-user>.

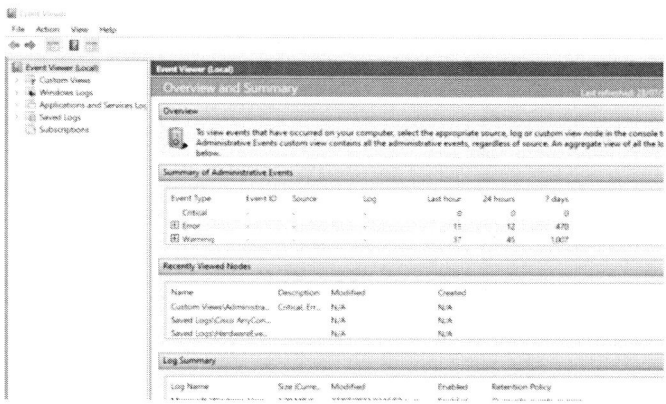

Figura 2-5. Visor de eventos en los sistemas operativos Windows

2.2 FUNDAMENTOS DE LOS SISTEMAS OPERATIVOS GNU/LINUX

El término GNU/Linux deriva del sistema operativo de tipo **software libre** de tipo Unix y la comunicación con el hardware denominado núcleo (kernel) de tipo Linux, creado en 1991 por Linus Torvalds[5]. Los sistemas GNU/Linux poseen un entorno que facilita el análisis de evidencias y proveen fortalezas de administración de sus componentes según sean requeridos por el investigador forense, pero también los ciberdelincuentes han aprovechado el acondicionamiento de estos entornos para realizar actividades maliciosas. A diferencia de los sistemas operativos Windows, los sistemas GNU/Linux se basan en el principio de que todo aquello que puede ser manipulado por el sistema es tratado como un archivo. La distinción entre los archivos de un directorio, dispositivo o procedimiento es su cabecera, la cual contiene información como: tipo, tamaño, fecha de acceso y modificación, entre otras características que le permiten determinar qué tipo de archivo está administrando.

2.2.1 SISTEMAS DE ARCHIVOS EXT4

El sistema de archivos que posee los sistemas operativos GNU/Linux son los ext4 (*fourth extended filesystem*), los cuales fueron anunciados el 10 de octubre de 2006 por Andrew Morton, como una mejora compatible del sistema de archivos anterior, ext3. Los sistemas de archivos ext4 son sistemas de archivos transaccionales conocidos como *journaling* (en español, puede entenderse como "diario"), debido a que realiza un seguimiento de los cambios que ocurren en el disco duro, aunque no hayan sido confirmados en el sistema de archivos, brindando la oportunidad de acceder a la última versión de un archivo, aun si inesperadamente

---

[5] Free Software Foundation Inc. (2023). *El sistema operativo GNU* [en línea]. Recuperado el 22 de marzo de 2021 de: <https://www.gnu.org/home.es.html>.

la corriente eléctrica deja de suministrarse al sistema, minimizando la probabilidad de que el archivo se corrompa. Sus principales características son:

- Soporte de volúmenes de hasta 1024 PiB*.
- Soporte añadido de bloques físicos que se encuentran contiguos para el manejo de archivos de tamaño considerable.
- Menor uso del **procesador**.
- Mejoras en la velocidad de lectura y escritura.

Límites:

- Máxima dimensión de archivo: 16 TiB**.
- Máximo número de archivos: 4×10^9, especificado en el tiempo de creación del sistema de archivos.
- Tamaño máximo del nombre de archivo: 256 bytes.
- Tamaño máximo del volumen: 1024 PiB* = 1 EiB***.
- Caracteres permitidos en nombres de archivo: todos los bytes excepto NULL y '/'.[6]

2.2.2 JERARQUÍA DE ARCHIVOS EN SISTEMAS EXT4

El estándar de jerarquía del sistema de archivos (*File system Hierarchy Standard-FHS*) define la organización de los directorios y su contenido, así como la organización que se encuentra en los sistemas *ext4*. El contenido se detalla a continuación:

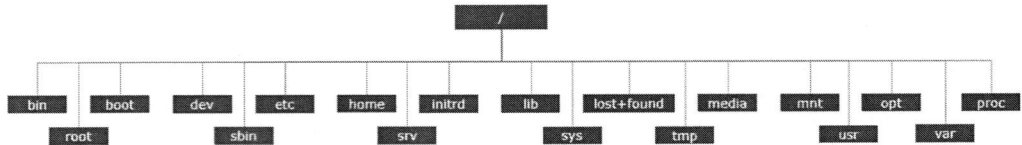

Figura 2-6. Estructura de directorios de los sistemas de archivos ext4

---

[6] Smith, R. (2008). *Migrating to ext4. Preparing for the newest Linux file system*. IBM [en línea]. Recuperado el 25 de marzo de 2021 de: <https://web.archive.org/web/20081201104450/http://www.ibm.com/developerworks/linux/library/l-ext4/>.
* Pebibyte (PiB), es una unidad de información utilizada como un múltiplo del byte. Equivale a 2^{50} bytes.
** Tebibyte (TiB), es una unidad de medida de almacenamiento de datos que equivale a 2^{40} bytes.
*** Exbibyte (EiB), es una unidad de medida de almacenamiento de datos que equivale a 2^{60} bytes.

DIRECTORIO	DESCRIPCIÓN
/	Directorio raíz.
/BIN	Directorio con aplicaciones binarias importantes para el sistema.
/BOOT	Directorio de configuración del arranque, núcleos y otros ficheros necesarios para el arranque (*boot*) del equipo.
/DEV	Directorio con información de dispositivos en el sistema.
/ETC	Directorio con archivos de configuración, scripts de arranque, etc.
/HOME	Directorio personal para los diferentes usuarios del sistema.
/INITRD	Directorio utilizado para la creación de procesos de arranque personalizados.
/LIB	Directorio con las librerías del sistema.
/LOST+FOUND	Directorio con ficheros que existen que ya no pueden ser asociados o que son recuperados después de un fallo del sistema.
/MEDIA	Directorio donde pueden ser visualizadas las particiones montadas automáticamente en el sistema.
/MNT	Directorio donde pueden ser visualizadas las particiones montadas manualmente en el sistema.
/OPT	Directorio que proporciona una ubicación donde instalar paquetes de software complementarios.
/PROC	Directorio dinámico especial que mantiene información sobre el estado del sistema incluyendo los procesos actualmente en ejecución.
/ROOT	Directorio personal del usuario root (*superusuario*).
/SBIN	Directorio con el contenido de los paquetes binarios importantes del sistema.
/SRV	Directorio que contiene archivos de los servidores de aplicación del sistema.
/SYS	Directorio que contiene archivos virtuales que proveen información relativa a eventos del sistema.
/TMP	Directorio de archivos temporales.
/USR	Directorio de software y aplicaciones instaladas.

/VAR	Directorio con archivos de variables, como archivos de registros, emails, usuarios del sistema, caché, paquetes de aplicaciones almacenados en opt y bases de datos.

Tabla 2-1. Contenido y objetivo de cada archivo de tipo directorio en los sistemas GNU/Linux

2.2.3 DEMONIOS EN SISTEMAS DE ARCHIVOS EXT4

En los sistemas de archivos ext4 existen servicios que realizan funciones en segundo plano para administrar y gestionar aplicaciones del sistema operativo que se conocen como "daemons" o, en su traducción al español, "demonios"; los cuales, a pesar de la posible relación con seres mitológicos o espirituales, surgen de un acrónimo de *"Disk And ExecutionMONitor"*[7]. Los daemons tienen sus archivos de configuración en el directorio */etc/init.d/* y hay un daemon para cada proceso que puede ser gestionado a través de instrucciones sencillas como *start*, *stop*, *restart* y *status*. Algunos de los daemons más comunes son:

- *Systemd.* Su objetivo es unificar la configuración y administración de servicios.
- *Rsyslogd.* Su función es guardar registros sobre el funcionamiento del sistema operativo. Recibe registros del sistema y los almacena en localizaciones locales y remotas siguiendo el formato definido en el archivo de configuración /etc/syslog.conf.
- *Udisksd.* Su función es administrar dispositivos de almacenamiento por medio de operaciones como consultar, montar, desmontar, formatear o fragmentarlos.
- *NetworManager.* Automatiza el cambio entre las conexiones de red del equipo (enrutamiento, conexión automática a redes wifi o ethernet).
- *Logind.* Su objetivo es gestionar los inicios de sesión y los recursos de los usuarios en el sistema.
- *PortMapper.* Administración de las conexiones RPC (*Remote Procedure Call*) del sistema operativo.
- *Httpd.* Administra los servicios HTTP en el sistema. Esto generalmente se ejecuta con paquetes y configuraciones de servidores web.
- *Sshd.* Se encarga de administrar el servicio SSH.
- *Ftpd.* Su objetivo es la administración del servicio de transferencia de archivos FTP.
- *Crond.* Administra las tareas programadas del sistema[8].

---

[7] The Linux Information Project (LINFO). (2005). *Daemon Definition.* [en línea]. Recuperado el 27 de marzo de 2021 de: <http://www.linfo.org/daemon>.
[8] *Archivos de registro de Linux en orden. Demonios en Linux. ¿Quiénes son o qué son? Registro de Linux.* (2021). Recuperado el 30 de marzo de 2021 de: <https://sukachoff.ru/es/remont/log-faily-linux-po-poryadku-demony-v-linux-kto-oni-ili-chto-oni-linux-logirovanie/>.

2.2.4 USUARIOS EN LOS SISTEMAS OPERATIVOS GNU/LINUX

Los sistemas operativos GNU/Linux poseen la característica de ser plataformas multiusuario, lo que genera la posibilidad del uso concurrente por varios usuarios. Para administrar los accesos de manera ordenada y segura hacen uso de procesos específicos y archivos de configuración de acceso limitado a usuarios específicos.

Los usuarios en los sistemas operativos GNU/Linux se identifican a través de su número único de usuario (*User ID* o *UID*). Aunque aún se debate la categorización de tipos de usuario, se propone su organización en los siguientes tres grupos:

Usuario root

- Es el usuario administrador del sistema, también conocido como "superusuario".

- Su identificador de usuario (User ID-UID) es "0".

- Acceso sin restricciones a todos los archivos en el sistema sin depender de permisos por usuarios y/o grupos.

- Solo existe un usuario administrador los privilegios de superusuario sobre todo el sistema.

- Administra los usuarios del sistema.

- Administra el funcionamiento, los servicios, los procesos, el software y los fallos del sistema.

- Puede administrar cada componente del sistema.

Usuarios especiales

- Son conocidas como cuentas del sistema.

- Se asigna un UID entre 1 y 999.

- Administra procesos del sistema dependiendo de la cuenta de la que se trate (por ejemplo: bin, apache, mail, daemon, entre otros), aunque no posee todos los privilegios del usuario root para evitar problemas de seguridad.

- No se inicia sesión y no utilizan contraseñas.

- Son creadas al instalar el sistema operativo o al instalar algún servicio en él.

Usuarios normales

- Destinados a usuarios que harán uso del sistema sin alguna tarea de administración.

- En la instalación por defecto, se les asigna un directorio de trabajo con el mismo nombre que el usuario, ubicado generalmente en /home. Aunque puede no crearse.

- Se les asigna generalmente un UID a partir de 1000.

- Solo poseen privilegios completos para administrar la información de su directorio de trabajo.

Cada vez que un usuario es generado se registra en el archivo **/etc/passwd** del sistema, donde se pueden mostrar sus características particulares, las cuales se encuentran divididas en siete campos y están delimitadas por dos puntos, como se muestra a continuación:

CAMPO	DESCRIPCIÓN
1	Nombre de usuario, debe ser único.
2	La 'x' indica que la contraseña del usuario ha sido cifrada y que hace uso del archivo /etc/shadow para alojarla.
3	Número de identificación del usuario (UID).
4	Numeración de identificación del grupo (GID). Puede pertenecer a más grupos, por lo que se configura en el archivo /etc/groups.
5	Campo para los comentarios o el nombre completo del usuario.
6	Hace referencia al directorio de trabajo del usuario después de su inicio de sesión.
7	Consola de comandos que utiliza el usuario de manera predeterminada.

Tabla 2-2. Campo y descripción de cada línea del archivo /etc/passwd

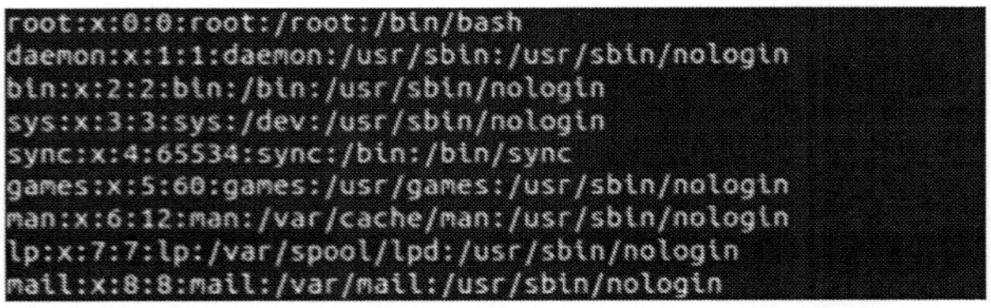

```
root:x:0:0:root:/root:/bin/bash
daemon:x:1:1:daemon:/usr/sbin:/usr/sbin/nologin
bin:x:2:2:bin:/bin:/usr/sbin/nologin
sys:x:3:3:sys:/dev:/usr/sbin/nologin
sync:x:4:65534:sync:/bin:/bin/sync
games:x:5:60:games:/usr/games:/usr/sbin/nologin
man:x:6:12:man:/var/cache/man:/usr/sbin/nologin
lp:x:7:7:lp:/var/spool/lpd:/usr/sbin/nologin
mail:x:8:8:mail:/var/mail:/usr/sbin/nologin
```

Figura 2-7. Contenido del archivo /etc/passwd

Para crear usuarios en los sistemas GNU/Linux, se puede utilizar el comando "*adduser*", el cual crea un archivo con el nombre del usuario en */home/usuario/*. También es posible crear solamente al usuario sin directorio asociado en la ubicación */home*, esto se realiza con el comando "*useradd*".

2.2.5 CONTRASEÑAS DE USUARIOS EN GNU/LINUX

El archivo donde se almacenan las contraseñas cifradas en los sistemas GNU/Linux se encuentra en la ruta del sistema */etc/shadow* y fue creado para cubrir la brecha de seguridad que generaba la lectura por cualquier usuario del sistema del archivo */etc/passwd*, ya que en él se almacenaban las contraseñas cifradas en las versiones más antiguas de estos sistemas, y abría la posibilidad a su descifrado con técnicas al alcance de cualquier usuario.

Resolviendo la brecha de seguridad, el archivo *shadow* solo puede ser leído por el usuario root. Además, se creó una estructura específica en una línea para cada usuario, donde cada línea cuenta con nueve campos delimitados por dos puntos, los cuales son:

CAMPO	DESCRIPCIÓN
1	Nombre de la cuenta del usuario.
2	Contraseña cifrada, el carácter '*' indica cuenta de '*nologin*'.
3	Días transcurridos desde la fecha 01/ene/1970 hasta la fecha en la que la contraseña fue modificada por última vez.
4	Días que deberán pasar hasta que la contraseña pueda cambiar.
5	Número de días para la expiración de validez para la contraseña (*-1 significa nunca*). Con este dato se calcula la fecha de expiración de la contraseña del siguiente campo.
6	Número de días antes de la expiración de validez de la contraseña de un usuario. Será notificado al iniciar sesión.
7	Días después de la expiración de validez de la contraseña si no fue modificada.
8	Fecha de caducidad de la cuenta. A partir de los días transcurridos desde la fecha *1/Enero/1970*.
9	Reservado.

Tabla 2-3. Campo de cada línea del archivo /etc/shadow y su descripción

2.2.6 GRUPOS DE USUARIOS EN GNU/LINUX

Los sistemas GNU/Linux permiten administrar los permisos de una forma más flexible, a través de la asignación de grupos con permisos específicos, así cada usuario heredará los permisos designados al grupo. Todos los usuarios en los sistemas GNU/Linux pertenecen al menos a un grupo conocido como grupo "principal" o "primario", esto no limita a que pertenezca a más grupos, los cuales se denominarán como "grupos secundarios" o "suplementarios". Cuando se crea un usuario con el comando "*useradd*", también se crea su grupo principal de trabajo con el mismo nombre del usuario, así como un identificador único asignado, conocido como *Group ID* (GID), estipulados en el archivo específico de los grupos del sistema */etc/group*. Este archivo contiene cuatro campos con la siguiente información:

CAMPO	DESCRIPCIÓN
1	Nombre de la cuenta del usuario.
2	Si no existe una contraseña de grupo se muestra una 'x'; si existe se muestra una cadena cifrada.
3	Es el campo del *Group ID* (GID) asociado al grupo.
4	Es un campo opcional, indica la lista de grupos a los que pertenece el usuario.

Tabla 2-4. Campos del archivo /etc/group

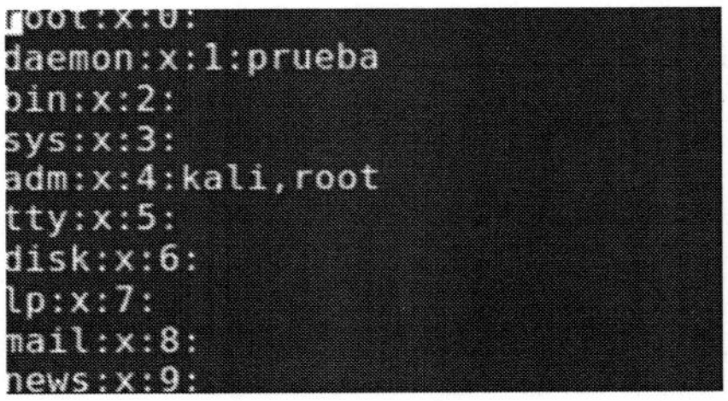

Figura 2-8. Contenido del archivo /etc/group

2.3 FUNDAMENTOS DE LOS SISTEMAS OPERATIVOS MACOS

Siguiendo con la familiarización de los sistemas operativos más utilizados en el mundo, conocerá los fundamentos de los dispositivos de la marca Apple, su sistema de archivos y sistema operativo. A continuación, cabe hacer un breve repaso de sus características más importantes.

2.3.1 SISTEMA DE ARCHIVOS APFS

El sistema de archivos de la marca Apple (*Apple File System* – APFS) ha sido implementado desde 2017, reemplazando al sistema de archivos *HFS+* (*Hierarchical File System Plus*) utilizado por Apple a partir de 1998. El APFS funciona en todos los dispositivos de Apple: iPhone, iPad, iPod touch, Mac, Apple TV y Apple Watch. Algunas de sus características más importantes son:

CARACTERÍSTICA	CAPACIDAD
Tamaño máximo por partición	7.5 EiB
Tamaño máximo por archivo	2 EiB
Número máximo de archivos soportados	4000 millones
Tamaño máximo del nombre de los archivos	255 caracteres
Longitud máxima del nombre del directorio	1016 caracteres
Caracteres soportados	UTF-8 y UNICODE 9.0
Soporte journaling	NO
Soporte para compresión y encriptación	✓
Soporte para instantáneas	✓
Evita la duplicidad de archivos	Copia metadatos de un archivo duplicado
Número de bloques de asignación	2^{63}
Id de archivo	64 bit
Tamaño máximo de archivo	2^{63} bytes
Granularidad de marca de tiempo	1 nanosegundo
Copiar en escrito	✓
Protegido contra choques	✓
Clones de archivos y directorios	✓
Instantáneas	✓
Compartir espacio	✓
Cifrado NATIVO	✓
Archivos dispersos	✓
Dimensionamiento rápido de directorios	✓

Tabla 2-5. Características principales del sistema de archivos APFS

Además, algunas funcionalidades únicas del sistema son:

Snapshots **del sistema de archivos.** APFS posee la capacidad de capturar todo el sistema de ficheros en un volumen de solo lectura.

Clonado de archivos. APFS tiene la capacidad de realizar copias rápidas de un archivo o directorio sin ocupar espacio adicional.

Gestión de espacio vacío. APFS, a diferencia de HFS+, gestiona el espacio vacío eficazmente según su tamaño reduciendo el espacio utilizado en el disco.

Cifrado. El cifrado está integrado de manera nativa y protegido frente a caídas del sistema, además de ser retro compatible con versiones previas del software de cifrado. Realiza implementaciones de clave única y de múltiples claves a nivel de sistema, nivel de archivo e incluso para datos y metadatos específicos. El tipo de cifrado puede variar entre los algoritmos AES-XTS y AES-CBC dependiendo del hardware.

En el sistema de archivos APFS se puede encontrar una variedad de volúmenes con un objetivo específico:

- **Volumen de prearranque:** contiene los datos necesarios para arrancar cada volumen del sistema en un espacio asignado.

- **Volumen de máquina virtual:** el sistema operativo lo utiliza para el almacenamiento de archivos de intercambio.

- **Volumen de recuperación:** contiene el procedimiento de recuperación del sistema.

- **Volumen del sistema:** contiene lo siguiente:
  - Todos los archivos necesarios para inicializar el sistema operativo.
  - Todas las aplicaciones instaladas de forma nativa por sistema operativo.

- **Volumen de datos:** contiene datos que están sujetos a cambios, como:
  - Archivos del directorio de usuario: documentos, fotos, música, vídeos entre otros.
  - Aplicaciones que el usuario ha instalado.
  - Procesos y daemons personalizados instalados por el usuario, la organización o software de terceros.
  - Ubicaciones propiedad del usuario y que permiten escritura.

Se crea un volumen de datos para cada volumen adicional del sistema. Los volúmenes de prearranque, virtualización y recuperación se comparten sin duplicarse[9].

---

[9] *El papel de Apple File System* (s. f.). Apple Support [en línea]. Recuperado el 12 de abril de 2021 de: <https://support.apple.com/es-mx/guide/security/seca6147599e/web>.

Figura 2-9. Sistema jerárquico de archivos en los sistemas APFS

2.3.2 ESTRUCTURA DE LOS SISTEMAS DE ARCHIVOS APFS

La estructura central en los sistemas con APFS, encargada de analizar el sistema de archivos, se conoce como "Super bloque de contenedores", la cual contiene referencias hacia el descriptor y los datos del punto de control.

El descriptor del punto de control guarda un punto de restauración (mismo contenedor de superbloque), así como antiguas copias de superbloques de contenedores.

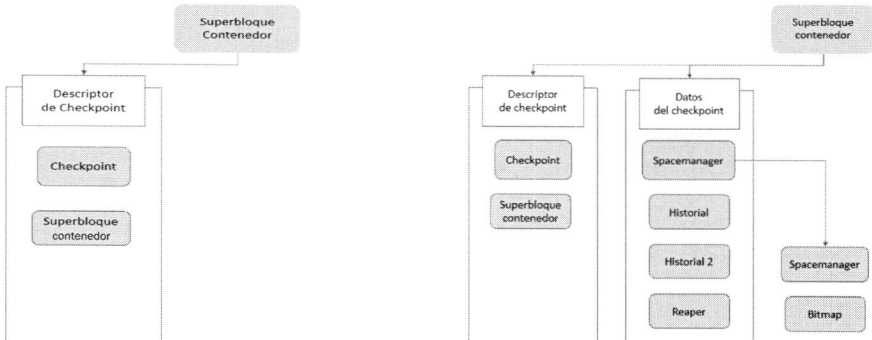

Figura 2-10. Contenido del superbloque

Los datos del punto de restauración (*Checkpoint*) contienen un administrador de almacenamiento (*Spacemanager*), un visualizador de datos de un contenedor (*Reaper*), así como los llamados bloques históricos (*History Blocks*), los cuales contienen un registro de los movimientos. El *spacemanager* tiene un apuntador hacia un grupo interno, que a su vez contiene un puntero al mapa de bits (*Bitmap*).

El siguiente componente del superbloque de contenedores posee una referencia a un árbol B de mapa de objetos (OMAP), la cual contiene referencias hacia su nodo raíz OMAP. Esta estructura tipo árbol almacena entradas OMAP que vinculan el ID de objetos que realizan la función de bloqueo de compensaciones. Los componentes con más relevancia en el contenedor de superbloque son las referencias a los "superbloques de volumen", que posee los volúmenes en el sistema de archivos APFS. Cada superbloque de volumen apunta a otra estructura jerárquica que guarda referencias de los registros que serán leídos, su propio árbol OMAP y un nodo de directorio raíz para el volumen que utiliza.

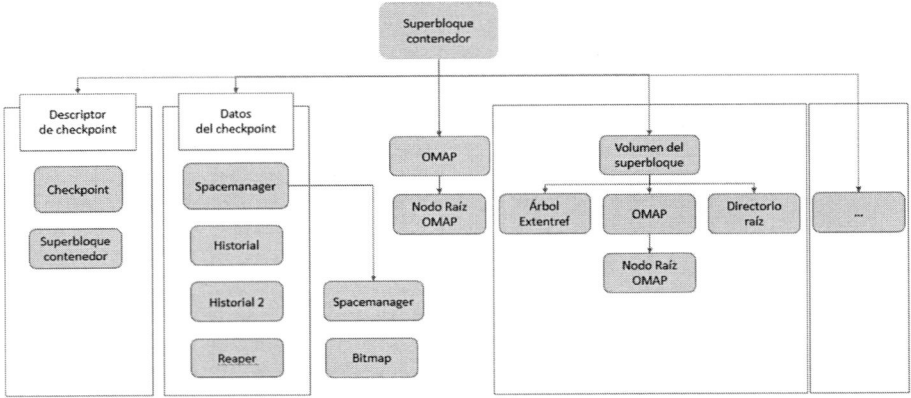

Figura 2-11. Componentes del superbloque de contenedores

Conocer la estructura, los componentes y el funcionamiento de los sistemas APFS brindará un apoyo en la búsqueda de información, registros de funcionamiento, entre otras actividades de un analista forense, por lo que será de gran utilidad en las investigaciones donde estos sistemas operativos se encuentren.

2.4 FUNDAMENTOS DE LOS SISTEMAS OPERATIVOS IOS

El mundo de los dispositivos móviles es muy vasto y se apoya en cada nueva versión lanzada por sus fabricantes; sin embargo, un analista forense debe conocer los fundamentos de los sistemas operativos que contengan los dispositivos que podrían encontrarse en una investigación donde jueguen un rol fundamental para la aclaración de delitos informáticos. Para dar comienzo con este importante rubro de la informática forense, empezará con los fundamentos del sistema operativo iOS.

2.4.1 ESTRUCTURA DE CAPAS DEL SISTEMA OPERATIVO IOS

El sistema operativo iOS es el sistema operativo móvil desarrollado por Apple Inc. para sus dispositivos móviles. Analizando su estructura, se puede ver que tiene una composición con base en capas, lo que genera una comunicación entre cada una de ellas. Para poder analizar su funcionamiento, verá las capas apiladas una sobre otra, desde los servicios básicos (nivel inferior) hasta los servicios que poseen una interfaz gráfica, así como la interacción con el usuario (nivel superior), facilitando una representación como la siguiente:

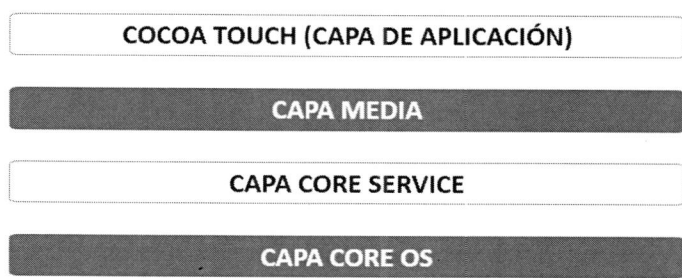

Figura 2-12. Estructura de capas en los sistemas iOS

Cada capa tendrá un conjunto de directorios con componentes necesarios para su funcionamiento y comunicación con las capas inferiores y/o superiores. En dichos directorios puede encontrar bibliotecas compartidas y de funcionamiento dinámico; por lo que a cada directorio se lo conoce como *"framework"* o "marco", de su traducción al español. Cada uno brindará información para cualquier desarrollador de software para el sistema operativo iOS.

Capa CORE OS

Esta será su capa inferior y puede considerarla como el núcleo del sistema operativo, verá los marcos dedicados al funcionamiento básico del sistema e idealizado en la concepción del sistema operativo desde su fabricación. Entre los marcos que puede ver, están los siguientes:

- Marco de servicios de seguridad
- Marco de administración de memoria RAM
- Marco de administración de bluetooth
- Marco de administración de directorios
- Marco de administración de procesos
- Marco de servicios de conexión local

Capa CORE Service

Avanzando hacia un nivel superior a la capa *CORE OS*, puede encontrar la capa dedicada a los marcos de servicios fundamentales para el sistema, y las aplicaciones, llamada capa de servicios (*CORE Service*). Algunos de los marcos más relevantes que encuentra en esta capa son:

- Marco de protección de datos
- Marco de identificación del usuario

- Marco de información sobre la salud del usuario (*HealthKit Framework*)

- Marco de comunicación con el servicio de iCloud (*Cloud Kit Framework*)

- Marco de ubicación

- Marco de administración de datos para aplicaciones (*Core Foundation Framework*)

- Marco de características del sistema para apoyo del *Foundation Framework*

- Marco para dispositivos del usuario (*HomeKit Framework*)

- Marco de datos basados en el movimiento del dispositivo (*Core Motion Framework*)

- Marco de administración del modelo de datos de una aplicación (*Core Data Framework*)

- Marco para la adquisición de contenidos y servicios a través de las aplicaciones del dispositivo (*StoreKit Framework*)

Capa MEDIA

En el siguiente nivel del modelo de capas de los sistemas operativos iOS encontrará la capa llamada *MEDIA*. Esta capa tiene como objetivo la administración y funcionamiento de los elementos gráficos, archivos multimedia (imágenes, vídeos y audios) y las comunicaciones del sistema. En esta capa encontrará los siguientes marcos:

- Marco de gráficos *UIKit*

- Marco de representación vectorial (*Core Graphics Framework*)

- Marco de optimización gráfica

- Marco de comunicación a la biblioteca de la aplicación iTunes (*Media Player Framework*)

- Marcos de reproducción de archivos multimedia (*OpenAL, AV* y *GLKit*)

Capa de Aplicación (COCOA TOUCH)

La capa superior del modelo de capas de los sistemas iOS tiene como objetivo la interacción con el usuario, la **interfaz táctil** y de movimientos del sistema; es conocida como *COCOA Touch*. En esta capa puede encontrar los siguientes marcos:

- Marco de eventos de las aplicaciones del usuario (*EventKit Framework*)

- Marco de datos relacionados con videojuegos en línea (*GameKit Framework*)

- Marco de mapas de sistema (*MapKit Framework*)

- Marco de notificaciones, alertas, actualizaciones y registros del sistema y aplicaciones (*PushKit Framework*)

2.4.2 CIFRADO DE LOS SISTEMAS OPERATIVOS IOS

La funcionalidad más relevante del cifrado de los dispositivos iOS incluye un procesador que impulsa las funciones de seguridad del sistema, así como un chip adicional dedicado a las tareas de seguridad. El hardware centrado en la seguridad sigue el principio de admitir funciones limitadas y definidas de forma discreta para minimizar la superficie de un posible ataque. Estos componentes incluyen una memoria de solo lectura (*Read-Only Memory* – ROM) para el arranque, que forma una raíz de confianza desde el hardware para un arranque seguro, motores con el algoritmo de cifrado *AES* dedicados para el cifrado y descifrado seguro y eficaz, además del Secure Enclave. El Secure Enclave es un sistema en chip (*Systemon a chip* – SoC), que se incluye en todos los dispositivos móviles de Apple, que contiene su propia ROM de arranque discreta y motor AES. También proporciona la base para la generación y el almacenamiento seguro de las claves necesarias para encriptar los datos en reposo, y protege y evalúa los datos biométricos del reconocimiento facial (*Face ID*) y de la pantalla táctil (*Touch ID*).

El motor de hardware AES realiza la tarea de cifrado de manera rápida y eficaz sin exponer los datos o información del algoritmo que lo realiza, encriptado y desencriptado en línea a medida que se escriben o leen archivos. Un canal especial del Secure Enclave proporciona el material de codificación necesario para el motor AES sin exponer esta información al procesador de aplicaciones o al sistema operativo en general. Esto ayuda a garantizar que la protección de datos de Apple y las tecnologías *FileVault* protejan los archivos de los usuarios sin exponer las claves de encriptación de larga duración. Apple diseñó el arranque seguro para proteger los niveles más profundos del software contra la manipulación y para permitir que solo se cargue el software del sistema operativo de confianza de Apple durante el arranque. El *Secure Enclave* también procesa datos faciales y de huellas dactilares de los sensores de *Face ID* y *Touch ID* en los dispositivos Apple. Esto proporciona un acceso seguro a la vez que mantiene la privacidad y la seguridad de los datos biométricos del usuario[10].

La intención de este extracto de información no es brindar una formación especializada ni la documentación a fondo de los componentes de los sistemas operativos iOS, el objetivo es brindar la posibilidad de detectar procesos, eventos y/o funciones que no sean ordinarios en su fabricación y que impliquen la intervención de un usuario o software malicioso con el fin de apoyar una investigación forense en dispositivos móviles con este sistema.

---

[10] *Descripción general de la seguridad del hardware* (s. f.). Apple Support [en línea]. Recuperado el 25 de abril de 2021 de: <https://support.apple.com/es-mx/guide/security/secf020d1074/1/web/1>.

2.5 FUNDAMENTOS DE LOS SISTEMAS OPERATIVOS ANDROID

El sistema operativo Android que a continuación se detalla le brindará al lector una comprensión de la arquitectura, modelo de seguridad, funcionamiento de sus componentes e interacción entre ellos para proveer un análisis más preciso en un escenario donde se vean involucrados dispositivos con este sistema operativo.

El sistema operativo Android fue desarrollado en 2003 por Android Inc., fundada en los Estados Unidos de Norteamérica, específicamente en California, por Andy Rubin, RichMiner, Nick Sears y Chris White con el objetivo de crear un sistema operativo que tuviera en cuenta los gustos y la localización del propietario en el momento que se deseara. En 2005, la empresa Google adquirió a Android Inc., lo que permitió que Andy Rubin y algunos miembros fundadores continuaran desarrollando el sistema operativo con sus nuevos propietarios. La presentación del sistema operativo Android se realizó en 2007 en conjunto con la fundación del Open Handset Alliance[11], consorcio de compañías de hardware, software y telecomunicaciones para avanzar en los estándares abiertos de los dispositivos móviles. El **código fuente** principal de Android se conoce como *Android Open Source Project* (AOSP), que se libera bajo la licencia Apache, lo que significa que los fabricantes de dispositivos de telefonía móvil pueden acceder a él para modificarlo libremente y utilizar el software de acuerdo con los requisitos de cualquier dispositivo. Esta es una de las principales razones de su popularidad[12].

Android es el sistema operativo más utilizado en dispositivos móviles según la asesora y consultora empresarial Yi min Shum[13], a través de su portal, donde recopila y detalla información sobre estadísticas mundiales y que puede ser consultado en: *https://yiminshum.com*. Este sistema operativo está basado en código abierto, modelo de desarrollo descentralizado que distribuye código fuente públicamente para la colaboración abierta entre desarrolladores de todo el mundo[14].

---

[11] Britannica, The Editors of Encyclopedia. *Android.* Encyclopedia Britannica (s. f). Recuperado el 30 de abril de 2021 de: <https://www.britannica.com/technology/Android-operating-system>.
[12] Android Open Source Project (s. f.). *Licencias* [en línea]. Recuperado el 30 de abril de 2021 de: <https://source.android.com/setup/start/licenses?hl=es-419>.
[13] Descubre mi Historia, Experiencia y Vida - Yi Min ShumXie. (2018). *Yi Min Shum Xie.* <https://yiminshum.com/sobre-mi/>.
[14] IBM. (s. f.). *¿Qué es el software de código abierto?* [en línea]. Recuperado el 31 de abril de 2021 de: <https://www.ibm.com/mx-es/topics/open-source>.

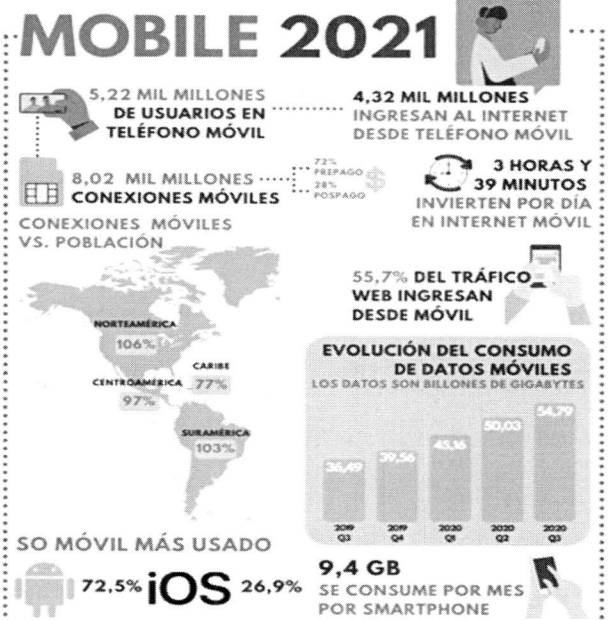

2.5.1 ARQUITECTURA DE LOS SISTEMAS ANDROID

El sistema operativo Android está conformado por un conjunto de capas apiladas una encima de la otra. Los elementos dentro de cada capa se integran de manera que proporcionan el **entorno de ejecución** óptimo para los dispositivos móviles. Para comprender de mejor manera la arquitectura Android pone a su disposición el siguiente esquema:

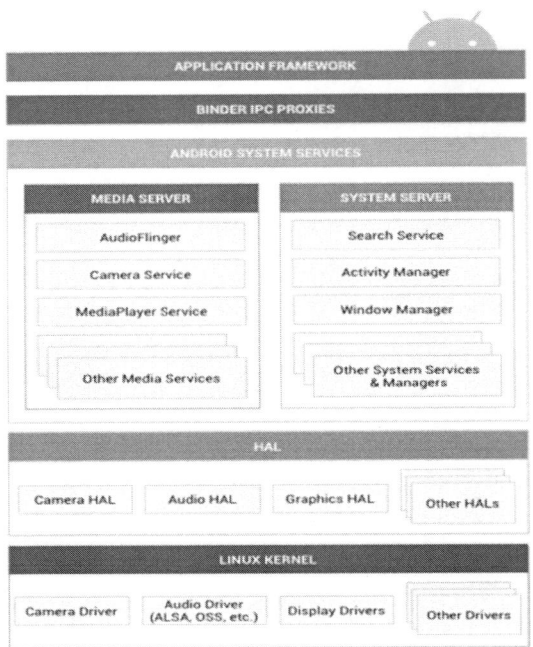

Figura 2-13. Estructura del sistema operativo Android
<https://source.android.com/devices/architecture>

Application Framework

Los desarrolladores de aplicaciones utilizan con mayor frecuencia este marco de trabajo relacionado con las aplicaciones. Como desarrollador de aplicaciones, debe conocerse las API de desarrollador, ya que ellas se asignan directamente a las interfaces posteriores llamadas HAL, que pueden proporcionar información útil sobre la implementación de controladores.

Binder IPC Proxies

El mecanismo *Binder Inter-Process Communication* (IPC) permite que el *application framework* cruce los límites del proceso y llame al código de servicios del sistema Android. Este proceso faculta a las API de los frameworks de nivel superior para interactuar con los servicios del sistema.

SystemServices

Los servicios del sistema son componentes modulares enfocados, como el administrador de ventanas, el servicio de búsqueda o el administrador de notificaciones. La funcionalidad expuesta por las API del *Application framework* se comunica con los servicios del sistema para acceder al hardware de las capas inferiores, además de tener los grupos de servicios llamados

Window Manager y *Notification Manager*, así como los medios de los servicios involucrados en la reproducción y grabación de recursos multimedia.

Capa de abstracción de hardware (HAL)

La capa de abstracción de hardware (*Hardware Abstraction Layer* – HAL) define una interfaz estándar para las implementaciones de los proveedores de hardware, lo que permite que el sistema Android sea independiente de las implementaciones de controladores de nivel inferior. El uso de una HAL le permite al sistema implementar la funcionalidad sin afectar o modificar el contenido de otras capas al ser implementada en módulos que el sistema pueda cargar en el momento en que sean solicitadas.

Núcleo de Linux

El desarrollo de los **controladores de los sistemas** Android es similar al desarrollo de un controlador para sistemas GNU/Linux. Android usa una versión del kernel de Linux con algunos añadidos especiales, como lo son: *Low MemoryKiller* (sistema de administración para preservar la memoria), *Wake Locks* (servicio del sistema *Power Manager*), el controlador *Binder IPC* y otras características importantes para una plataforma integrada móvil. Estos añadidos son principalmente para la funcionalidad del sistema y no afectan al desarrollo del controlador[15].

Estructura del sistema de archivos en Android

Los sistemas Android utilizan el kernel de Linux como soporte para su sistema de archivos virtual (*Virtual File System* – VFS), donde se define la manera de almacenar y recuperar la información que se encuentra en su contenido, además de la compatibilidad con otros sistemas de archivos. Los sistemas de archivos de Android poseen una estructura como la siguiente:

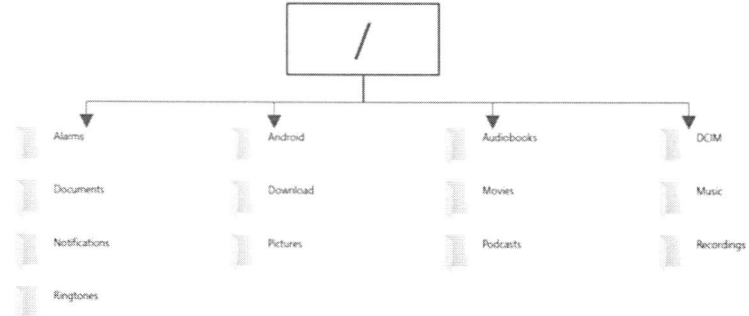

Figura 2-14. Estructura del sistema de archivos en sistemas Android

---

[15] Android Open Source Project (s. f.). *Architecture overview* [en línea]. Recuperado el 5 de mayo de 2021 de: <https://source.android.com/docs/core/architecture>.

2.5.2 PARTICIONES DE LOS SISTEMAS OPERATIVOS ANDROID

Los sistemas Android utilizan diversas particiones para organizar sus elementos esenciales, teniendo seis particiones comúnmente, y asignando una tarea a cada una de ellas y variando entre la composición y gama del dispositivo. El detalle de cada una de ellas se muestra a continuación:

PARTICIÓN	DESCRIPCIÓN
/BOOT	Contiene elementos esenciales para el arranque del dispositivo. En caso de borrarse o dañarse, debe instalarse una nueva ROM para el sistema.
/SYSTEM	Contiene el sistema operativo (sin kernel y RAM), la **interfaz gráfica de usuario** de usuario (*GraphicalUserInterface* – GUI) y las aplicaciones preinstaladas del sistema junto con la ROM. En caso del borrado o daño de esta partición, el sistema operativo deberá reinstalarse debido a que el dispositivo solo podrá iniciarse en modo de recuperación.
/RECOVERY	Realiza operaciones como respaldos, copias de seguridad o restauraciones de datos del dispositivo.
/DATA	Contiene los datos del usuario (contactos, SMS, archivos multimedia, configuraciones y aplicaciones del sistema, entre otros).
/CACHE	Contiene datos de acceso frecuente relacionados con las aplicaciones instaladas en el dispositivo.
/MISC	Contiene configuraciones del sistema (operador, región, configuración de conexiones, encendido/apagado del equipo, entre otras).
/SDCARD	Contiene los archivos multimedia del usuario (imágenes, audio, vídeo, documentos, datos de aplicaciones).

Tabla 2-6. Particiones en los sistemas operativos Android

Seguridad de los sistemas operativos Android

El sistema operativo Android posee funciones integradas en la arquitectura que tienen el objetivo de garantizar la seguridad de los usuarios, las aplicaciones y los datos con el uso y actualización del kernel de Linux con cada lanzamiento de una nueva versión del sistema. Estas actualizaciones comprenden una revisión del modelo de permisos basado en el usuario, el aislamiento de los procesos del sistema y un mecanismo seguro para el uso de las IPC.

2.5.3 MODELO DE PERMISO

Las versiones más recientes de los sistemas Android notifican al usuario la primera vez que se requiere cada permiso mientras la aplicación está en uso, y ha evolucionado a la declaración de permisos en el archivo *manifest.xml* de cada aplicación y al listado de permisos de la aplicación, previo a su instalación, en la tienda de aplicaciones de Google que se utilizaba en versiones anteriores del sistema. Este modelo permite que un usuario use una aplicación sin otorgar todos los permisos solicitados por la aplicación, aunque la funcionalidad pueda verse limitada. Los permisos del sistema operativo Android se clasifican en los siguientes cuatro niveles:

TIPO DE PERMISO	DESCRIPCIÓN
Normal	Este es el valor predeterminado. Estos son permisos que no representan un riesgo para otras aplicaciones, sistemas o usuarios.
Peligroso	Son los permisos que pueden causar daño al sistema y otras aplicaciones. Debido a esto, es necesaria la aprobación del usuario durante la instalación.
Firma	Se otorgan automáticamente a una aplicación solicitante si esa aplicación está firmada por el mismo certificado que aquel que declaró/creó el permiso. Este nivel está diseñado para permitir que las aplicaciones que forman parte de un conjunto o que estén relacionadas de otro modo compartan información.
Firma/Sistema	Se otorga solo a las aplicaciones que están en el sistema o que se encuentran firmadas con el mismo certificado de la aplicación que declaró el permiso.

Tabla 2-7. Permisos en los sistemas operativos Android

2.6 PARTICIONES EN DISCOS DUROS

Una partición de un medio de almacenamiento (disco duro, disco virtual, entre otros) es una división que puede contener un sistema de archivos, ser utilizada para guardar información o fragmentarse aún más para aprovechar al máximo su funcionalidad. Existen tres tipos de particiones:

Partición primaria. Son las divisiones compatibles con todos los sistemas de archivos, donde se encuentran sistemas operativos de manera habitual. Poseen un número máximo de cuatro particiones en un dispositivo de almacenamiento.

Partición secundaria (Extendida). Estos fragmentos de un disco fueron pensados con el objetivo de expandir el límite de las cuatro particiones que permiten las particiones primarias, asignándola a una partición primaria para contener múltiples particiones lógicas en ella.

Partición lógica. Son las particiones que se pueden crear dentro de cualquiera de las particiones previas, las cuales ocuparán su totalidad. Requieren un sistema de archivos para almacenar cualquier recurso como dispositivo independiente.

La existencia de estas particiones, en un disco duro con al menos una de las particiones redactadas anteriormente, puede ser resumida de la siguiente manera:

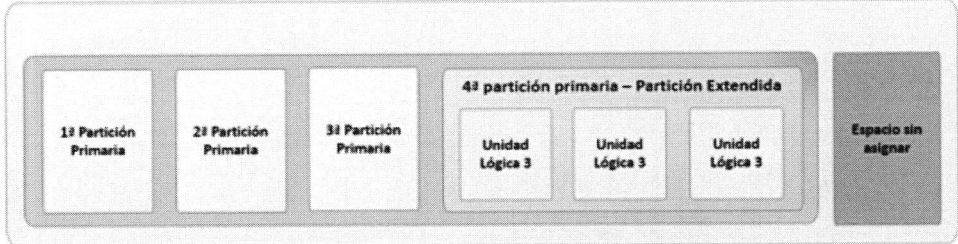

Figura 2-15. Esquema de un disco duro con particiones

2.7 MÁQUINAS VIRTUALES

Las máquinas virtuales son softwares que proporcionan la misma función que los dispositivos físicos (como laptops o **servidores**). Como ocurre con los dispositivos físicos (host), ejecutan aplicaciones y un sistema operativo. Sin embargo, las máquinas virtuales son archivos informáticos que se ejecutan en un dispositivo físico y se comportan como un ordenador físico, así que son consideradas sistemas informáticos independientes[16].

Para la creación de máquinas virtuales con cualquier software de virtualización serán necesarias algunas características en los dispositivos físicos:

Procesador. Este recurso es utilizado en el rendimiento de una máquina virtual, determina las tareas que se pueden realizar de manera simultánea. Al asignar un procesador virtual a la máquina virtual se disminuyen los recursos del procesador disponibles para el equipo físico.

Para un investigador en informática forense, el conocimiento sobre la creación, administración y uso de una máquina virtual es fundamental para el análisis de información relevante en una investigación. Para el planteamiento y uso de una máquina virtual se puede determinar asignaciones de recursos del host que le serán asignadas según las actividades que lleve a cabo con ella. En la siguiente tabla se propone una referencia de las asignaciones de los procesadores según el escenario de investigación:

---

16 VmWare (s. f.). *Máquina virtual* [en línea]. Recuperado el 13 de mayo de 2021 de: <https://www.vmware.com/latam/topics/glossary/content/virtual-machine.html>.

ESCENARIO	NÚMERO RECOMENDADO DE PROCESADORES
Análisis de correo, archivos de ofimática con malware, imágenes, dispositivos de almacenamiento.	1 procesador
Análisis de piezas de malware, criptografía, esteganografía, análisis de imágenes forenses y volcado de memoria RAM.	2 procesadores
Análisis de malware en general, dispositivos móviles, aplicaciones de servidores, dispositivos de almacenamiento externo.	4 procesadores

Tabla 2-8. Asignación de procesadores a una máquina virtual según el escenario de investigación

Memoria RAM (*Random Access Memory*). La memoria de acceso aleatorio retiene información que los componentes de un sistema informático requieren durante su ejecución. Cada máquina virtual requiere asignar memoria RAM del dispositivo físico al sistema operativo que se instale en ella teniendo en cuenta las limitaciones del equipo host. La RAM producirá mejoras en el manejo de la **memoria caché**, uso del software y la emulación de móviles. Esto determina una tabla de referencia para la asignación de memoria según el escenario de investigación:

ESCENARIO	RAM
Análisis de correo, archivos de oficina con malware, imágenes, dispositivos de almacenamiento.	2 GB
Análisis de piezas de malware, criptografía, esteganografía, análisis de imágenes forenses y volcado de memoria RAM.	4 - 8 GB
Análisis de malware en general, móviles, aplicaciones de servidores, dispositivos de almacenamiento externo.	8 GB en adelante

Tabla 2-9. Asignación de memoria RAM según el escenario de investigación

Imagen ISO. Este término se ha acuñado al archivo que posee una copia idéntica de un sistema de archivos, debido a que se rige por el estándar *ISO 9660*[17] de la Organización Internacional de Normalización (*International Organization for Standardization* – ISO). El uso de los recursos con el estándar ISO ofrece la posibilidad de virtualizar un escenario similar a donde se ha

---

[17] Organización Internacional de Normalización (1988). *ISO 9660:1988, Information processing — Volume and file structure of CD-ROM for information interchange.*

generado un incidente de ciberseguridad y hace posible su análisis e interacción. Estos recursos informáticos se encuentran en cada página principal de cada sistema operativo.

Adaptadores de red de una máquina virtual

Un adaptador de red virtual hace referencia a la función de un software de virtualización para definir el flujo de red hacia una máquina virtual específica; la comunicación entre ellas, su salida a internet o el aislamiento de entrada y salida. De manera general, el software de virtualización puede poseer nombres asociados a cada funcionamiento, los cuales se listan a continuación:

Red en modo compartida (NAT). Esta funcionalidad de los adaptadores de red ofrece la opción de asignar el servicio de traducción de direcciones de red (*Network Address Translation* – NAT) para la máquina virtual. Con esta asignación, la máquina virtual tendrá acceso a la red del equipo host por medio de una subred virtualizada con dirección IP, dirección de puerta de enlace, máscara de red y del servicio DNS virtualizadas.

Red en modo puente (Bridge). Esta configuración ha sido pensada para que una máquina virtual tenga acceso a la misma subred que la máquina host y se convierta así en un dispositivo más en la red. Esta opción asigna una dirección IP diferente de la configurada en la máquina host, pero conservando las demás configuraciones (dirección de puerta de enlace, máscara de red y dirección *DNS*).

Red solo-host (Host-Only). Esta asignación de red se realiza cuando se necesita aislar a la máquina virtual de la red local, es inaccesible para cualquier dispositivo que se encuentre en ella.

Personalizado (Custom). Permite seleccionar un adaptador de red específico para establecer una conexión por medio de él.

Cada adaptador estará asociado a un uso específico:

- **VMNet1:** será utilizado para la comunicación entre el equipo host y la máquina virtual.
- **VMNet8:** está destinada para el adaptador que genera la conexión de tipo "modo NAT".
- **VMNet0:** está reservada para el adaptador de la conexión "modo Bridge".

2.7.1 VMWARE WORKSTATION PRO

El software de virtualización llamado VMware Workstation Pro permite virtualizar varios sistemas operativos de manera simultánea en un mismo equipo informático, lo que permite apoyar a la creación de entornos de prueba con diversos propósitos. La capa de virtualización de VMware asigna los recursos de hardware físicos a los recursos de la máquina virtual, por lo que cada máquina virtual cuenta con un procesador, memoria, discos de almacenamiento y dispositivos de entrada y salida propios (como teclado, red, entre otros). VMware ofrece una amplia compatibilidad de hardware al heredar del host la compatibilidad con los dispositivos.

Requisitos del sistema

- Procesadores. Compatibilidad con sistemas que usan procesadores del 2011 o posteriores, con algunas excepciones.

- Velocidad de núcleo de 1,3 GHz* o posterior.

- 4 GB de RAM como mínimo.

- 1,2 GB de espacio de almacenamiento disponible en el disco para su instalación[18].

2.7.1.1 Instalación en entornos Windows

El primer paso para la instalación del software de virtualización VMware Workstation Pro es descargar su versión para Windows desde su página oficial (<https://www.vmware.com/products/workstation-pro/workstation-pro-evaluation.html>), para efectos del presente escrito, se muestra la versión 16.2.2:

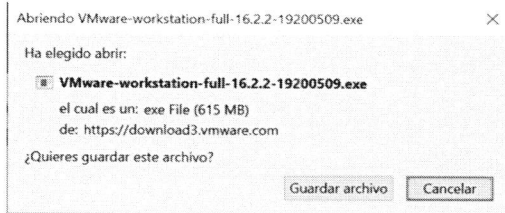

Al ejecutar el archivo descargado se muestra la siguiente ventana, en donde se seleccionará el botón "*Next*":

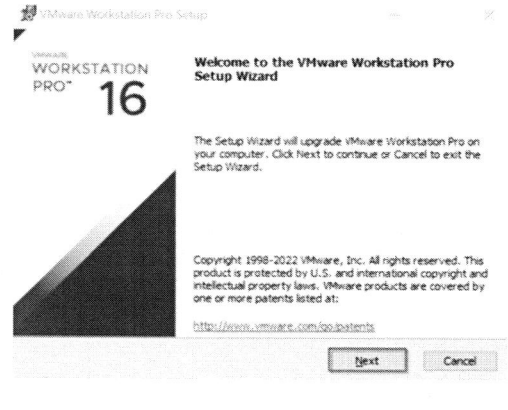

---

[18] Vmware (s. f.). *Workstation Pro - VMware Products: Windows Virtualization for Everyone* [en línea]. Recuperado el 22 de mayo de 2021 de:
<https://www.vmware.com/mx/products/workstation-pro.html>.
*GHz en un equivalente de la unidad de medida de frecuencia hercio. Equivale a 10^9 Hz.

Una vez leída la licencia de uso, en caso de estar de acuerdo con los estatutos que se mencionan, se puede aceptar seleccionando la opción "*Next*":

La siguiente ventana permite elegir los controladores para el teclado con el objetivo de utilizar funciones como meta-comandos (*Ctrl + C*, *Ctrl + V*, *Ctrl + X*, entre otros) en las máquinas virtuales y otra opción es aceptar que el instalador agregue las herramientas de la consola VMWare en la ruta del sistema:

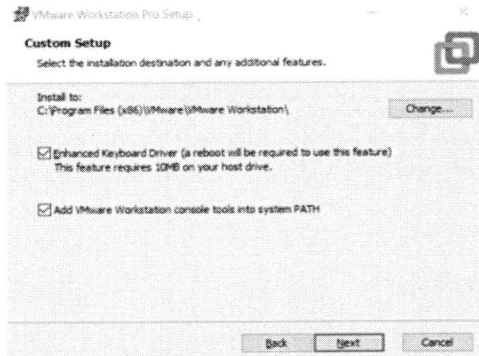

Por último, se seleccionará la opción de buscar actualizaciones mientras se instala:

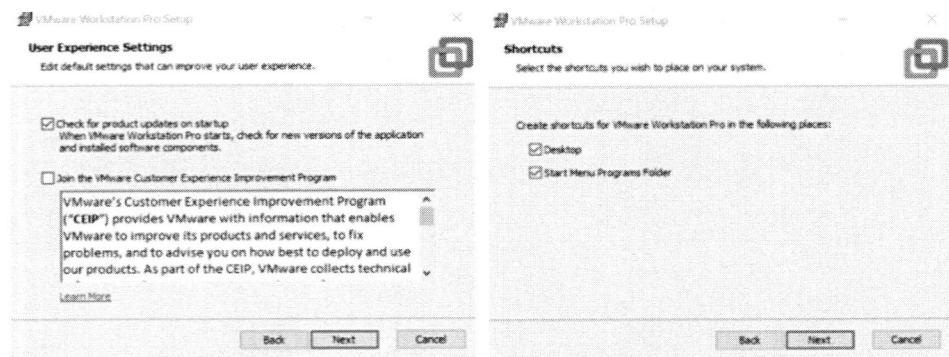

En caso de poseer una licencia, en la siguiente ventana puede introducirse; en caso contrario, se puede utilizar la versión de prueba durante 30 días.

Después de la instalación y el reinicio del equipo host, se mostrarán los adaptadores de red virtuales instalados por VMware Workstation Pro que se utilizarán en las máquinas virtuales que vayan a ser generadas, aun con la posibilidad de crear nuevos adaptadores de red para diversos propósitos.

Creación de una máquina virtual

Para crear una máquina virtual se debe acceder a la interfaz de inicio de VMware Workstation Pro, hará lo siguiente:

1. Hará clic en la opción de "*Create a New Virtual Machine*", lo que lanzará el asistente de apoyo para la creación.

2. Una vez mostrada la ventana llamada "*New Virtual Machine Wizard*", seleccionará la opción de "*Custom*":

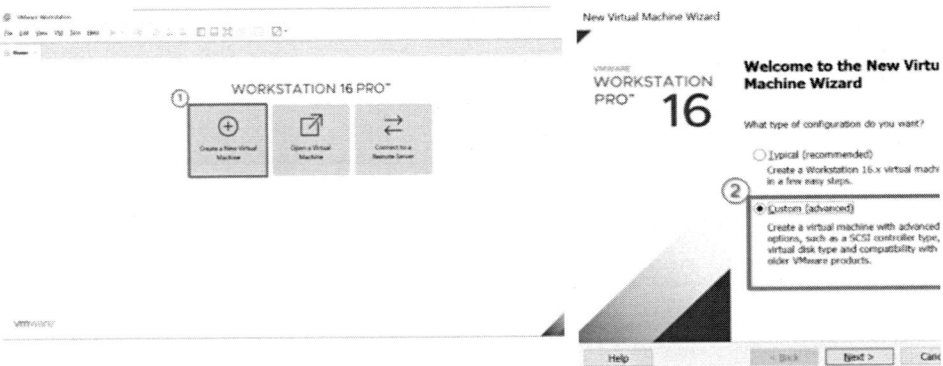

3. Al acceder a la siguiente ventana, se mostrarán las opciones para configurar la compatibilidad, donde podrá seleccionar una versión específica; para efectos de esta guía solo se utilizará esta versión, por lo que se seleccionará la opción de "*Next*".

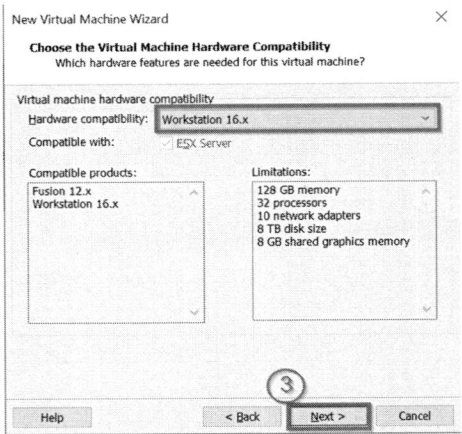

4. En la siguiente ventana podrá visualizar la opción de instalar el archivo *iso* desde un dispositivo externo en la opción de "*Installfrom*", además de la opción "*Installer disc image file (iso)*", donde se buscará el recurso en formato *iso* del sistema operativo que desea instalar al seleccionar la opción "*Browse*":

Como última opción, se puede preparar el espacio de almacenamiento e instalar posteriormente la máquina virtual en la última opción según lo que se necesite.

5. En el apartado "*Virtual machine name*" se introducirá el nombre de la máquina virtual que será creada; para mayor detalle se recomienda incluir el sistema operativo y una descripción breve en el nombre para su posterior ubicación.

En la opción de *"Location"* se debe definir la ruta en la que se desea guardar la máquina virtual, ya sea un directorio específico o hasta un dispositivo extraíble.

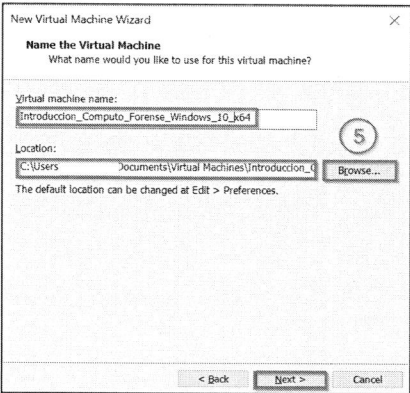

6. En la siguiente ventana, llamada *"Firmware type"*, se muestran dos opciones:

- **BIOS.** Significa que el firmware de la máquina virtual utilizará esta interfaz para seleccionar un sistema operativo al arrancar.

- **UEFI.** Esta interfaz permite realizar acciones antes de iniciar el sistema operativo invitado.

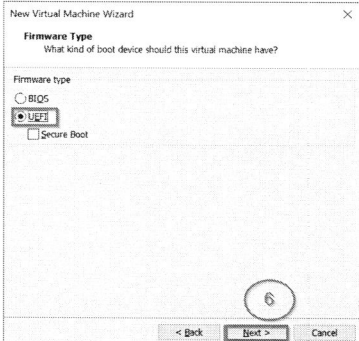

7. En la ventana llamada *"Processor Configuration"* se deben especificar los procesadores que se destinará a la máquina virtual, lo cual dependerá del objetivo para la cual se está creando (análisis forense, análisis de malware, sandbox, análisis de código, pruebas de penetración, entre otros). Se recomienda la siguiente configuración:

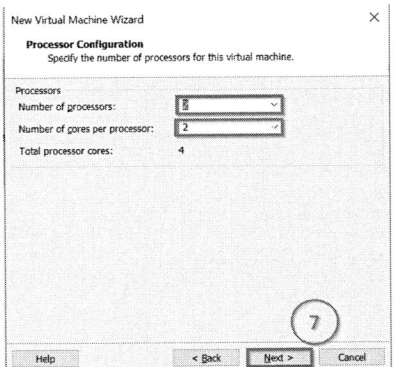

8. La siguiente ventana, llamada *"Memoryforthe Virtual Machine"*, especifica la RAM que tendrá su máquina virtual, lo que dependerá de la disponible en el equipo host. Se puede comprobar el máximo de memoria recomendada, más no limitativa, con una flecha en color azul.

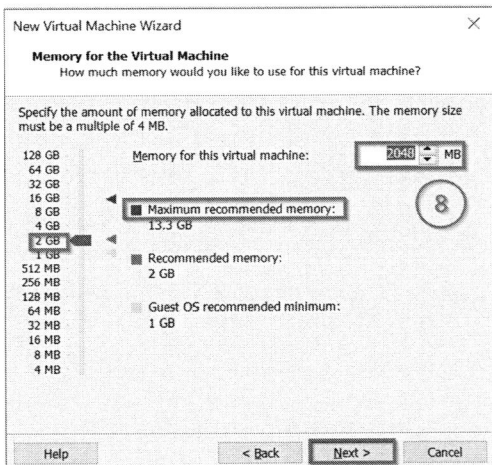

9. La siguiente ventana, llamada *"Network Type"*, solicitará el tipo de conexión que se desea tener con esa máquina virtual a través de los adaptadores de red (Bridge, LAN o Host-Only), o, en caso de requerir que no tenga conexión con otro dispositivo e internet, se puede seleccionar la opción *"Do not use a networkconnection"*, la conexión dependerá también de la función a la que será destinada la máquina virtual.

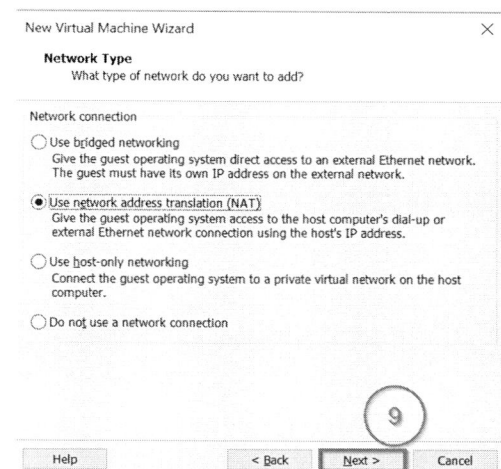

10. En las ventanas siguientes podrán ser seleccionadas las opciones recomendadas; sin embargo, pueden ser seleccionadas las demás opciones en caso de ser necesario:

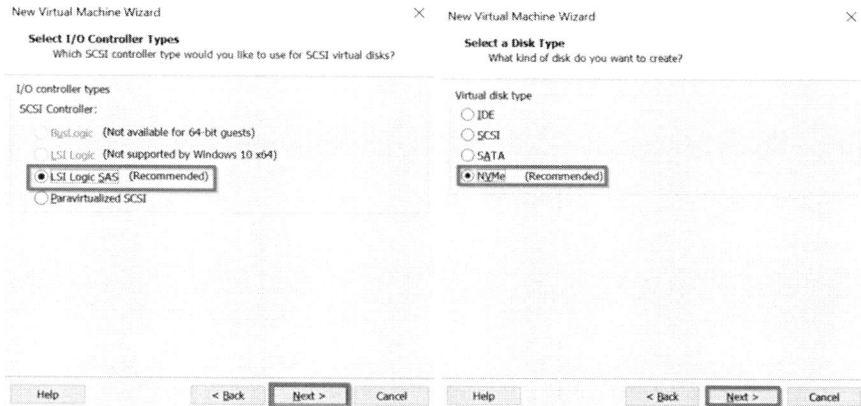

11. La siguiente ventana importante es la llamada "*Select a disk*", en donde se podrá seleccionar entre tres opciones:

   a. "*Create a new virtual disk*", siempre es lo recomendado.

   b. "*Use anexisting virtual disk*", en caso de reutilizar la configuración de un disco virtual previamente instalado.

   c. "*Use a physical disk*", utilizada cuando se administra un dispositivo de almacenamiento externo.

Además, en la siguiente ventana puede introducir el tamaño del disco que tendrá la máquina virtual:

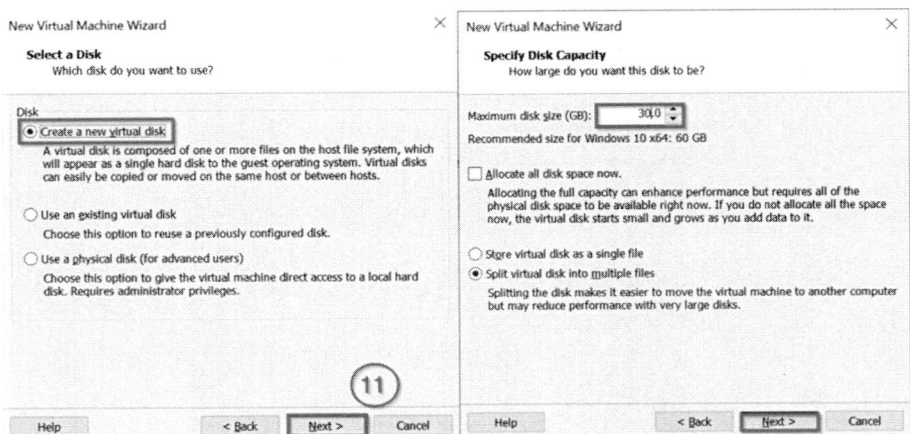

12. En la siguiente ventana, llamada *"Specify Disk File"*, se puede especificar el nombre del disco de la máquina virtual. Por defecto, VMware Worsktation Pro genera un nombre para el disco virtual con el mismo nombre que se introdujo en el paso 5 añadiendo la extensión de los discos virtuales de VMware: *vmdk*.

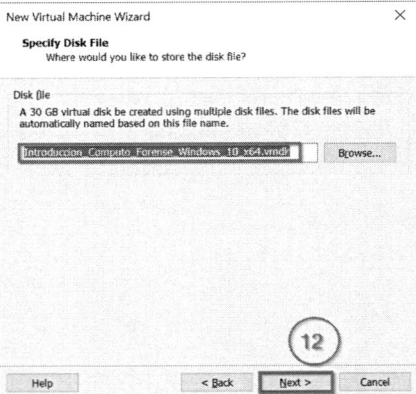

13. Por último, emergerá la ventana llamada *"Ready to Create Virtual Machine"*, en la que se muestran los aspectos generales de la máquina virtual que está creando, por lo que se seleccionará la opción *"Finish"*.

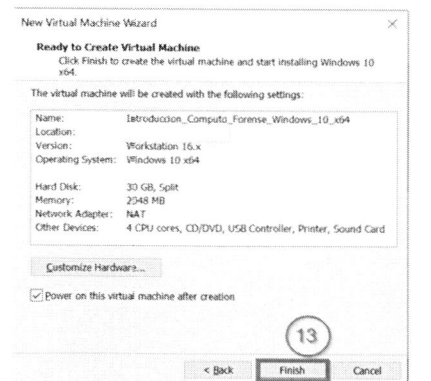
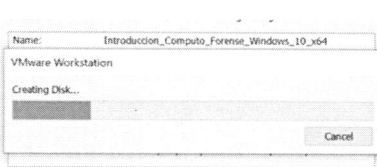

14. Así se verá el inicio de la instalación del sistema operativo en su máquina virtual. Para efectos del presente escrito, se realizó la instalación del sistema operativo Windows 10:

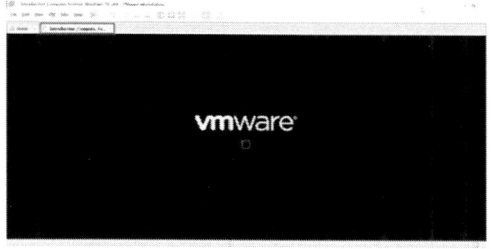

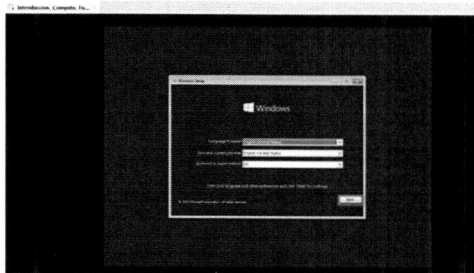
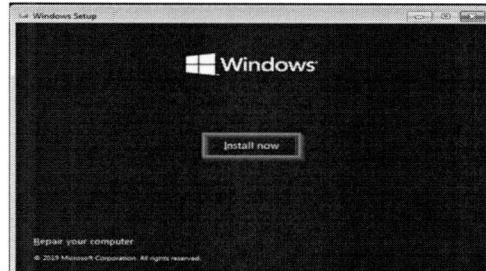

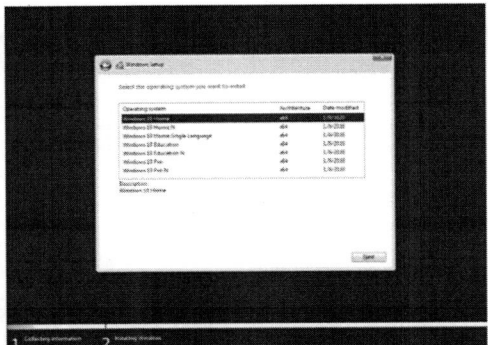

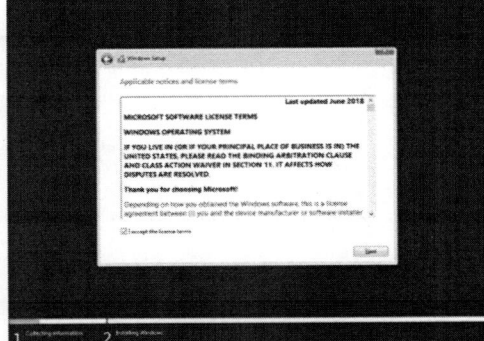

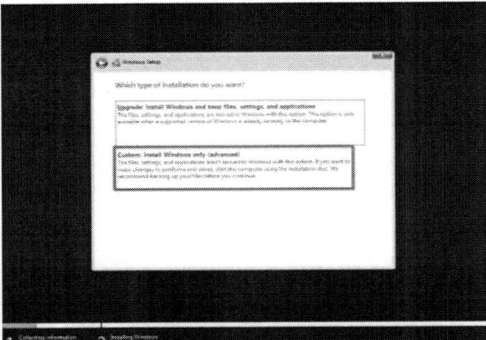

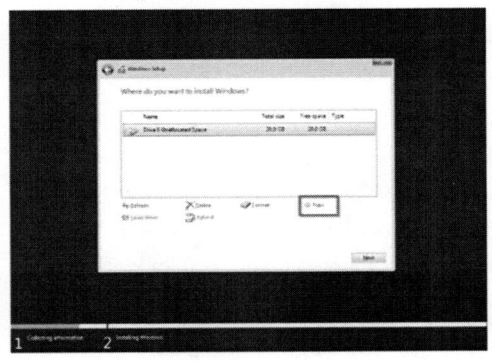

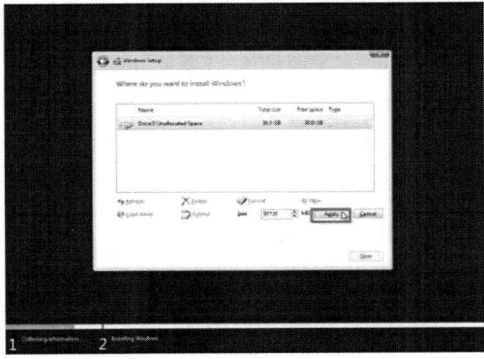

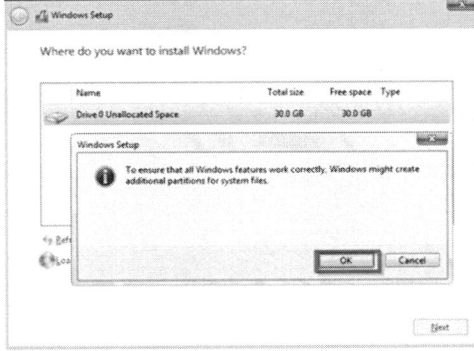

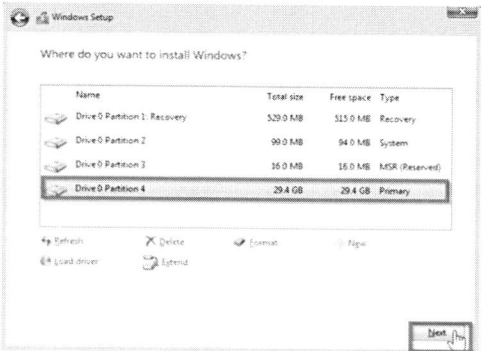 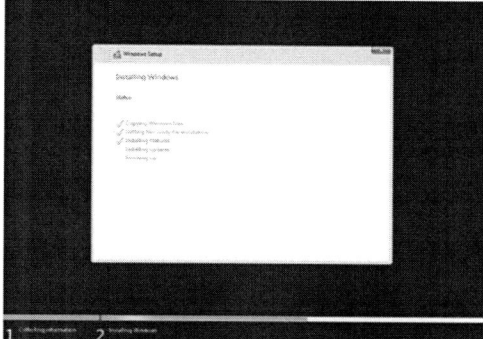

15. Para finalizar, como si se tratase de una instalación en un dispositivo físico, se deben configurar los usuarios, contraseñas y la preparación del contenido que tendrá.

2.7.1.2 Instalación en entornos GNU/Linux

La compatibilidad de VMware Workstation Pro con sistemas operativos GNU/Linux la puede encontrar en la siguiente tabla:

SISTEMA OPERATIVO	VERSIONES SOPORTADAS
Ubuntu	15.04 o posterior
Red Hat Enterprise Linux	6 o posterior
Centos	7.0 o posterior
Oracle Linux	7.0 o posterior
Opensuseleap	42.2 o posterior
Suse Linux	13 y versiones posteriores

Tabla 2-10. Compatibilidad de VMware Workstation Pro con sistemas operativos y sus versiones

Para comenzar, se debe descargar la versión de VMware Workstation Pro para sistemas GNU/Linux desde su página oficial: <https://www.vmware.com/mx/products/workstation-pro/workstation-pro-evaluation.html>, seleccionando la versión para este tipo de entornos:

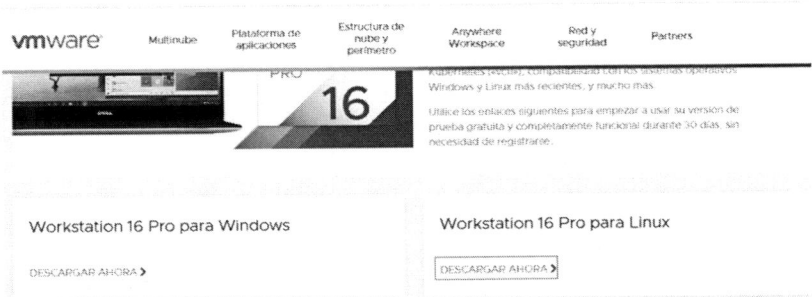

A partir de aquí, se hará un seguimiento a la documentación oficial para la instalación de VMware Workstation Pro en entornos GNU/Linux que puede encontrar en el siguiente enlace: <https://docs.vmware.com/en/VMware-Workstation-Pro/12.0/com.vmware.ws.using.doc/GUID-1F5B1F14-A586-4A56-83FA-2E7D8333D5CA.html>.

Procedimiento

1. Iniciar sesión en el sistema host con el nombre de usuario que planea usar cuando ejecute Workstation Pro.

2. El comando que se utiliza para elevar privilegios dependerá de la distribución y configuración de Linux.

   - Cambiar de directorio al que contiene el archivo de instalación de Workstation Pro.

   - Ejecutar el instalador de Workstation Pro adecuado para el sistema host.

> Por ejemplo: sudo sh VMware-Workstation-xxxx-xxxxxxx.architecture.bundle [–opción]
>
> xxxx-xxxxxxx hace referencia a la versión y los números de compilación, la arquitectura destinada para su instalación para efectos del presente escrito es i386 o x86_64 y *[–opción]* es una particularidad que se puede especificar con la línea de comandos.

1. Aceptar el contrato de licencia de la herramienta (*Open Virtualization Format* – OVF).

CONFIGURACIÓN DE VMWARE

Instalación de VMware Tools

Las llamadas VMware Tools son controladores que permiten interactuar de mejor manera a las máquinas virtuales con los sistemas operativos de los equipos físicos donde son instaladas. Estos controladores proporcionan los siguientes beneficios:

> Si se está utilizando la opción *–console* o instalando Workstation Pro en un sistema host que no es compatible con el asistente de GUI, se debe presionar la tecla *Enter* para desplazarse y leer el acuerdo de licencia o teclee la letra *"q"* para pasar a la indicación [sí/no].

- Resolución a pantalla completa.

- Drivers para el teclado y el mouse para leer meta-comandos como *Alt + Ctrl* para alternar entre la máquina virtual y el equipo anfitrión, *Ctrl + C* para copiar información, *Ctrl + V* para pegar información, entre otros.

- Proporcionar la función de carpeta compartida entre la máquina virtual y el host.

- Optimizar la velocidad de trabajo de las tarjetas de red virtuales.

- Mejoras en el uso de hardware, CPU y RAM.

- Obtención de fecha y horas desde la máquina host.

Para instalar las VMware Tools, la opción se encuentra en el menú *"VM"* y hay que hacer clic en la opción *"VMware Tools"*.

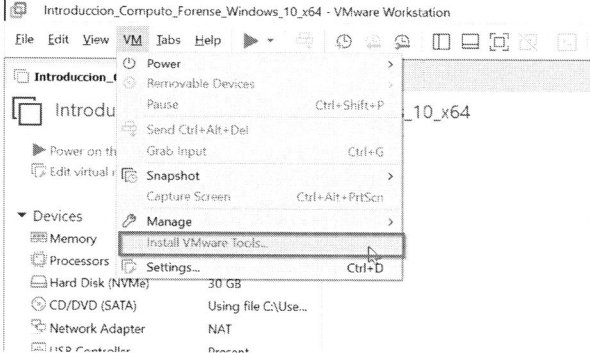

Una vez accedida a la ventana llamada *"VMware Tools Setup"*, se debe seleccionar la opción de *"Complete"* para instalar todas las características necesarias:

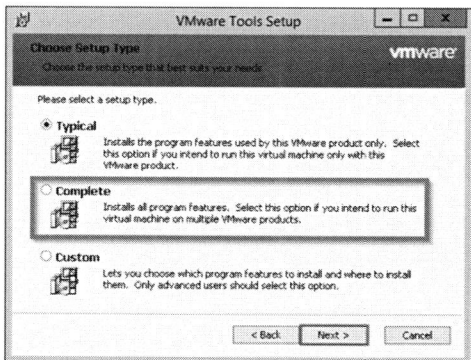

Carpetas compartidas

La función de carpeta compartida permite tener un punto de encuentro entre la máquina virtual y el host, facilitando el envío y recepción de información entre escenarios que así lo requieran. Para su habilitación, debe ir al menú *"VM"* y hacer clic en la opción de *"Settings"*:

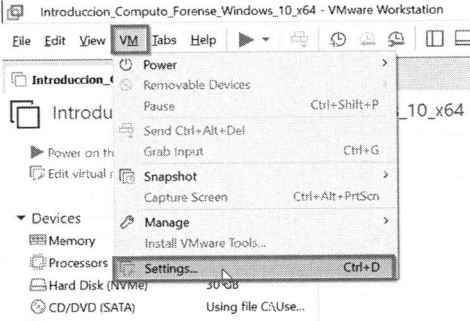

Una vez que aparezca la ventana llamada *"Virtual Machine Settings"* se deben seleccionar las siguientes opciones:

a) Pestaña *"Options"*.

b) Opción *"Shared Folders"*.

c) En el lado derecho de la ventana, seleccionar la opción *"Always enabled"* o *"Enabled until next power off or suspend"* según se requiera.

d) Seleccionar la opción *"Add"*.

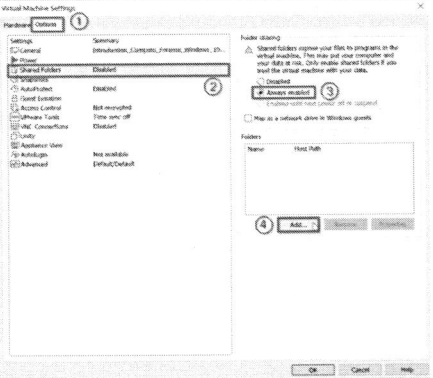

Ahora, la ventana *"Add Shared Folder Wizard"* se abrirá y se podrá seleccionar la opción *"Next"* para visualizar la ventana llamada *"Name the Shared Folder"*, en la que, al hacer clic en el botón *"Browse"*, podrá seleccionar la carpeta que desea compartir desde el equipo host hacia la máquina virtual con el mismo o diferente nombre en el campo *"Name"*:

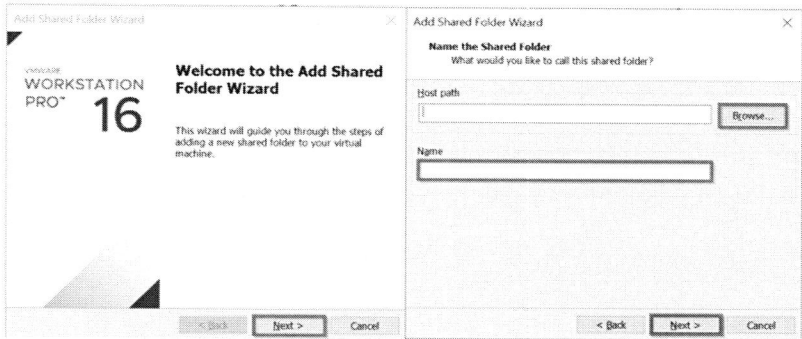

Así, se podrá ver la ventana *"Specify Shared Folder Attributes"*, en la que se deberá seleccionar la opción de *"Enable this share"*, y se hará clic en el botón *"Finish"* para visualizar la carpeta desde la máquina virtual como una unidad extraíble.

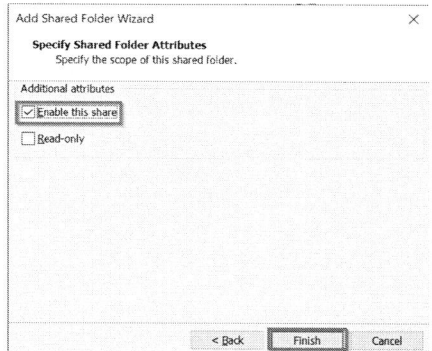

Configuraciones de red

Para realizar la configuración de las interfaces de red se deben seguir los siguientes pasos:

- Seleccionar el menú *"VM"* y acceder a la opción *"Settings"*.

- Acceder a la ventana *"Hardware"* y seleccionar la opción *"Network Adapter"*.

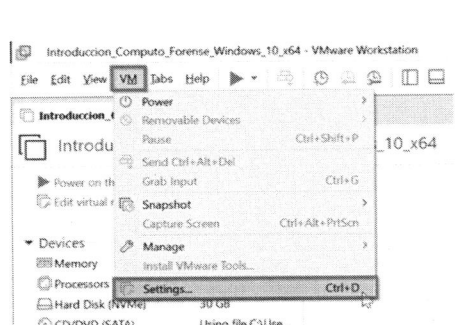 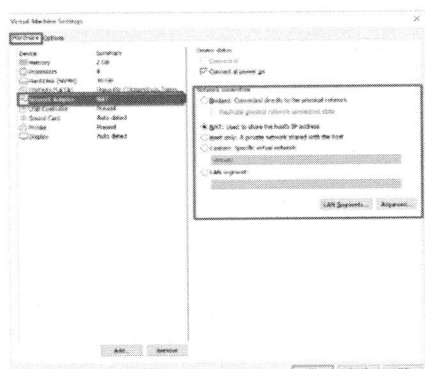

Una vez seleccionada la sección de *"Network Connection"*, se puede comprobar que existe la posibilidad de seleccionar un modo de conexión para la máquina virtual, entre los cuales podemos observar los adaptadores que se han descrito previamente: Modo Bridged, Modo NAT, Host-Only y Custom.

2.7.2 ORACLE VIRTUAL BOX

Virtual Box es un software de virtualización desarrollado por Oracle que permite crear y ejecutar máquinas virtuales. Se ha desarrollado una guía para la instalación, y creación de máquinas virtuales, disponible gratuitamente como software de código abierto bajo los términos de la licencia pública general (GPL) versión 3 y GNU.

2.7.2.1 Instalación en entornos Windows

Para instalar Oracle Virtual Box debe descargar su instalador desde la página oficial: *<https://www.virtualbox.org/>*.

Dentro de la opción *"Downloads"*, se pueden observar las opciones de descarga, que dependerán del sistema operativo de su sistema anfitrión; dentro de los disponibles puede encontrar:

- Microsoft Windows

- Sistemas operativos OS X

- Distribuciones GNU/Linux

- Sistemas operativos Solaris

Una vez ejecutado el instalador seleccionado podrá seguir los siguientes pasos:

Al avanzar a la siguiente ventana, llamada "*Custom Setup*", podrá seleccionar qué opciones de Virtual Box quiere instalar. Seleccionará "*Virtual Box Application*", lo cual incluye la aplicación completa con módulos de soporte de USB, módulos de red y el soporte para lenguajes de programación.

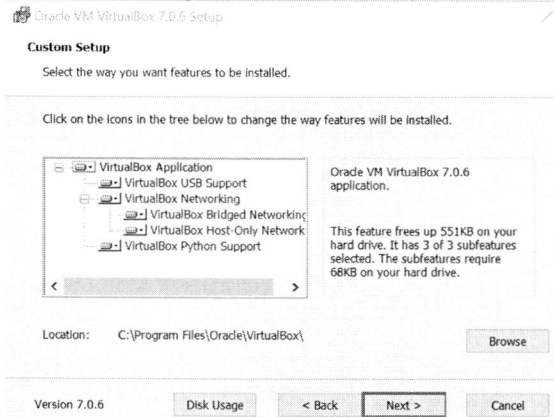

En la siguiente ventana podrá seleccionar si desea crear algunos accesos, entre los cuales tiene:

- Acceso directo en el escritorio hacia la aplicación Virtual Box.

- Acceso dentro del menú de aplicaciones.

- Acceso en la barra de inicio rápido.

- Asociar las extensiones de ficheros de Virtual Box a la propia aplicación.

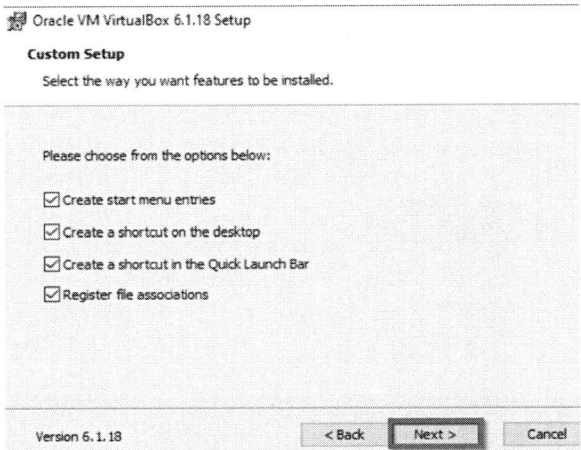

La siguiente ventana muestra una advertencia del reinicio temporal de la conexión de red en el equipo host. Por lo que, después de aceptar la advertencia, se mostrará la ventana llamada *"Ready to Install"*, donde debe seleccionar la opción *"Install"*, lo que terminará por concluir por la instalación de Virtual Box.

Creación de una máquina virtual

Para la creación de una máquina virtual en Virtual Box se requiere una imagen (ISO), que puede ser descargada desde la página oficial del sistema operativo que se desea instalar. A efectos del presente escrito se utilizará una distribución Ubuntu.

Acceda a la página oficial de Ubuntu y descargue el archivo *iso*: <https://ubuntu.com/download/desktop>.

Una vez obtenida la imagen *iso*, inicialice Virtual Box, donde seleccionará la opción *"Nueva"*.

En la siguiente ventana introducirá el nombre de la máquina virtual, la carpeta donde se guardará, además de un resumen del tipo y versión del sistema operativo que se instalará:

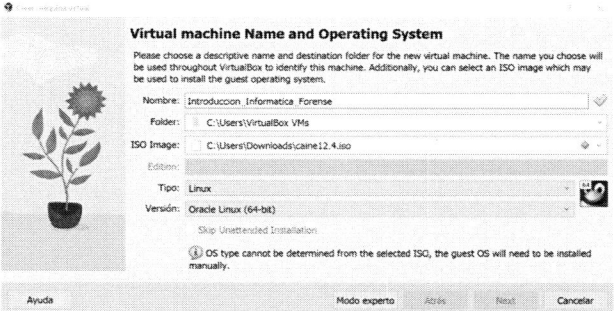

La siguiente ventana le permitirá asignar la memoria RAM que tendrá su máquina virtual. Al terminar de asignar este recurso, se deberá seleccionar la opción "*Next*".

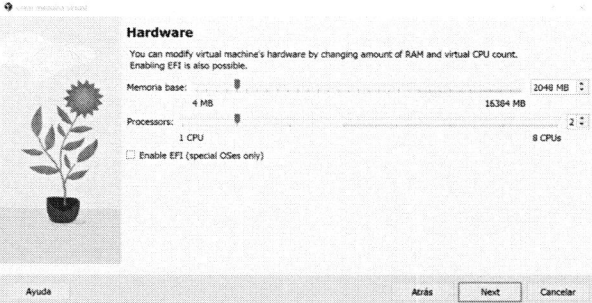

En la siguiente ventana deberá seleccionar la opción de "*Crear un disco duro virtual ahora*".

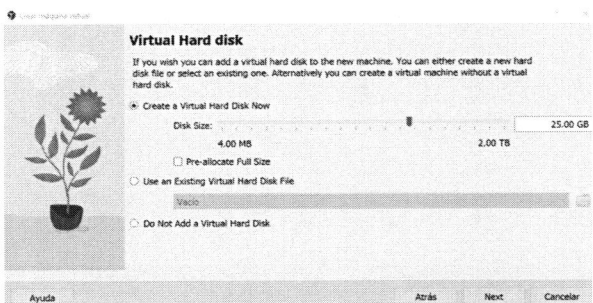

En la pantalla final se le mostrará la pantalla de resumen, donde al seleccionar la opción de finalizar podrá ver su máquina virtual creada:

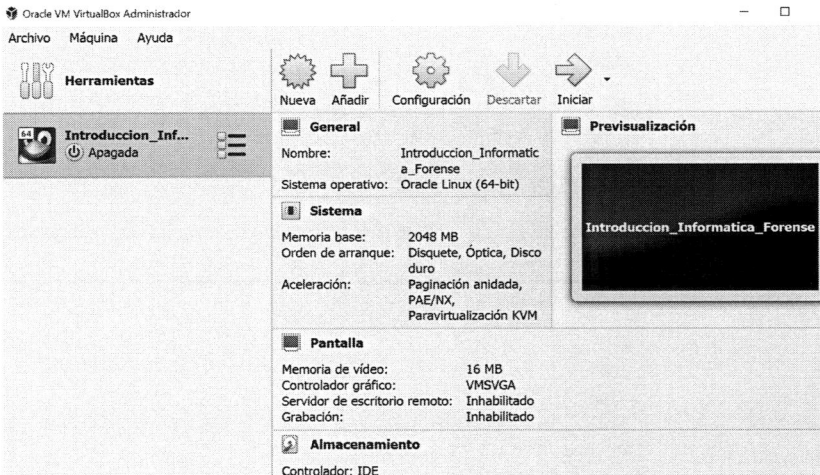

CAPÍTULO 3
INTRODUCCIÓN A LA INFORMÁTICA FORENSE

Debido al incremento de los incidentes de seguridad en el mundo informático, pérdida, manipulación, divulgación y venta de información de compañías y particulares surge la necesidad de conocer las causas y responsables de dichas acciones. Aunado a esta necesidad, se encuentra una solución viable como es la emulación de las ciencias forenses al campo de la informática.

Ahora bien, debe conocer la diferencia entre el término "cómputo" y el término "informática". Para ello, debe consultar los términos en la *RAE*:

Informática: "Conjunto de conocimientos científicos y técnicas que hacen posible el tratamiento automático de la información por medio de computadoras"[1].

Cómputo: "Cuenta o cálculo"[2].

En inglés, la palabra "cómputo" tiene sus bases en el latín a través de la palabra *putare*", el cual significa "pensar". En la actualidad, el término *computer*" proviene del anglicismo "computadora", lo que hace referencia a los dispositivos que están conformados por diversos componentes electrónicos que tienen la finalidad de recibir, almacenar, gestionar información y ejecutar tareas.

---

[1] Real Academia Española: Diccionario de la lengua española, 23 ed. [versión 23.6 en línea]. <https://dle.rae.es/inform%C3%A1tico#LY8zQy3>. Recuperado el 18 de junio de 2021.
[2] Real Academia Española: Diccionario de la lengua española, 23 ed. [versión 23.6 en línea]. <https://dle.rae.es/c%C3%B3mputo#4APvZCc>. Recuperado el 18 de junio de 2021.

Debido a que el término "forense" no se encuentra relacionado aún en el ámbito de la informática, cabe analizar la definición de aquellas personas que realizan los procedimientos forenses en términos de medicina:

Médico forense: "Adscrito oficialmente a un juzgado de instrucción para llevar a cabo prácticas periciales propias de la medicina legal"[3].

El National Institute of Standards and Technology (NIST) del U. S. Department of Commerce define la informática forense de la siguiente manera:

> "Campo de la ciencia forense que se ocupa de recuperar, almacenar y analizar datos electrónicos que pueden ser útiles en investigaciones criminales. Esto incluye información de computadoras (ordenadores), discos duros, teléfonos móviles y otros dispositivos de almacenamiento de datos"[4].

Asimismo, el International Council of E-Commerce Consultants (EC-Council) describe la informática forense de la siguiente manera:

> "Es una rama de la ciencia forense que se centra en la recuperación e investigación de material encontrado en dispositivos digitales relacionados con el delito cibernético"[5].

Teniendo en cuenta estas definiciones, se puede generar una definición propia de la informática forense:

> "Rama de la informática y de la ciencia forense que aplica métodos científicos para la investigación de incidentes de seguridad llevados a cabo en dispositivos informáticos a través de procesos de identificación, adquisición, recuperación, preservación, análisis de indicios y evidencias para determinar y documentar sus hallazgos dentro de un proceso legal".

Principio de intercambio de Locard

Dentro de los fundamentos de la informática forense, el principio de intercambio que propuso el Dr. Edmon Locard[6] es una base para toda investigación forense en el sector de la medicina. En este principio se establece lo siguiente:

> "Siempre que dos objetos entran en contacto transfieren parte del material que incorporan al otro objeto".

---

[3] Real Academia Española: Diccionario de la lengua española, 23 ed. [versión 23.6 en línea]. <https://dle.rae.es/médico#AexWDtt>. Recuperado el 18 de junio de 2021.
[4] National Institute of Standards and Technology (2016). *Digital evidence* [en línea]. Recuperado el 19 de junio de 2021, de <https://www.nist.gov/digital-evidence>.
[5] EC-Council (2020). *How well do you know digital forensics?* [en línea]. Recuperado el 20 de junio de 2021, de <https://www.eccouncil.org/what-is-digital-forensics/>.
[6] Editorial Herder México (2018). *Edmond Locard*. <https://herder.com.mx/es/autores-writers/edmond-locard>.

Este principio puede ser aplicado en el mundo informático y es mandatorio que los dispositivos electrónicos que hayan estado implicados en un delito en el ámbito digital dejarán un rastro en el sistema objetivo, así como un registro en sí mismo. Con este principio adaptado a la informática puede comprender el objetivo de la informática forense de la siguiente manera:

> "Encontrar los registros que genera la interacción entre dos sistemas informáticos, los medios por los cuales se transmiten los datos y, así, correlacionarlos dentro de una investigación en medios digitales".

Cadena de custodia

Según el *NIST SP 800-101 Rev. 1 under Chain of Custody*[7], la cadena de custodia es:

> "Proceso que rastrea el movimiento de evidencia a través de su ciclo de vida de recopilación, protección y análisis al documentar a cada persona que gestionó la evidencia, la fecha/hora en que se recopiló y el propósito de cualquier transferencia".

La cadena de custodia es el eje central de la toda investigación, ya que hace referencia a la documentación, protección, análisis y apoyo de los procesos sin alterar los indicios y evidencias, lo que genera validez jurídica y la posibilidad de reproducir los procedimientos para comprobar los datos y hallazgos obtenidos.

3.1 FASES DE UNA INVESTIGACIÓN EN LA INFORMÁTICA FORENSE

Las fases y procesos de la informática forense se han diversificado y fortalecido a lo largo de los años; sin embargo, cabe reunir los conceptos elementales que las instituciones reconocidas internacionalmente establecen. Algunas de ellas son:

Ec-Council

A través de su portal web <https://eccouncil.org/what-is-digital-forensics>, EC-Council describe los procedimientos de la informática forense de la siguiente manera:

First Response. La acción realizada en el sistema afectado justo después de que ocurra un incidente de seguridad se conoce como primera respuesta. Las actividades a realizar dependerán en gran medida de la naturaleza del incidente.

Search and seizure. En esta fase, los investigadores de la informática forense buscan los dispositivos involucrados en la ejecución del delito. Luego, estos dispositivos se incautan cuidadosamente para extraer información de ellos.

---

[7] National Institute of Standards and Technology. (2014). *Special Publication 800-101, Guidelines on Mobile Device Forensics. Rev. 1.* NIST.

Collect and evidence. En esta fase los profesionales de la informática forense utilizan los dispositivos adquiridos para recopilar datos a través de métodos forenses bien definidos para el manejo de la evidencia.

Securetheevidence. En esta fase se determina si los datos recopilados son precisos, auténticos y accesibles, por lo que el personal forense digital debe tener acceso a un entorno seguro donde puedan obtener las pruebas.

Data adquisition. La adquisición de datos es el proceso de recuperación de información almacenada electrónicamente (*Electronically Stored Information* – ESI) de activos digitales sospechosos, ayuda a obtener información sobre el incidente. Un proceso inadecuado puede alterar los datos y perder así la integridad de la evidencia.

Data analysis. Esta fase consiste en examinar, identificar, separar, convertir y modelar datos para transformarlos en información útil. A través del análisis de datos, el personal responsable identifica la información probatoria que se puede presentar al tribunal.

Evidence assessment. El proceso de evaluación exhaustiva de la evidencia relaciona los datos probatorios con el incidente de seguridad basado en el alcance de la investigación.

Documentation and reporting. Esta es una fase posterior a la investigación que cubre el informe y la documentación de todos los hallazgos. Además, el informe debe tener pruebas adecuadas y aceptables por el tribunal de justicia.

Testify as an expert witness. Un testigo experto es un profesional que investiga el delito para recuperar las pruebas y testificar ante una instancia legal sobre sus credenciales, procesos y procedimientos realizados en su investigación.

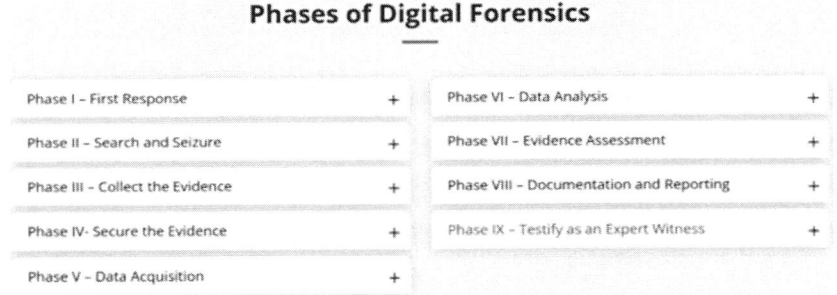

Figura 3-1. Fases de la informática forense según el EC-Council

<https://www.eccouncil.org/what-is-digital-forensics/>

NIST

Las recomendaciones de este instituto puede encontrarlas en su escrito *Guide to Integrating Forensic Techniques into Incident Response*[8]. En él describe que el análisis forense debe realizarse mediante el proceso de cuatro fases: recopilación, examen, análisis e informe. Los detalles exactos de estos pasos pueden variar según la necesidad específica del análisis forense; las políticas, las directrices y los procedimientos de la organización deben indicar cualquier variación del procedimiento estándar. Las fases se detallan a continuación:

Collection. Durante la recopilación, los datos relacionados con un evento específico se identifican, etiquetan, registran, recopilan y se preserva su integridad.

Examination. En esta fase se ejecuta el análisis, el uso de herramientas y técnicas forenses adecuadas a los tipos de datos que se recopilaron para identificar y extraer la información relevante de los datos recogidos mientras se protege su integridad. El análisis puede usar una combinación de herramientas automatizadas y procesos manuales.

Analysis. Consiste en detallar los resultados del análisis para obtener información útil que aborde las preguntas que impulsaron la realización de la recopilación y la investigación.

Reporting. La fase final implica informar de los resultados del análisis, que pueden incluir la descripción de las acciones realizadas, la determinación de qué otras acciones deben realizarse y la recomendación de las mejoras a las políticas, las pautas, los procedimientos, las herramientas y otros aspectos del proceso forense.

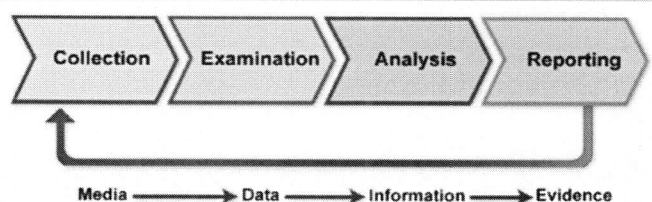

Figura 3-2. Fases de la informática forense según el NIST

SysAdmin Audit, Networking and Security Institute (SANS)

A través de su curso *FOR308: Digital Forensics Essentials* (<https://www.sans.org/cyber-security-courses/digital-forensics-essentials>), el SANS establece los procesos a realizar por los investigadores de la informática forense y los describe de la siguiente manera:

- *Incident Response.* La respuesta a los incidentes suele ser la actividad anterior a los procesos de preservación, el examen y el análisis de la evidencia digital. Si no se ejecutan correctamente, sus procesos y el equipo de respuesta a los incidentes

---

[8] National Institute of Standards and Technology. (2006). *Special Publication 800-86, Guide to Integrating Forensic Techniques into Incident Response*, NIST.

tienen la capacidad de interrumpir o dañar inadvertidamente las actividades forenses posteriores.

- **Acquisition.** La adquisición de evidencia digital es un componente crucial en cualquier investigación. El análisis forense digital se trata de encontrar respuestas, y si no se puede obtener la evidencia que se necesita, que a menudo se almacena en dispositivos, en la memoria, en los cables, medios inalámbricos o en la nube, entonces nunca podrá obtener las respuestas. Obtener la evidencia digital y seleccionar el método adecuado para obtenerla puede significar la diferencia entre el éxito y el fracaso en una investigación.

- **Examination.** El propósito clave del análisis forense digital es encontrar respuestas, y es a través del proceso de análisis cómo se transforman los datos sin procesar en la evidencia que puede usar para responder las preguntas que necesite.

- **Documenting.** Documentar de manera efectiva los procesos que ha realizado para informar sobre sus hallazgos de una manera que las personas no técnicas lo comprendan.

- **Reporting.** Es crucial que pueda comunicar de manera efectiva estas respuestas a aquellas personas que las necesitan, de una manera que les sea útil, y poder respaldarlas. Sin una comunicación efectiva y comprensión de lo que se comunica, se pierde todo el esfuerzo invertido en el proceso forense digital.

- **Testifying in court.** El análisis forense digital se basa en obtener respuestas a las preguntas, ya sea como evidencia o inteligencia. Por lo tanto, es importante que pueda hacer llegar las respuestas que encuentre en sus investigaciones a las personas adecuadas para que puedan tomar decisiones y actuar sobre lo que se encuentra en el proceso de análisis forense digital.

Departamento de Justicia de los Estados Unidos de Norteamérica (DOJ)

En 2007, el DOJ actualizó su primera publicación emitida en 2001, donde se mencionaban las bases del análisis forense digital (Identificación, Preservación, Análisis y Presentación), a través de la Computer Crime and Intelectual Property Section (CCIPS). En la actualización de esta metodología puede ver la incorporación de un par de procesos:

- **ForensicRequest.** Comprenden las actividades de solicitud del servicio de análisis forense.

- **Obtaining&ImagingForensic Data.** Se refiere a la obtención de indicios y creación de imágenes forenses de cada uno de ellos.

Posteriormente, puede encontrar los procesos base, los cuales son: *Preparation/Extraction*, *Identification*, *Analysis*; fases en donde se llevarán a cabo el listado de información relevante para ser extraída, así como la misma extracción, identificación y análisis de la evidencia.

Finalmente, los procesos de *Forensic reporting* y *Case-level analysis* destacan la existencia de un informe de actividades y el análisis del caso concluido.

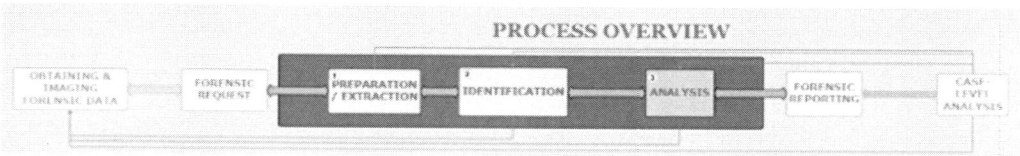

Figura 3-3. Fases de la informática Forense, según el DOJ de los Estados Unidos de Norteamérica

A través de cada institución puede observar que existen procesos similares y complementos unas de otras, lo que genera una guía base a los profesionales para llevar a cabo investigaciones en la informática forense. Cada investigador puede elegir la metodología o marco de trabajo que se adapte de mejor manera a su investigación según el contexto, como la ubicación geográfica, las políticas, las legislaciones y las solicitudes para adherirse a algún marco específico. Se propone un marco de trabajo (capítulo 5) que comprende cada fase establecida por las instituciones internacionalmente reconocidas respetando las normas y peticiones internacionales para una investigación válida, sólida y flexible ante la ubicación geográfica donde se encuentre cada investigador.

3.2 EVIDENCIA DIGITAL

Las investigaciones en informática forense giran en torno a los recursos informáticos que pueden brindar evidencia de algún suceso o actividad específica. Pero ¿qué es una evidencia? ¿Los indicios y la evidencia son lo mismo? Para esclarecer estas cuestiones, primero hay quedefinir qué es un indicio. De acuerdo con la RAE un indicio es:

> "Fenómeno que permite conocer o inferir la existencia de otro no percibido"[9].

Uno de los procesalistas más conocidos de las ciencias jurídicas en Latinoamérica, Eduardo J. Couture, definió el término indicio en su obra *Vocabulario jurídico* de la siguiente manera:

> "Objeto material o circunstancia de hecho que permite formular una conjetura y sirve de punto de partida para una prueba"[10].

Así, entonces, está la facilidad de generar una definición que se adapte al mundo informático:

> "Un indicio informático es todo aquel recurso físico o lógico que permite formular conjeturas sobre los detalles de una actividad específica, por lo que es el punto de partida para un futuro análisis".

---

[9] Real Academia Española: Diccionario de la lengua española, 23 ed. [versión 23.6 en línea]. <https://dle.rae.es/indicio>. Recuperado el 3 de julio de 2021.
[10] Couture, E. J. (1993). *Vocabulario jurídico*. Ed. Depalma. p. 332.

Ahora, cabe resaltar que un indicio no posee el mismo significado que una evidencia, lo que genera la necesidad de definir este último término. De acuerdo con el *HB: 171 2003 Guidelines for the Management of IT Evidence*[11], la evidencia digital es:

> "Cualquier información que, sujeta a una intervención humana u otra semejante, ha sido extraída de un medio informático".

También, el Instituto Nacional de Justicia (National Institute of Justice – NIJ) de los Estados Unidos de Norteamérica describe la evidencia como:

> "Información almacenada o transmitida en forma **binaria** en la que se puede confiar en los tribunales".

Una evidencia es generada cuando, a raíz de un análisis y correlación de los indicios, los cuestionamientos sobre las actividades que provocaron algún impacto negativo en un sistema informático son esclarecidos. Existen casos donde el análisis de un indicio no arroja detalles de valor para la investigación, por lo que se siguen consideran únicamente como un indicio que brinda detalles sobre conjeturas incorrectas o no válidas. Todo este contexto permite generar la siguiente definición de evidencia digital:

> "La evidencia digital es todo indicio, analizado por sistemas informáticos, que posee un valor probatorio de la relación de eventos de ciberseguridad para con una instancia jurídica".

3.2.1 CARACTERÍSTICAS DE LAS EVIDENCIAS DIGITALES

Teniendo pleno conocimiento de las diferencias existentes entre un indicio y una evidencia, cabe analizar las características que estas últimas deben poseer. Dentro de la normativa RFC 3227[12] se especifican las propiedades que toda evidencia debe poseer para considerarse válida ante una entidad jurídica. Para esto cabe tener en cuenta algunas propiedades descritas en 2001 por el investigador Eoghan Casey[13] en su libro *Handbook of Computer Crime Investigation*. Las propiedades se detallan a continuación:

Autenticidad

Es entendida como aquella característica que muestra la inalterabilidad de la estructura original de un recurso informático durante toda la investigación. Deben ser detallados los

---

[11] Standards Australia International (2003). *HB: 171 - 2003, Guidelines for the Management of IT Evidence.* Standards Australia International.

[12] Brezinski, D. y Killalea, T. (2002). *RFC ft-ietf-grip-prot-evidence: Guidelines for Evidence Collection and Archiving.* IETF Datatracker. Recuperado el 11 de julio de 2021, de <https://datatracker.ietf.org/doc/html/rfc3227>.

[13] Eoghan Casey (s. f.). *Google Scholar.* Recuperado el 12 de julio de 2021, de <https://scholar.google.com/citations?user=-Zk6GIEAAAAJ&hl=en>.

mecanismos y procedimientos utilizados para asegurar la que los recursos no han sido alterados en alguna etapa de la investigación hasta su entrega con una instancia legal.

Completitud

Se refiere a que la relación entre los indicios, su análisis, procedimientos y correlación debe ser consistente y robusta para dispersar cualquier duda posible frente a una instancia legal.

Confiabilidad

Se obtiene a través de un procedimiento robusto, bien documentado y con respaldo de instituciones, autores, marcos de trabajo, estándares y herramientas internacionalmente reconocidas. Cada aspecto mencionado brindará la opción de ser rectificado, incluso rebatido, para corroborar las evidencias digitales ante una entidad jurídica.

Credibilidad

Hace referencia a que cada evidencia que es presentada ante una entidad jurídica debe ser fácilmente comprensible y con una relación congruente entre los hechos analizados y los hallazgos obtenidos para respaldarlos.

Como elemento adicional, y ante la intención de brindar un respaldo a investigaciones que traspasen fronteras geográficas, se puede indicar una característica adicional:

Adaptabilidad

Esta característica será obtenida cuando los procedimientos de una investigación se lleven a cabo acordes con la jurisdicción del país donde sea realizada. Además, podrá alinearse con las normativas, los requerimientos, las leyes, las políticas y los límites en las actividades que demarque un país, institución, compañía o ente que solicite la investigación. Debe tenerse en cuenta que esta característica puede ser requerida de una manera por la entidad donde se realizan las actividades tempranas de una investigación, y puede necesitar adherirse a otras medidas en el espacio geográfico donde se realicen las actividades centrales, como el análisis.

Si las evidencias no poseen alguna de estas características, los profesionales en derecho podrían ver complicada su labor, e incluso ser aprovechada por su contraparte en una instancia legal.

Artefactos

El término "artefacto" será asociado al recurso informático que contenga en su interior registros relativos a una actividad o indicio de interés para la investigación, incluso posee la posibilidad de convertirse en evidencia dependiendo del tipo de recurso del que se trate (por ejemplo, un archivo ejecutable puede contener un código malicioso que realice actividades que un usuario común no desea). Algunos de los artefactos más comunes son:

- Aplicaciones
- Archivos de multimedia
- Archivos ejecutables

- Documentos de ofimática

- Registros de aplicaciones o servicios

- Programas

3.3 INFORMACIÓN VOLÁTIL Y NO VOLÁTIL

Dentro de las actividades más comunes que se realizan en un dispositivo tecnológico están el copiar un texto o archivo y pegarlo en una ubicación diferente, y es un misterio para un usuario común el proceso informático interno que es necesario para cumplir con esa función. En este tipo de procesos pueden desprenderse cuestiones como: ¿dónde se guarda esa información? ¿Por qué no se puede pegar esa información después de reiniciar el ordenador? En este apartado se ahondará en su resolución.

Información volátil

Este tipo de información se almacena en la memoria del sistema siempre y cuando tenga energía eléctrica. La memoria volátil de un dispositivo tecnológico tiene la capacidad de almacenar y administrar datos relevantes en una investigación, como lo pueden ser:

- Registros del sistema

- Memoria caché

- RAM

- Nombres de usuarios

- Contraseñas

- Archivos ejecutables

- Recursos digitales en el **búfer** del dispositivo

Los componentes que los dispositivos electrónicos utilizan para el uso y procesamiento de la información volátil son:

- DRAM (*Dynamic Random Access Memory*)

- RAM (*Random Access Memory*)

- SRAM (*Static Random Access Memory*)

Información no volátil

Este tipo de información se almacena en dispositivos que no dependen del estado de la fuente de alimentación eléctrica, e incluso persistente, una vez apagado el dispositivo. Algunos ejemplos de memoria no volátil son:

- ROM (*Read-Only Memory*)

- Disco duro

- Disco de almacenamiento óptico
- Dispositivos de almacenamiento externo
- **USB** (*Universal Serial Bus*)

3.4 INCIDENTES DE CIBERSEGURIDAD Y SU RESPUESTA

Un "incidente de seguridad" está definido en el Glosario de seguridad de Internet del *RFC 4949*[14] como un evento que involucra una vulneración de la seguridad de un sistema informático. Se cataloga como un incidente de seguridad cuando un ente (usuario o programa) intenta obtener un acceso no autorizado en la infraestructura tecnológica o información confidencial de una organización, o en el dispositivo de un usuario. Dependerá del tipo de usuario en los sistemas informáticos qué tipo de incidente de seguridad podría provocar. Un incidente de seguridad tiene su origen con cada conjunto de vulnerabilidades conocidas, que puede consultar en la siguiente tabla:

N.°	CLASIFICACIÓN DE INCIDENTE	EJEMPLO DE INCIDENTE/DELITO	DESCRIPCIÓN
1	Contenido abusivo	Pornografía infantil, sexual, violencia	Pornografía infantil, contenido explícito de índole sexual o violento.
		Spam	El destinatario no ha otorgado permiso comprobable para que el mensaje sea enviado y además el mensaje es enviado como parte de una grupo masivo de mensajes, todos tienen un contenido similar.
		Difamación	Desacreditación o discriminación de un usuario.
2	Código malicioso	Malware, virus, gusanos, troyanos, spyware, rootkit	Software que se incluye o inserta intencionalmente en un sistema con propósito dañino. Normalmente, se necesita una interacción del usuario para activar el malware.
3	Recopilación de información	Escaneo	Ataques que envían solicitudes a un sistema para descubrir puntos débiles. Se incluye también algún tipo

---

[14]*Shirey, R. (2007). "Internet Security Glossary, Version 2", FYI 36, RFC 4949, DOI 10.17487/RFC4949. Recuperado el 15 de julio de 2021 de: <https://www.rfc-editor.org/info/rfc4949>.*

			de proceso de prueba para reunir información sobre hosts y servicios.
		Intervención de red	Analizar y registrar el tráfico de la red.
		Ingeniería social	Manipulación de un usuario legítimo a través de técnicas psicológicas, habilidades sociales y técnicas para la obtención de información, el acceso a un sistema o la ejecución de una actividad más elaborada.
		Intentos de acceso	Múltiples intentos de inicio de sesión.
4	Intentos de intrusión	Explotación de vulnerabilidades conocidas	Un intento de comprometer un sistema o interrumpir cualquier servicio explotando vulnerabilidades conocidas, que ya cuentan con su clasificación estandarizada CVE.
		Nueva firma de ataque	Un intento de usar un exploit desconocido.
5	intrusión	Compromiso de cuenta privilegiada	Un compromiso exitoso de un sistema, servicio o aplicación pueden ser causados de forma remota por una vulnerabilidad conocida o de día cero, un acceso local no autorizado. O adherirse a una red botnet sin su consentimiento.
		Compromiso de cuenta sin privilegios	
		Compromiso de aplicación, adhesión a red de bots	
6	Disponibilidad	DoS	Con este tipo de ataque, un sistema recibe una gran cantidad de paquetes y las operaciones se retrasan o el sistema deja de funcionar. Los ataques DoS son el envío de paquetes ICMP, mientras que los DDoS a menudo se basan en ataques DoS que se originan en botnets.
		DDoS	
		Sabotaje	
		Intercepción de información	
7	Información de seguridad de contenidos	Acceso no autorizado a la información	Un error humano, ya sea en la configuración, o un error de software, puede ser la causa de ataques de

8	Fraude	Modificación no autorizada de la información	intercepción, acceso y/o modificación de información durante la comunicación entre dos o más usuarios.
		Uso no autorizado de los recursos	Uso no autorizado de los recursos por usuarios o fines no pensados para ese recurso.
		Derechos de autor	Ofrecer o instalar copias de software comercial sin licencia u otros materiales protegidos por derechos de autor.
		Enmascaramiento	Incidente de seguridad en el que una entidad asume ilegítimamente la autoría de un ataque para beneficiarse de ella.
		Phishing	Suplantación de la identidad de una entidad legítima para persuadir a un usuario de proporcionar datos sensitivos.
9	Vulnerable	Software abierto (*open source*)	Resolutores abiertos, impresoras legibles en todo el mundo, escaneos de red u otras herramientas, firmas de virus no actualizadas, entre otras.
10	Otros	Todos los incidentes que no encajan en alguna de las otras categorías	Si aumenta la concurrencia del número de incidentes en esta categoría, es un indicador de que el esquema de clasificación debe ser revisado.
11	Prueba	Incidentes en entornos de prueba	Destinado a pruebas controladas.

Tabla 3-1. Clasificación de incidentes de seguridad informática descrita por la *Reference Incident Classification Taxonomy* de la ENISA[15]

La respuesta a los incidentes es el proceso a través del cual una organización reacciona ante un incidente de ciberseguridad en su infraestructura tecnológica. A pesar de poseer muchas

---

[15] ENISA (2018). *Reference Incident Classification Taxonomy, Task Force Status and Way Forward* [en línea]. Recuperado el 18 de julio de 2021 de <https://www.enisa.europa.eu /publications/reference-incident-classification-taxonomy/@@download/fullReport>.

similitudes con la informática forense, dista de considerarse idéntico debido a los procesos, sus objetivos, los profesionales que lo realizan y los estándares que debe seguir. A continuación, se detallarán estos aspectos sobre la respuesta a los incidentes.

Objetivos

Los objetivos de un proceso de respuesta a los incidentes se concentran en dos vertientes: los procesos preventivos y los reactivos. Los objetivos preventivos ante los incidentes de ciberseguridad son:

- Formación de profesionales de seguridad informática.
- Concienciación sobre incidentes de seguridad informática.
- Detección y análisis de riesgos informáticos.
- Fortalecimiento de infraestructuras tecnológicas.
- Prevención de incidentes de seguridad informática.
- En cambio, los objetivos en un escenario donde ya se ha gestado un incidente de ciberseguridad serán:
- Adquisición y protección de indicios y potenciales evidencias.
- Análisis y minimización de impactos.
- Clasificación de incidentes de seguridad.
- Documentación de actividades para posteriores investigaciones.
- Erradicación de incidentes de seguridad.
- Priorización de la respuesta a los incidentes de seguridad.
- Restablecimiento de servicios.
- Protección de la cadena de custodia.

3.4.1 EQUIPOS DE RESPUESTA A LOS INCIDENTES

Existen profesionales de la seguridad informática que desean brindar una respuesta durante un evento de ciberseguridad dentro de una organización; sin embargo, puede convertirse en un obstáculo para el equipo de respuesta a los incidentes, ya que puede alterar, eliminar o dañar las evidencias de un incidente. Un equipo de respuesta a los incidentes puede ser una empresa u organismo especializado y certificado en este campo para proveer servicios ante un incidente de seguridad informática de manera correcta y eficiente. Los organismos que siguen las normas internacionales para la atención de incidentes de seguridad informática son los CERT y los llamados CSIRT.

Computer Emergency Response Team – CERT

Los equipos de respuesta a las emergencias informáticas son organismos especializados en la prevención, detección y reacción ante incidentes de seguridad para minimizar su impacto. Se componen de un conjunto de profesionales especializados en campo de la respuesta a los incidentes para brindar atención a nivel nacional y regional. En la actualidad, CERT es una marca registrada propiedad de la Universidad Carnegie Mellon, por lo que es necesario cubrir un conjunto de exigencias para las organizaciones que pretendan obtener este título. Los servicios que un CERT debe proporcionar a la comunidad digital son:

SERVICIOS REACTIVOS	
Servicio	**Proceso**
Gestión de incidentes de seguridad	• Contención del ataque • Erradicación del ataque • Recolección de la evidencia • Traslado y protección de la evidencia • Orientación sobre incidentes de seguridad • Administración de incidentes de seguridad
Gestión de vulnerabilidades	• Análisis • Administración • Priorización • Mitigación

SERVICIOS PREVENTIVOS	
Servicio	**Proceso**
Búsqueda de vulnerabilidades de día cero	• Análisis de vulnerabilidades • Escaneo constante de infraestructuras • Monitoreo de actividades • Formación • Creación de políticas de ciberseguridad • Orientación sobre herramientas de apoyo
Auditorías de seguridad informática	• Análisis de vulnerabilidades • Administración de vulnerabilidades • Mitigación de vulnerabilidades • Planificación periódica de actividades

Desarrollo de herramientas y parches de seguridad	• Apoyo en la creación de software a medida
	• Desarrollo de parches de seguridad
	• Divulgación de parches de seguridad
	• Análisis del impacto de los parches de seguridad
	• Planificación en la implementación de parches de seguridad
Alertamiento de vulnerabilidades	• Creación de material de divulgación de información
	• Creación de material didáctico para empresas y usuarios finales
	• Impartición de cursos de concienciación
Generación de guías de buenas prácticas	• Creación de documentos guía para la implementación de actividades específicas

Computer Security Incident Response Team – CSIRT

Un CSIRT o equipo de respuesta ante incidencias de seguridad informática, de su traducción del inglés, es una entidad organizativa concreta (es decir, uno o más miembros del personal) al que se le asigna la responsabilidad de coordinar y respaldar la respuesta a un evento o incidente de seguridad informática.

Los CSIRT se pueden crear para ámbitos específicos, como estados nacionales, economías, gobiernos, organizaciones comerciales, instituciones educativas e incluso entidades sin ánimo de lucro. El objetivo de un CSIRT es minimizar y controlar los daños resultantes de un incidente, proporcionar orientación eficaz para las actividades de respuesta y recuperación, y trabajar para evitar que ocurran futuros incidentes[16], además de adaptarse a las necesidades y regulaciones del sector donde se especializa. En Latinoamérica se encuentran listadas en el portal de LACNIC CSIRT: <https://csirt.lacnic.net/csirts-de-la-region>.

Forum of Incident Response and Security Teams – FIRST

Un FIRST es la principal organización en el mundo para la respuesta a los incidentes, ya que reúne a una variedad de equipos de respuesta a los incidentes de seguridad informática (CSIRT) de diversos ámbitos, como gubernamentales, comerciales y educativos. Su objetivo es fomentar la cooperación y la coordinación en la prevención de incidentes, estimular una reacción rápida a los incidentes y promover el intercambio de información entre los miembros y la comunidad en general. La membresía en FIRST permite que los equipos de respuesta a los

---

[16] Robin Ruefle (2007). *Defining Computer Security Incident Response Teams.* Software Engineering Institute, Carnegie Mellon University.

incidentes respondan de manera más efectiva a los contratiempos de seguridad de manera reactiva y proactiva. En la actualidad, tiene alrededor de 600 miembros en el mundo, con presencia en continentes como África, América, Asia, Europa y Oceanía.

3.4.2 ESTÁNDARES INTERNACIONALES

Las actividades realizadas por los equipos de respuesta a los incidentes deben ser realizadas con base en estándares y/o guías creadas por organismos reconocidos internacionalmente para brindar confianza y seguridad a toda organización que solicite su apoyo. Algunos de los estándares y guías más importantes son:

Computer Security Incident Handling Guide – ISO/IEC 27035-1:2016

Esta guía para el manejo de incidentes contiene conceptos básicos y procedimientos para la gestión de incidentes de seguridad de la información (detectar, informar, evaluar, responder a incidentes, y aplicar las lecciones aprendidas). Estas actividades han sido pensadas para adaptarse al contexto, la dimensión, las capacidades y la situación de riesgo de las organizaciones que deseen implementarlas o que tengan como objetivo brindar servicios profesionales relacionados[17].

Computer Security Incident Handling Guide – NIST SP 800-61, Revision 2

La guía de manejo de incidentes de seguridad informática del NIST fundamenta las actividades para gestionar incidentes a través de procesos que analicen los datos relacionados para determinar la respuesta adecuada para cada uno. Las pautas definidas en esta guía pueden seguirse independientemente de las plataformas de hardware, los sistemas operativos, los protocolos o las aplicaciones particulares con base en cuatro etapas para el manejo de incidentes:

- Preparación
- Detección y análisis
- Contención, erradicación y recuperación
- Actividad posincidente[18].

---

[17] Organización Internacional de Normalization (2019). *ISO/IEC 27035-1:2016, Information technology — Security techniques — Information security incident management — Part 1: Principles of incident management.*
[18] National Institute of Standards and Technology (2012). *SP 800-61, Computer Security Incident Handling Guide. Rev. 2. NIST. p. 3.*

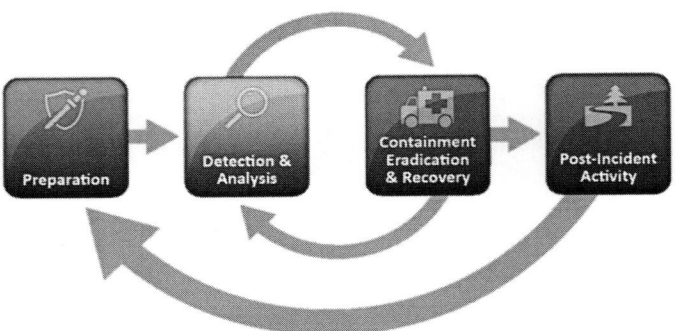

Figura 3-4. Etapas definidas por la *Computer Security Incident Handling Guide* del NIST

Good Practice Guide forIncident Management – ENISA

La agencia de la unión europea para la ciberseguridad (European Union Agency for Cybersecurity – ENISA) describe las buenas prácticas, la información de apoyo y las directrices para la gestión de los incidentes de seguridad. El enfoque principal de este documento es el proceso de gestión de los incidentes, desde la detección y el registro de los incidentes, seguido de la fase definida como "*triage*" (clasificación, priorización y asignación de incidentes), resolución de incidencias, cierre y posanálisis.

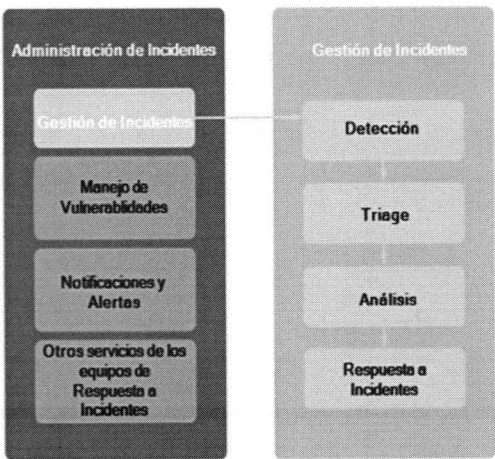

Figura 3-5. Administración y gestión de Incidentes definida en la *Good Practice Guide for Incident Management*

Para un equipo de respuesta a los incidentes, esta guía proporcionará información de valor sobre el proceso de gestión de incidentes para servir como un medio para mejorar sus servicios actuales en campos como el marco de trabajo, los roles, los flujos de trabajo, las políticas, la cooperación, la externalización y la presentación de informes a la dirección[19].

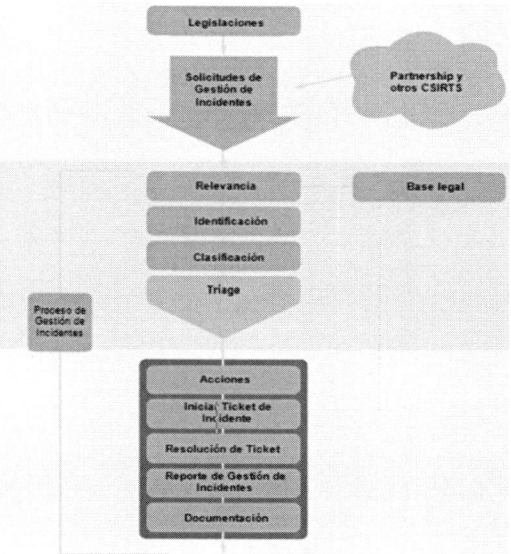

Figura 3-6. Flujo del proceso de gestión de incidentes descrito por la ENISA en su *Good Practice Guide for Incident Management*

3.5 EQUIPOS DE SEGURIDAD INFORMÁTICA

En las investigaciones de informática forense suele ser altamente valorado el conocimiento de los roles, las actividades y la información debido a su gran relevancia en sus etapas tempranas. Este apartado estará concentrado en los roles del *Red Team*, *Purple Team* y *Blue Team*, los cuales pueden ofrecer información sobre procedimientos, responsabilidades, herramientas, así como facilitarnos algún tipo de dato o recurso en la exploración e indicios.

3.5.1 *BLUE TEAM*

El *Blue Team* (o equipo azul) es el grupo de profesionales dedicados a la evaluación de manera proactiva y constante de la efectividad de los controles de seguridad implementados en la infraestructura tecnológica de las organizaciones.

---

[19] European Union Agency for Cybersecurity (2010). *Good Practice Guide for Incident Management*, ENISA. p. 4.

Funciones del *Blue Team*

- Monitoreo constante de la infraestructura tecnológica de la organización.
- Analizar el funcionamiento de los ataques más actuales en el mundo.
- Desarrollar la mejora continua de los controles de seguridad en la organización.
- Rastreo de incidentes de ciberseguridad.
- Validación de la efectividad de las medidas de seguridad de la organización.
- Planes de mitigación de riesgos.
- Apoyo a la respuesta de los incidentes.

3.5.2 *RED TEAM*

El *Red Team* (o equipo rojo) está conformado por profesionales de la seguridad informática que se encargan de simular un ataque cibernético real sin generar un impacto negativo en la infraestructura tecnológica de una organización. Dentro de las actividades de un *Red Team* se encuentra el análisis controlado en horario y activos tecnológicos para encontrar las brechas de seguridad informática, y documentar sus hallazgos, para que pueda ser un punto de partida en el plan de acción que un *Purple Team* pueda llevar a cabo.

Funciones del *Red Team*

- Realizar análisis de vulnerabilidades de forma periódica.
- Realizar pruebas de penetración de manera periódica.
- Actualizar las técnicas de explotación.
- Análisis de malware.
- Concienciación de ataques de ingeniería social.
- Inteligencia de amenazas informáticas.
- Actualizar y/o adoptar nuevas herramientas.
- Creación de informes técnicos dirigidos al *Purple Team*.
- Creación de informes ejecutivos para ser considerados por el *Blue Team*.
- Análisis de malware.

3.5.3 *PURPLE TEAM*

El *Purple Team* (o equipo morado) es el grupo de profesionales que se encarga de la implementación, configuración, robustecimiento y mejora continua de las técnicas y soluciones orientadas a la protección de la infraestructura tecnológica de una organización. La importancia de este equipo se encuentra en la integración de los controles, buenas prácticas y atención a la metodología del aseguramiento de la infraestructura tecnológica que son demarcados por el *Blue Team*, y los hallazgos de vulnerabilidades y amenazas que son encontradas por el *Red Team*.

Funciones del *Purple Team*

- Gestión de los activos de la organización.

- Inventario de los recursos informáticos de la organización.

- Comprobación de la eficacia de los controles y soluciones de seguridad.

- Priorización de activos según su criticidad para la organización.

- Robustecer continuamente los controles de seguridad internos.

- Concienciación de temas de seguridad para los colaboradores de la organización.

- Análisis de mercado de soluciones de seguridad en función de coste/beneficio.

Figura 3-7. Funciones del *Red Team*, *Blue Team* y *Purple Team*

3.6 FUNCIONES HASH

Una función hash es un proceso matemático que se puede aplicar a cualquier recurso digital con el fin de obtener un bloque de datos **alfanuméricos** de longitud arbitraria, que la identifique de manera única, conocida como "firma hash".

Figura 3-8. Obtención de una firma hash a través de una función específica

Las funciones hash deben poseer las siguientes propiedades:

- **Tamaño del recurso de entrada.** La función hash puede ser aplicada a un recurso de cualquier tamaño.

- **Tamaño de salida fijo.** La función hash genera una salida de longitud fija.

- **Eficiencia.** Puede ser obtenida con pocos recursos informáticos

- **Flujo unidireccional.** No será posible recuperar el recurso a partir del resultado de una función hash.

- **Resistencia a colisión simple.** El resultado de una función hash deber ser único e irrepetible para un recurso.

- **Resistencia a colisión fuerte.** Informáticamente será imposible encontrar cualquier par de recursos cuyo resultado de aplicar una función hash devuelva el mismo resultado.

La salida de una función hash tendrá una longitud fija que dependerá del algoritmo que será implementado. Algunos de los algoritmos más comunes son:

Algoritmo	Variante	Longitud de salida (bits)
MD5*	-	128
SHA	SHA0*	128
	SHA1*	160
	SHA2	224, 256, 384 y 512
	SHA3	1024 (solo eficaces 512)
TIGER	TIGER128	128
	TIGER160	160
	TIGER192	192
GOST	-	256
WHIRPOOL	-	512
RIPEMD	-	128, 256 y 320

Tabla 3-2. Algoritmos más comunes de firmas hash

* Algoritmos no recomendables para ser presentados ante una entidad jurídica.

Cabe mencionar que no todos los algoritmos se consideran "confiables", debido a que son propensos a la colisión en sus procesos y, por ende, pierden las propiedades requeridas para una función hash. Esta peculiaridad podría desencadenar una invalidez ante una autoridad legal y/o jurídica si un experto en informática forense realiza una observación y demuestra su debilidad ante dicha autoridad.

3.7 NÚMEROS MÁGICOS

En el mundo informático se puede encontrar un sinfín de recursos que pueden ser utilizados por sistemas, aplicaciones y usuarios, ubicados a través de una **extensión** *(por ejemplo, .txt, .jpg, .png, .sql,* entre otros) posterior al nombre del recurso; sin embargo, existe la posibilidad de manipular el recurso para que sea irreconocible ante un usuario común. Cada recurso posee los llamados números mágicos al inicio de su estructura, los cuales son un conjunto de datos en formato **hexadecimal** que identifican inequívocamente el tipo de función que posee. Estos números mágicos facilitan la asociación de un recurso con un determinado formato o extensión, algunos de los más conocidos son:

NÚMERO MÁGICO	EXTENSIÓN DEL RECURSO
89 50 4E 47	PNG
FF D8	JPG
25 50 44 46	PDF
50 4B 03 04	DOCX, PPTX, XLSX
50 4B 03 04	ZIP
1F 9D	TAR
4D 5ª	EXE
52 00 6F 00	MSG
66 74 79 70	MP4
21 42 44 4E	PST

Tabla 3-3. Números mágicos de los recursos informáticos más conocidos

Una relación más robusta, mas no exhaustiva entre los números mágicos y el tipo de recursos informáticos, puede encontrarse en la investigación de Gary Kessler[20] en su *GCK'S FILE SIGNATURES TABLE*. La utilidad de los números mágicos, y su relación con los recursos

---

[20] Kessler, G. C. (2022). *File Signatures. Garykessler.net.* Recuperado el 23 de agosto de 2021 de: <https://www.garykessler.net/library/file_sigs.html>.

informáticos, puede reflejarse en el análisis de software malicioso, donde puede observarse verdaderamente el tipo de función que posee en el sistema.

3.8 METADATOS

Siguiendo la **etimología** del término "metadato" se encuentra la palabra proveniente del latín *"meta"*, la cual posee el significado de "después de o más allá", y la palabra *"datum"* que significa "dato"; por lo que se puede definir un metadato como información sobre los datos. Entre los metadatos más relevantes están los siguientes:

- Tamaño del recurso

- Fecha de creación, modificación y último acceso

- Tipo de recurso

- Información del autor

- Información de geolocalización

Existen estándares que estipulan un formato específico para los metadatos que deben existir en un recurso según su fuente, los más conocidos son:

- *Exchangeable image file format (EXIF).* Es un estándar orientado a los metadatos que debe poseer una imagen u otro medio capturado por una cámara digital. Entre los datos que deben poseer los recursos que cumplan estas directrices puede encontrar los siguientes:

  - Resolución

  - Tipo de archivo

  - Velocidad del obturador/tiempo de exposición/ISO

  - Rotación de imagen

  - Fecha/hora

  - Balance de blanco

  - Miniatura

  - Distancia focal

  - Flash

  - Objetivo

  - Tipo de archivo

  - Tipo de cámara

  - Software utilizado

  - Tiempo de grabación

  - Geolocalización

- **ID3.** Es un estándar asociado a los recursos de audio, el cual estipula la existencia de datos tales como:
  - ○ Título (30 caracteres)
  - ○ Autor (30 caracteres)
  - ○ Álbum (30 caracteres)
  - ○ Año (4 caracteres)
  - ○ Comentario (30 caracteres)
- **Multimedia Content DescriptionInterface (MPEG)-7.** Estándar asociado al contenido de recursos multimedia para permitir su búsqueda rápida y eficiente.
- **Multimedia Content DescriptionInterface (MPEG)-21.** Estándar con uso en la administración del uso de contenido digital y sus restricciones.
- **TV-Anytime.** Estándar asociado a la descripción de datos respecto a la programación de canales de televisión y estaciones de radio.
- **LOM.** Estándar utilizado en recursos de aprendizaje digital.
- **ONIX for Books.** Estándar utilizado en la industria editorial como un medio de transmisión de los metadatos asociados a la ubicación de los libros.
- **ISO 19115.** Estándar asociado a metadatos de información geográfica, entre los cuales se requiere la siguiente información:
  - ○ Descubrimiento de los datos
  - ○ Determinación de la idoneidad de los datos para su uso
  - ○ Acceso a los datos
  - ○ Transferencia de los datos
  - ○ Uso de los datos y servicios digitales[21]

3.8.1 CICLO DE VIDA DE LOS METADATOS

Los metadatos dependerán de las funciones que realice el recurso que las contiene para determinar la etapa que vive dentro de su ciclo de vida. Algunas de estas etapas son:

Creación: etapa inicial de los metadatos en la que pueden crearse de las siguientes maneras:

- **Manual:** se establecerán los datos demarcados por el estándar que brinde las directrices según el tipo de recurso digital donde se agregarán.

---

[21] Organización Internacional de Normalización (2003). *ISO 19115:2003, Geographicinformation-Metadata. 1 ed. ISO.*

- **Automática:** los metadatos son instaurados en el recurso por medio de un proceso, programa o aplicación que obtiene los datos del sistema o recursos en él.

- **Semiautomática:** además de la asignación automática de algunos metadatos, deberán complementarse de manera manual y cumplir con las directrices según el recurso.

Manipulación: etapa en la que se registra un cambio en el contenido o alguna característica del recurso, por lo que sus metadatos también se modificarán.

Destrucción: fase en la que los metadatos son suprimidos debido a la eliminación del recurso que los contiene, o por un proceso que tiene como objetivo no compartir información adicional del mismo.

3.9 CRIPTOGRAFÍA Y ESTEGANOGRAFÍA

Criptografía

El concepto de criptografía proviene del griego *"kryptos"*, que significa "ocultar", y *"grafos"*, cuyo significado es "escritura"; en consecuencia, el término criptografía puede entenderse como "escritura oculta".

Ahondando un poco más sobre la historia de la criptografía, está la necesidad de limitar el acceso a los mensajes que se trasportaban en el ámbito militar, lo que provocó que las antiguas civilizaciones diseñaran formas de ocultar esta información valiosa, lo que provocó el surgimiento de la criptografía clásica, donde los mensajes eran escritos sobre madera o papiros. Posteriormente, la criptografía evolucionó en la época medieval aunada a la necesidad de ocultar información ante las instituciones que gobernaban en aquellas épocas. Se implementaron matemáticas básicas para robustecer el algoritmo de cifrado y así complicar su obtención para obtener el mensaje oculto.

La criptografía contemporánea llegó con posterioridad a la Primera Guerra Mundial, cuando se utilizaron máquinas con principios mecánicos y electromecánicos para el cifrado y descifrado de los mensajes ocultos por algoritmos y técnicas de la época. Después de la Segunda Guerra Mundial, se dio un paso agigantado para la criptografía gracias a la implementación de algoritmos matemáticos en los procesos de cifrado al ser una parte fundamental en el flujo de información entre los gobiernos y las organizaciones más importantes del mundo, donde se apoyaba en el cómputo para provocar el mayor apoyo en toda su historia.

El *NIST* define la criptografía de la siguiente manera: "La disciplina que incorpora los principios, medios y métodos para la transformación de datos con el fin de ocultar su contenido semántico, impedir su uso no autorizado o impedir su modificación no detectada"[22].

---

22 National Institute of Standards and Technology (s. f.). *Cryptography - glossary*. Recuperado el 30 de agosto de 2021 de: <https://csrc.nist.gov/glossary/term/cryptography>.

3.9.1 CRIPTOGRAFÍA SIMÉTRICA

Solo utiliza una clave para cifrar y descifrar, que es previamente conocida por todas las partes involucradas.

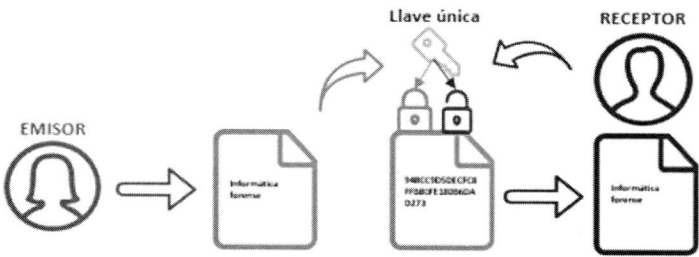

Figura 3-9. Arquitectura de la criptografía simétrica y el uso de una llave única

3.9.2 CRIPTOGRAFÍA ASIMÉTRICA

Este tipo de criptografía plantea el uso de dos claves diferentes entre ellas, pero dependientes matemáticamente entre sí. Una de ellas puede ser conocida por cualquier usuario o agente y la otra debe permanecer privada y solo debe ser conocida por el receptor. Este proceso apoya a la criptografía simétrica, pues la clave privada es exclusiva del conocimiento del receptor, lo que garantiza teóricamente la privacidad del mensaje[23].

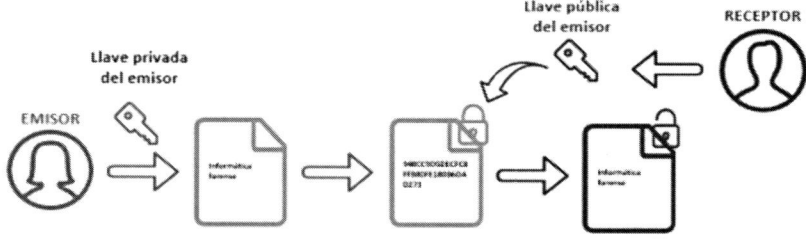

Figura 3-10. Arquitectura de la criptografía asimétrica y el uso de las llaves públicas y privadas del emisor

En el mundo digital, la criptografía forma parte de los componentes básicos de un malware y de las técnicas básicas que un usuario malicioso realiza hacia recursos informáticos a los que

---

[23] NIC Argentina (2018). *¿Qué es criptografía?* Recuperado el 4 de septiembre de 2021 de: <https://nic.ar/es/enterate/novedades/que-es-criptografia>.

no tiene un acceso autorizado. Debido a la presencia constante de la criptografía, un analista forense debe conocer los principios y funcionamiento de estas técnicas, que son utilizadas en la actualidad para apoyar sus investigaciones.

Esteganografía

La esteganografía también posee sus orígenes conceptuales y etimológicos en la antigua Grecia, donde "*esteganos*" puede comprenderse como "cubierto u oculto", y "*graphein (graphos)*" como "escritura", lo que genera el significado "escritura oculta".

La esteganografía está definida como la ciencia que estudia diferentes procedimientos para detectar, identificar y analizar información oculta en un medio que la transporta de un lugar a otro. La revolución tecnológica creada por el auge de los dispositivos informáticos y los móviles provocó la adaptación de la esteganografía a los medios digitales, donde términos como "estego-medio" se asigna a los recursos informáticos que se utilizan como contenedores para transportar otro recurso más pequeño sin dar a conocer su funcionamiento. El recurso que se encuentra en el contenedor es conocido como "estego-objeto", donde el objeto puede ser cualquier recurso informático (imagen, vídeo, audio, documentos, entre otros).

Asimismo, se nombra "estego-análisis" al procedimiento que realiza la búsqueda de información incrustada en un estego-medio. Esto permite la existencia de "estego-sistemas", que podrían contener información de valor para determinar actividades maliciosas en una infraestructura tecnológica.

Figura 3-11. Arquitectura de un proceso esteganográfico

Dentro de la creación de algoritmos esteganográficos, deben ser considerados tres aspectos muy importantes:

- Capacidad (cantidad de información que puede ser ocultada en un estego-objeto).
- Invisibilidad (probabilidad de detección a través de un estego-análisis).
- Apoyo (cantidad de alteraciones que el estego-medio puede soportar antes de dañar la información oculta).

Los principales tipos de esteganografía son:

Esteganografía pura. Está basada en el desconocimiento tanto de su técnica como del medio donde oculta la información deseada.

Esteganografía de clave simétrica. En este tipo de esteganografía existe una estego-llave, la cual es intercambiada antes de la comunicación, y solo los involucrados que conozcan la llave podrán revertir el proceso de incrustación en el estego-medio y acceder al estego-objeto.

Esteganografía de clave pública. Son aquellos sistemas que requieren el uso de dos claves; el remitente del estego-objeto utilizará la clave pública durante el proceso de codificación y para descifrar el mensaje secreto se utiliza una clave privada, que tiene una relación matemática directa con la clave pública[24].

Las bases de la esteganografía serán de gran ayuda para un investigador forense debido a que la esteganografía es ampliamente utilizada en las técnicas de propagación de malware para evadir controles y soluciones de seguridad que protejan a una organización.

3.10 ANÁLISIS DE RIESGOS

Tomando como base la metodología MAGERIT (Metodología de Análisis y Gestión de Riesgos de los Sistemas de Información), podrá realizar un análisis de los riesgos sobre la base del valor que pueda aportar a la investigación forense y comparar con el perjuicio que supondría su pérdida, o alteración, en la cadena de custodia por parte de una organización o perito informático. Es menester adaptar la metodología MAGERIT a las peculiaridades de cada organización que es objeto del análisis, lo que de manera generalizada permite proponer los siguientes cinco pasos[25]:

PASO 1. DETERMINAR LA RELEVANCIA DE UN INDICIO Y SU CORRELACIÓN CON OTROS RECURSOS

Este primer paso se centrará en la documentación de las siguientes características de un recurso informático:

- Información que posee
- Servicios que provee
- Posible relevancia en la investigación

---

[24] Muñoz, Alfonso (2016). "Privacidad y ocultación de información digital". *Esteganografía. Protegiendo y atacando redes informáticas*, p. 47-49.
[25] Secretaría General de Administración Digital y Centro Criptológico Nacional de España (2012). *Metodología de Análisis y Gestión de Riesgos de los Sistemas de Información Versión 3.* Ministerio de Hacienda y Administraciones Públicas, p. 24-30.

- Objetivo al analizarlo

- Sistemas dependientes

Para dimensionar la pérdida, daño o alteración de un indicio que podría generarse en una investigación, puede analizarse un riesgo por la falta de algunos aspectos en los indicios que serán analizados, los cuales se listan a continuación:

Confidencialidad: la falta de esta característica proporciona una idea sobre el posible impacto que genera el revelar información determinante para la investigación hacia personas, organizaciones o usuarios.

Integridad: cuando un indicio presenta un daño, alteración o pérdida, puede determinar su consecuencia legal y técnica para la investigación.

Disponibilidad: en caso de que un indicio no se encuentre disponible, puede documentar el riesgo que presentará en la investigación.

Autenticidad: este cuestionamiento podría ser de relevancia si la adquisición de las evidencias no se ha llevado correctamente o si existe más de un analista del mismo campo en la escena del delito.

Derivado de la relevancia de cada indicio, es posible crear un esquema jerárquico de dependencias en el que se vea reflejada la relación que cada indicio posee con otros de la investigación para definir la cantidad y determinar los indicios que se verían afectados, en caso de materializarse los riesgos en cada uno de ellos. Los tipos de indicios que puede encontrar en una investigación se pueden catalogar de la siguiente manera:

Indicios esenciales. Son aquellos que prestan servicios y se han visto afectados por un delito informático, dependen directamente del estado de los dispositivos físicos para poder acceder a ellos. Por ejemplo, dispositivos móviles, equipos informáticos portátiles, impresoras, dispositivos de almacenamiento externo, entre otros.

Indicios dependientes. Son aquellos que dependen del estado de un recurso lógico para poder acceder a ellos. Por ejemplo, máquinas virtuales, información volátil, registros, entre otros.

Algunos otros factores que pueden ser incluidos en el análisis son:

- Equipamiento y suministros: energía, climatización, etc.

- Mobiliario

- Servicios contratados a terceros

- Instalaciones de la organización

- Perfil psicológico de los usuarios

- Perfil técnico de los usuarios

- Interacción entre los usuarios

PASO 2. DETERMINAR LAS AMENAZAS A LAS QUE SE ENCUENTRAN EXPUESTOS LOS INDICIOS

Este paso tiene el objetivo de documentar y detallar los factores que pueden causar un daño o cambio permanente en un indicio y determinar las complicaciones técnicas y legales que representaría su omisión en la investigación. Algunos tipos de amenazas que se pueden encontrar son:

De origen natural. Existe la posibilidad de eventos de origen natural, como terremotos, inundaciones, entre otros. Ante esos sucesos, un sistema informático es una víctima pasiva y, por ende, los indicios. Por lo que será de gran utilidad tener en cuenta la geolocalización donde se llevarán a cabo los procedimientos de la investigación.

Del entorno. Fallos eléctricos, pandemias, restricciones temporales u otras eventualidades, que demandan realizar procesos de manera conclusa, eficaz y rápida hacia los indicios.

Defectos de las aplicaciones. En algunos escenarios puede ser posible que una herramienta, ya sea en hardware o software, pueda poseer defectos o un funcionamiento no pensado por el fabricante que puede generar un daño a un indicio.

Causadas por personas de forma accidental. Las personas con acceso al sistema de información pueden ser causa de problemas no intencionados, típicamente por error, omisión o incompetencia.

Causadas por personas de forma deliberada. Las personas con acceso al sistema de información pueden ser la causa de daños, así como de la pérdida parcial o total de los indicios y/o evidencia. Estas acciones pueden haber sido programadas para realizarse en cuanto se realice alguna acción o incluso por su omisión (acceso, encendido, respaldo, desmontado de piezas, conexión, entre otras).

Cuando se establece que una amenaza puede perjudicar a un indicio o evidencia debe valorarse su influencia en dos sentidos:

- **Degradación:** determina la legibilidad y utilidad en la investigación en el supuesto de que una amenaza se materialice.

La degradación puede ser compleja de determinar y de expresar, pero puede ser establecida cualitativamente a través de alguna escala nominal como la siguiente:

Representación	Rango	Posibilidad	Facilidad
MA	Muy alta	Casi seguro	Fácil
A	Alta	Muy probable	Medio
M	Media	Posible	Difícil
B	Baja	Poco probable	Muy difícil
MB	**Muy baja**	**Muy raro**	**Extremadamente difícil**

Tabla 3-4. Escalas nominales posibles en la degradación de la legibilidad del indicio

- **Probabilidad:** Determina cómo de posible es que se materialice la amenaza.

Puede ser establecida numéricamente, y tiene un año como medida de la probabilidad de que algo ocurra. Algunos posibles valores se muestran a continuación:

Representación	Representación numérica	Frecuencia	Tiempos
MF	100	Muy frecuente	Diario
F	10	Frecuente	Mensualmente
N	1	Normal	Una vez al año
PF	1/10	Poco frecuente	Cada varios años
MPF	1/100	Muy poco frecuente	Cada siglo

Tabla 3-5. Posibles escalas para establecer la probabilidad de que se materialice una amenaza

PASO 3. DETERMINACIÓN DE ACCESORIOS MATERIALES

En esta parte del proceso de análisis de los riesgos se genera un listado de materiales que reducirán el daño, la modificación o la pérdida del indicio y/o evidencia. Estos pueden ser:

- Guantes antiestáticos
- Pulseras antiestáticas
- Bolsas antiestáticas
- Bloqueadores de escritura
- Maletín de transporte

PASO 4. ESTIMAR EL IMPACTO

Es la medida del daño sobre el indicio o evidencia derivado de la materialización de una amenaza. Para establecer el impacto de la alteración, daño o pérdida de un indicio, e incluso las evidencias, se deben considerar los pasos anteriores:

- Relevancia, dependencia y correlación con otros indicios.
- Amenazas a las que se encuentran expuestos.

La única consideración que queda hacer es relativa a las dependencias en los medios de transmisión entre activos, ya que las amenazas suelen materializarse en ellos. Para enlazarlos, se hace uso del esquema jerárquico de dependencias, cabe tener en cuenta que habrá que calcular el impacto sobre un indicio o evidencia, y se debe considerar:

- Material del medio de transmisión.

- Vulnerabilidades o huecos de seguridad en el medio y forma de transmisión.

El impacto se calcula para cada indicio o evidencia en función de sus amenazas, sus dependencias, su relevancia en la investigación y su degradación:

- El impacto es tanto mayor cuanto mayor es la importancia del indicio o la evidencia dañada.

- El impacto es tanto mayor cuanto mayor sea la degradación del indicio o la evidencia dañada.

- El impacto es tanto mayor cuanto mayor sea la dependencia del indicio o la evidencia dañada.

El impacto determinado permite tomar una decisión crítica a la organización donde se realiza la investigación, aceptar un cierto nivel de riesgo y, por ende, sus consecuencias, u optar por no aceptarlo.

PASO 5. ESTIMAR EL RIESGO

El riesgo es definido como el impacto ponderado con la tasa de ocurrencia (o expectativa de materialización) de una amenaza. Una vez determinados el impacto, la amenaza y los accesorios materiales, puede estimarse un escenario completo para determinar un riesgo a la medida para cada organización. En algunos escenarios, conociendo el impacto de las amenazas sobre los indicios, es posible determinar el riesgo sin más que tener en cuenta la probabilidad de que ocurra.

El riesgo crece con el impacto y la probabilidad, se pueden distinguir una serie de zonas para el tratamiento del riesgo:

- **Zona 1** – Riesgos muy probables y de muy alto impacto.

- **Zona 2** – Franja amarilla: cubre un amplio rango, desde situaciones improbables y de impacto medio hasta situaciones muy probables, pero de impacto bajo o muy bajo.

- **Zona 3** – Riesgos improbables y de bajo impacto.

- **Zona 4** – Riesgos improbables, pero de muy alto impacto.

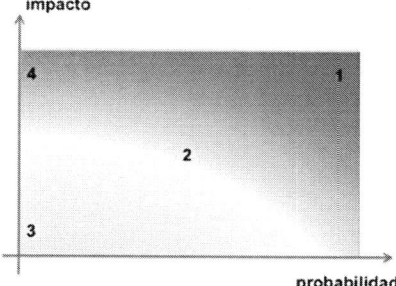

Figura 3-12. Determinación del riesgo en función del impacto y la probabilidad de la metodología MAGERIT

3.11 MARCO DE TRABAJO OSINT

El marco de trabajo de inteligencia de fuentes abiertas (*Open-Source Intelligence* – OSINT) tiene como objetivo recopilar información de herramientas o recursos públicos de internet desde cualquier dispositivo con acceso. Existe una gran variedad de fuentes abiertas de las que se puede obtener información relevante, entre ellas se encuentran:

- **Medios de difusión corporativos:** comunicados, correos, páginas web.
- **Medios de comunicación:** revistas, periódicos, radio, entre otros.
- **Medios de difusión gubernamentales:** comunicados, páginas web.
- Redes sociales, blogs y foros de discusión.
- Conferencias, recursos digitales y difusión general.

Esta información pública compartida en internet es accesible por cualquier usuario, lo que genera la posibilidad de aprovecharlos a conveniencia y un objetivo particular. Algunos ejemplos son los siguientes:

- Conocer información sobre un usuario.
- Conocer información relacionada con una persona específica.
- Conocer la reputación de cualquier corporativo.
- Analizar los comportamientos sociológicos, psicológicos y detalles lingüísticos de usuarios o empresas.
- Acceder a documentos confidenciales de alguna organización u organismo gubernamental.
- Acceso a información sensitiva de empresas privadas u organismos gubernamentales con el fin de evaluar el nivel de privacidad y seguridad.
- Análisis de mercado, mercadotecnia y tendencias.

Un aspecto negativo es que los usuarios maliciosos utilizan el marco de trabajo OSINT para perfeccionar sus técnicas para la realización de ataques informáticos a usuarios específicos u organizaciones de su interés. El esquema de este marco de trabajo se muestra a continuación:

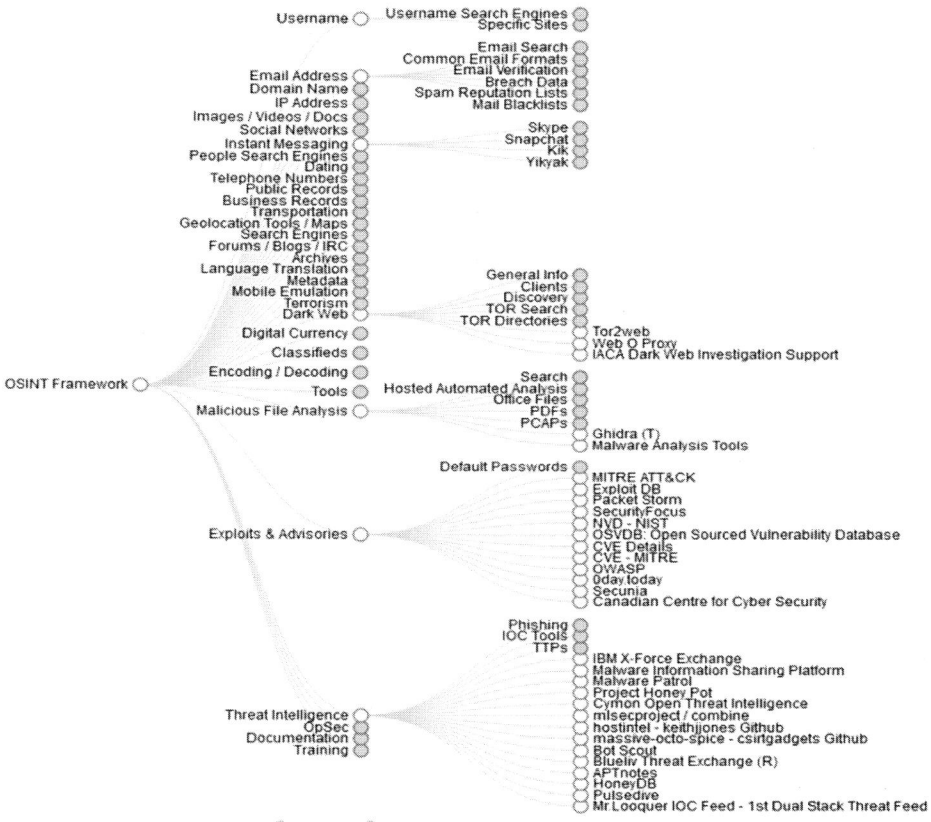

Figura 3-13. Imagen de las fuentes de información públicas que puede comprender el marco de trabajo OSINT
<https://osintframework.com/>

3.12 ACUERDO DE CONFIDENCIALIDAD

En cada investigación a realizar se debe llevar a cabo la firma de un documento entre el solicitante o dueño de la información, y el prestador de servicios, llamado "Acuerdo de Confidencialidad" o *"Non-disclosure agreements – NDA"*.

Un NDA es un documento normalmente emitido por la parte interesada en el servicio de análisis forense donde se establecen las condiciones, las restricciones, el uso y el almacenamiento de la información confidencial a la que un investigador tiene acceso para garantizar que cualquier dato compartido entre las partes no sea divulgado a una tercera que no se encuentre especificada. Un acuerdo de confidencialidad debe incluir el contenido que se detalla a continuación:

Partes interesadas

En esta sección deben especificarse los nombres de las personas físicas, los representantes legales, las personas morales o los solicitantes del servicio y que requieren la confidencialidad de la información que se transmite al analista forense u organización encargada de realizar el análisis.

Objeto del acuerdo de confidencialidad

Este apartado debe especificar la información que debe permanecer protegida y no sea divulgada a terceros que no se encuentren en el apartado de las partes interesadas, además de especificar el uso que se le da a ella. Existen algunas clasificaciones para la información que se encuentra comúnmente en estos apartados, que pueden ser:

- Conocimientos tecnológicos (patentes, metodologías y desarrollos internos).

- Infraestructura tecnológica (software, hardware, versiones, proveedores, clientes, licencias).

- Información de la organización (empleados, departamentos, ubicación, análisis de mercado, estrategias comerciales, incidentes tecnológicos pasados, entre otros).

- Datos de contabilidad y finanzas (clientes, facturas, costes de compras/ventas, inversiones, pérdidas, entre otros).

- Información relativa a la actividad propia de la empresa (certificaciones, procesos, fechas de lanzamiento, entre otros).

Duración del acuerdo

Otra parte del acuerdo de confidencialidad está dirigida a la duración y vigencia. Esta duración deberá contener un periodo de tiempo en el que la información compartida entre las partes interesadas, y los acuerdos establecidos, no podrá ser revelada. Dentro de estas especificaciones, el lapso puede variar según el ámbito en el que se lleve a cabo el acuerdo, ya sea médico, educativo, gubernamental o privado.

Disolución del acuerdo

En este apartado deben describirse las acciones de alguna de las partes interesadas, las fechas de conclusión o los motivos que permitan llegar a un final del acuerdo. En caso de que alguna de las partes no se encuentre en posición de cumplir alguna de las condiciones finales, incurrirá en una penalización.

Penalizaciones

Dentro del acuerdo de confidencialidad hay que señalar las penalizaciones a nivel contractual en forma de cláusulas, es fundamental. Se crean estas penalizaciones, a las cuales será acreedora la parte que incurra en la divulgación de información confidencial o incumpla algún acuerdo establecido, adhiriéndose al marco legal del país donde se celebre el acuerdo con el fin de tener un respaldo jurídico.

Firmas de involucrados

Por último, la firma de las partes involucradas establece la conformidad sobre las directrices, los apartados, las cláusulas y el contenido en general del acuerdo de confidencialidad mostrando un compromiso a seguirlo y respetarlo en su totalidad.

Además de un acuerdo de confidencialidad firmado entre las partes, como peritos en materia de informática, debe ser primordial la creación y firma de un contrato; independientemente de si se realiza por medio de una empresa, o de manera particular, este documento avala y respalda las actividades profesionales. En caso de requerir el acceso a la información de una organización o persona que sea ajena al acuerdo de confidencialidad, deberá solicitarse el consentimiento por escrito o, en situaciones específicas, una orden de registro emitida por la autoridad competente donde se realice la investigación.

CAPÍTULO 4
FORMACIÓN DE UN PERITO EN INFORMÁTICA FORENSE

4.1 ¿QUÉ ES UN PERITO EN INFORMÁTICA FORENSE?

Un perito forense en el ámbito digital es un profesional cuya formación, experiencia y continuo aprendizaje en la informática provee una vía de esclarecimiento en la resolución de conflictos de índole particular, empresarial, organizacional o jurídico a través de su testimonio.

La inclusión de un perito forense puede resolver cuestiones relacionadas con incidentes de seguridad de la información o actos ilícitos en los que la extracción de la información de dispositivos electrónicos puede proporcionar un apoyo a una entidad jurídica como un juez validar hechos, así como la inocencia de personas culpadas sin evidencias consistentes y demostrables. En Latinoamérica existe una limitación para los especialistas en el ámbito jurídico relacionado con el conocimiento de los temas tecnológicos, sobre todo en un tema tan especializado como la informática forense, debido a la formación que recibe durante sus estudios profesionales. El interés de las universidades es especializar en un solo ámbito profesional como lo marca el nombre de la especialidad o facultad de referencia. Sin embargo, la extensión de un delito puede extenderse al ámbito tecnológico y requiere conocimientos específicos y especialización en los términos, técnicas y procedimientos para su investigación. La inclusión de la tecnología en los delitos y su crecimiento exponencial genera la necesidad de apoyar las investigaciones con un perito informático que sirva de guía técnica en el proceso.

4.2 TIPOS DE PERITOS EN LA INFORMÁTICA

Un perito en la informática tiene los siguientes ámbitos donde aplicar sus conocimientos y habilidades:

Perito oficial

Son aquellos profesionales a los que se les referencia como "forenses" debido a que son registrados y realizan los dictámenes periciales como funcionarios gubernamentales. Cada país posee un selecto grupo de peritos inscritos en un directorio nacional, que se encuentra a disposición para cualquier entidad gubernamental que requiera una investigación en informática forense.

Perito de parte

Estos peritos en la informática forense no se encuentran adscritos como funcionarios gubernamentales y son contratados por alguna de las partes involucradas en un juico legal, la cual busca sus servicios para esclarecer hechos donde estén involucrados dispositivos electrónicos en su beneficio. Este tipo de peritos dependerá de su experiencia, conocimientos y éxito en casos anteriores para poseer una mayor posibilidad de ser contratados.

4.3 FORMACIÓN REQUERIDA

En Latinoamérica existen algunas directrices que determinan los requisitos formativos que un profesional debe poseer para ejercer como perito en informática forense variando de un país a otro; sin embargo, no existe una licenciatura que brinde el título de "analista o perito forense en informática". Primeramente, hay que optar por una formación asociada a la informática que provea un título de grado como licenciado en sistemas o derivados, o una ingeniería que permita obtener ese conocimiento robusto y vasto en equipos informáticos, dispositivos móviles o elementos de red, bases de datos, programación y la interacción entre sus elementos. Este requerimiento suele ser obligatorio en una entidad jurídica para habilitar como perito a un profesional de la informática.

Un investigador sin una información sólida en ámbitos informáticos puede ser objeto de contradicciones y la invalidación de sus informes por una instancia legal, además de una visible desventaja en la parte teórica ante un perito en informática con una formación completa. En el siguiente apartado se analizarán los requerimientos de algunos países en Latinoamérica, así como las universidades en cada uno de ellos, para obtener una formación que permita ejercer en el ámbito de la informática forense:

México

En México, los requerimientos para convertirse en perito forense son dictados por el Consejo Judicatura Federal (CJF), el cual tiene a su cargo la administración, vigilancia, disciplina y jurisdicción del Poder Judicial de la Federación en todo el territorio mexicano. Cada año se realiza una convocatoria para integrar la lista de personas que pueden ejercer como peritos ante los órganos del poder judicial de la federación, y es la rama de Ciencias Fisicomatemáticas y las Ingenierías, en su categoría de Ciencias de Computación (Informáticas), donde cabe centrar la atención. Los requisitos para participar en la convocatoria son:

I. Contar con los conocimientos necesarios en las materias o especialidades en las que quiere participar como perito;

II. Contar con un mínimo de cinco años de experiencia en el ejercicio profesional;

III. No haber sido condenado por delito doloso, mediante sentencia ejecutoriada que merezca pena privativa de libertad;

IV. No haber sido sancionado administrativamente por los órganos de los poderes judicial, legislativo y ejecutivo federales o estatales por la comisión de alguna falta grave;

V. No desempeñarse como servidor público del Poder Judicial de la Federación; en caso de ser un servidor público de otras dependencias o entidades, deberá abstenerse de intervenir en los asuntos en los que la institución en la que trabaje sea parte;

VI. Sujetarse a las disposiciones normativas del Consejo de la Judicatura Federal en todo lo relacionado con su función como perito, dando su consentimiento respecto del arancel y las directrices de pago de los honorarios que al efecto se establezcan.

Derivado del Requisito I, se pueden encontrar instituciones educativas públicas mexicanas que imparten la formación, así como las divisiones específicas en la que se imparten con el fin de proporcionar al lector la facilidad de búsqueda, siendo así nombradas algunas de ellas, sin ser excluyente de los programas impartidos en otras instituciones públicas o privadas. Estas universidades son:

Universidad Nacional Autónoma de México. En la Facultad de Ingeniería se imparte la licenciatura en Ingeniería en Computación, esta tiene como objetivo formar profesionales capaces de planear, diseñar, organizar, producir, operar y dar soporte técnico a los sistemas electrónicos para el procesamiento de datos, a los sistemas de programación —de base y de aplicación del equipo informático—, así como efectuar el control digital de procesos automáticos[1]. Además, se imparte una diplomatura en informática forense de manera semestral con los fundamentos necesarios para incursionar en este rubro.

Instituto Politécnico Nacional (IPN). En la ESIME Culhuacán se ofrece la carrera de Ingeniería en Computación, que pretende formar profesionistas con un alto sentido ético y de compromiso con su comunidad en el campo tecnológico de la computación capaces de: abordar y tomar decisiones con creatividad orden y método en relación con problemas tecnológicos; capaces de diseñar, construir, evaluar y dirigir desde diferentes puntos de vista

---

[1] Universidad Nacional Autónoma de México. Facultad de Ingeniería (s. f.). *Ingeniería en Computación* [en línea]. Recuperado el 29 de octubre de 2021 de <https://www.ingenieria.unam.mx/programas_academicos/licenciatura/computacion.php>.

y con fundamentos científico-tecnológicos dispositivos o sistemas que resuelvan problemas del área de cómputo[2].

Universidad Autónoma de Nuevo León. En su carrera como Licenciado en Ciencias Computacionales, su objetivo es formar licenciados en Ciencias Computacionales con un perfil integral que les permita trabajar en equipos multidisciplinarios; con responsabilidad y ética profesional; capaces de desarrollar tecnologías informáticas innovadoras; analizar y diseñar soluciones tecnológicas mediante la utilización de modelos matemáticos; crear software utilizando herramientas informáticas de última generación; administrar proyectos de sistemas informáticos; diseñar estrategias, metodologías o herramientas tecnológicas para ejercer en departamentos de sistemas, tecnologías de la información, soporte tecnológico o de desarrollo de software, con el fin de contribuir al desarrollo de las organizaciones tanto en el ámbito público como privado[3].

Chile

Según la Defensoría Penal Pública en Chile, se puede generar un registro de las personas interesadas en el portal de peritos de Chile (<https://portalperitos.dpp.cl/>), en el que se puede encontrar que los requerimientos son:

a. Presentación y aceptación de las condiciones del registro de información en el portal de peritos.

b. Completar el formulario y la solicitud de inscripción que aparece en la página web de la Defensoría Penal Pública.

c. Disponer electrónicamente de los antecedentes y certificados de título profesional que acrediten la calidad de experto en una determinada ciencia, arte u oficio. Proporcionar materialmente una copia autentificada del certificado de título profesional o técnico, de los cursos de especialización, así como de todos los otros antecedentes que acrediten la información introducida en el formulario de inscripción señalado en la letra "b" precedente, dentro del plazo que la Defensoría Penal Pública determine.

Así que, para completar los requerimientos en Chile, hay que obtener un título profesional en el área de la informática, por lo que las instituciones y las facultades donde imparten esa formación son:

Universidad de Chile. En su Facultad de Ciencias Físicas y Matemáticas esta universidad ofrece la Ingeniería Civil en Computación (ICC), el ingeniero y la ingeniera civil son profesionales que conciben, diseñan, construyen, mantienen, manejan, evalúan e integran

---

[2] Instituto Politécnico Nacional (s. f.). *Programa académico/Ingeniería en Computación* [en línea]. Recuperado el 2 de noviembre de 2021 de: <https://www.ipn.mx/oferta-educativa/educacion-superior/ver-carrera.html?lg=es&id=6>.

[3] Universidad Autónoma de Nuevo León (s. f.). *Licenciatura en Ciencias Computacionales* [en línea]. Recuperado el 3 de noviembre de 2021 de: <https://www.uanl.mx/oferta/licenciado-en-ciencias-computacionales/>.

soluciones informáticas que responden a las exigencias y restricciones que presentan problemas de distinta complejidad, y naturaleza, utilizando un enfoque científico e ingenieril y aplicando criterios de eficiencia y eficacia. Los ámbitos que todo graduado y toda graduada domina al final de la carrera son: fundamentos de la computación, ingeniería de datos, ingeniería de software y sistemas[4].

Pontificia Universidad Católica de Chile. Dentro del Departamento de Ciencias de la Computación se encuentra la carrera de Ingeniería Civil de Computación, la cual está orientada a la preparación de un profesional con conocimientos avanzados en informática, que, a través de la formación general en ingeniería, el conocimiento técnico y la formación científica podrá encabezar la investigación y crear nuevos productos informáticos, específicamente sistemas informáticos y software. Los graduados podrán diseñar y analizar algoritmos en diferentes campos de la informática o aquellos relacionados con ella, tales como: cálculo numérico, análisis numérico, optimización, álgebra informática, entre otros[5].

Brasil

La llamada *Ley Carolina Dieckmann número 12.737/2012*, derivada de un ataque cibernético y chantaje ante la actriz brasileña del mismo nombre, clasifica los delitos informáticos utilizados por los ciberdelincuentes para obtener un acceso no autorizado a sistemas o información. Así, se puede englobar el requerimiento para todo perito forense como conocer esta ley y las tipificaciones de los delitos informáticos según el *Código Penal* brasileño, además de la formación profesional necesaria que, a continuación, se puede encontrar en algunas instituciones:

Universidad de São Paulo. Dentro de la Facultad de Instituto de Ciencias Matemáticas e Informáticas, esta universidad ofrece la licenciatura de Ingeniero en Informática. El graduado en Informática tendrá las habilidades para el diseño digital de sistemas, incluso de robots. También la posibilidad de administrar redes informáticas en grandes empresas, proporcionar asistencia e, incluso, desarrollar aplicaciones y trabajar en el campo de la automatización industrial. Tendrá las habilidades para trabajar en ingeniería electrónica, informática, telecomunicaciones, microelectrónica, automatización, tecnología de la información, procesamiento de voz, sonido e imagen, inteligencia artificial, robótica, ingeniería de software, redes informáticas, sistemas informáticos distribuidos, computación paralela y de alto rendimiento, bases de datos y herramientas asistidas por ordenador[6].

---

[4] Universidad de Chile (s. f.). *Facultad de ciencias físicas y matemáticas. Ingeniería Civil en Computación* [en línea]. Recuperado el 6 de noviembre de 2021 de: <https://ingenieria.uchile.cl/carreras/4971/ingenieria-civil-en-computacion>.
[5] Pontificia Universidad Católica de Chile (s. f.). *Departamento de Ciencia de la Computación. Licenciatura en Ingeniería en Ciencia de la Computación* [en línea]. Recuperado el 9 de noviembre de 2021 de: <https://dcc.ing.puc.cl/programas>.
[6] Universidad de São Paulo (s. f.). *Instituto de Ciencias Matemáticas y Computación. Ingeniero en Informática* [en línea]. Recuperado el 11 de noviembre de 2021 de: <https://www.icmc.usp.br/es/admision/carreras-de-pregrado/ingeniero-en-informatica>.

Universidad de Estadual de Campinas (Unicamp). El Departamento de Ingeniería Eléctrica y de Computación ofrece educación sólida de nivel avanzado y oportunidades de investigación de clase mundial en áreas de vanguardia que incluyen automatización, gráficos por ordenador, visión por ordenador, sistemas de control, criptografía, sistemas integrados, procesamiento de imágenes, teoría de la información, sistemas inteligentes, aprendizaje automático, visualización de información científica e ingeniería de software[7].

Colombia

Según el *Código de Procedimiento Penal de Colombia*, en su artículo 408, cita los requerimientos para convertirse en ser peritos informáticos:

1. Las personas con título legalmente reconocido en la respectiva ciencia, técnica o arte.

2. En circunstancias diferentes, podrán ser nombradas las personas de reconocido entendimiento en la respectiva ciencia, técnica, arte, oficio o afición, aunque carezca de título.

A los efectos de la cualificación podrán utilizarse todos los medios de prueba admisibles, incluido el propio testimonio del declarante que se presenta como perito.

Así, atendiendo al requerimiento número 1 del artículo 408 del *Código de Procedimiento Penal* de Colombia, se puede encontrar la siguiente institución que proporciona la formación profesional y el título legal reconocido:

Universidad Nacional de Colombia. Esta institución imparte una Ingeniería de Sistemas y Computación, la cual tiene como propósito modelar e implementar sistemas complejos integrando otras disciplinas, así como aplicar las ciencias matemáticas y ciencias de la computación para el desarrollo de los sistemas. Los aspectos más relevantes que involucran las ciencias de la computación son: las teorías de la información y comunicación, la teoría de la complejidad computacional, la teoría de los lenguajes de programación, la programación de los ordenadores y las teorías de los sistemas[8].

Argentina

En Argentina existe el portal del Poder Judicial de la Nación, en el que se menciona que se deben cumplir dos requisitos para inscribirse como perito en la justicia:

I. Validar la condición de profesional habilitado para el ejercicio profesional.

---

[7] Universidad Estadual de Campinas (s. f.). *Facultad de Ingeniería Eléctrica e Informática* [en línea]. Recuperado el 11 de noviembre de 2021 de: <https://www.fee.unicamp.br/dca>.
[8] Universidad Nacional de Colombia (s .f.). *Facultad de Ingeniería. Ingeniería de sistemas y computación* [en línea]. Recuperado el 16 de noviembre de 2021 de: <https://ingenieria.bogota.unal.edu.co/es/formacion/pregrado/ingenieria-de-sistemas-y-computacion.html>.

II.   Inscribirse en los colegios profesionales correspondientes a su profesión, donde deberá pagar un arancel.

Para cubrir el primer requerimiento, sobre la condición de profesional habilitado, se pueden encontrar las siguientes instituciones académicas que proporcionan un título válido para el ejercicio como perito forense:

Universidad Nacional de la Plata. Esta universidad proporciona, por medio de la Facultad Informática, una formación universitaria que genera profesionales con muy buenos conocimientos de electrónica, diseño de sistemas digitales y formación básica en programación de software de base y de aplicación. La orientación principal está en las temáticas que integran el hardware y software como procesamiento de señales, control industrial, robótica, comunicaciones, redes y sistemas distribuidos, con el fin de favorecer la posibilidad de que el país alcance cierta competitividad a corto y medio plazo[9].

Universidad de Buenos Aires. Esta universidad, que se encuentra en la capital del país latinoamericano, imparte en su Facultad de Ciencias Exactas y Naturales, la carrera de Ciencias de la Computación, en la que ofrece una base de conocimientos muy sólida y un equilibrio entre conocimientos científicos y tecnológicos que va a permitir enfrentar cualquier problema actual y futuro[10].

A través del apartado del presente escrito se puede corroborar que para ejercer como perito forense en toda Latinoamérica se requiere como mínimo un título profesional relacionado con la informática, ya sea una ingeniería o como licenciado en informática; en algunas países como México o Argentina se solicita asociarse a algún agrupamiento de profesionales del gremio de la informática forense; estas agrupaciones suelen contener otros requerimientos, como años de experiencia, licencias específicas, certificaciones o el cumplimiento con estándares internacionales.

4.4 PERFIL DE UN PERITO EN INFORMÁTICA

Un perito de la informática forense debe poseer conocimientos muy amplios que le permitan visualizar un incidente de manera más integral, así como conocer las actividades y el funcionamiento de los equipos de respuesta a los incidentes, de los equipos de *Blue Team*, *PurpleTeam* y *Red Team*, además de los términos y procesos legales que le permitan adecuar

---

[9] Universidad Nacional de la Plata (s. f.). *Facultad de Informática. Ingeniería en Computación* [en línea]. Recuperado el 17 de noviembre de 2021 de: <https://www.info.unlp.edu.ar/ingenieria-en-computacion/>.
[10] Universidad de Buenos Aires. *Facultad de Ciencias Exactas y Naturales. Ciencias de la Computación* [en línea]. Recuperado el 17 de noviembre de 2021 de: <https://exactas.uba.ar/ensenanza/carreras-de-grado/ciencias-de-la-computacion>.

sus documentos finales ante las entidades que los validan. Un perito forense debe regirse por los pilares de la informática forense:

- **Imparcialidad.** Se refiere a la interpretación de las pruebas y resultados obtenidos sin atender a posibles prejuicios y condicionantes de cualquiera de las partes de una investigación.

- **Veracidad.** Las investigaciones de un perito en informática forense deben realizarse acordes con las metodologías, guías o marcos de trabajo que permitan ser reproducidos por cualquier otro investigador sin presentar inconsistencias.

- **Honestidad.** El perito forense permanecerá ajeno a intereses de particulares en cada proceso de su investigación, evitando acceder a información restringida o sin autorización.

- **Objetividad.** Hace referencia a la interpretación de los indicios y evidencias obtenidas sin involucrar prejuicios o condicionantes que puedan derivar de los propios hechos o de las circunstancias particulares de la evidencia a analizar.

- **Reflexión y juicio.** En este proceso se simplifican los problemas planteados en sus informes jerarquizando lo principal sobre lo complementario, hasta alcanzar las conclusiones válidas y comprensibles para todo el interesado.

Además del conocimiento técnico, un perito en informática forense debe poseer conocimientos jurídicos y legales que le permitan cumplir los requerimientos de sus funciones y documentos para con una entidad jurídica sin crear controversias, o invalidaciones, atendiendo a las diferencias entre los marcos legales de cada país donde realice su investigación.

Otros aspectos importantes que deben cumplir los peritos informáticos son:

- La capacidad de redacción en sus informes finales, debiendo ser conciso y comprensible para cada involucrado independientemente de su formación profesional.

- Presentación de resultados ecuánimes y eficientes en sus informes finales.

- Poseer una actitud rigurosa para el cumplimiento de los procesos y estándares requeridos por ese ámbito.

- Conocimientos técnicos sólidos para el respaldo y defensa de sus informes.

Figura 4-1. Diagrama de los conocimientos que debe poseer un investigador en informática forense

4.5 CERTIFICACIONES INTERNACIONALES

La continua preparación de un profesional en informática forense proporcionará un fortalecimiento de sus conocimientos, técnicas, procesos, marcos de trabajo, metodologías, estándares y herramientas para realizar sus actividades en el campo laboral; por lo que es común que busquen cursos de certificación que avalen su experiencia y conocimientos. Debido a esta necesidad, algunas entidades internacionales de certificación han generado los materiales didácticos y obtenido la validez para proporcionar formación como perito en informática forense.

Actualmente existen organizaciones que poseen programas estructurados para la formación de profesionales en la informática forense con el fin de proveer conocimientos sobre las metodologías y marcos de trabajo más conocidas y utilizadas, así como las técnicas, herramientas y procedimientos para llevar a cabo una investigación válida ante entidades jurídicas. A continuación, se detallan las certificaciones más reconocidas de manera internacional, así como las instituciones donde se imparten:

Certificación	Organización
Computer Hacking Forensic Investigator – CHFI	EC – Council - International Council of E-Commerce Consultants
Certified Computer Examiner – CCE	ISFCE – International Society of Forensic Computer Examiners
Computer Forensic Computer Examiner – CFCE	IACIS – International Association of Computer Investigative Specialists
Certified Computer Crime Investigator – CCCI	HTCN – High Tech Crime Network
Computing Analysis Forensics Specialized – CAFSC	ACCCF – American Council for Cybersecurity and Computer Forensic
Certified Fraud Examiners – CFE	ACFE – Association of Certified Fraud Examiners
Cybersecurity & Digital Forensics Investigator – CDFI	WSH – WhiteSuit Hacking
GIAC Certified Forensics and Acquisition – GBFA	SANS – SysAdmin Audit, Networking and Security Institute
GIAC Certified Forensic Examiner – GCFE	
GIAC Certified Forensic Analyst – GCFA	
GIAC Network Forensic Analyst – GNFA	

Tabla 4-1. Certificaciones más conocidas en el continente americano

CAPÍTULO 5
PRODUCCIÓN DE AMBIENTES CONTROLADOS PARA LA INVESTIGACIÓN DE DELITOS INFORMÁTICOS

Dentro de la infraestructura tecnológica de una organización puede existir una gran diversidad de tecnologías con múltiples versiones, sistemas operativos y personalizaciones para diversos roles. Debido a esta pluralidad de tecnologías, un investigador en informática forense debe estudiar y analizar cada una de ellas preparando herramientas especializadas para dar respuesta a cada posible escenario.

Por un lado, están las herramientas que pueden ser utilizadas a través de la adquisición de una licencia, y que son comercializadas por organizaciones especializadas en el ámbito de la informática forense. Estas herramientas poseen beneficios para un investigador, como:

- Simplificación de actividades.

- Automatización de procesos.

- Reducción de tiempos de análisis.

- Cumplimiento de estándares internacionalmente reconocidos.

- Implementación de tecnologías, como la inteligencia artificial y el aprendizaje automático para el análisis, y la categorización, además de la búsqueda de indicios y evidencias (capítulo 9.2).

- Soporte técnico por el fabricante.

- Validez ante entornos jurídicos.

La adquisición de estas herramientas representa una inversión económica importante para las organizaciones o investigadores particulares que desean utilizarlas, por lo que, en el caso de no tener investigaciones habituales, es muy común que se opte por otras alternativas que representen solo una documentación más amplia para validar su funcionamiento, como las herramientas de software libre.

Las herramientas de software libre no tienen ningún coste; sin embargo, en una investigación que llegará a instancias legales, su uso puede ser cuestionado debido a su naturaleza; se posee la libertad de estudiarlas, copiarlas, distribuirlas y/o modificarlas a través de un especialista en **lenguaje de programación** y los componentes que las conforman. Estas características pueden ser los argumentos de alguna de las partes en un juicio para objetar ante a una entidad jurídica al respecto de una posible alteración a conveniencia o perjuicio de algún indicio o evidencia, a través de su adquisición y/o análisis; eso significaría la pérdida de las características necesarias para toda evidencia digital, autenticidad y confiabilidad.

Sin embargo, existe una manera de comprobar que cada herramienta de software libre conserva su autenticidad y el objetivo para el que ha sido creado, sin ningún cambio en alguno de sus componentes originales. Este proceso se realiza a través de una documentación estricta y robusta que permita auditar la herramienta, repetir las actividades realizadas y comparar los hallazgos obtenidos y establecidos en el dictamen pericial. A continuación, se detalla la documentación necesaria para validar el uso de este tipo de herramientas:

Información de descarga. En este apartado se recomienda la documentación de la información general asociada al sitio web donde fue descargada la herramienta. Su contenido puede ser el siguiente:

- Nombre del sitio de descarga.
- Enlace de descarga.
- Fecha de descarga.
- Artefacto contenedor de la herramienta.
- Firma hash especificada en la página de descarga.
- Firma hash obtenida en un ambiente controlado.
- Prueba fotográfica que compruebe cada dato especificado.
- Manual de uso.
- Licencia de uso.

Documentación de características. En esta sección se registran las características asociadas a la herramienta en el momento de ser publicada. Su contenido se detalla a continuación:

- Fecha de liberación.
- Fabricante.
- Versión.
- Número de compilación.
- Firma hash de la herramienta previa al análisis.
- Prueba fotográfica de cada característica.

Uso de la herramienta. Para documentar el uso de la herramienta se debe hacer hincapié en el etiquetado e identificadores de los indicios y/o evidencias analizadas con la herramienta para asociar fácilmente la herramienta utilizada en cada proceso de la investigación. El contenido de esta sección es el siguiente:

- Objetivo.

- Identificadores de los indicios analizados con la herramienta.

- Hallazgos.

- Firma hash de la herramienta posterior al análisis.

- Prueba fotográfica de la evidencia obtenida posterior al análisis.

Entrega de la herramienta. Con la finalidad de permitir la reproducción de las actividades y la corroboración de los resultados obtenidos a través de cualquier herramienta de software libre, se recomienda agregar recursos que contengan los artefactos que fueron utilizados en algún medio de almacenamiento junto con sus datos generales, y hacer su referencia correspondiente en la sección de anexos del dictamen pericial. Este recurso informático debe estar cifrado, además de adjuntar un aviso de privacidad y advertencia de exclusividad con los indicios pertenecientes a la investigación en la que fue utilizado.

5.1 USB DE ARRANQUE

Algunas herramientas que no pueden faltar en el arsenal son los dispositivos USB. Estos dispositivos de almacenamiento pueden almacenar los indicios volátiles obtenidos durante la fase de adquisición, proteger las herramientas e incluso contener sistemas operativos que pueden ejecutarse sin dañar el contenido de los datos no volátiles del sistema, estos últimos son conocidos como "USB de arranque" (también conocidos como "*USB booteable*" o "*Live USB*"). Para la creación de un USB de arranque se necesitan los siguientes elementos:

1. **Dispositivo USB.** El dispositivo debe contar con la suficiente capacidad de almacenamiento para el o los sistemas operativos que se instalarán en ella.

2. **Imagen iso (*.iso*) del sistema operativo.** Artefacto que contiene una copia exacta de del sistema que se desea instalar en el dispositivo. Puede encontrarse en la página oficial de cada sistema operativo.

3. **Herramienta especializada.** Están pensadas para crear un USB de arranque.

Existe la posibilidad de crear un USB de arranque con dos o más sistemas operativos instalados en estos dispositivos, estos dispositivos son conocidos como "USB multi-arranque" o "*multiboot*" (este término es la conjunción de la palabra en inglés "*multiple*", que hace referencia a "muchos o varios", y el término "*boot*", cuyo significado es arranque). Estos USB multi-arranque poseen múltiples sistemas operativos en su interior, lo que proporciona la facultad al investigador que las posee de elegir qué sistema operativo utilizar para una función específica. Para crear una memoria multi-arranque es necesario utilizar software especializado para este propósito, donde cabe considerar el sistema operativo en el que pueden ejecutarse. A continuación, se analizarán las herramientas para los sistemas Windows, GNU/Linux y MacOS:

Windows

MediaCreationTool21H2. Es una herramienta oficial de Microsoft para la creación de USB multi-arranque con imágenes iso de los sistemas Windows. Se puede descargar de su página oficial (<http://go.microsoft.com/fwlink/?LinkId=691209>).

Windows USB/DVD Download Tool. Esta herramienta también es oficial de Microsoft, pero está diseñada exclusivamente para las versiones de Windows 7 y 8.1. Considerando que Windows 11 ya se encuentra en el mercado en el momento de la redacción del presente escrito, puede ser de gran utilidad para casos específicos en los que estas versiones de Windows se encuentren en el entorno donde se realiza una investigación. El enlace de la página oficial para su descarga es <https://www.microsoft.com/es-es/download/details.aspx?id=56485>.

Windows y GNU/Linux

Yumi. Esta herramienta permite crear un USB de arranque y multi-arranque con archivos iso de sistemas operativos Windows y GNU/Linux. El enlace de su página oficial es <https://www.pendrivelinux.com/yumi-multiboot-usb-creator>.

Rufus. Esta herramienta proporciona la posibilidad de crear un USB de arranque para sistemas Windows y diversas distribuciones de GNU/Linux, y tiene la posibilidad de guardar cambios realizados en un análisis para sesiones posteriores. Su sitio web oficial es <https://rufus.ie/es>.

MacOS

DiskMakerX (anteriormente Lion DiskMaker). Es una aplicación destinada al uso y creación dispositivos de arranque para sistemas MacOS. Su página oficial se encuentra disponible en <https://diskmakerx.com>.

Windows, GNU/Linux y MacOS

UNetbootin. Es una herramienta que cuenta con la versatilidad de crear USB de arranque tanto para sistemas Windows como para GNU/Linux y MacOS. Cuenta con la facilidad de utilizar una imagen iso previamente descargada o utilizar su lista de sistemas, que pueden ser descargados a través de su interfaz gráfica. Su página oficial es <https://unetbootin.github.io>.

BalenaEtcher. Esta herramienta de código abierto cuenta con la capacidad de crear USB de arranque para los sistemas operativos Windows, GNU/Linux y MacOS. Puede obtenerse a través de su página oficial <https://www.balena.io/etcher>.

5.2 HERRAMIENTAS NO DEPENDIENTES DEL SISTEMA OPERATIVO

Para algunos procedimientos que se llevan a cabo dentro de una investigación, las herramientas que se utilizan no dependen del sistema operativo, versión o tecnología que contiene los dispositivos a analizar. Esta característica de algunas herramientas permite a un investigador prepararlas y organizarlas previamente a su participación en algún caso; dichas herramientas se conocerán como "herramientas no dependientes". A continuación, se listan las herramientas no dependientes de manera organizada a través de cada fase del marco de trabajo EDAPREHD:

Fase de estudio del caso

En la fase de estudio del caso se requiere el uso de herramientas que cumplan con las tareas de recabar información relacionada con las entrevistas con los involucrados de un incidente, la documentación de las premisas y anotaciones de un investigador y las herramientas lógicas relacionadas con la búsqueda de información relativa a las actividades maliciosas en internet. Algunas de las herramientas que pueden utilizarse en esta fase se encuentran en la siguiente tabla:

Herramienta/material
Grabadora de voz
Libreta de notas
Herramientas lógicas
Navegador web
Shodan
The Harvester
FOCA

Tabla 5-1. Herramientas utilizadas en la fase de estudio del caso

Fase de documentación de la escena del delito

Durante esta fase, se utilizan herramientas que proporcionen protección a los indicios dentro de una escena del delito de un incidente de ciberseguridad, y faciliten la señalización e inventariado de los dispositivos. Estas herramientas se describen en la siguiente tabla:

Herramienta/material
Cámara fotográfica
Guantes dielétricos
Identificador de indicios
Pulsera antiestática
Cinta se seguridad
Cobertura de calzado antiestática

Tabla 5-2. Herramientas utilizadas durante la fase de documentación de la escena del delito

Fase de adquisición

Las herramientas no dependientes que se utilizan a lo largo de la fase de adquisición pueden ser desde etiquetas adheribles a dispositivos USB con herramientas de adquisición, o pueden ser utilizadas como almacenamiento de indicios obtenidos. También se encuentran las herramientas de hardware que cuentan con la capacidad de obtener imágenes forenses. A continuación, se listan estas herramientas:

Herramienta
Cámara fotográfica
Etiquetas adheribles
USB
Dispositivo de almacenamiento

Hardware de creación de imágenes forenses	
Herramienta	Enlace de información
AtolaInsight Forensic	<https://atola.com/products/insight>
Atola Task Force	<https://atola.com/products/taskforce>
Data copyking	<https://onretrieval.com/productos/hardware/data-copy-king>
DeepSpar Disk Imager	<https://www.deepspar.com/products-ds-disk-imager.html>
PC-3000	<https://www.acelab.eu.com/pc-3000-portable-iii-systems.php#digital_forensics>
Tableau Forensic Imagers & Duplicators	<https://security.opentext.com/tableau/hardware/forensic-imagers-duplicators>
Logicube	<https://www.logicube.com>

Tabla 5-3. Herramientas utilizadas durante la fase de adquisición

Fase de preservación y traslado de indicios

En el transcurso de las actividades relacionadas con la preservación de los indicios dentro de una investigación, se utilizarán herramientas que proporcionen protección a cada indicio que ha sido adquirido previamente, además de ayudar a su fácil ubicación. A continuación, se mencionan las herramientas utilizadas separadas por cada actividad:

Herramienta/material
Indicadores de indicios
Cámara fotográfica
Etiquetas adheribles
Bolsas antiestáticas

Tabla 5-4. Herramientas utilizadas en el proceso de traslado de indicios

Fases de redacción de hallazgos y elaboración del dictamen pericial

Al igual que sus antecesoras, se pueden encontrar herramientas que se pueden usar en las últimas fases del marco de trabajo EDAPREDH, en el que se necesita redactar los hallazgos y crear los informes finales que serán entregados. Estas herramientas se detallan a continuación:

Herramienta/material
Software de ofimática
Software de tratamiento de textos
Software de cifrado

Tabla 5-5. Herramientas utilizadas durante la fase de redacción de hallazgos y la elaboración del dictamen pericial

Además de estas herramientas que no dependen de la tecnología de un dispositivo, existen herramientas que son capaces de proporcionar apoyo para cada fase del marco de trabajo EDAPREHD, y que pueden organizarse según el tipo de sistema operativo donde pueden ejecutarse. En los siguientes apartados se detallarán y organizarán estas herramientas.

5.3 CREACIÓN DE AMBIENTES CONTROLADOS PARA EL ANÁLISIS FORENSE EN LOS SISTEMAS WINDOWS

En estos entornos puede encontrar con mayor frecuencia en las investigaciones en materia de informática forense los sistemas operativos Windows. Estos sistemas son mayormente utilizados en las empresas debido al soporte técnico que pueden obtener, la facilidad de su administración y sus funciones de gestión hacia sus colaboradores.

Debido al uso mayoritario de estos sistemas, las firmas de desarrollo de software se han adaptado a los requerimientos de la plataforma con la finalidad de cubrir la mayor parte de las necesidades durante una investigación en informática forense. Los ambientes controlados dirigidos al análisis en Windows deberán tener un equipo físico o virtual con la misma versión del sistema donde han sido extraídas las evidencias a analizar para evitar cualquier cambio en su funcionamiento o característica de la información que será analizada.

A continuación, se proporciona una lista de las herramientas dedicadas a la investigación de delitos informáticos en los entornos Windows, y que pueden ser de gran apoyo para un investigador durante las fases de adquisición y análisis de indicios del marco de trabajo EDAPREHD:

5.3.1 FASE DE ADQUISICIÓN DE INDICIOS

5.3.1.1 Adquisición de información volátil

Volcado de memoria RAM

Herramienta	Enlace de información
FTK Imager	<https://accessdata.com/product-download/ftk-imager-version-4-5>
Belkasoft Live RAM Capturer	https://belkasoft.com/es/ram-capturer>
Dumpit	<https://www.comae.com/dumpit>
F-Response	<https://www.f-response.com>
Magnet RAM Capture	<https://support.magnetforensics.com/s/software-and-downloads?productTag=free-tools>
Mdd (Memory DD)	<https://sourceforge.net/projects/mdd>
Memoryze Redline	<https://www.fireeye.de/services/freeware/memoryze.html>
OSForensics	<https://www.osforensics.com>
ProDiscover	<https://prodiscover.com/prodiscover-forensics>
RAMMap	<https://learn.microsoft.com/en-us/sysinternals/downloads/rammap>
Volatility	<https://www.volatilityfoundation.org>
WindowsSCOPE Pro and Ultimate	<https://www.windowsscope.com>
WinPmem	<https://github.com/Velocidex/WinPmem>

Obtención de firmas electrónicas

Herramienta	Enlace de información
Multihasher	<https://www.abelhadigital.com/multihasher>
PowerShell	<https://learn.microsoft.com/en-us/powershell/module/microsoft.powershell.utility/get-filehash?view=powershell-7.2>
Quickhash	<https://www.quickhash-gui.org>

5.3.1.2 Adquisición de información no volátil

Generación de imágenes forenses

Herramienta	Enlace de información
EnCase	<https://security.opentext.com/encase-forensicv
FTK Imager	<https://accessdata.com/product-download/ftk-imager-version-4-5>
OSFClone	<https://www.osforensics.com/tools/create-disk-images.html>
Paraben E3 Forensic Pltaform	<https://paraben.com/digital-forensic-tools-6>
ProDiscover	<https://prodiscover.com/prodiscover-forensics>
ReclaiMe Pro	<http://www.reclaime-pro.com>
X-WaysImager	<https://www.x-ways.net/imager/index-m.html>

5.3.2 FASE DE ANÁLISIS DE INDICIOS Y EXTRACCIÓN DE EVIDENCIAS

Análisis de discos

Herramienta	Enlace de información
Autopsy	<https://www.autopsy.com>
Cellebrite Digital Collector	<https://cellebrite.com/en/digital-collector>
EnCase	<https://security.opentext.com/encase-forensic>
Forensic Toolkit FTK	<https://accessdata.com/product-download-page>
NTI & Armor Forensics	<http://www.forensics-intl.com/thetools.html>
Prodiscover	<https://prodiscover.com/prodiscover-forensics>
SMART	<http://www.asrdata.com>
The Sleuth Kit	<https://www.sleuthkit.org>
X-Ways Forensics	<https://www.x-ways.net/forensics/index-m.html>

Recuperación de información

Herramienta	Enlace de información
BitRecover Data Recovery Wizard	<https://www.bitrecover.com/data-recovery-software>
BitRecover Virtual Drive Data Recovery Wizard	<https://www.bitrecover.com/virtual-drive-recovery-software>
CnW Data Recovery Software	<https://www.cnwrecovery.com>
Data Recovery System	<https://www.salvationdata.com>
DDL Data Recovery Tools	<https://www.dolphindatalab.com>
Deleted File Recovery	<https://www.bitrecover.com/blog/how-to-recover-deleted-files>
Elcomsoft Advanced EFS Data Recovery	<https://www.elcomsoft.es/products.html>
FreeRecover	<https://sourceforge.net/projects/freerecover>
GoPro Recovery	<https://www.recovergopro.com>
IsoBuster	<https://www.isobuster.com>
Kernel Data Recovery	<https://www.kerneldatarecovery.com>
M3 Data Recovery	<https://www.m3datarecovery.com>
MiniTool Power Data Recovery	<https://www.minitool.com/data-recovery-software>
ReclaiMe Pro	<http://www.reclaime-pro.com>
Recuva	<https://www.ccleaner.com/es-es/recuva>
Restoration	<https://www.snapfiles.com/get/restoration.html>
R-Studio	<https://www.r-studio.com/data-recovery-software>
Stellar Data Recovery	<https://www.stellarinfo.com>
SysInfoTools Data Recovery	<https://www.sysinfotools.com/recovery/windows-data-recovery.php>
Undelete Plus	<https://www.undeleteplus.com>

Recuperación de particiones

Herramienta	Enlace de información
Active Partition Recovery	<https://www.partition-recovery.com/index.html>
CD/DVD Diagnostic	<https://www.infinadyne.com/cddvd_diagnostic.html>
EaseUS Data Recovery Wizard	<https://www.easeus.com/data-recovery-software>
FAT Recovery	<https://www.sysinfotools.com/recovery/fat-recovery.php>
Hetman Partition Recovery	<https://hetmanrecovery.com/hard-drive-data-recovery-software>
IsoBuster	<https://www.isobuster.com>
MiniTool Partition Recovery Freeware	<http://www.minitool-partitionrecovery.com>
NTFS Partition Recovery	<https://www.stellarinfo.com/ntfs-data-recovery.php?_route_=recover-windows-nt.htm>
NTFS Recovery	<https://www.sysinfotools.com/recovery/ntfs-recovery.php>
NTFS Recovery	<https://www.diskinternals.com/ntfs-recovery>
Partition Data Recovery	<https://www.systoolsgroup.com/partition-recovery.html>
Partition Recovery Software	<https://www.stellarinfo.com/partition-recovery-software.php>
RAID Reconstructor	<https://www.runtime.org/raid.htm>
RAW Drive Recovery	<https://iboysoft.com/raw-drives-recovery>
RecoverBits Partition Data Recovery	vhttps://www.bitrecover.com/data-recovery-software>
TestDisk	<https://www.cgsecurity.org/wiki/TestDisk>
Windows Data Recovery	<https://www.nucleustechnologies.com/Windows-Data-Recovery-Software.html>

Análisis de archivos

Herramienta	Enlace de información
Belkasoft Evidence Center	<https://belkasoft.com/x>
CnWRecovery	<https://www.cnwrecovery.com>
Digital Detective Blade	<https://www.digital-detective.net/digital-forensic-software/blade-forensic-data-recovery/blade-feature-comparison/>
Email Forensic Carver	<https://www.systoolsgroup.com/email-forensics.html>
EnCase	<https://security.opentext.com/encase-forensic>
Forensic Toolkit FTK	<https://accessdata.com/product-download-page>
IsoBuster	<https://www.isobuster.com>
Magic Rescue	<https://www.kali.org/tools/magicrescue>

MFT Explorer	\<https://www.sans.org/tools/mftexplorer\>
NFI Defraser	\<https://sourceforge.net/projects/defraser\>
Photo Recovery	\<https://www.sysinfotools.com/recovery/photo-recovery.php\>
PhotoRec	\<https://www.cgsecurity.org/wiki/PhotoRec\>
Photo Rescue	\<https://www.datarescue.com/photorescue/v3/index.htm\>
RecycleBin Data Carver	\<https://www.bitrecover.com/blog/recycle-bin-data-recovery\>
Registry Explorer	\<https://f001.backblazeb2.com/file/EricZimmermanTools/net6/RegistryExplorer.zip\>
ShellBags Explorer	\<https://f001.backblazeb2.com/file/EricZimmermanTools/net6/ShellBagsExplorer.zip\>
X-Ways Forensics	\<https://www.x-ways.net/forensics/index-m.html\>
Zeitline	\<https://sourceforge.net/projects/zeitline\>

Análisis de red

Herramienta	Enlace de información
CapAnalysis	\<https://www.capanalysis.net/ca\>
IP Regional Registries	\<https://www.arin.net\>
NetworkMiner	\<https://www.netresec.com/?page=NetworkMiner\>
OmniPeek	\<https://www.liveaction.com/download\>
Sguil	\<https://github.com/bammv/sguil/releases/tag/v0.9.0\>
Snort	\<https://www.snort.org\>
Whois	\<https://learn.microsoft.com/en-us/sysinternals/downloads/whois\>
Wireshark	\<https://www.wireshark.org\>
Comandos	
Arp	\<https://learn.microsoft.com/es-es/windows-server/administration/windows-commands/arp\>
ipconfig	\<https://learn.microsoft.com/es-es/windows-server/administration/windows-commands/ipconfig\>
Iperf	\<https://iperf.fr\>
Netstat	\<https://learn.microsoft.com/es-es/windows-server/administration/windows-commands/netstat\>
Nmap	\<https://nmap.org\>
nslookup	\<https://learn.microsoft.com/es-es/windows-server/administration/windows-commands/nslookup\>
Ping	\<https://learn.microsoft.com/es-es/windows-server/administration/windows-commands/ping\>
SplitCap	\<https://www.netresec.com/?page=SplitCap\>
tracert	\<https://support.microsoft.com/es-es/topic/c%C3%B3mo-usar-tracert-para-solucionar-problemas-de-tcp-ip-en-windows-e643d72b-2f4f-cdd6-09a0-fd2989c7ca8e\>

Análisis de metadatos

Herramienta	Enlace de información
Metadata Extraction Tool	<https://meta-extractor.sourceforge.net>
Directory Lister Pro	<https://www.krksoft.com>
Hachoir	<https://pypi.org/project/hachoir>
Metadact	vhttps://www.litera.com/store/metadact>
Metadata Assistant	<https://thepaynegroup.com/metadata-assistant>

Metadatos en documentos de informática

Belkasoft Evidence Center	<https://belkasoft.com/x>
Doctools	<https://www.litera.com/products/legal/docxtools-for-legal>
FI Tools	<https://www.fid3.com/fi-tools>
vinetto	<https://vinetto.sourceforge.net>

Metadatos en documentos PDF

Belkasoft Evidence Center	<https://belkasoft.com/x>
Xpdf	<https://www.xpdfreader.com>

Metadatos en imágenes

Belkasoft Evidence Center	<http://belkasoft.com>
Exiftags	<http://johnst.org/sw/exiftags>
Exiftool	<https://exiftool.org>
Exiv2	<https://exiv2.org>
Jhead	<https://www.sentex.net/~mwandel/jhead>
Pngcrush	<https://sourceforge.net/projects/pmt/files>
vinetto	<https://vinetto.sourceforge.net>

Análisis de logs

Herramienta	Enlace de información
Log Parser 2.2	<https://www.microsoft.com/en-us/download/confirmation.aspx?id=24659>
Awstats	<https://awstats.sourceforge.io>
Breadboard BI Web Analytics	<https://sourceforge.net/projects/web-analytics>
Jaspersoft BI Software	<https://www.jaspersoft.com>
Logpresso Mini	<https://github.com/logpresso/community>
Matomo	<https://matomo.org>
Sublime text 3	<https://www.sublimetext.com/3>
Web Logfile Analytics	<https://help.piwik.pro/support/questions/what-is-web-log-analytics>

Análisis de sistemas criptográficos

Herramienta	Enlace de información
Elcomsoft Forensic Disk Decryptor	<https://www.elcomsoft.es/products.html>
FeatherDuster	<https://github.com/nccgroup/featherduster>
RSATool	<https://github.com/ius/rsatool>
Xortool	<https://github.com/hellman/xortool>

Análisis de sistemas esteganográficos

Herramienta	Enlace de información
NL Stego	<https://www.siefkes.net/software/nlstego>
StegDetect	<https://www.provos.org/index.php?/categories/1-SpyBye>
	<https://github.com/abeluck/stegdetect>
Steghide	<http://steghide.sourceforge.net>
Stego Suite	<https://www.wetstonetech.com/products>
StegSecret	<http://stegsecret.sourceforge.net/indexS.html>

Editores hexadecimales

Herramienta	Enlace de información
ReclaiMe Pro	<http://www.reclaime-pro.com>
WinHex	<https://www.x-ways.net/winhex>
wxHexEditor	<https://www.wxhexeditor.org/>

5.4 CREACIÓN DE AMBIENTES CONTROLADOS PARA EL ANÁLISIS FORENSE EN SISTEMAS GNU/LINUX

La creación de entornos con sistemas de tipo GNU/Linux para realizar investigaciones en informática forense puede adaptarse a cada dispositivo y administrar fácilmente cada proceso, servicio o tarea que se ejecuta en el sistema. En estos ambientes existen las llamadas distribuciones (comúnmente conocidas como distros), las cuales se basan en el núcleo de Linux, además de poseer paquetes de software y aplicaciones que cumplen diversas funcionalidades en ámbitos específicos, como bases de datos, administración de red o servicios de monitoreo, entre otros. Cada distribución puede ser instalada de dos maneras: instalación en un equipo físico y un equipo virtual.

Instalación en equipo físico. Esta instalación de los sistemas operativos GNU/Linux puede ser realizada en una partición destinada para este uso o en el disco duro completo que posea el dispositivo (laptop, servidor, entre otros).

Las ventajas de una instalación de un sistema operativo GNU/Linux son la administración entera de los recursos del dispositivo, como la memoria RAM, el procesador y el espacio de almacenamiento, según las necesidades del investigador en informática forense.

Una de las desventajas en este tipo de ambientes es la posible infección de malware o el fallo de todo el sistema, lo que dañaría los recursos informáticos asociados a investigaciones previas realizadas en el equipo. Asimismo, otra desventaja es el requerimiento de conocimientos sólidos para el mantenimiento y administración constante del sistema para que sus funciones sigan siendo óptimas. Sin embargo, en el escenario donde los investigadores en informática forense posean los conocimientos para realizar una administración, un mantenimiento, una protección de la seguridad, un plan de respaldo de información constante y la solución de problemas que surjan en el sistema de manera efectiva, las desventajas logran minimizarse hasta considerarse de poco riesgo.

Instalación en el equipo virtual. En este tipo de instalación se encuentra la dependencia de los recursos que posee el equipo físico, donde se virtualizará la distribución que haya sido seleccionada. Si bien cualquier distribución de los sistemas GNU/Linux puede robustecerse y adaptarse para realizar una investigación en informática forense, existen distribuciones creadas para tal fin que cuentan con herramientas y comandos pensados para brindar cierto apoyo a los investigadores. A continuación, se analizarán algunas de las distribuciones más conocidas:

Distribución	Enlace de información
Sift	<https://www.sans.org/tools/sift-workstation>
Caine	<https://www.caine-live.net>
Paladin	<https://sumuri.com/software/paladin>
Helix	<https://www.e-fense.com/products.php>
Blackarch	<https://blackarch.org>
Kali Linux	<https://www.kali.org>
Backbox	<https://www.backbox.org>
Wifislax	<https://www.wifislax.com>
Xiaopan	<https://xiaopan.co>
Parrot Security OS	<https://www.parrotsec.org>

Para los entornos GNU/Linux, también puede crearse una lista de herramientas dedicadas a la investigación de delitos informáticos, mientras que algunas deben instalarse en estos entornos, otras herramientas y comandos se encuentran instalados de manera nativa en algunas distribuciones. De la misma manera que en el listado de los entornos Windows, este listado no pretende ser único o el más completo, sino que pretende darle al lector una descripción de cada herramienta y una opción donde pueda encontrar más información sobre ella. Las siguientes herramientas podrán ser de apoyo a partir de la fase de adquisición de indicios, hasta su análisis y extracción de evidencias del marco de trabajo EDAPREHD:

5.4.1 FASE DE ADQUISICIÓN DE INDICIOS

5.4.1.1 Adquisición de información volátil

Volcado de memoria RAM

Herramienta	Enlace de información
Linux MemoryGrabber	*<https://github.com/halpomeranz/lmg*
LiME	*<https://github.com/504ensicsLabs/LiME*
/dev/mem	*<https://man7.org/linux/man-pages/man4/mem.4.html*
/proc/slabinfo	*<https://man7.org/linux/man-pages/man5/proc.5.html*
/proc/meminfo	*<https://man7.org/linux/man-pages/man5/proc.5.html*
Comandos	
Crash	*<https://linux.die.net/man/8/crash*
Free	*<https://man7.org/linux/man-pages/man1/free.1.html*
Top	*<https://man7.org/linux/man-pages/man1/top.1.html*
vmstat	*<https://man7.org/linux/man-pages/man8/vmstat.8.html*

Obtención de firmas electrónicas

Herramienta	Enlace de información
Quickhash	*<https://www.quickhash-gui.org>*

5.4.1.2 Adquisición de información No volátil

Generación de imágenes forenses

Herramienta	Enlace de información
Autopsy	<https://www.autopsy.com>
AFFLIB	<https://packages.debian.org/sid/utils/afflib-tools>
Foremost	<https://www.kali.org/tools/foremost> <https://pkgs.org/download/foremost>
Ftimes	<https://github.com/KoreLogicSecurity/ftimes>
Gfzip	<https://www.nongnu.org/gfzip>
Gparted	<https://gparted.org>
Magic Rescue	<https://github.com/jbj/magicrescue> <https://www.kali.org/tools/magicrescue>
Parted	<https://www.gnu.org/software/parted>
PyFlag	<https://github.com/py4n6/pyflag>
Scalpel	<https://www.kali.org/tools/scalpel> <https://linux.die.net/man/1/scalpel>
Scrounge NTFS	<https://www.kali.org/tools/scrounge-ntfs> <https://manpages.ubuntu.com/manpages/xenial/man8/scrounge-ntfs.8.html>

SMART	<http://www.asrdata.com/>
The Coroner's Toolkit	<http://www.porcupine.org/forensics/tct.html>
The Sleuth Kit	<https://www.sleuthkit.org>

5.4.2 FASE DE ANÁLISIS DE INDICIOS Y EXTRACCIÓN DE EVIDENCIAS

Análisis de discos

Herramienta	Enlace de información
Autopsy	<https://www.autopsy.com>
AFFLIB	<https://packages.debian.org/sid/utils/afflib-tools>
Foremost	<https://www.kali.org/tools/foremost> <https://pkgs.org/download/foremost>
Ftimes	<https://github.com/KoreLogicSecurity/ftimes>
Gfzip	<https://www.nongnu.org/gfzip>
Gparted	<https://gparted.org>
Magic Rescue	<https://github.com/jbj/magicrescue> <https://www.kali.org/tools/magicrescue>
Parted	<https://www.gnu.org/software/parted>
PyFlag	<https://github.com/py4n6/pyflag>
Scalpel	<https://www.kali.org/tools/scalpel> <https://linux.die.net/man/1/scalpel>
Scrounge NTFS	<https://www.kali.org/tools/scrounge-ntfs> <https://manpages.ubuntu.com/manpages/xenial/man8/scrounge-ntfs.8.html>
SMART	<http://www.asrdata.com/>
The Coroner's Toolkit	<http://www.porcupine.org/forensics/tct.html>
The Sleuth Kit	<https://www.sleuthkit.org>

Recuperación de información

Herramienta	Enlace de información
Rifiuti2	<https://abelcheung.github.io/rifiuti2>
R-Studio	<https://www.r-studio.com/data-recovery-software>
Stellar Data Recovery	<https://www.stellarinfo.com>

Recuperación de particiones

Herramienta	Enlace de información
Active Partition Recovery	<https://www.partition-recovery.com/index.html>
Comandos	
dcfldd	<https://manpages.ubuntu.com/manpages/impish/man1/dcfldd.1.html>
dd	<https://man7.org/linux/man-pages/man1/dd.1.html>
ddrescue	<https://www.gnu.org/software/ddrescue>

ewfacquire	\<https://manpages.ubuntu.com/manpages/bionic/man1/ewfacquire.1.html>
rdd	\<https://sourceforge.net/projects/rdd>

Análisis de archivos

Herramienta	Enlace de información
File	\<https://man7.org/linux/man-pages/man1/file.1.html>
Galleta	\<https://manpages.ubuntu.com/manpages/bionic/man1/galleta.1.html> \<https://www.kali.org/tools/galleta/>
Ldd	\<https://man7.org/linux/man-pages/man1/ldd.1.html>
Ltrace	\<https://man7.org/linux/man-pages/man1/ltrace.1.html>
Pasco	\<https://www.unix.com/man-page/debian/1/pasco> \<https://www.kali.org/tools/pasco/>
Rifiuti	\<https://abelcheung.github.io/rifiuti2>
Strace	\<https://man7.org/linux/man-pages/man1/strace.1.html>
Strings	\<https://linux.die.net/man/1/strings>

Análisis de red

Herramienta	Enlace de información
Cryptcat	\<https://www.kali.org/tools/cryptcat/>
Netcat	\<http://netcat.sourceforge.net>
NetworkMiner	\<https://www.mono-project.com/download/stable/#download-lin>
ngrep	\<https://www.kali.org/tools/ngrep> \<https://github.com/jpr5/ngrep>
rkhunter	\<http://rkhunter.sourceforge.net>
Sguil	\<https://github.com/bammv/sguil/releases/tag/v0.9.0>
Silk	\<https://tools.netsa.cert.org/silk/index.html>
Snort	\<https://www.snort.org>
Ssldump	\<http://ssldump.sourceforge.net>
tcpdump	\<https://www.tcpdump.org>
tcpflow	\<https://www.circlemud.org/jelson/software/tcpflow/tcpflow.1.html>
tcpxtract	\<http://tcpxtract.sourceforge.net>
Wireshark	\<https://www.wireshark.org>
Xplico	\<https://www.xplico.org>

Comandos	
arping	\<https://www.kali.org/tools/arping> \<https://www.netscantools.com/nstpro_arping.html>
arpwatch	\<https://linux.die.net/man/8/arpwatch>

	<https://www.kali.org/tools/arpwatch>
dig	<https://docs.oracle.com/es-ww/iaas/Content/DNS/Tasks/testingdnsusingdig.htm>
ettercap	<https://www.ettercap-project.org>
firewalk	<https://linux.die.net/man/8/firewalk> <https://www.kali.org/tools/firewalk>
fragroute	<https://www.kali.org/tools/fragrouter>
iperf	<https://iperf.fr>
macof	<https://linux.die.net/man/8/macof>
nemesis	<https://github.com/libnet/nemesis>
netstat	<https://linuxhint.com/install-netstat-command-linux>
nmap	*<https://nmap.org>*
tcpdump	*<https://www.tcpdump.org/manpages/tcpdump.1.html>*
procinfo	*<https://manpages.ubuntu.com/manpages/xenial/man8/procinfo.8.html>*
tcpreplay	*<https://github.com/appneta/tcpreplay>* *<https://linux.die.net/man/1/tcpreplay>*
traceroute	*<https://linux.die.net/man/8/traceroute>*
udpcast	*<https://manpages.debian.org/testing/udpcast/udp-receiver.1.en.html>*
Whois	*<https://docs.oracle.com/cd/E36784_01/html/E36870/whois-1.html>*
Zeek	*<https://zeek.org/get-zeek>*

Metadatos

Herramienta	Enlace de información
GNU libextractor	<https://www.gnu.org/software/libextractor>
Hachoir-metadata	<https://hachoir.readthedocs.io/en/latest/metadata.html>
MetadataExtraction Tool	<https://meta-extractor.sourceforge.net>

Imágenes

exifprobe	<https://manpages.ubuntu.com/manpages/bionic/man1/exifprobe.1.html> <https://www.kali.org/tools/exifprobe>
exiftags	<http://johnst.org/sw/exiftags>
exiftool	<https://exiftool.org>
exiv2	<https://exiv2.org>
libexif	<https://sourceforge.net/projects/libexif>
pngcrush	<https://manpages.ubuntu.com/manpages/focal/en/man1/pngcrush.1.html>
pngtools	<https://www.madebymikal.com/category/pngtools/>
vinetto	<https://vinetto.sourceforge.net>

Metadatos en documentos PDF

Apache Tika	<https://tika.apache.org>
Belkasoft Evidence Center	<https://belkasoft.com/x>
xpdf	<https://www.xpdfreader.com>

Metadatos en documentos de informática	
Apache Tika	<https://tika.apache.org>
catdoc	<https://linux.die.net/man/1/catdoc>
Xls2csv	<https://linux.die.net/man/1/xls2csv>

Análisis de logs

Herramienta	Enlace de información
Breadboard BI Web Analytics	<https://sourceforge.net/projects/web-analytics>
Jaspersoft BI Software	<https://www.jaspersoft.com>
Sublime text 3	<https://www.sublimetext.com/3>

Análisis de archivos

Comando	Enlace de información
cat	<https://man7.org/linux/man-pages/man1/cat.1.html>
file	<https://man7.org/linux/man-pages/man1/file.1.html>
lsof	<https://man7.org/linux/man-pages/man8/lsof.8.html>
Stat	<https://man7.org/linux/man-pages/man1/stat.1.html>
strings	<https://man7.org/linux/man-pages/man1/strings.1.html>

Análisis de kernel

Comando	Enlace de información
/proc/stat	<https://man7.org/linux/man-pages/man5/proc.5.html>
/proc/sys	<https://man7.org/linux/man-pages/man5/proc.5.html>
getconf	<https://linux.die.net/man/1/getconf>
procinfo	<https://manpages.debian.org/testing/procinfo/procinfo.8.en.html>
Uname	<https://man7.org/linux/man-pages/man1/uname.1.html>

Análisis de procesos

Comando	Enlace de información
/proc/loadavg	<https://man7.org/linux/man-pages/man5/proc.5.html>
htop	<https://man7.org/linux/man-pages/man1/htop.1.html>
ps	<https://man7.org/linux/man-pages/man1/ps.1.html>
top	<https://man7.org/linux/man-pages/man1/top.1.html>
uptime	<https://man7.org/linux/man-pages/man1/uptime.1.html>
xload	<https://linux.die.net/man/1/xload>

Análisis de usuarios

Comando	Enlace de información
env	<https://man7.org/linux/man-pages/man1/env.1.html>
finger	<https://linux.die.net/man/1/finger>

last	<https://man7.org/linux/man-pages/man1/last.1.html>
who	<https://man7.org/linux/man-pages/man1/who.1.html>
whoami	<https://man7.org/linux/man-pages/man1/whoami.1.html>

Análisis de información relacionada al hardware

Comando	Enlace de información
/proc/cpuinfo	<https://man7.org/linux/man-pages/man5/proc.5.html>
Lscpu	<https://man7.org/linux/man-pages/man1/lscpu.1.html>
Lsdev	<https://linux.die.net/man/8/lsdev>
Lshw	<https://linux.die.net/man/1/lshw>
Lsmem	<https://man7.org/linux/man-pages/man1/lsmem.1.html>
Lspci	<https://man7.org/linux/man-pages/man8/lspci.8.html>

Editores hexadecimales

Herramienta	Enlace de información
Bless	<https://github.com/afrantzis/bless>
Hexdump	<https://man7.org/linux/man-pages/man1/hexdump.1.html>
wxHexEditor	<https://www.wxhexeditor.org/>
Xxd	<https://www.tutorialspoint.com/unix_commands/xxd.htm>

5.5 CREACIÓN DE AMBIENTES CONTROLADOS PARA EL ANÁLISIS FORENSE EN SISTEMAS MACOS E IOS

Para los sistemas MacOS y los dispositivos móviles que poseen sistemas iOS se puede encontrar cierta compatibilidad entre sí debido a que provienen del mismo fabricante (Apple), lo que facilita el uso de una herramienta en ambas plataformas. Para llevar a cabo la adquisición, el análisis de indicios y la extracción de evidencias del marco de trabajo EDAPREHD, se propone el siguiente listado de herramientas que son utilizadas frecuentemente en estos ambientes:

5.5.1 FASE DE ADQUISICIÓN DE INDICIOS

5.5.1.1 Adquisición de información volátil

Volcado de memoria RAM

Herramienta	Enlace de información
Cellebrite	<https://cellebrite.com/en/digital-collector/>
Goldfish	<http://digitalfire.ucd.ie/?page_id=430>
OSForensics	<https://www.osforensics.com>
Volafox	<https://github.com/n0fate/volafox>

Obtención de firmas electrónicas

Herramienta	Enlace de información
Hash	<https://www.rbcafe.es/software/hash>
Quickhash	<https://www.quickhash-gui.org>

5.5.1.2 Adquisición de información No volátil

Generación de imágenes forenses

Herramienta	Enlace de Información
Belkasoft Evidence Center	<https://belkasoft.com/x>
dd	<https://man7.org/linux/man-pages/man1/dd.1.html>
Disk Arbitrator	<https://github.com/aburgh/Disk-Arbitrator>
Encase Mobile Investigator	<https://security.opentext.com/encase-mobile-investigator>
FTK Imager	<https://accessdata.com/product-download/mac-os-10-5-and-10-6x-version-3-1-1>
Mobiledit! Forensic	<https://www.mobiledit.com/mobiledit-forensic>
Paraben E3 Forensic Platform	<https://paraben.com/digital-forensic-tools-6>
ProDiscover	<https://prodiscover.com/prodiscover-forensics>

Hardware de creación de imágenes forenses

Herramienta	Enlace de información
Atola Insight Forensic	<https://atola.com/products/insight>
Atola TaskForce	<https://atola.com/products/taskforce>
Data copyking	<https://onretrieval.com/productos/hardware/data-copy-king>
PC-3000	<https://www.acelab.eu.com/pc-3000-portable-iii-systems.php#digital_forensics>
Tableau Forensic Imagers & Duplicators	<https://security.opentext.com/tableau/hardware/forensic-imagers-duplicators>
Logicube	<https://www.logicube.com>

5.5.2 FASE DE ANÁLISIS DE INDICIOS Y EXTRACCIÓN DE EVIDENCIAS

Herramientas	Enlace de información
Autopsy	<https://www.autopsy.com>
DaisyDisk	<https://daisydiskapp.com>
Disk Drill	<https://www.cleverfiles.com>
Disk Inventory X	<https://www.derlien.com>
OmniDisk Sweeper	<https://www.omnigroup.com/more>
The Sleuth Kit	<https://www.sleuthkit.org>

Recuperación de información

Herramientas	Enlace de información
Autopsy	<https://www.autopsy.com>
DaisyDisk	<https://daisydiskapp.com>
Disk Drill	<https://www.cleverfiles.com>
Disk Inventory X	<https://www.derlien.com>
OmniDisk Sweeper	<https://www.omnigroup.com/more>
The Sleuth Kit	<https://www.sleuthkit.org>

Recuperación de particiones

Herramientas	Enlace de información
mmls	<https://www.sleuthkit.org/sleuthkit/man/mmls.html>
The Sleuth Kit	<https://www.sleuthkit.org>
pdisk	<https://man.cx/pdisk(8) >
Comandos	
dcfldd	<https://manpages.ubuntu.com/manpages/impish/man1/dcfldd.1.html>
dd	<https://man7.org/linux/man-pages/man1/dd.1.html>
ddrescue	<https://www.gnu.org/software/ddrescue>
ewfacquire	<https://manpages.ubuntu.com/manpages/bionic/man1/ewfacquire.1.html >
rdd	<https://sourceforge.net/projects/rdd>

Análisis de indicios

Herramientas	Enlace de información
Autopsy	<https://www.autopsy.com>
Cellebrite Digital Collector	<https://cellebrite.com/en/digital-collector>
dtruss	<https://www.manpagez.com/man/1/dtruss>
Encase Mobile Investigator	<https://security.opentext.com/encase-mobile-investigator>
Mobiledit! Forensic	<https://www.mobiledit.com/mobiledit-forensic>
OSX Auditor	<https://github.com/jipegit/OSXAuditor>
OSX Collector	<https://github.com/Yelp/osxcollector>
Paraben E3 Forensic Platform	<https://paraben.com/digital-investigation-tools>
RECON Labforensic suite	<https://sumuri.com/software/recon-lab>
Strings	<https://linux.die.net/man/1/strings>
The Sleuth Kit	<https://www.sleuthkit.org>

Análisis de red

Herramienta	Enlace de información
Angry IP	<https://angryip.org/about>
iperf	<https://iperf.fr>
kisMAC	<https://kismac-ng.org>
NetworkMiner	<https://www.netresec.com/?page=Blog&month=2014-06&post=Running-NetworkMiner-on-Mac-OS-X>
nmap	<https://nmap.org>
Sguil	<https://github.com/bammv/sguil/releases/tag/v0.9.0v
Wireshark	<https://www.wireshark.org>
Zeek	<https://zeek.org/get-zeek>
Comandos	
dig	<https://ss64.com/osx/dig.html>
ifconfig	<https://ss64.com/osx/ifconfig.html>
traceroute	<https://linux.die.net/man/8/traceroute>
Whois	<https://docs.oracle.com/cd/E36784_01/html/E36870/whois-1.html>

Metadatos

Herramienta	Enlace de información
Cellebrite Digital Collector	<https://cellebrite.com/en/digital-collector>
Strings	<https://linux.die.net/man/1/strings>
Imágenes	
Cellebrite Digital Collector	<https://cellebrite.com/en/digital-collector>
exiftags	<https://macappstore.org/exiftags>
exiftool	<https://exiftool.org>
exiv2	<https://ports.macports.org/port/exiv2>
libexif	<https://ports.macports.org/port/libexif>
pngcrush	<https://ports.macports.org/port/pngcrush>
vinetto	<https://vinetto.sourceforge.net>
Metadatos en documentos PDF	
BelkasoftEvidence Center	<https://belkasoft.com/x>
xpdf	<https://www.xpdfreader.comv

Análisis de logs

Herramienta	Enlace de información
Breadboard BI Web Analytics	<https://sourceforge.net/projects/web-analytics>
Jaspersoft BI Software	<https://www.jaspersoft.com>
Sublime text 3	<https://www.sublimetext.com/3>

Análisis de archivos

Comando	Enlace de información
cat	<https://ss64.com/osx/cat.html
file	<https://ss64.com/osx/file.html
find	<https://ss64.com/osx/find.html
lsof	<https://ss64.com/osx/lsof.html
Stat	<https://ss64.com/osx/stat.html

Información de kernel

Comando	Enlace de información
Uname	<https://man7.org/linux/man-pages/man1/uname.1.html>
Uptime	<https://ss64.com/osx/uptime.html>
kextfind	<https://ss64.com/osx/kextfind.html>
kexstat	<https://ss64.com/osx/kextstat.html>
sysctl	<https://ss64.com/osx/sysctl.html>

Información de procesos

Comando	Enlace de información
ps	<https://ss64.com/osx/ps.html>
top	<https://ss64.com/osx/top.html>
uptime	<https://ss64.com/osx/uptime.html>

Información de usuarios

Comando	Enlace de información
env	<https://ss64.com/osx/env.html>
last	<https://ss64.com/osx/last.html>
w	<https://ss64.com/osx/w.html>
who	<https://ss64.com/osx/who.html>
whoami	<https://man7.org/linux/man-pages/man1/whoami.1.html>

Editor hexadecimal

Herramienta	Enlace de información
wxHexEditor	<https://www.wxhexeditor.org>
HexFiend	<https://hexfiend.com>
xxd	<https://ss64.com/osx/xxd.html>

5.6 CREACIÓN DE AMBIENTES CONTROLADOS PARA EL ANÁLISIS FORENSE EN SISTEMAS ANDROID

El análisis forense de los dispositivos móviles es una de las actividades más solicitadas hoy en día debido al uso y almacenamiento de información personal (llamadas telefónicas, mensajes de texto, de aplicaciones de mensajería instantánea, redes sociales, imágenes, audios, localización, entre otras) asociada a un usuariom que podría estar involucrado en un delito informático. Para la investigación en materia de informática forense de los sistemas Android, cada analista puede generar su entorno de investigación acorde con sus necesidades y opciones como se muestra a continuación:

- Herramientas de pago

- Herramientas de software libre

- Emuladores

- Distribuciones GNU/Linux especializadas en análisis forense en móviles

Herramientas de pago

Estas herramientas pueden ser obtenidas para llevar a cabo las actividades de adquisición y análisis de los indicios provenientes de los entornos móviles, acortando el tiempo destinado a cada actividad, cumpliendo con estándares reconocidos internacionalmente y generando un respaldo jurídico con su uso. La inversión económica de estas herramientas de pago suele ser importante para un investigador u organización que ejerce recientemente en las investigaciones en informática forense; sin embargo, cuando las investigaciones son habituales, la compra de estas herramientas suele brindar más beneficios en la investigación que justifican su inversión.

Herramientas de software libre

Las herramientas de software libre para los sistemas Android suelen ser muy limitadas y cuentan con un periodo de prueba para, posteriormente, convertirse en una herramienta de pago. Estas características generan complicaciones en el momento de utilizarlas debido al poco alcance de las versiones de prueba; sin embargo, pueden ser utilizadas para dimensionar y guiar a un investigador en cuestiones como el tamaño y la cantidad de algunos artefactos, la versión del sistema o el modelo del dispositivo, entre otros.

A continuación, se brinda un listado de las herramientas más conocidas para sistemas Android dentro de las fases de adquisición y análisis de indicios del marco de trabajo EDAPREHD:

5.6.1 FASE DE ADQUISICIÓN DE INDICIOS

Herramientas de pago

Herramienta	Enlace de información
Belkasoft Evidence Center	<https://belkasoft.com/x>
Encase Mobile Investigator	<https://security.opentext.com/encase-mobile-investigator>
Mobileditl Forensic	<https://www.mobiledit.com/mobiledit-forensic>
Oxygen Forensic Detective	<https://www.oxygen-forensic.com/es>
Paraben E3 Forensic Platform	<https://paraben.com/digital-forensic-tools-6>

Secure View Advanced Mobile Forensics	<https://www.secureview.us>

Hardware de creación de imágenes forenses en móviles

Herramienta	Enlace de información
Cellebrite UFED	<https://cellebrite.com/es/cellebrite-ufed-es>
Data copyking	<https://onretrieval.com/productos/hardware/data-copy-king>
Logicube	<https://www.logicube.com>
Tableau Forensic Imagers & Duplicators	<https://security.opentext.com/tableau/hardware/forensic-imagers-duplicators>

Herramientas de software libre

Herramienta	Enlace de información
AFLogical	<https://github.com/nowsecure/android-forensics>
Andriller	<https://github.com/den4uk/andriller>
LiME	<https://github.com/504ensicsLabs/LiME>

5.6.2 FASE DE ANÁLISIS DE INDICIOS Y EXTRACCIÓN DE EVIDENCIAS

Herramientas licenciadas

Herramienta	Enlace de información
Belkasoft Evidence Center	<https://belkasoft.com/x>
Cellebrite UFED	<https://cellebrite.com/es/cellebrite-ufed-es>
Elcomsoft	<https://www.elcomsoft.es/download.html>
Encase Mobile Investigator	<https://security.opentext.com/encase-mobile-investigator>
Mobileditl Forensic	<https://www.mobiledit.com/mobiledit-forensic>
Oxygen Forensic Detective	<https://www.oxygen-forensic.com/es>
Paraben E3 Forensic Platform	<https://paraben.com/digital-investigation-tools>

Herramientas de software libre

Herramienta	Enlace de información
Andriller CE	<https://github.com/den4uk/andriller>
Android Data Extractor Lite	<https://mspreitz.github.io/ADEL>

5.6.3 EMULADORES

Un emulador es un software pensado para imitar el comportamiento del hardware, los servicios, las aplicaciones y otras características de un sistema operativo específico con el objetivo de hacer uso de su contenido sin dañar un dispositivo real.

Los emuladores de Android proporcionan casi todas las funciones de los dispositivos que contiene un sistema real, lo que ofrece la posibilidad de tener un entorno similar al de un dispositivo obtenido durante la fase de adquisición de indicios del marco de trabajo EDAPREHD. Estas características de un emulador Android nos apoyarán en las investigaciones en las que el delito informático hizo uso de vulnerabilidades asociadas a un dispositivo, como el malware para móviles, uso indebido de aplicaciones, invasión de privacidad, phishing o smishing, entre otros. También puede analizar el comportamiento de los recursos en estos entornos (metadatos, geolocalización, número de pasos, registros del sistema, análisis de aplicaciones), que podrían ser de gran utilidad en un análisis forense. Algunos emuladores que nos pueden apoyar en una investigación sobre incidentes de seguridad en los móviles, y que puede considerar en su entorno de análisis, son:

Android Studio

Es un entorno de desarrollo integrado (Integrated Development Environment – IDE) oficial para el desarrollo de aplicaciones de la plataforma Android basado en IntelliJ IDEA[1]. La importancia de Android Studio en investigaciones de informática forense se encuentra en su capacidad para emular diversas versiones del sistema operativo Android en sus emuladores integrados. El sitio oficial de Android Studio para obtener más información es <https://developer.android.com/studio>.

- Ventajas:
  - Compilación rápida.
  - Ejecución de aplicaciones en tiempo real.
  - Análisis en un entorno controlado.
  - Diversidad de dispositivos y versiones de Android.
- Requerimientos:
  - 4 GB* en RAM como mínimo, 8 GB en RAM recomendado + 1 GB adicional para el emulador.
  - Java Development Kit (JDK) 8[2].

---

[1] *IntelliJ IDEA, the leading Java and Kotlin IDE* (s. f.). JetBrains. Recuperado el 26 de julio de 2022 de: <https://www.jetbrains.com/idea/>.
[2] *JDK 19 readme* (s. f.). Oracle.com. Recuperado el 29 de julio de 2022 de: <https://www.oracle.com/java/technologies/javase/jdk19-readme-downloads.html>.
* 1 GB = 10^9 bytes o 1024 MB (Megabytes).

○ Almacenamiento de 2 GB para Android Studio, 4 GB recomendados (500 MB para el IDE y al menos 1.5 GB para Android SDK, imágenes de sistema del emulador y cachés).

○ Resolución de 2 GB para Android Studio, 4 GB recomendados (500 MB para IDE y al menos 1.5 GB para Android SDK, imágenes de sistema del emulador y cachés).

BlueStacks

En 2011, este emulador fue lanzado como una plataforma para la reproducción de aplicaciones móviles a través de la empresa estadounidense llamada BlueStacks. Sus funciones más destacadas son sus múltiples instancias y sincronización entre ellas, la creación de rutinas de funcionamiento (conocidas como macros), la traducción en tiempo real y el cambio de versiones y modelos de dispositivos móviles. Los requerimientos para su instalación son:

● Sistemas operativos Windows o MacOS.

● Mínimo de 2 GB en RAM o 4 GB recomendable.

Para obtener más información sobre este emulador se recomienda visitar su sitio web oficial en: <https://www.bluestacks.com>.

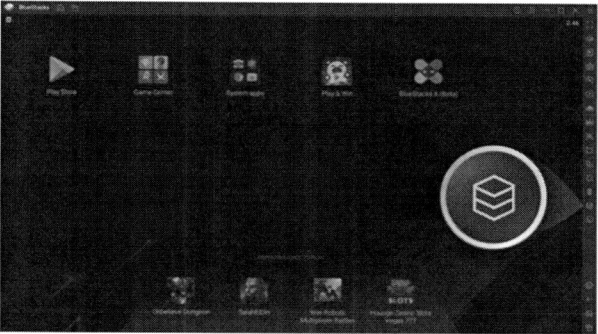

Figura 5-1. Interfaz gráfica del emulador BlueStacks

NOX Player

Este emulador fue liberado al público durante 2015 por el equipo NoxLimited, el cual tiene su sede en Hong Kong. Fue pensado como un emulador del sistema Android para toda la región oriental del mundo. Los requerimientos del sistema para instalar Nox Player son los siguientes:

- ○ Mínimo de 1.5 GB en RAM.

- ○ Mínimo de 3 GB de almacenamiento.

- Beneficios:

- ○ Soporte para Windows, Linux y MacOS.

- ○ Múltiples instancias.

- ○ Configuración de red sencilla.

- ○ Interfaz gráfica intuitiva.

- ○ Necesita pocos recursos para emular el sistema Android.

La descarga de este emulador se realiza a través de su página oficial: <https://es.bignox.com>.

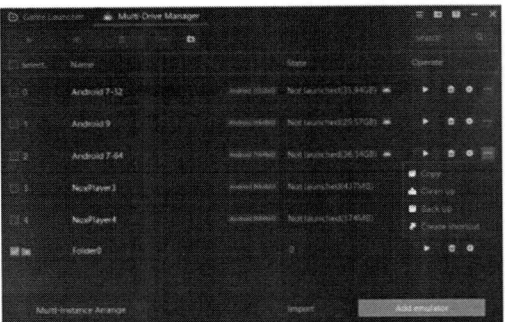

Figura 5-2. Interfaz gráfica del emulador Nox Player

5.6.4 DISTRIBUCIONES ESPECIALIZADAS PARA EL ANÁLISIS FORENSE EN DISPOSITIVOS MÓVILES

También existe la posibilidad de utilizar distribuciones basadas en GNU/Linux que hayan sido desarrolladas para apoyar durante los procesos de una investigación en informática forense orientada a dispositivos móviles. A continuación se detallarán las más conocidas:

BlissOS

Es un sistema operativo de código abierto, basado en Android, que incorpora muchas optimizaciones, características y compatibilidad ampliada con ciertos dispositivos, además de soporte para diversas versiones de Android. Estas y más características pueden encontrarse en su página web oficial: <https://blissos.org/index.html>.

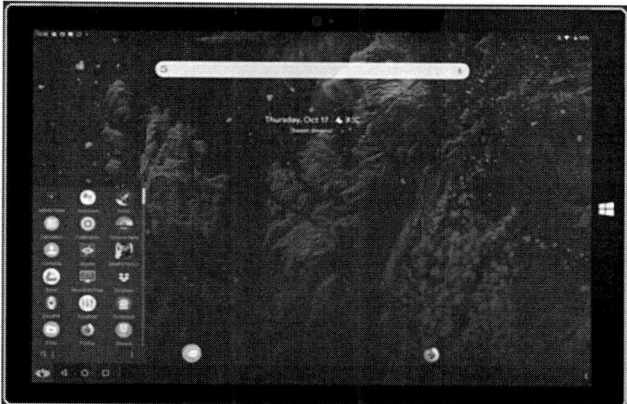

Figura 5-3. Interfaz gráfica del sistema operativo BlissOS

Su diseño, adaptabilidad de configuraciones, optimizaciones de batería y constantes mejoras pueden ser características suficientes para mantenerlo en su entorno controlado para el análisis forense en sistemas Android.

Santoku

Es una distribución desarrollada para realizar análisis forenses y auditorías de seguridad a dispositivos móviles. Acorde a su página web oficial (https://santoku-linux.com/about-santoku), las características que posee son las siguientes:

- Interfaz amigable con el usuario.

- SDK, controladores y utilidades para el análisis forense preinstalados.

- Herramientas con interfaz gráfica para la gestión de aplicaciones móviles.

- Detección automática y configuración de nuevos dispositivos móviles conectados.

Figura 5-4. Interfaz gráfica de la distribución Santoku

Esta distribución también posee tres campos de gran utilidad para un analista forense:

Análisis forense móvil

- Herramientas para adquirir y analizar indicios.
- Compatibilidad con múltiples fabricantes.
- Versiones gratuitas de algunas herramientas forenses comerciales.
- Utilidades diseñadas específicamente para realizar el análisis forense móvil.

Pruebas de seguridad móvil

- Evaluación de seguridad de las aplicaciones móviles.
- Automatización del proceso de descifrado de artefactos binarios, implementación de aplicaciones, entre otros.

Análisis de malware móvil

- Herramientas para la examinación de malware en entornos móviles.
- Emuladores de dispositivos móviles.
- Utilidades para analizar los servicios de red de manera dinámica.
- Herramientas para compilar aplicaciones móviles.
- Acceso a bases de datos de malware[3].

Las herramientas que han sido enunciadas en los apartados anteriores son propiedad de sus respectivos dueños y su listado es únicamente con fines enunciativos. Los enlaces que vinculen a cualquier portal web deberán ser analizados en su totalidad por el lector para corroborar su contenido y funcionamiento. Tampoco se encuentran oficialmente avalados, certificados o recomendados de manera alguna por ninguna empresa, organización o individuo mencionado, a menos que se indique lo contrario; por lo que su empleo implica la aceptación de esta ausencia de responsabilidad del autor en el presente escrito.

---

[3] Aboutsantoku (s. f.). *Santoku-linux.com.* Recuperado el 3 de agosto de 2022 de: <https://santoku-linux.com/about-santoku/>.

CAPÍTULO 6
MARCO DE TRABAJO PARA EL ANÁLISIS FORENSE DE DELITOS INFORMÁTICOS: EDAPREHD

6.1 GENERALIDADES DEL MARCO DE TRABAJO EDAPREHD

El presente marco de trabajo ha sido elaborado con la misión de ejercer como guía práctica tanto para los profesionales del gremio informático, administradores de los sistemas (seguridad, redes, desarrollo, bases de datos, aplicaciones, entre otros), analistas de malware y técnicos de soporte, como para profesionales del Derecho que deseen familiarizarse con los requerimientos mínimos de una investigación en informática forense. Además, provee una serie de fases para ayudar a un investigador a determinar las causas e impactos y a los autores de un incidente de ciberseguridad, a través de una visión global sobre una base de directrices, estándares y mejores prácticas establecidas de manera nacional, regional o incluso internacionalmente. De manera que, el marco de trabajo que se propone a continuación, se muestra flexible, robusto y válido en las instancias legales para México y Latinoamérica, y recibe el nombre de EDAPREHD en alusión a sus siete fases de desarrollo:

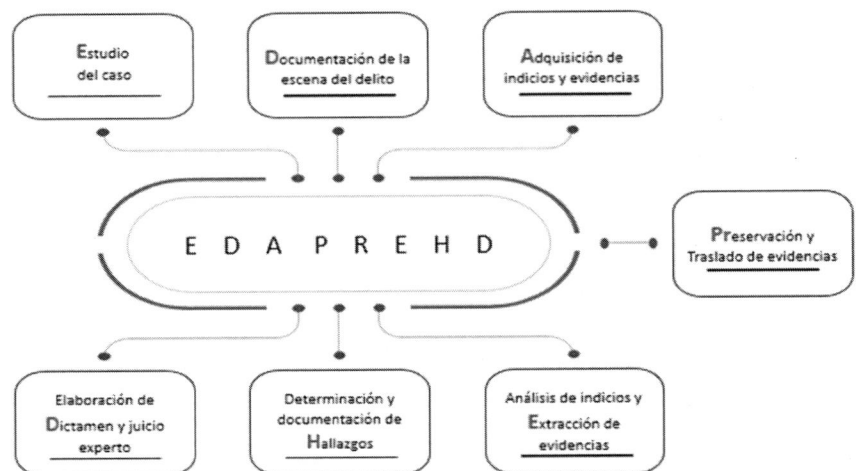

Figura 6-1. Fases del marco de trabajo EDAPREHD

A continuación, se especificará cada fase del marco de trabajo.

6.2 FASE 1: ESTUDIO DEL CASO

En la primera fase del marco de trabajo EDAPREHD se realizarán las actividades relacionadas con la recopilación de información relacionada con la organización donde se ha gestado un incidente de ciberseguridad. Algunos datos que nos pueden ayudar son: posibles causas, fuentes, horarios, fechas, involucrados y procedimientos que se llevaron a cabo durante las actividades maliciosas y posteriormente a ellas.

Además, debe realizarse una investigación de las fuentes y los recursos públicos a través del marco de trabajo OSINT, ya que puede existir ciertas divulgación de información en redes sociales, foros especializados o adjudicaciones por un usuario o grupo de ciberdelincuentes a través de algún portal que podría ofrecer información relevante de fechas, usuarios, medios digitales o geolocalización, entre otros, aún sin acceder a la escena del delito.

Una vez terminada la investigación por medio del marco de trabajo OSINT, dará inicio al proceso de *Entrevista con los involucrados*, el cual le brindará mayor detalle del a través de la percepción de los involucrados en la notificación, atención de un incidente de ciberseguridad. Las entrevistas con el personal de una organización objeto de un ataque de seguridad informática deben planearse y realizarse de manera separada, sin notificación previa a los involucrados y deben estar bien documentadas. Entre el personal susceptible de hacer la entrevista puede considerar a todo aquel con alguna relación con el recurso objetivo, los medios donde se encuentran conectados y los responsables de la seguridad en la organización. En cuanto a la estructura organizativa y la alta dirección, debe identificar a cada involucrado para conocer su postura y los huecos de seguridad que existían en la organización antes del incidente. Puede listar las preguntas a realizar en la siguiente tabla:

Administradores de servicios	Gerentes	Alta dirección
¿Tiempo en el cargo actual?	¿Tiempo en el cargo actual?	¿Tiempo en el cargo actual?
¿Qué sucedió?	¿Qué impacto tiene el incidente?	¿Procederán de forma legal?
¿Cuándo sucedió (fecha y hora aproximadas)?	¿Cuál fue el alcance del ataque?	¿Qué personal le informa?
¿En qué equipos se registraron problemas?	¿Existe premura en el tiempo de análisis?	¿Existe un plan de contingencia ante incidentes?
¿Cómo se dio cuenta del incidente de seguridad?	¿Existe un plan de recuperación de información?	¿El dictamen será el apoyo de un procedimiento de final de una relación laboral?
¿En qué red se identificó el problema?	¿La empresa posee un servicio de revisión/monitoreo de tráfico?	
¿Quién fue el primero que se dio cuenta?	¿Qué soluciones de seguridad tienen?	
¿El equipo vulnerado ha sido utilizado posteriormente al incidente?	¿Quién administra las soluciones de seguridad?	
¿Existen respaldos del servicio/información?	¿Quién administra cada servicio en la organización?	
¿Cómo pudo haberse materializado el ataque?	¿Cuándo se realizó el último análisis de vulnerabilidades y pruebas de penetración?	
¿El equipo vulnerado ha sido analizado por alguna persona/herramienta?	¿Qué formación posee su personal en materia de seguridad informática?	
¿Algún colaborador que ya no trabaja en la empresa sigue teniendo acceso?	¿Existe un plan de contingencia ante incidentes?	
¿Han modificado información crítica (direcciones IP, contraseñas) desde la salida de algún miembro del equipo?	¿Qué tipo de sistema operativo poseen en su infraestructura tecnológica?	

Tabla 6-1. Interrogantes hacia el personal de una organización que pudiese estar inmerso en una investigación de informática forense

Teniendo el contexto del incidente con las preguntas anteriores, el paso siguiente será cuestionar y analizar las respuestas que ha obtenido debido al potencial involucramiento de algún colaborador en el incidente de seguridad. Asimismo, la información relevante obtenida no deberá desviar la objetividad del investigador en las siguientes fases de la investigación.

Cadena de custodia

La cadena de custodia es la parte fundamental de toda investigación en informática debido a su relevancia en las instancias legales, y puede definirse de la siguiente manera:

> "Procedimiento estructurado y controlado para el registro textual y visual de cada proceso que se aplica a indicios, evidencias y objetos que se encuentran implicados en un incidente de ciberseguridad, sin dañar su integridad desde su descubrimiento en la escena del delito hasta la presentación ante una autoridad competente".

De manera que una cadena de custodia correctamente estructurada, documentada y detallada en los informes finales derivados de la investigación brindará la certeza de la integridad, la protección (resguardo) y la fiabilidad de las evidencias que han sido obtenidas durante el análisis. En caso de que la cadena de custodia presente inconsistencias, la investigación puede anularse y desestimarse, lo que podría afectar a la parte dependiente de ella.

Documentación del equipo de respuesta a los incidentes

Cabe la posibilidad de que el incidente haya sido atendido por un equipo de respuesta previamente al análisis por un investigador u organización especializada en el análisis posterior; por lo que, ante este escenario, el equipo de respuesta a los incidentes asume la responsabilidad y efectividad de las primeras fases de la investigación de un incidente de seguridad. A través de este escenario, obtendrá el informe final de las actividades realizadas por el equipo de respuesta a los incidentes y establecerá la cadena de custodia que deberá ser robustecida y protegida durante las siguientes fases de la investigación.

Generación de premisas

Como consecuencia de la información obtenida en las entrevistas con los involucrados en la atención y el seguimiento de un incidente de seguridad, así como el análisis de la documentación del equipo de respuesta a los incidentes (si aplica), generará premisas que definan la fuente, el objetivo y las estrategias utilizadas en el ataque a una organización o persona. Aunque las premisas en ningún caso sean documentadas en el informe final determinarán el punto de inicio en búsqueda y el análisis de determinados indicios y/o evidencias. Estas premisas pueden ser refutadas o respaldadas según los hallazgos y la información que un analista observe en las siguientes fases de la investigación.

A continuación, se muestra un diagrama de flujo que refleja las actividades a realizar dentro de la fase de **Estudio del caso** del marco de trabajo EDAPREHD, así como el formato que se propone utilizar en esta etapa, **Acta de Estudio del caso**:

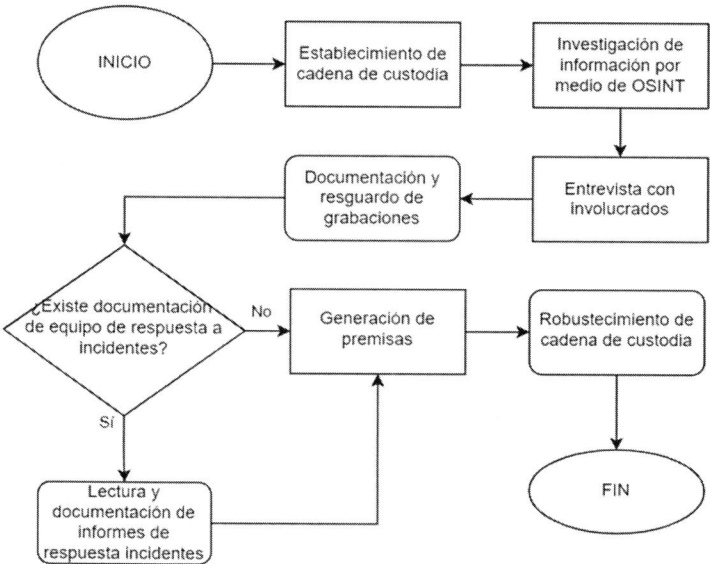

Figura 6-2. Diagrama de flujo de la fase de Estudio del caso

Información de colaborador entrevistado		
Hora:	Fecha:	
Lugar:		
Nombre del entrevistado:		
Correo de contacto:		
Cargo:		
Departamento:		
Nombre superior:		

Información de la empresa analista / investigador	
Nombre empresa:	
Dirección:	
Correo de contacto:	
Número de contacto:	

Información del caso	
Identificador del Caso:	
Fecha del incidente:	
Hora del incidente:	
Correo de contacto:	
Número de contacto:	

A continuación, se muestra la relación entre grabaciones de audio que realiza el investigador hacia el colaborador:

Información de la grabación	
Nombre del archivo digital:	
Formato del archivo digital:	
Duración:	
Firma electrónica:	Algortimo1:
	Firma
	Algoritmo 2:

Figura 6-3. Formato de la fase de Estudio del caso

6.3 FASE 2: DOCUMENTACIÓN DE LA ESCENA DEL DELITO

Al iniciar una investigación forense de campo, todos los investigadores deben analizar el entorno para conocer si la escena del delito se encuentra bajo alguna amenaza eléctrica, química o biológica previamente a su acceso en busca de indicios y evidencias; por lo que debe tomar las medidas necesarias para reducir el riesgo de daño hacia su persona, así como a los indicios contenidos en el área. Una vez analizadas y reducidas las amenazadas para el investigador, podrá documentar indicios, recursos, objetos y el entorno donde se generó y/o se materializó un incidente de seguridad protegiendo la integridad de cada componente. Para crear una documentación confiable, segura y robusta se deben realizar los siguientes cinco pasos:

1. ESTABLECIMIENTO DE MEDIDAS DE PROTECCIÓN EN LA ESCENA DEL DELITO

La primera medida de protección a realizar es el acordonamiento de la escena del delito y sus accesos, retirando a toda persona ajena a los equipos de respuesta para prevenir accesos no autorizados a la escena del delito, así como cualquier alteración de la evidencia, protección de la cadena de custodia. Para el acordonamiento se utiliza la llamada cinta de seguridad.

Debido a la alta probabilidad de daño de los dispositivos electrónicos, y a su vez de los indicios que se encuentran en su interior, se recomienda el uso herramientas elaboradas con materiales que eviten la interacción de la corriente eléctrica, conocidos como "antiestáticos". Algunas de estas herramientas se listan a continuación:

Guantes dieléctricos

También conocidos como guantes aislantes, pueden estar fabricados en materiales como caucho o látex, ya que han sido diseñados para proteger contra riesgos eléctricos. El uso de estos materiales ofrecerá la protección ante dispositivos electrónicos susceptibles de recibir un daño a través de la corriente eléctrica.

Pulsera antiestática

Consiste en una cinta cubierta con un **velcro** para conectar, por un lado, la conexión entre la mano y el antebrazo del investigador, y, en el otro extremo, la fijación a un material que no contenga corriente eléctrica con el fin de descargar cualquier acumulación de electricidad estática en el cuerpo y evitar su transmisión a cualquier componente electrónico.

Cobertura de calzado antiestática

Cubierta para todo tipo de calzado compuesto de material antiestático que evita la creación de estática con el caminar del perito informático a raíz de la fricción con el suelo.

2. DOCUMENTACIÓN ESCRITA DEL ESTADO ACTUAL DE LA ESCENA DEL DELITO/ATAQUE

En este proceso debe realizar la descripción de cada detalle y particularidad que puede encontrarse donde un usuario malicioso realizó un ataque (cuando es posible encontrarlo) o donde se encuentra el sistema o recurso afectado. En la escena del delito debe analizarse desde lo general hasta lo particular, la ubicación geográfica, la ubicación específica (dentro del inmueble, la habitación, el interior, entre otros). Para realizar este análisis, debe hacer uso de la inspección ocular.

La inspección ocular es un proceso metódico y sistemático de búsqueda de indicios que consiste en la observación minuciosa e integral del lugar de los hechos para obtener el mayor número de indicios concluyentes. Para realizar una inspección ocular, puede utilizar una o varias de las técnicas que se muestran a continuación:

ZONAL

Zonal. Consiste en la organización y documentación del lugar de los hechos en zonas numeradas. Las zonas pueden ser definidas según su importancia, número de evidencias, criticidad de posibles indicios o colaboración con otras autoridades competentes.

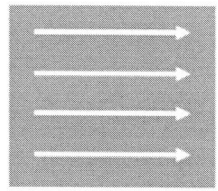

LINEAL

Lineal. Define una manera de identificación ágil y breve de los indicios de izquierda a derecha (o viceversa) desde la parte superior o inferior de la escena del delito.

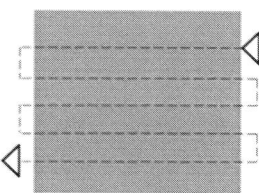

STRIP

Strip. En este tipo de inspección ocular, se analiza desde la parte superior a la inferior (o viceversa), de derecha a izquierda (o viceversa), del lugar de los hechos para identificar indicios contenidos en ella.

ESPIRAL

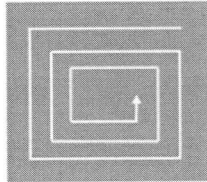

Espiral. Estipula una búsqueda de indicios de manera circular estableciendo el indicio (dispositivo utilizado para realizar un ataque o que ha sido vulnerado) en el centro para analizar desde la zona externa hasta la parte interna de una escena del delito, para determinar otros indicios que puedan tener una relación o generarle alguna influencia.

RADIAL

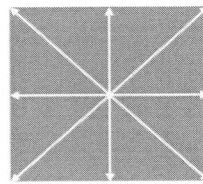

Radial. En esta forma de inspeccionar, en el centro se encuentran los indicios más relevantes; por lo que se intenta visualizar algún otro indicio (dispositivos, materiales y componentes) que se encuentre al alcance de un usuario malicioso.

GRILLA

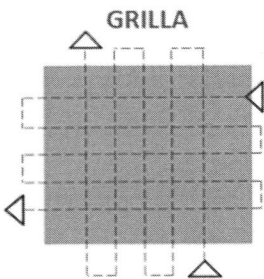

Grilla (retícula). Se lleva a cabo realizando un análisis de retícula compuesto comenzando desde la derecha de manera horizontal, una vez llegado al último punto de la escena de los hechos cabe realizar otro análisis de retícula, pero esta vez de manera vertical desde el punto inferior hasta el superior.

Los procedimientos de inspección que no son mutuamente excluyentes sirven de gran ayuda para determinar la relación entre los indicios y los dispositivos.

3. IDENTIFICACIÓN DE INDICIOS

Para una gestión sencilla y ordenada de los indicios, un perito en informática forense debe utilizar indicadores pensados para su uso en escenas del delito numerados, o con letras, que permitan identificar de forma única a cada indicio para documentarlo correctamente.

Figura 6-4. Indicadores pensados para su uso en escenas del delito

Debido al potencial de cada indicio para convertirse en una evidencia para la investigación posterior a su análisis, adjudica la responsabilidad de su protección y documentación a un investigador o al equipo de respuesta que realiza esta etapa de la investigación.

4. INVENTARIO DE DISPOSITIVOS

El registro de cada recurso que se encuentre en la escena del delito es fundamental para el establecimiento y fortalecimiento de la cadena de custodia, por lo que cada dispositivo debe ser identificado y relacionado con un identificador físico. El siguiente listado de dispositivos no es excluyente de otros dispositivos que puedan encontrarse en una escena del delito:

- Equipo informático portátil
- Servidores
- Dispositivos de tecnología corporal (wearables)
- Dispositivos móviles
- Medio de conexión (adaptadores)
- Dispositivos de red
- Dispositivos de reproducción de audio
- Dispositivos de almacenamiento externo
- Dispositivos de alimentación eléctrica
- Dispositivos de impresión
- Dispositivos que podrían causar daño a la evidencia (herramientas de borrado físico)
- Dispositivos portátiles
- Consolas de videojuegos

5. CAPTURA FOTOGRÁFICA DE LOS INDICIOS

La captura (fijación) fotográfica de los indicios se concentra en la fotografía de cada indicio y dispositivo identificados con la inspección ocular en la escena del delito junto a su identificador único con el fin de establecer un seguimiento y una actividad a lo largo de la investigación hasta su documentación en los informes finales. Las fotografías deben mostrar un identificador único de cada indicio, como etiquetas impresas (etiquetas de fabricante, proveedor) o algún distintivo que posean en su estructura.

En caso de encontrarse un dispositivo con la pantalla activa deberá ser fotografiado su contenido.

A continuación, se muestra un diagrama de flujo que refleja las actividades a realizar dentro de la fase de **Documentación de la escena del delito** del marco de trabajo EDAPREHD, así como fragmentos del formato que se propone utilizar en esta etapa:

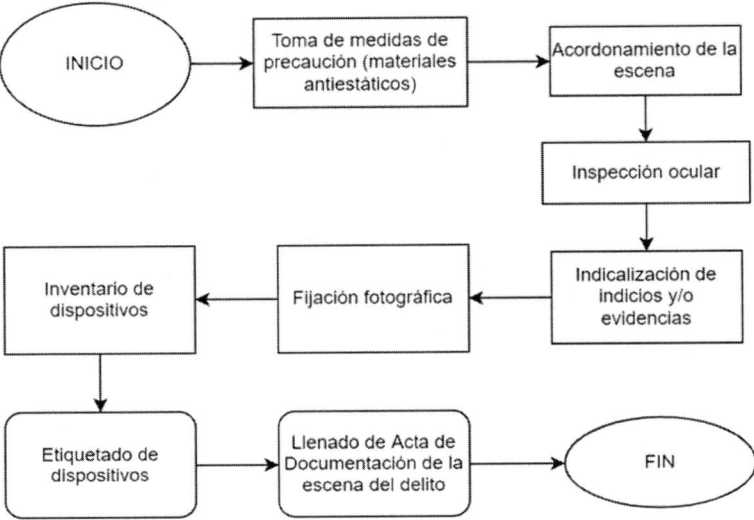

Figura 6-5. Diagrama de flujo de la fase de Documentación de la escena del delito

ID	Tipo de dispositivo	Número Serial	Fabricante y Modelo	Comentarios
1				
2				
3				
4				
5				
6				
7				
8				
9				
10				

Figura 6-6. Registro de indicios localizados en los dispositivos dentro del Acta de Documentación de la escena del delito

Información de la empresa solicitante		
Solicitante		
Hora:	Fecha:	
Lugar:		
Nombre del gerente o contacto		
Correo de contacto	Cargo:	
Número de contacto		

Información de la empresa analista / investigador	
Nombre empresa	
Dirección	
Correo de contacto	
Número de contacto	
Investigador 1	
Nombre	
Correo de contacto	
Número de contacto	
Cargo	
Hora de arribo	
Hora de desalojo	
Investigador 2	
Nombre	
Correo de contacto	
Número de contacto	
Cargo	
Hora de arribo	
Hora de desalojo	

Figura 6-7. Información general de la investigación dentro del Acta de Documentación de la escena del delito

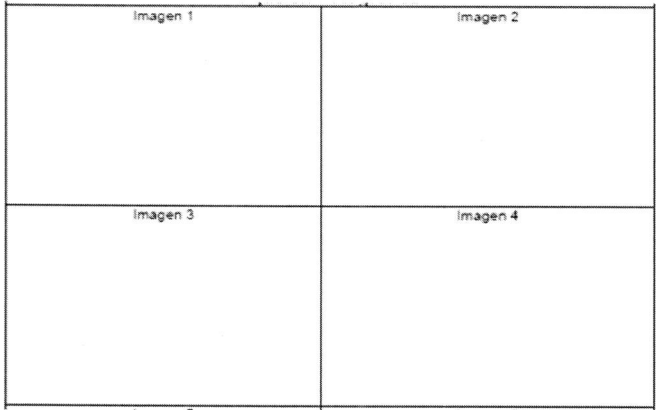

Figura 6-8. Captura fotográfica de los indicios dentro del Acta de Documentación de la escena del delito

6.4 FASE 3: ADQUISICIÓN DE LOS INDICIOS

En esta fase del marco de trabajo EDAPREHD se realiza la obtención de los indicios físicos, como dispositivos informáticos, móviles, de red y lógicos, como una imagen forense de los dispositivos de almacenamiento, los datos volátiles, con el fin de preservar su integridad. Cada proceso de adquisición deberá preservar y fortalecer la cadena de custodia iniciada en las dos fases anteriores. Los objetivos primordiales de la fase de adquisición de indicios son:

- Minimizar el riesgo de daño de los dispositivos que contienen indicios.
- Evitar o reducir la probabilidad de pérdida de indicios e información.
- Proteger la fiabilidad e integridad de cada indicio.
- Determinar si un usuario malicioso tiene acceso a dispositivos que se encuentran en la escena del delito.
- Obtención de información no volátil.
- Obtención de información volátil.

Análisis de riesgos

Previamente a la adquisición de cualquier indicio en la escena del delito, debe llevarse a cabo un análisis de riesgos para determinar las causas que pudieran dañar los indicios y/o evidencias en el momento de obtenerlas. Por ejemplo, un riesgo común es la ejecución de comandos de borrado remoto hacia un dispositivo móvil para eliminar y dañar su contenido; por eso, todo perito informático deber actuar de manera rápida y eficaz para reducir el riesgo de pérdida de indicios. El proceso de un análisis de riesgos (capítulo 3.9) será la base para la determinación de amenazas, los riesgos y la toma de decisiones dentro de una escena del delito.

Solo en casos específicos, donde es visible que existe un daño y/o manipulación de los indicios, las siguientes medidas deben realizarse:
- **Desconexión de la red.** Si el daño se está llevando a cabo de manera remota, el aislamiento de la red puede evitar que cualquier usuario que se encuentre manipulando el dispositivo ejecute alguna instrucción remota para dañar los indicios que contiene.
- **Desconexión de la corriente eléctrica.** En el escenario donde se han ejecutado instrucciones remotas que puedan representar un riesgo para la integridad de los dispositivos o indicios, será necesario apagar el dispositivo evitando hacerlo por medio del sistema operativo, lo que significa presionar el botón de apagado o interrumpir su alimentación de la corriente eléctrica.

Normativas internacionales para la adquisición de indicios informáticos

Siguiendo con los procesos de la fase de Adquisición de indicios, debe basarse en estándares internacionalmente reconocidos, los cuales se listan a continuación:

RFC 3227 (Request For Comments)

Los RFC son documentos que recogen propuestas de expertos en una materia concreta con el fin de establecer procedimientos que desemboquen en la creación de estándares o la implantación de algún protocolo de manera internacional. Específicamente para la informática forense, en 2002 se redactó el *RFC 3227*, donde se especifican las directrices para la recopilación de evidencias y su almacenamiento. Proporciona una guía para la recopilación de evidencia, donde se menciona lo siguiente: se deben listar los sistemas involucrados en el incidente de manera que se cuente con una perspectiva de cuál es la evidencia que debe ser recogida.

Asimismo, menciona algunos procedimientos a realizar en la escena del delito como:

- Generar una imagen del sistema lo más precisa posible.

- Documentar cada acción que se realice.

- Considerar el orden de **volatilidad** en la adquisición (comenzar desde lo más volátil a lo menos volátil).

- Evitar apagar el equipo de la forma pensada por el fabricante.

- No confiar en los datos obtenidos de los comandos del sistema.

UNE

Las normas UNE (Acrónimo de Una Norma Española) son un conjunto unificado de normas con especificaciones técnicas creadas en los Comités Técnicos de Normalización (CTN) de la Asociación Española de Normalización (UNE, antes conocida como AENOR). Es un organismo privado y no lucrativo reconocido en España legalmente como Organismo de Normalización Nacional, según lo establecido en el *Reglamento de la Infraestructura para la Calidad y Seguridad Industrial* que rige todo su territorio nacional.

ISO 27037:2012 Guidelines for identification, collection, acquisition, and preservation of digital evidence (ISO, 2012)

Proporciona especificaciones para actividades relacionadas con la gestión de evidencia digital, es decir, la identificación, recopilación, adquisición y preservación de evidencia digital potencial que pueda tener valor probatorio en una instancia legal. Se considera como guía para los investigadores en informática forense respecto a situaciones comunes encontradas a lo largo del proceso de gestión de evidencia digital. También, el *ISO 27037:2012* es un estándar que una organización puede utilizar para fortalecer sus procedimientos disciplinarios y facilitar el intercambio de evidencia digital potencial entre las autoridades legales nacionales e incluso internacionales[1].

INTERPOL; *Global Guidelines for Digital Forensics Laboratory*

Este documento contiene directrices para la administración de un laboratorio digital, destaca a la fase de adquisición como aquella que se realiza con el fin de preservar la integridad de la evidencia electrónica. En esta guía se hace referencia a información volátil, firmas electrónicas de las evidencias y tipos de adquisición que dependen de que un dispositivo se encuentre encendido o apagado.

---

[1] Organización Internacional de Normalización (2012). *ISO/IEC 27037:2012, Information technology — Security techniques — Guidelines for identification, collection, acquisition and preservation of digital evidence.* 1 ed. ISO.

Actividades de la fase de Adquisición de indicios del marco de trabajo EDAPREHD

Como consecuencia del análisis de las normativas, guías, estándares y mejores prácticas internacionalmente conocidas y emitidas por organizaciones especializadas, se ha creado una serie de procesos que se consideran base en el marco de trabajo EDAPREHD y deben realizarse por un investigador en informática forense.

Determinación del tipo de adquisición

Previamente a la adquisición de los indicios que se encuentran en los dispositivos, de considerarse su estado, el proceso de adquisición en el escenario donde el equipo se encuentre encendido y el funcionamiento (conocido como "Adquisición en caliente" o "Adquisición en vivo") será llamado "Adquisición en activo". Por otra parte, si el dispositivo se encuentra apagado (conocido como "Adquisición en frío"), lo conocerá como "Adquisición inactiva". Pero ¿qué diferencia hay entre los dos tipos de adquisición? Las particularidades de cada método de adquisición se muestran a continuación:

Pregunta	Adquisición en activo	Adquisición inactiva
¿Qué?	Cuando un dispositivo se encuentra en funcionamiento en la escena del delito, la información volátil tiene prioridad en su adquisición, ya que si el equipo es apagado por un corte de su fuente de alimentación eléctrica puede provocar la pérdida de datos que podrían convertirse en evidencias ante una instancia jurídica, como pueden ser: • Recursos almacenados en la memoria RAM. • Información de red, conexiones y usuarios que interactúan con el dispositivo. • Recursos con malware en su interior. • Recursos temporales en el sistema. • Registros de sistema y aplicaciones.	Este tipo de adquisición se realiza en un escenario donde el equipo que se analizará se encuentra apagado. La obtención de la información puede llevarse a cabo en ese sitio o en un laboratorio destinado para esta finalidad. El proceso de adquisición de los indicios de un dispositivo en estado inactivo debe realizarse de la manera menos intrusiva posible.
¿Cómo?	Debe definirse un orden de volatilidad para la información dentro de un dispositivo que puede perderse si el dispositivo se apaga o reinicia. Debido a esto, se recomienda obtener los indicios que contengan la información volátil más relevante para la investigación de mayor a menor volatilidad, por ejemplo: 1- Memoria RAM 2- Información general del equipo ... ... 17- Mapeo de discos y particiones.	Para evitar algún impacto en la integridad de los indicios durante la adquisición de las imágenes forenses deben utilizarse bloqueos contra la escritura en el dispositivo fuente de manera lógica o física. Una vez protegida la fuente de información deberá ser documentada completamente (hora, fecha, lugar, investigador, entre otros datos), por lo que se obtiene una captura fotográfica de los componentes involucrados en el proceso.

¿Cuándo?	La adquisición es un proceso que siempre debe realizarse en estos escenarios:	El dispositivo se encuentra apagado.
	El dispositivo se encuentra encendido en el momento de la adquisición.	Los dispositivos han sido adquiridos en la escena del delito.
	El sistema o dispositivo es crítico para el negocio y no se puede apagar.	Los dispositivos son recibidos directamente en el laboratorio de una organización.
	La información volátil puede contener información crítica para la investigación.	Los datos eliminados son más importantes que los datos volátiles.

Indicios de un incidente

Todo delito informático ha sido materializado dentro de un servicio y/o dispositivo propiedad de una empresa o particular; por lo que para el proceso de adquisición debe ser solicitado el acceso y la recopilación de toda la información proveniente de las tecnologías, las soluciones de seguridad, las aplicaciones o los sistemas que potencialmente contengan indicios clave en la investigación. Algunos recursos que deben solicitarse son los registros.

- Correlaciones de la información.
- Sistema antivirus.
- Alertas de antimalware.
- Alertas IDS/IPS.
- Eventos del sistema.
- Procesos del sistema.
- Información volátil.
- Información no volátil.

- Tráfico de red.
- Usuarios.
- Correos electrónicos.
- Dispositivos conectados.
- Archivos sospechosos.
- Historial de navegación.
- Tareas programadas.
- Configuración defectuosa.

TIPOS DE ADQUISICIÓN

Existen dos caminos respecto a la adquisición de los indicios: lógicos y físicos. A continuación, se analizará la peculiaridad de cada tipo de adquisición:

1- Adquisición de indicios lógicos

Los indicios lógicos en el proceso de adquisición en activo tendrán un tratamiento específico dependiendo de la criticidad e importancia para la investigación. Los factores que pueden provocar un cambio de estado de "encendido" a "apagado" en un dispositivo determinan la relevancia de realizar la adquisición de los indicios lógicos precisando su efectividad y destreza en un corto periodo de tiempo. Debido a esto, debe determinar un orden de volatilidad según los indicios que pueda encontrarse en un dispositivo.

Es posible que la información que se encuentra disponible pueda ya no estarlo una vez apagado el equipo; por lo que evitar apagar el dispositivo debe ser prioritario.

Orden de volatilidad

Basándose en el estándar *RFC 3227* y las directrices globales de análisis forense digital de la INTERPOL, puede establecer el siguiente orden de volatilidad, que será utilizado en el marco de trabajo EDAPREHD sobre la base del tipo de información que se encuentra en un dispositivo activo:

- Contenido de la memoria RAM.

- Información general del dispositivo (memoria física, capacidad de memoria RAM y disco, zona horaria, nombre del equipo, BIOS, tipo y versión del sistema operativo, tipo de procesador, entre otros).

- Información de red: estado, puertos abiertos, conexiones activas, accesos remotos.

- Procesos en ejecución en el sistema.

- Servicios del sistema activos.

- Registros del sistema (Windows).

- Archivos temporales del sistema.

- Árbol de directorios del sistema.

- Información de los navegadores web.

- Usuarios activos en el sistema.

- Historial del intérprete de comandos.

- Recursos compartidos.

- Tareas programadas

- Archivos clave del sistema.

- Archivos eliminados del sistema.

- Registros del sistema y aplicaciciones.

- Mapeo de discos y particiones.

Toda la información volátil que es adquirida debe ser almacenada en un dispositivo externo exclusivamente destinado a ese fin. Esto con el objetivo de no alterar el equipo analizado y obtener la firma hash de cada archivo para proteger la cadena de custodia.

ADQUISICIÓN DE INFORMACIÓN VOLÁTIL POR SISTEMA OPERATIVO (WINDOWS, GNU/LINUX Y MACOS)

Adquisición de memoria RAM

Sistemas Windows

Se ha seleccionado el uso de FTK para ejemplificar el volcado de memoria a través de los siguientes pasos:

1- Seleccionar en el botón con símbolo de memoria RAM.

2- Especificación del nombre final, selección del archivo *pagefile.sys* (archivo de paginado del sistema).

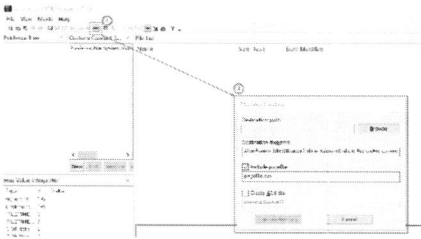

La adquisición del contenido de la memoria RAM (también conocida como "volcado de memoria RAM", como será descrita en apartados posteriores) puede ser adquirida en los sistemas operativos Windows utilizando la herramienta que más facilidades le genere al investigador (FTK, Belkasoft Live RAM Capturer, OSForenscis, entre otras).

Sistemas GNU/Linux

Los sistemas GNU/Linux han limitado la obtención del archivo asociado a la memoria RAM desde la versión 2.4 de su kernel (***archivo /dev/mem***). En las versiones más actuales de estos sistemas, el recurso pertenece al kernel y no es administrable por ningún usuario; por lo que el volcado de memoria será posible solo si está dispuesto a realizar un cambio muy significativo al sistema, lo que dañaría la fiabilidad e integridad del indicio. Debido a este hecho, se limitará a obtener información de la memoria a través de comandos del sistema:

- swapon -s
- cat /proc/swaps
- cat /proc/meminfo
- top
- vmstat
- free

Sistemas MacOS

El volcado de memoria RAM en los sistemas MacOS es posible a través de algunas herramientas. Por ejemplo, la herramienta **OSXpmem** es parte de la suite **pmem**, creada por un grupo de desarrolladores llamados **Rekall**, los cuales son una consecuencia del proyecto **Volatility**.

Información general del sistema

Sistemas Windows

A través del comando *systeminfo* y de la aplicación **PsInfo64** puede obtener la información del equipo que está siendo adquirido. La salida de ambos comandos son las siguientes:

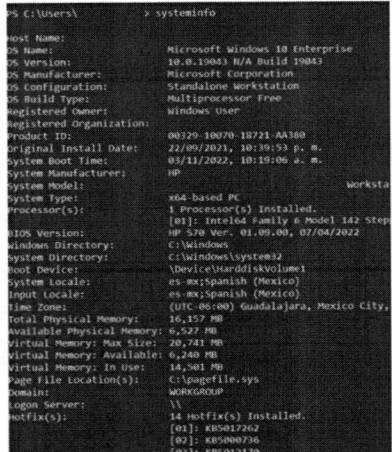
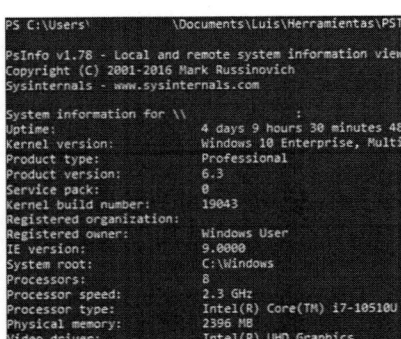

Figura 6-9. Salida de los comandos *systeminfo* y PsInfo64

Sistemas GNU/Linux

En los sistemas GNU/Linux existen una gran variedad de terminales que ofrecen la opción de interpretar los comandos que se introducen en el sistema; sin embargo, a efectos de este escrito, utilizará la terminal llamada GNOME Terminal[2] con el objetivo de interpretar cada instrucción introducida.

Para realizar la adquisición de la información asociada con el sistema se recomienda el uso de los siguientes comandos:

- *hostname* → Nombre del equipo.

---

[2] The GNOME Project (s. f.). *Ayuda de la Terminal* [en línea]. Recuperado el 5 de enero de 2022 de: <https://help.gnome.org/users/gnome-terminal/stable/index.html.es>.

- *dnsdomainname* → DNS del equipo.
- *hostnamectl* → Versión del kernel, Sistema operativo, entre otros.
- *dmidecode -s system-serial-number* → Número de serie del dispositivo.
- *dmidecode -s system-manufacturer* → Fabricante del dispositivo.
- *dmidecode -s system-product-name* →Modelo, virtualizador.
- *lshw* → Procesador, memoria física y lógica, almacenamiento, entre otros.
- */proc/cpuinfo* → Fabricante, modelo, tamaño, caché, entre otros.
- *lscpu* → Arquitectura, modelo, fabricante, entre otros.
- *uname* → Nombre del equipo, versión de kernel.
- *lastreboot* → Últimos reinicios del sistema.
- *last shutdown* → Último apagado del sistema.

```
ubuntu@ubuntu:~$ hostnamectl && uname -a && last reboot && last shutdown
   Static hostname: ubuntu
         Icon name: computer-vm
           Chassis: vm
        Machine ID: 9951f980a917409b86a8e2e0886df1a7
           Boot ID: 8612fe50fed2422eaa3e7a059ea1dc61
    Virtualization: vmware
  Operating System: Ubuntu 20.04.3 LTS
            Kernel: Linux 5.15.0-52-generic
      Architecture: x86-64
Linux ubuntu 5.15.0-52-generic #58~20.04.1-Ubuntu SMP Thu Oct 13 13:09:46 UTC 20
22 x86_64 x86_64 x86_64 GNU/Linux
reboot   system boot  5.15.0-52-generi Fri Nov 11 05:48   still running
reboot   system boot  5.13.0-27-generi Wed Nov  9 18:29   still running
reboot   system boot  5.13.0-27-generi Sun Nov  6 06:07   still running
reboot   system boot  5.13.0-27-generi Sun Jan 23 17:49   still running

wtmp begins Sun Jan 23 17:49:18 2022

wtmp begins Sun Jan 23 17:49:18 2022
```

Figura 6-10. Salida de comandos en sistemas GNU/Linux

Sistemas MacOS

Para obtener la información de sistemas MacOS puede utilizar los siguientes comandos:

system_profiler → Obtiene información de las aplicaciones del usuario e información general, como se muestra en la siguiente figura:

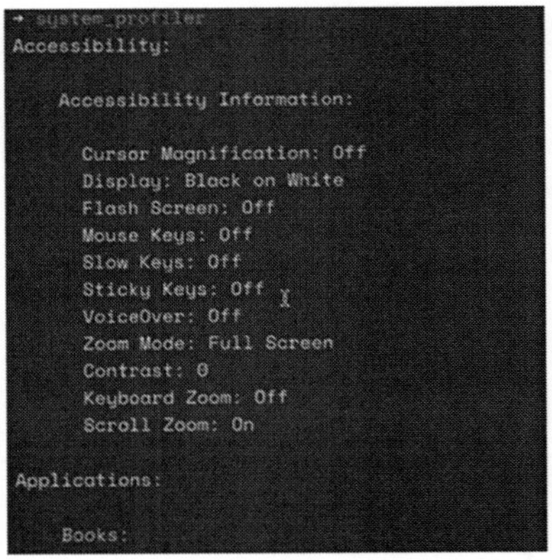

Figura 6-11. Salida del comando *System_profiler*

sw_vers → Obtiene la versión actual del sistema operativo y el número de compilación, como se muestra a continuación:

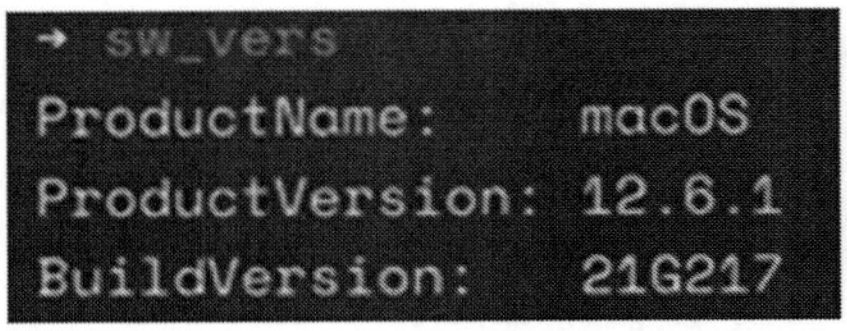

Figura 6-12. Salida del comando *sw_users*

uname -a → Recopila la versión del kernel, la fecha, la versión xnu, entre otros. La salida de este comando se muestra a continuación:

Información de red

Sistemas Windows

A través del comando ***ipconfig*** y su opción ***/all*** puede obtener la información acerca de las configuraciones de red en el equipo que se analiza: direcciones IP, máscara de red, direcciones MAC y las interfaces de red que han sido configuradas. La salida del comando deberá alojarse en un archivo para su análisis posterior.

La información de la memoria caché del ***dns*** puede obtenerse a través de la opción ***/displaydns***, que mostrará los datos relacionados.

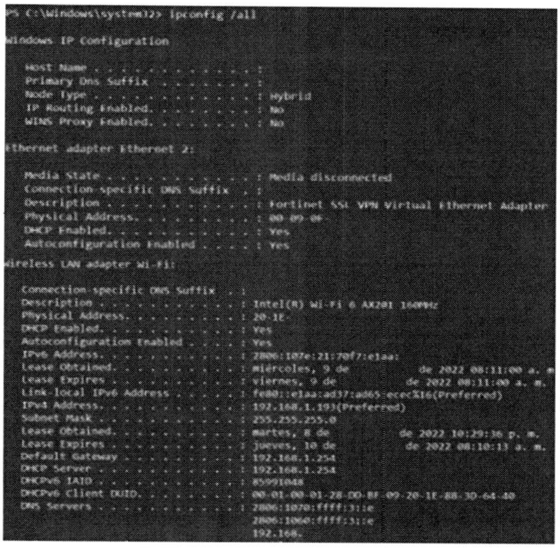

Figura 6-13. Salida del comando *ipconfig/all*

Tabla ARP

Para analizar las conexiones que se han creado desde el equipo vulnerado y hacia él, debe obtenerse la tabla del protocolo de resolución de direcciones (*AddressResolutionProtocol –* ARP), la cual almacena la relación entre dirección *lógica (IP) y la dirección física (MAC)* de cada adaptador de red en el equipo que se analiza. Los sistemas Windows poseen el siguiente comando, que obtiene el caché de la tabla ARP:

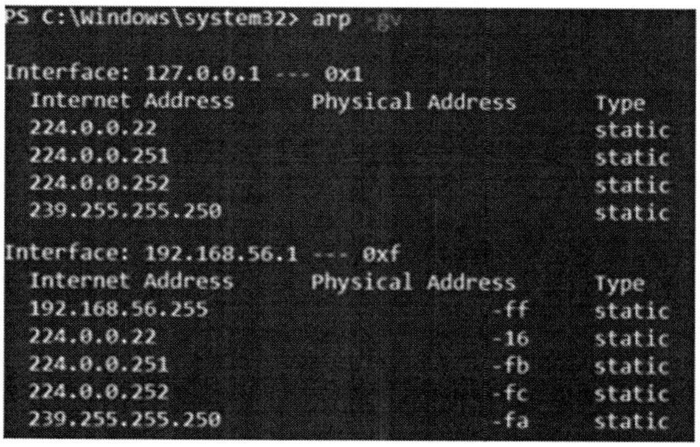

Figura 6-14. Salida de la ejecución del comando *arp* y sus opciones *g* -> entradas actuales en la tabla arp y *v* -> modo verbose

La información almacenada en la tabla ARP es temporal y dependiente de los servicios de red; por lo que, en el caso de que no se mantenga la comunicación o el adaptador sea deshabilitado, el registro se perderá.

Conexiones NetBIOS

Los sistemas Windows utilizan un protocolo llamado NetBIOS que permite enlazar a dispositivos que se encuentran en una misma red a través de la asignación de un nombre, y su asociación con una dirección IP, para establecer una conexión y acceder a los recursos compartidos que posee. La información del protocolo NetBIOS del sistema puede ser visualizada con el comando *nbtstat*:

```
PS C:\Windows\system32> nbtstat -S

Ethernet 2:
Node IpAddress: [0.0.0.0] Scope Id: []

    No Connections

VMware Network Adapter VMnet8:
Node IpAddress: [169.254.69.78] Scope Id: []

    No Connections

VirtualBox Host-Only Network:
Node IpAddress: [192.168.56.1] Scope Id: []

    No Connections
```

Figura 6-15. Salida de la ejecución del comando *nbtstat* con su opción -S -> lista una tabla de las sesiones junto a las direcciones IP de destino

Una alternativa es el comando *net* con su opción **sessions**, que ofrece una lista de sesiones activas durante la adquisición. Además, con su opción *file*, obtendrá el registro de los archivos transferidos a través de este protocolo.

Archivos abiertos remotamente

Sistemas Windows

En los sistemas Windows es posible que se encuentren archivos que han sido abiertos desde otro dispositivo y se descubran durante la fase de adquisición. Para determinar si se encuentra algún archivo abierto remotamente utilizará la herramienta **psfile64**:

```
PS C:\Users\          \Documents\Luis\Herramientas\PSTools> .\psfile64.exe

PsFile v1.03 - Lists files and directories opened remotely
Copyright (C) 2001-2016 Mark Russinovich
Sysinternals

No files opened remotely on         .
```

Figura 6-16. Salida de ejecución de la herramienta psfile64

Conexiones activas/puertos abiertos

Para la adquisición de los registros de conexiones activas que se encuentran establecidas desde el equipo y hacia él utilizará el comando *netstat*:

```
PS C:\Windows\system32> netstat -an

Active Connections

  Proto  Local Address          Foreign Address        State
  TCP    0.0.0.0:135            0.0.0.0:0              LISTENING
  TCP    0.0.0.0:443            0.0.0.0:0              LISTENING
  TCP    0.0.0.0:445            0.0.0.0:0              LISTENING
  TCP    0.0.0.0:902            0.0.0.0:0              LISTENING
  TCP    0.0.0.0:912            0.0.0.0:0              LISTENING
  TCP    0.0.0.0:5040           0.0.0.0:0              LISTENING
  TCP    0.0.0.0:8834           0.0.0.0:0              LISTENING
  TCP    0.0.0.0:49664          0.0.0.0:0              LISTENING
  TCP    0.0.0.0:49665          0.0.0.0:0              LISTENING
  TCP    0.0.0.0:49666          0.0.0.0:0              LISTENING
```

Figura 6-17. Salida de la ejecución del comando *netstat* con su argumento *–an* (*a* –> todas las conexiones activas, *n* –> muestra direcciones y puertos)

Sistemas GNU/Linux

Para la adquisición de información de red en los sistemas GNU/Linux utilizará herramientas que la mayoría tienen por defecto, a fin de ser lo menos intrusivo posible con los indicios que se encuentran en el equipo. Algunos de estos comandos son:

- *IP* → posee la capacidad de administrar interfaces de red, direcciones de red, rutas y otras características de la red. Algunas de sus opciones son:
  - ○ *a:* listado y administración de direcciones IP.
  - ○ *linkls up:* listado de interfaces activas.
  - ○ *a show:* muestra información asociada a la interfaz de red.
  - ○ *r / route:* muestra las rutas configuradas en el equipo.
- *Ifconfig* → lista las configuraciones de las interfaces de red del sistema.
- *route* → muestra información sobre las rutas del sistema con direcciones IP.
- *netstat* → muestra la información de las rutas del sistema sin resolver el nombre asociado a las direcciones IP.
- *iwconfig* → muestra las conexiones inalámbricas del sistema.
- *arp* → muestra el registro de las direcciones IP y direcciones MAC de los dispositivos conectados con el equipo analizado.
- *cat /etc/resolv.conf* → muestra el archivo de configuración de la resolución de nombres de dominio en el sistema.
- *cat /proc/net/wireless* → muestra el registro de las redes inalámbricas en el sistema.

Cada comando mostrado posee un manual que deberá ser revisado por el investigador previamente a la adquisición de los indicios. Normalmente, *–h, –help* o *man* [comando] mostrarán las opciones disponibles.

Sistemas MacOS

Para la información asociada a la red en sistemas MacOS tiene disponibles los siguientes comandos:

- *arp* → muestra el registro de las direcciones IP y direcciones MAC de los dispositivos conectados.
- *Ifconfig* → Lista las configuraciones de las interfaces de red del sistema.
- *netstat* → muestra la información de las rutas del sistema sin resolver el nombre de las direcciones IP.
- cat /etc/resolv.conf → muestra el archivo de configuración de la resolución de nombres de dominio en el sistema.
- route → muestra información sobre las rutas del sistema con direcciones IP.

Procesos en ejecución

Sistemas Windows

En los sistemas Windows puede visualizar los procesos que se están ejecutando en el sistema a través del comando **plist**[3], que ofrece la siguiente información:

- Pri: prioridad
- Thd: número de hilos de ejecución
- Hnd: número de subprocesos
- VM: memoria virtual
- WS: conjunto de trabajo
- Priv: memoria virtual privada
- PrivPk: punto máximo de memoria virtual privada
- Errores: errores de página
- NonP: grupo no paginado
- Page: conjunto paginado

---

3 Kibble, C. (2021). *PsList-sysinternals*. Microsoft Learn [en línea]. Recuperado el 21 de enero de 2021 de: <https://learn.microsoft.com/en-us/sysinternals/downloads/pslist>.

- Cswtch: cambio de contexto

- CPU Time: tiempo del procesador

- Elapsed Time: tiempo transcurrido desde su ejecución

La Información se muestra en Kilobytes – KB.

La aplicación **PSList64** muestra los procesos en ejecución de la siguiente manera:

```
PS C:\Users\          .Documents\Luis\Herramientas\PSTools> .\pslist64.exe

PsList v1.4 - Process information lister
Copyright (C) 2000-2016 Mark Russinovich
Sysinternals - www.sysinternals.com

Process information for         :

Name          Pid Pri Thd  Hnd   Priv       CPU Time     Elapsed Time
Idle            0   0   8    0     60  799:25:19.796   105:01:29.015
System          4   8 213 5804    196    1:30:50.468   105:01:29.015
Registry      124   8   4    0   9124    0:00:13.359   105:01:32.928
smss          528  11   2   53   1064    0:00:01.046   105:01:29.009
csrss         784  13  12  890   2256    0:00:08.203   105:01:22.398
wininit       872  13   1  164   1468    0:00:00.203   105:01:22.182
csrss         880  13  17  928   3400    0:03:45.734   105:01:22.180
services      944   9   9  887   9276    0:01:22.875   105:01:22.140
lsass         952   9  10 1897  11244    0:02:51.046   105:01:22.122
svchost       788   8  16 1826  20468    0:03:17.812   105:01:21.932
fontdrvhost   328   8   5   36   1500    0:00:00.078   105:01:21.908
```

Figura 6-18. Ejecución de la herramienta PSList64

Además, el comando *tasklist* muestra el identificador del proceso (*Process ID* – PID), la memoria del sistema utilizada por cada proceso, el nombre del servicio que lo utiliza y número de accesos, como se muestra en la siguiente figura:

```
PS C:\Windows\system32> tasklist

Image Name                    PID Session Name      Session#    Mem Usage
========================= ======== ================ =========== ============
System Idle Process             0 Services              0           8 K
System                          4 Services              0          32 K
Registry                      124 Services              0      25,992 K
smss.exe                      528 Services              0         352 K
csrss.exe                     784 Services              0       1,840 K
wininit.exe                   872 Services              0       1,072 K
csrss.exe                     880 Console               1       3,768 K
services.exe                  944 Services              0       9,372 K
lsass.exe                     952 Services              0      18,768 K
svchost.exe                   788 Services              0      31,400 K
fontdrvhost.exe               328 Services              0         640 K
WUDFHost.exe                 1036 Services              0       8,904 K
svchost.exe                  1100 Services              0      19,204 K
svchost.exe                  1152 Services              0       6,688 K
WUDFHost.exe                 1212 Services              0       1,748 K
winlogon.exe                 1344 Console               1       5,856 K
```

Figura 6-19. Salida del comando *tasklist*

Sistemas GNU/Linux y MacOS

Algunos comandos que son de utilidad en la adquisición de los procesos existentes tanto en sistemas GNU/Linux como en MacOS son:

- *ps* → muestra los procesos que están activos en el sistema en el momento de introducir el comando.

- *pstree* → muestra el árbol jerárquico de los procesos (solo en sistemas GNU/Linux).

- *top* → muestra los procesos que están activos en el sistema de manera dinámica.

- *htop* → muestra los procesos del sistema sin salir de la terminal con menús de configuración (solo en sistemas GNU/Linux).

- *atop* → muestra los procesos que generan un procesamiento en el sistema junto con los recursos críticos de hardware (solo en sistemas GNU/Linux).

- *jobs* → muestra los procesos ejecutados en segundo plano.

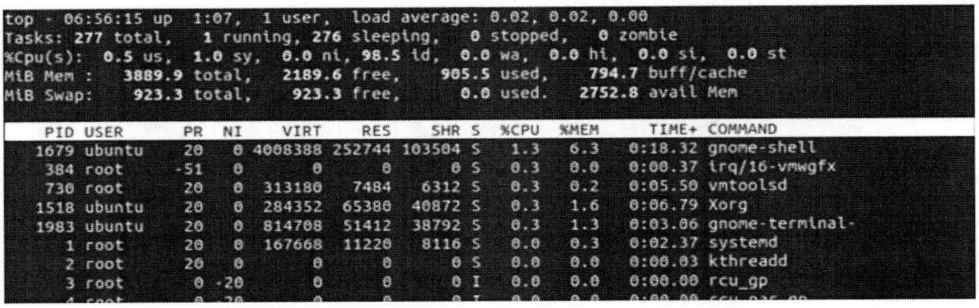

Figura 6-20. Salida de la ejecución del comando *top*

Servicios activos

Sistemas Windows

Los sistemas Windows utilizan los servicios como componentes del sistema que inician una acción concreta en él. En algunos casos, listar los servicios activos puede dar información sobre las aplicaciones instaladas y los procesos recurrentes, además de relacionarlos con artefactos que se ejecutan o adhieren a los servicios activos. La aplicación **PsService64** muestra los servicios en ejecución de la siguiente manera:

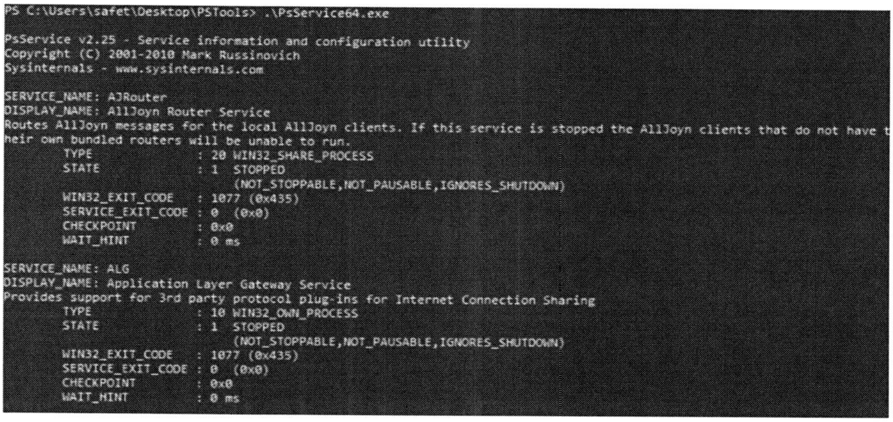

Figura 6-21. Salida de la ejecución de la herramienta PsService64

Sistemas GNU/Linux

Los comandos que puede utilizar en estos sistemas para visualizar los servicios que se ejecutan dentro del equipo analizado son:

- *service* → muestra los servicios activos: [+] → servicio activo, [-] → servicio inactivo.

- *systemctl* → muestra detalles de los servicios que funcionan en el sistema como:
    - Nombre del servicio.
    - Carga.
    - Estado.
    - Descripción.

- *systemd-cgtop* → muestra los servicios asociados con el servicio del sistema *cgroup*, ordenándolos por número de tareas, porcentaje de uso del procesador y memoria utilizada por cada uno de ellos.

Sistemas MacOS

Para la adquisición de servicios en sistemas MacOS el comando de ***launchctl*** será de gran ayuda.

Registros del sistema (Sistemas Windows)

Debido al tiempo limitado del que se dispone ante un posible apagado, daño o corrupción de los datos, se propone obtener los artefactos relacionados con cada entrada del registro en los sistemas Windows; por lo que se ha generado la siguiente tabla para asociar la adquisición de cada uno de ellos:

Entrada del registro	Artefactos asociados
HKEY_LOCAL_MACHINE\SAM	Sam, Sam.log, Sam.sav
HKEY_LOCAL_MACHINE\SECURITY	Security, Security.log, Security.sav
HKEY_LOCAL_MACHINE\SOFTWARE	Software, Software.log, Software.sav
HKEY_LOCAL_MACHINE\SYSTEM	System, System.log, System.alt, System.sav
HKEY_CURRENT_CONFIG	System, System.log, System.alt, System.sav
HKEY_CURRENT_USER	Ntuser.dat y Ntuser.dat.log
HKEY_USERS\.DEFAULT	Default, Default.log, Default.sav

Tabla 6-2. Artefactos asociados a cada registro existente en los sistemas Windows

Archivos temporales

Sistemas Windows

Para la adquisición de archivos temporales de los sistemas Windows debe adquirir los artefactos que se encuentren en el directorio *C:\Windows\Temp*, ya que pueden contener indicios para la investigación.

Figura 6-22. Contenido del directorio *C:\Windows\Temp*

Sistemas GNU/Linux

En estos sistemas también existe un directorio asociado a los artefactos temporales en la ubicación */tmp*.

Sistemas MacOS

En el directorio *~/Library/Caches* de estos sistemas se almacena la información temporal de las aplicaciones, los archivos y la navegación de los usuarios; por lo que será de suma importancia obtenerla en la fase de adquisición para su análisis posterior.

Árbol de directorios

Sistemas Windows

La obtención del árbol de directorios podría ofrecer algún indicio de malware o borrado remoto de los recursos en el sistema. Para obtener un esquema de directorios completo en los sistemas Windows usará el siguiente comando: *dir /t:c /a:h /s /o:d c:*, donde las opciones se especifican a continuación:

- */t*: especifica el campo de hora que se va a mostrar o usar para la ordenación. Sus diferentes opciones son:
  - ○ *a* = fecha del último acceso
  - ○ *c* = fecha de creación
  - ○ *w* = fecha de última modificación
- */a*: muestra solo los nombres de directorios y archivos con un atributo específico. La opción *h* muestra los archivos ocultos.
- */s*: enumera todas las apariciones del nombre del archivo especificado dentro del directorio especificado y todos sus subdirectorios.
- */o*: ordena la salida según el criterio de ordenación. Esta opción ordena por fecha y hora comenzando por el más antiguo[4].

Sistemas GNU/Linux y MacOS

El comando por excelencia para listar el contenido de los archivos de tipo directorio es el comando *ls –t –s –R –lh –la*, donde las opciones se detallan a continuación:

- *t* → orden por fecha y hora.
- *s* → tamaño de cada archivo.
- *R* → listado recursivo.
- *lh* → formato de tabla con columnas y tamaño de archivos.
- *la* → formato de tabla con archivos ocultos.

---

[4] Gerend, J. (2022). *dir. Microsoft Learn* [en línea]. Recuperado el 5 de febrero de 2021 de: <https://learn.microsoft.com/es-es/windows-server/administration/windows-commands/dir>.

Información de navegadores web

Para la adquisición de indicios en navegadores web, debido a la premura en el tiempo destinado a estas actividades, se deben obtener los artefactos relacionados con el almacenamiento de información de cada navegador.

Sistemas Windows

A efectos del presente escrito se detallarán los artefactos de los navegadores más utilizados en los sistemas Windows (Microsoft Edge, Internet Explorer, Google Chrome y Mozilla Firefox). A continuación se lista una relación entre el artefacto y los indicios que contienen:

Artefacto	Indicios en su contenido
C:\Users\%USUARIO%\AppData\Local\Microsoft\Windows\History	Archivo temporal de la navegación en el sistema y de Internet Explorer
C:\Users\%USUARIO%\AppData\Local\Microsoft\Edge\User Data\Default C:\Users\%USUARIO%\AppData\Local\Microsoft\Edge\User Data\Default\Cache	Datos del usuario a través del navegador Microsoft Edge
C:\Users\%USUARIO%\AppData\Local\Google\Chrome\User Data\Default C:\Users\%USUARIO%\AppData\Local\Google\Chrome\User Data\Default\Cache	Datos del usuario a través del navegador Google Chrome
C:\Users\%USUARIO%\AppData\Roaming\Mozilla\Firefox\Profiles\%Perfil%\ C:\Users%USUARIO%\AppData\Local\Mozilla\Firefox\Profiles\%Perfil%\cache2	Datos del usuario a través del navegador Mozilla Firefox
C:\Users\%USUARIO%\Favorites C:\Users\%USUARIO%\AppData\Local\Microsoft\Windows\WebCache C:\Users\%USUARIO%\AppData\Local\Microsoft\Internet Explorer\Recovery	Datos del usuario a través del navegador Internet Explorer

Figura 6-23. El campo %User% hace referencia al nombre de cada usuario existente en el sistema. Asimismo, el campo %perfil% hace referencia al perfil de interés durante la adquisición

También es posible obtener esta información a través de software como OSForensics, Magnet IEF o Browser History Viewer.

La adquisición de artefactos relacionada con los navegadores web en sistemas GNU/Linux serán concentrada en Mozilla Firefox, así como Google Chrome. A continuación, se detalla la relación entre el artefacto y su relevancia en una investigación:

Artefacto	Indicios en su contenido
/home/$USUARIO/.mozilla/firefox/$PERFIL */home/$USUARIO /.cache/mozilla/firefox/$PERFIL/cache2*	Datos del usuario a través del navegador Mozilla Firefox
/home/$USUARIO/.config/google-chrome/Default/Preferences */home/$USUARIO/.config/google-chrome/Default* */home/$USUARIO/.cache/google-chrome/Default/Cache*	Preferencias del navegador Google Chrome
/home/$USUARIO/.config/google-chrome/Default/Secure Preferences	Preferencias de seguridad del navegador Google Chrome
/home/$USUARIO/.cache/google-chrome/	Caché del navegador Google Chrome

Figura 6-24. El campo $USUARIO hace referencia al nombre de cada usuario existente en el sistema. Asimismo, el campo $perfil hace referencia al perfil de interés durante la adquisición

Sistemas MacOS

La adquisición de artefactos relacionada con los navegadores web en los sistemas MacOS estará concentrada en Safari, Mozilla Firefox, Google Chrome y Microsoft Edge. A continuación se detalla la relación entre el artefacto y su relevancia en una investigación:

Artefacto	Indicios en su contenido
/Users/$USUARIO/Library/Safari /Users/$USUARIO/Containers/com.apple.Safari/Data/Library/Preferences /Users/$USUARIO /Containers/com.apple.Safari/Data/Library/Cookies /Users/$USUARIO/Containers/com.apple.Safari/Data/Library/Caches/com.apple.Safari/TabSnapshots /Users/$USUARIO/Containers/com.apple.Safari/Data/Library/Caches/com.apple.Safari	Datos del usuario a través del navegador Safari
/Users/$USUARIO/Library/Application Support/Firefox/Profiles/$PERFIL	Datos del usuario a través del uso del navegador Mozilla Firefox

/Users/$USUARIO /Library/Caches/Firefox/Profiles/$PERFIL/cache2	
/Users/$USUARIO/Library/Application Support/Google/Chrome/Default /Users/$USUARIO/Library/Caches/Google/ Chrome/Default/Cache	Datos del usuario a través del uso del navegador Google Chrome
/home/$USUARIO/.config/google-chrome/Default/Secure Preferences	Preferencias de seguridad del navegador Chrome
/home/$USUARIO/.cache/google-chrome/	Caché del navegador Google Chrome
/Users/$USUARIO/Library/Application Support/Microsoft Edge/Default /Users/$USUARIO/Library/Caches/Microsoft Edge/Default/Cache	Datos del usuario a través del navegador Microsoft Edge

Figura 6-25. El campo *$USER* hace referencia al nombre de cada usuario existente en el sistema, así como el campo *$PERFIL* hace referencia al perfil de interés durante la adquisición

Usuarios activos en el sistema

Durante el proceso adquisición es posible encontrar dispositivos donde las cuentas de usuario han sido creadas con privilegios de administrador sin el conocimiento del usuario, por lo que tienen el control sobre todos los componentes del sistema o con fines maliciosos. En estos escenarios, el marco de trabajo EDAPREHD sugiere la obtención de usuarios que se encuentran con sesión activa en el momento de la adquisición, así como el registro de aquellos usuarios que tuvieron una interacción con el equipo analizado.

Sistemas Windows

En este tipo de sistemas puede ayudarse de la aplicación **PSLoggedOn64**, la cual obtiene los usuarios con la sesión iniciada en el equipo analizado, así como aquellos que alguna vez lo hayan hecho.

Figura 6-26. Salida de la ejecución de la herramienta PSLoggedOn64

Además, la aplicación **PsGetsid64** obtendrá los identificadores de usuario que el sistema le ha asignado a cada usuario existente:

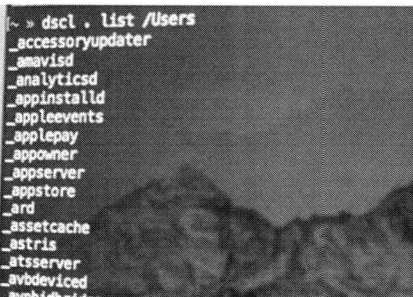

Figura 6-27. Salida de la ejecución de la herramienta PsGetid64

Sistemas GNU/Linux

Para la adquisición de los usuarios se apoyará en los siguientes comandos nativos:

- *whoami* → muestra el usuario actual logueado en el sistema.

- *groups* → muestra los grupos a los que pertenece un usuario del sistema.

- *id* → muestra la información del usuario y el grupo para un usuario específico.

- *who* → muestra los usuarios que se encuentran logueados en el sistema.

- *w* → muestra información sobre los usuarios que han iniciado sesión en el sistema y su actividad actual.

- *last* → lista los usuarios, el estado, la fecha y la hora de inicio de sesión en el sistema.

- *lastb* → muestra los intentos de sesión fallidos.

- *lastlog* → muestra la última conexión de cada usuario del sistema.

- *uptime* → muestra el tiempo desde el inicio de sesión.

Sistemas MacOS

Para obtener información sobre las cuentas de usuario en los sistemas MacOS utilizará el comando *dscl.* con su opción *list* en la ubicación */Users*.

Figura 6-28. Salida de ejecución del comando *dscl . list /Users*

Historial del intérprete de comandos

Un intérprete de comandos (también conocido como terminal o consola) es una aplicación que permite procesar comandos recibidos por un usuario y transformarlos en instrucciones para el sistema. Dentro de una investigación en informática forense, el análisis de la terminal puede ofrecer indicios de actividades maliciosas de un usuario en el sistema a través de las instrucciones introducidas en este recurso.

Sistemas Windows

En los sistemas Windows existen los intérpretes de comandos conocidos como **cmd** (*acrónimo de command*) y **PowerShell,** que pueden ser utilizados para obtener el histórico de instrucciones indistintamente con el comando *doskey* y su opción */history*:

```
C:\Windows\system32>doskey /history
ipconfig
ipconfig /displaydns
arp -gv
ping 192.168.1.1
net sessions
net file
doskey /history
```

Figura 6-29. Salida de la ejecución del comando *doskey /history* **en el** *cmd* **de Windows**

Sistemas GNU/Linux y MacOS

A través del comando *history* obtendrá las instrucciones enviadas al sistema a través de la terminal. Cada comando que se ejecuta en los sistemas MacOS es considerado como un evento y se le asigna un número de evento único:

```
809  nano contacts_dump_20211119135437.txt
810  cls
811  ls
812  nano akUKZMlM.html
813  firefox akUKZMlM.html
814  ls
815  zsI
816  ls
817  nano contacts_dump_20211119162944.txt
818  sudo msfconsole
819  sudo ifconfig
820  sudo msfconsole
821  exit
```

Figura 6-30. Salida de la ejecución del comando *history*

El archivo *.bash_history* almacena el historial de comandos introducidos mediante el intérprete de comandos en los sistemas GNU/Linux, donde se ubica la raíz del archivo de tipo directorio asignado a cada usuario.

Mapeo de discos y particiones

Sistemas Windows

Para realizar el mapeo de los discos del sistema, un investigador puede apoyarse en la herramienta **diskpart**, junto con su opción *list disk*:

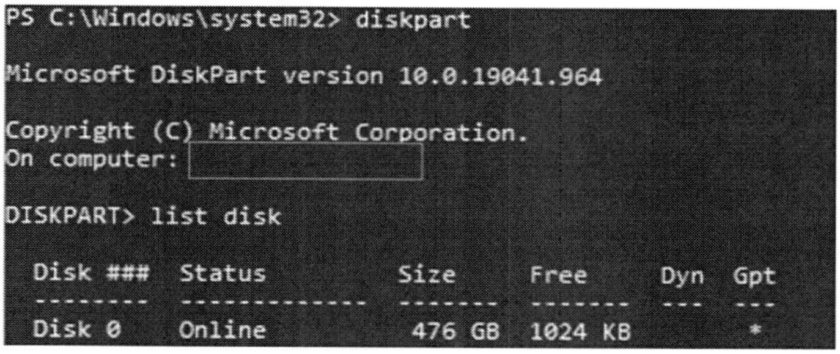

```
PS C:\Windows\system32> diskpart

Microsoft DiskPart version 10.0.19041.964

Copyright (C) Microsoft Corporation.
On computer:

DISKPART> list disk

  Disk ###  Status          Size     Free     Dyn  Gpt
  --------  -------------   -------  -------   ---  ---
  Disk 0    Online          476 GB   1024 KB         *
```

Figura 6-31. Salida de la ejecución de la herramienta diskpart y su opción *list disk*

Para el listado de las particiones que posee el disco se realiza la selección del disco y se utiliza la opción *listpartition*:

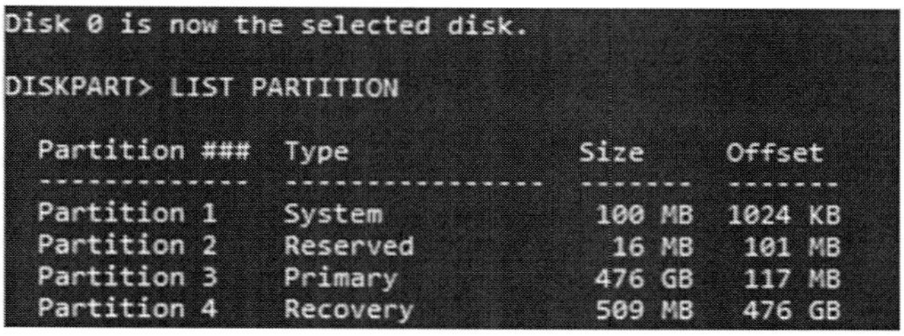

```
Disk 0 is now the selected disk.

DISKPART> LIST PARTITION

  Partition ###  Type              Size     Offset
  -------------  ----------------  -------  -------
  Partition 1    System            100 MB   1024 KB
  Partition 2    Reserved           16 MB    101 MB
  Partition 3    Primary           476 GB    117 MB
  Partition 4    Recovery          509 MB    476 GB
```

Figura 6-32. Listado de las particiones de un disco

Sistemas GNU/Linux

Para adquirir la información sobre los discos y las particiones del sistema puede utilizar los siguientes comandos:

- *df*
- *fdisk*
- *lsblk*
- *cfdisk*
- *parted*
- *sfdisk*
- *du*

```
root@ubuntu:/home/ubuntu# fdisk -l
Disk /dev/loop0: 63.24 MiB, 66301952 bytes, 129496 sectors
Units: sectors of 1 * 512 = 512 bytes
Sector size (logical/physical): 512 bytes / 512 bytes
I/O size (minimum/optimal): 512 bytes / 512 bytes


Disk /dev/loop1: 55.62 MiB, 58310656 bytes, 113888 sectors
Units: sectors of 1 * 512 = 512 bytes
Sector size (logical/physical): 512 bytes / 512 bytes
I/O size (minimum/optimal): 512 bytes / 512 bytes
```

Figura 6-33. Salida del comando *fdisk* con su opción *-l* -> listar

Sistemas MacOS

Dentro de estos sistemas, tiene la compatibilidad con los comandos *du* y *df* de los sistemas GNU/Linux, pero también existe la herramienta **diskutil** para administrar los discos y particiones en el sistema. Para obtener el registro de su información, utilizará la opción *list*, como se muestra a continuación:

```
~ » diskutil list
/dev/disk0 (internal, physical):
   #:                       TYPE NAME                    SIZE        IDENTIFIER
   0:                    GUID_partition_scheme          +500.3 GB    disk0
   1:                                EFI EFI             314.6 MB    disk0s1
   2:                     Apple_APFS Container disk1      500.0 GB    disk0s2

/dev/disk1 (synthesized):
   #:                       TYPE NAME                    SIZE        IDENTIFIER
   0:               APFS Container Scheme -              +500.0 GB    disk1
                                   Physical Store disk0s2
   1:               APFS Volume Macintosh HD — Data       34.4 GB     disk1s1
   2:               APFS Volume Preboot                   1.8 GB      disk1s2
   3:               APFS Volume Recovery                  1.1 GB      disk1s3
   4:               APFS Volume VM                        20.5 KB     disk1s4
   5:               APFS Volume Macintosh HD              8.8 GB      disk1s5
   6:               APFS Snapshot com.apple.os.update-... 8.8 GB      disk1s5s1
```

Figura 6-34. Salida de la ejecución del comando *diskutil* con su opción *list*

Recursos compartidos

Sistemas Windows

Los recursos compartidos en los sistemas *Windows* pueden ser visualizados a través del comando *net* y su opción **share**.

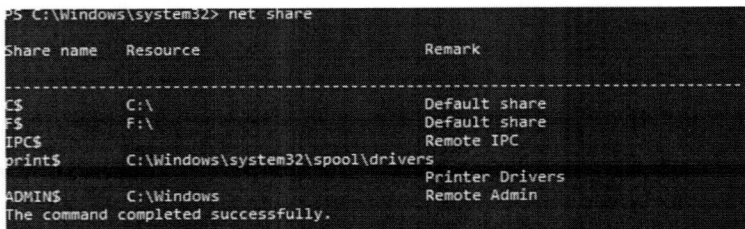

```
PS C:\Windows\system32> net share

Share name   Resource                        Remark
-------------------------------------------------------------------
C$           C:\                             Default share
F$           F:\                             Default share
IPC$                                         Remote IPC
print$       C:\Windows\system32\spool\drivers
                                             Printer Drivers
ADMIN$       C:\Windows                      Remote Admin
The command completed successfully.
```

Figura 6-35. Salida de la ejecución del comando *net* y su opción *share*

Sistemas GNU/Linux

En el caso de que el equipo se encuentre integrado en un sistema donde comparta información con sistemas Windows, hará uso del protocolo SMB (*Server Message Block*), que se utiliza para el acceso a recursos alojados en dispositivos en la misma red. El comando *smbclient* con su opción *–list* listará los recursos compartidos del sistema.

Sistemas MacOS

En estos sistemas, el comando **sharing**, junto con su opción *-l*, ofrece una lista de la información compartida con otros dispositivos en la red.

Tareas programadas

Las instrucciones que serán ejecutadas por el sistema en un momento determinado a través del cumplimiento de un horario, evento o actividad reciben el nombre de tareas programadas.

Sistemas Windows

Las tareas programadas en los sistemas Windows pueden ser visualizadas a través del comando **schtasks**:

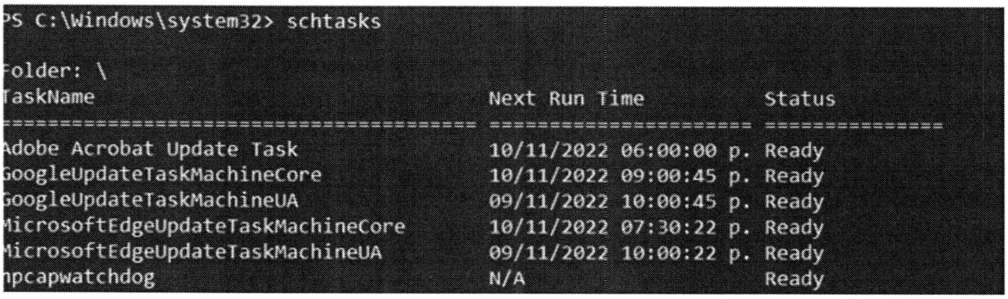

```
PS C:\Windows\system32> schtasks

Folder: \
TaskName                                      Next Run Time            Status
=============================================  ====================== ==============
Adobe Acrobat Update Task                      10/11/2022 06:00:00 p.  Ready
GoogleUpdateTaskMachineCore                    10/11/2022 09:00:45 p.  Ready
GoogleUpdateTaskMachineUA                      09/11/2022 10:00:45 p.  Ready
MicrosoftEdgeUpdateTaskMachineCore             10/11/2022 07:30:22 p.  Ready
MicrosoftEdgeUpdateTaskMachineUA               09/11/2022 10:00:22 p.  Ready
npcapwatchdog                                  N/A                     Ready
```

Figura 6-36. Salida del comando *schtasks*

Sistemas GNU/Linux y MacOS

En los sistemas GNU/Linux y MacOS existe un proceso llamado **cron** que se encarga de administrar tareas y procesos programados en el sistema una vez que se inicia en sesión en él. El comando **crontab** *-l* listará las tareas programadas en el sistema y que han sido configuradas en archivos del directorio */etc*. El uso particular de cada uno se detalla a continuación:

Archivo	Frecuencia de ejecución
cron.daily	Cada día
cron.hourly	Cada hora
cron.monthly	Cada mes
cron.weekly	Cada semana

Buenas prácticas

El riesgo de que un indicio sufra una alteración o daño es muy alto en el ámbito informático; por lo que un investigador debe realizar la adquisición de una forma muy cuidadosa pero ágil al mismo tiempo. Además de las técnicas, herramientas y comandos que han sido revisados en esta fase, el marco de trabajo EDAPREHD también estipula las siguientes buenas prácticas que complementan la adquisición de indicios:

- Obtener la firma hash del recurso obtenido.

- Uso de las herramientas o los comandos nativos de cada sistema.

- No apagar los dispositivos por medio del proceso normal pensado por el fabricante.

- Hacer uso de técnicas o herramientas de bloqueo de escritura al obtener las evidencias.

- No ejecutar programas que modifiquen los metadatos de las evidencias.

- Tener en cuenta la diferencia horaria del lugar donde se adquiere la evidencia. Indicar la zona horaria en la que han sido adquiridos los indicios.

- Respetar las regulaciones de la organización propietaria del activo o la jurisdicción local, regional y nacional del lugar donde se está llevando la investigación.

- No terminar ningún proceso hasta que se haya completado la recopilación de pruebas.

- Comprobación del contenido de cada indicio obtenido.

- Realizar una copia de cada indicio obtenido para asegurar su disponibilidad.

- Desenchufar cada dispositivo de la corriente eléctrica al terminar la adquisición.

- Retirar la batería de cada dispositivo en caso de ser posible y no intrusivo.

- Bloquear el botón de encendido/apagado para evitar que se encienda de manera accidental.

- No invadir la privacidad (analizar, visualizar u obtener) de información que no fue solicitada o estipulada en el contrato.

1- Adquisición de indicios digitales no volátiles

Una vez adquiridos los indicios digitales de naturaleza volátil, puede concentrarse en aquellos indicios que no requieren de corriente eléctrica para almacenar la información. Este tipo de adquisición que se concentra en obtener una copia exacta del contenido de un dispositivo de almacenamiento es llamado "imagen forense". La información que una imagen forense contiene es:

- Copia *bit (un bit representa la unidad mínima de información dentro de un sistema informático) a bit de la información de un dispositivo de almacenamiento.

- Copia del esquema de partición del disco (si existe) y del área sin particiones.

- Información eliminada por el usuario.

- Archivos ocultos en el sistema.

- Archivos importantes para el funcionamiento del sistema y las aplicaciones.

Algunas buenas prácticas son:

- Realizar el borrado seguro en el disco de destino de la imagen forense previamente.

- Realizar dos imágenes forenses; una de ellas ejercerá como objeto de análisis; la siguiente servirá como respaldo en caso de tener alguna incidencia con daño o sin él durante el análisis con la primera imagen forense[5].

- En todo momento de la investigación, contar con ambas copias para evitar la pérdida de indicios y/o evidencias.

- Obtener las firmas hash de cada imagen forense con dos o más algoritmos.

La creación de imágenes forenses puede realizarse a través del comando *dd* en entornos GNU/Linux o a través de una herramienta comercial como **Tableu Imager Tx1**.

---

[5] Skulkin O., Tindall, D. y Tamma, R. (2018). *Learning Android Forensics*. 2 ed. Packt.

Figura 6-37. Creación de una imagen forense. Disco duro adquirido y protegido contra la escritura a la izquierda y el disco de destino a la derecha

Firmas electrónicas de indicios

Ante la adquisición de cualquier tipo de indicios, debe obtenerse la firma hash con dos o más algoritmos fiables para proteger su integridad (capítulo 3.6).

Funciones hash en sistemas Windows

Para la obtención de la firma hash de cualquier recurso en los sistemas Windows puede utilizarse el intérprete de comandos **PowerShell** con las siguientes instrucciones:

Figura 6-38. Salida del comando de PowerShell *Get-FileHash* con diferentes algoritmos de firmas hash SHA512, MACTripleDES, SHA384 y su opción, que genera un formato de salida de tipo lista "*Format-List*"

Funciones hash en GNU/Linux y MacOS

En estos sistemas también tiene la capacidad de obtener firmas hash de cualquier recurso, puede utilizar los comandos *SHA512SUM, SHA384SUM, SHA256, SHA1SUM* y *MD5SUM*.

```
root@ubuntu:/home/ubuntu# sha512sum nohup.out
cf83e1357eefb8bdf1542850d66d8007d620e4050b5715dc83f4a921d36ce9ce47d0d13c5d85f2b0ff8318d2877eec2f6
3b931bd47417a81a538327af927da3e  nohup.out
root@ubuntu:/home/ubuntu# sha384sum nohup.out
38b060a751ac96384cd9327eb1b1e36a21fdb71114be07434c0cc7bf63f6e1da274edebfe76f65fbd51ad2f14898b95b
 nohup.out
root@ubuntu:/home/ubuntu# sha256sum nohup.out
e3b0c44298fc1c149afbf4c8996fb92427ae41e4649b934ca495991b7852b855  nohup.out
```

Figura 6-39. Obtención de firma hash del recurso *nohup.out* con los algoritmos *SHA512*, *SHA384* y *SHA256* en entornos GNU/Linux

Dispositivos de telefonía móvil

El método de adquisición de indicios contenidos en un dispositivo móvil se decide según el sistema operativo, el fabricante, el modelo y la gama del dispositivo y su estado; encendido o apagado. Debido a estos factores, se determinan dos tipos de método para la adquisición de indicios en un dispositivo de telefonía móvil:

Adquisición física. Se refiere a la adquisición del dispositivo que se encuentra en la escena del delito y con indicios de suma importancia para la investigación. Los pasos a seguir en este tipo de adquisición son:

- Etiquetar el dispositivo con un identificador único que sugiera el origen o pertenencia a un aspecto específico, facilitando las tareas del investigador u organización que realiza la adquisición de indicios.

- Captura fotográfica del dispositivo con la etiqueta asignada en el paso anterior.

- Documentar la información general de un dispositivo que potencialmente contenga indicios y evidencias para la investigación.

En caso de que el dispositivo se encuentre encendido, puede iniciar la adquisición lógica y posteriormente realizar la adquisición física.

La adquisición lógica. Este proceso hace referencia a la extracción de indicios y capas de información en la composición del sistema operativo, ya sea información volátil (cuando el dispositivo se encuentre encendido) o no volátil. Los artefactos que pueden ofrecerle indicios relevantes para una investigación son:

- Datos generales del dispositivo (IMEI, MAC, versión, modelo, número de compilación, entre otros)

- Registro de llamadas

- Mensajes de texto

- Listado e información de contactos

- Información de imágenes en el dispositivo (fotos, descargas, recibidas, capturas)

- Recursos de audio

- Información de contenido audiovisual

- Mensajes multimedia

- Registro de geolocalización

- Información de actividad en internet (historial, ubicación, cookies, entre otros)

- Información corporativa (si aplica)

- Información de las aplicaciones instaladas

- Información de las redes sociales

- Se debe obtener la firma hash de cada artefacto obtenido.

- La adquisición lógica de dispositivos móviles puede realizarse a través de herramientas comerciales como **Cellebrite**.

Proceso de etiquetado de indicios

Cada dispositivo que se encuentre en la escena del delito debe ser etiquetado con el fin de ser identificado fácilmente por un investigador. Estas etiquetas pueden ser adheribles para los indicios físicos y etiquetas lógicas para artefactos que han sido obtenidos debido a la interacción con el sistema. A continuación, conocerá la estructura de cada tipo de etiquetas:

Etiquetado de indicios físicos

Para realizar el etiquetado de los indicios físicos que se encuentren en la escena del delito, se propone la siguiente estructura:

NombreCortoCliente-CasoNo-IDIndicioFísico-TipoDispositivo-NúmeroDispositivo

NombreCortoCliente: hace referencia a un identificador del cliente. Ejemplo: nombre de cliente: EmpresaACME, identificador: ACME.

CasoNo: este dato hace referencia al número de caso al que pertenece el indicio para ser localizado fácilmente por el investigador.

IDIndicioFísico: este elemento hace referencia a la etiqueta asignada en la fase previa (documentación de la escena del delito).

TipoDispositivo: es un identificador asociado al tipo de dispositivo, que es, por ejemplo: LPTP – Laptop, TELMOV – Teléfono móvil, Tablet – TBLT, entre otros. Es de gran ayuda durante el traslado e identificación de los indicios.

NúmeroDispositivo: se encuentra asociado al número de dispositivos del mismo tipo o similares encontrados en la escena del delito.

Figura 6-40. Ejemplo de una etiqueta física

Etiquetado de indicios lógicos

Se refiere al proceso de asignar una etiqueta lógica a indicios obtenidos a través de la interacción con el sistema operativo o creación de una imagen forense. Se propone el siguiente formato para el etiquetado de este tipo de indicios:

NombreCortoCliente-CasoNo-DispositivoFuente-IDIndicioFísico-NúmeroIndicio-FechayHora

NombreCortoCliente: hace referencia a un identificador del cliente. Ejemplo: nombre de cliente: EmpresaACME, identificador: ACME.

CasoNo: este dato hace referencia al número de caso al que pertenece el indicio para ser localizado fácilmente por el investigador.

DispositivoFuente: es un nombre referente al tipo de dispositivo que es. Se crea con el fin de dar a conocer a los actores dentro de los procesos de traslado y almacenamiento. Los cuidados que deben tener con el contenido de los indicios, por ejemplo: LPTP – Laptop, TELMOV – Teléfono móvil, Tablet – TBLT, entre otros.

IDIndicioFísico: este elemento hace referencia a la etiqueta asignada a la fase previa (documentación de la escena del delito).

NúmeroIndicio: es asociado al número de componentes de una sola evidencia o indicio, por ejemplo, fragmentos de una imagen forense o el registro de actividad de una aplicación repartida en diversos archivos.

FechayHora: se refiere a la fecha de adquisición.

```
C:\Users\Luis.Torres\Documents\Luis\Herramientas\PSTools>pslist.exe > "C:\Users\Luis.Torres\Documents\Luis\Herramientas\NombreCorto
Cliente-395-LPTP-ProcesosEnEjecucion-1-%date:~-4,4%%date:~-10,2%%date:~-7,2%_%time:~0,2%%time:~3,2%%time:~6,2%.txt

PsList v1.4 - Process information lister
Copyright (C) 2000-2016 Mark Russinovich
Sysinternals - www.sysinternals.com
```

```
ubuntu@ubuntu:/media/ubuntu/ESD-USB/evidencias$ last > /media/ubuntu/ESD-USB/evidencia
s/NombreCortoCliente-395-LPTP-06-8-$(date +"%FT%H.%M.%S")hrs.txt
ubuntu@ubuntu:/media/ubuntu/ESD-USB/evidencias$ ls
NombreCortoCliente-395-LPTP-06-8-2022-11-13T16.22.09hrs.txt
```

El etiquetado de indicios lógicos se lleva a cabo en el momento de adquisición de cada indicio. Se muestran ejemplos en los sistemas Windows y GNU/Linux.

Robustecimiento de la cadena de custodia

La información obtenida en esta fase debe ser documentada para fortalecer la cadena de custodia con los indicios que se han adquirido. La información que debe ser documentada es la siguiente:

- Fecha y hora de adquisición.
- Ubicación geográfica donde fueron adquiridos los indicios.
- Nombre del solicitante.
- Nombre del investigador que realiza las actividades.
- Método de adquisición.
- Estado en el que se encuentra la evidencia.
- Descripción del indicio, dispositivo o recurso.
- Identificador del indicio.

Con todas las especificaciones de esta fase, se ha creado el siguiente diagrama de flujo que describe todas las actividades que se realizan en ella:

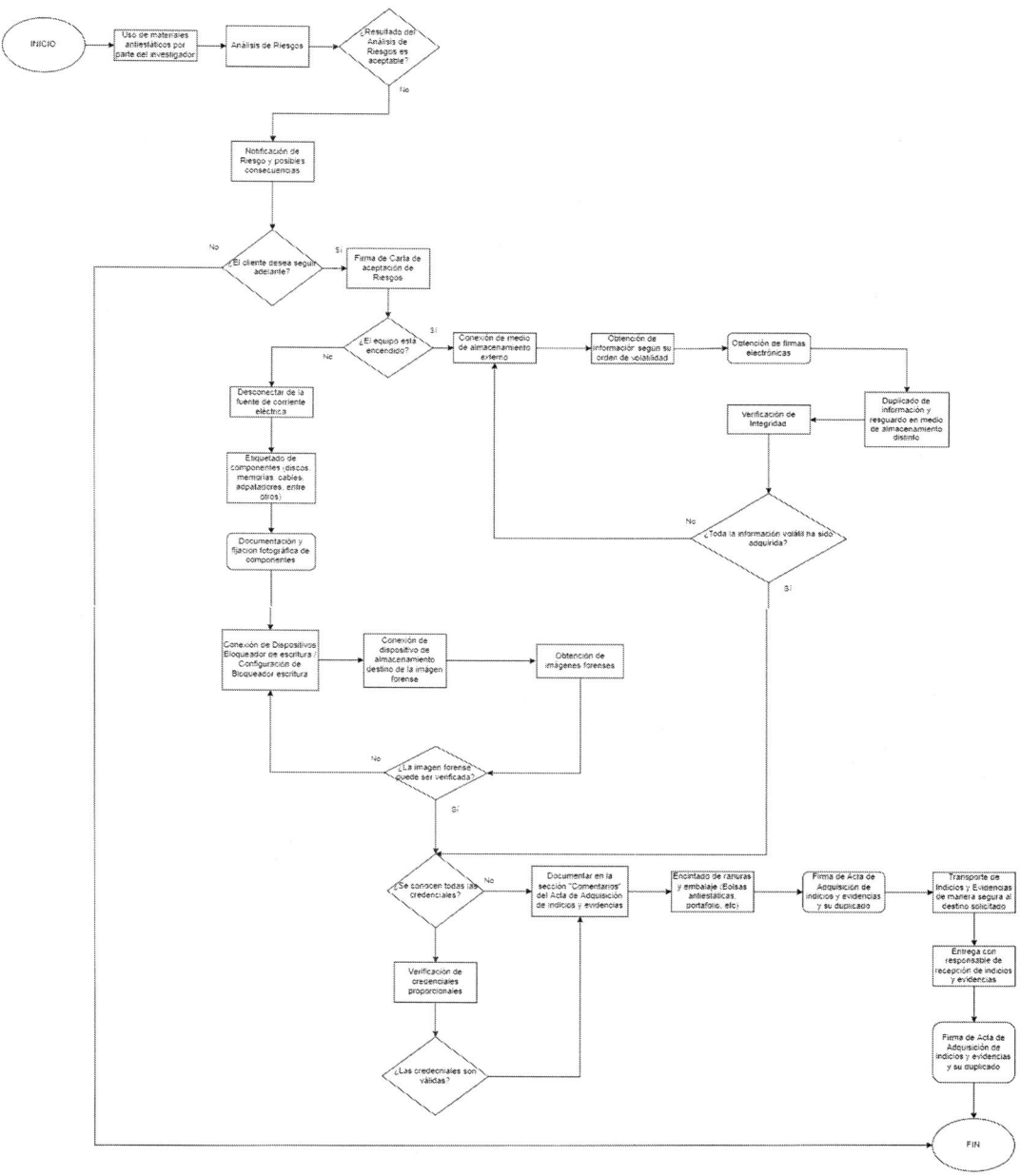

Figura 6-41. Diagrama de flujo de la fase de Adquisición de indicios

A continuación, se muestra una parte del contenido del Acta de Adquisición de indicios correspondiente a esta fase:

☐ **Herramienta 1**	☐ Herramienta 2	☐ Otro:
Hardware de adquisición		
☐ Herramienta 1	☐ Herramienta 2	☐ Herramienta 3
☐ Herramienta 1	☐ Herramienta 2	☐ Otro:
Número de copias obtenidas:		

Capacidad del disco:		Tamaño de la imagen:	
_____	GB	_____	GB
_____	TB	_____	TB
_____	OTRO	_____	OTRO

Verificación de imagen forense:	☐ SÍ	☐ No – razón:
Errores:		
Uso de bolsas antiestáticas:	☐ SÍ	☐ No – razón:

FIRMAS ELECTRÓNICAS		
Evidencia:	Etiqueta:	Firma electrónica:
UnidadFísica:\Nom breArchivo.extensi on		Algortimo1:
		Firma
		Algoritmo 2:
		Firma
Evidencia:	Etiqueta:	Firma electrónica:
UnidadFísica:\Nom breArchivo.extensi on		Algortimo1:
		Firma
		Algoritmo 2:
		Firma

Hora:		Fecha:			
Lugar:					
Oficial de recolección / Investigador:					
TIPO DE INDICIO					
Dispositivo	☐	Archivos log	☐	Correo electrónico	☐
Documentación Legal	☐	Aplicación móvil	☐	Archivo malicioso	☐
Documentación Técnica	☐	Dispositivo Extraíble	☐	Registros de BD	☐
Documentación de usuarios	☐	Archivos multimedia	☐	Dispositivo Móvil	☐
Otro ☐ Especifique:					
TIPO DE DISPOSITIVO (Si aplica)					
Laptop ☐		Servidor	☐	Dispositivo Móvil	☐
Tablet ☐		Dispositivo de Red	☐	Dispositivo Extraíble	☐
VDR ☐		CD/DVD	☐		
Otro ☐ Especifique:					
CARACTERÍSTICAS DEL DISPOSITIVO (Si aplica)					
Estado del dispositivo:	Encendido ☐	Apagado ☐		Sesión iniciada	☐
Otro ☐					

Figura 6-42. Acta de Adquisición propuesta en el marco de trabajo EDAPREHD

6.5 FASE 4: PRESERVACIÓN Y TRASLADO DE LOS INDICIOS

La preservación de un indicio se detalla en esta fase del marco de trabajo EDAPREHD, en el que se prioriza mantener la validez y fiabilidad de los indicios obtenidos durante la adquisición. Dentro de las actividades de esta fase tendrá la protección, preparación y documentación de los indicios e identificadores de cada indicio para su transporte hacia el lugar donde serán analizados.

Basándose en el estándar *ISO/IEC 27035-2 (2016)*, la protección de la integridad de las evidencias adquiridas es primordial; por lo que deben evitarse modificaciones intencionales, accidentales o derivadas de una exposición a campos magnéticos o eléctricos, la conectividad con redes inalámbricas, pérdida de datos y desgaste.

Primero, entonces, se deben conocer los requerimientos para que todo indicio y evidencia sea catalogada como fiable. En la norma *UNE 71505:2013* se estipulan tres elementos esenciales:

- **Autenticación e integridad.** El aseguramiento de estos atributos garantizará que cada indicio y evidencia son los que dicen ser, y que no han sido alterados desde su almacenamiento en la escena del delito, así como en el momento de ser enviados y posteriormente almacenados.

- **Disponibilidad y completitud.** La disponibilidad hace referencia a la localización, presentación e interpretación de los indicios y evidencias recolectadas. La completitud indica que todo indicio y toda evidencia disponibles poseen la facultad de responder a las características que se mencionan en el Acta de Adquisición de indicios sin requerir información adicional.

- **Cumplimiento y gestión.** Este atributo detalla los procesos y normas con la que ha sido protegida la integridad y la disponibilidad de los indicios y evidencias.

A través de las especificaciones del estándar *ISO/IEC 27035-2 (2016)* y de la norma *UNE 71505:2013* se detallan los procedimientos que apoyarán su cumplimiento:

Embalaje

El embalaje es el proceso de protección, recubrimiento, agrupación y preparación de los indicios obtenidos en la fase de adquisición para su transporte y almacenamiento. Para realizar correctamente el proceso de embalaje se deben utilizar materiales **antiestáticos** y resistentes para brindar un aislamiento de los indicios hacia el ambiente y los agentes externos que pudieran influir en su integridad. Algunos materiales que pueden ser utilizados son:

Bolsa antiestática

Es un recubrimiento que ofrece protección a dispositivos debido a que se compone de material resistente a ondas de **radiofrecuencia** para evitar cualquier tipo de interacción desde el dispositivo y hacia él (redes móviles, redes de datos, campos magnéticos, bluetooth u otra conexión) que represente un riesgo para la integridad de los indicios que contiene. Se recomienda a los investigadores considerar el uso de baterías externas para los dispositivos que son embalados con este tipo de materiales, ya que su uso puede aumentar el consumo de energía.

Maletín de material resistente

Es un compartimiento portátil fabricado con materiales resistentes a los golpes y movimientos bruscos del exterior con el objetivo de proteger la integridad y permitir el análisis de los indicios y dispositivos recolectados en la fase de adquisición.

Deben reproducirse las etiquetas físicas y lógicas obtenidas en la fase de adquisición y colocarse en el embalaje correspondiente al indicio especificado.

Traslado de los indicios

Para el traslado de los indicios adquiridos se debe crear un **Acta de Traslado, entrega y recepción de indicios**, cuyo contenido será la relación entre las etiquetas físicas de los paquetes y su contenido. El Acta de Traslado, entrega y recepción de indicios deberá contener los siguientes apartados:

- Datos generales del investigador que trasladará los indicios.

- Descripción del procedimiento de traslado.

- Fecha y hora de recolección de los paquetes.

- Medio de traslado.

- Identificador del medio de traslado.

- Tiempo total de traslado.

- Fecha y hora de entrega de los indicios.

- Nombre y firma del investigador que recibirá la evidencia.

Este documento deberá ser revisado, validado y firmado tanto por el investigador como por los propietarios de la información y los dispositivos a ser trasladados.

En el caso de que las etiquetas o paquetes presenten inconsistencias, el proceso puede suspenderse debido a que la cadena de custodia puede haber sido dañada, lo cual invalida la investigación.

En el proceso de traslado de indicios pueden existir dos escenarios:

1- El investigador que ha adquirido los indicios es el mismo que traslada la evidencia. En esta circunstancia, se deberán seguir los siguientes pasos:

    a. Embalaje de indicios.

    b. Asignación de etiquetas físicas a cada paquete.

    c. Llenado de actas de preservación y traslado, así como el Acta de Entrega y recepción de indicios.

    d. Firma de involucrados en el traslado.

    e. Traslado de indicios.

    f. Validación y entrega de los indicios transportados.

    g. Firma de entrega y recepción del acta por los involucrados.

    h. Almacenamiento de los paquetes en un sitio seguro, adecuado y pensado exclusivamente para el almacenamiento de los indicios.

2- El investigador que ha adquirido los indicios hace su entrega al personal que se encargará de su traslado, quien deberá realizar los siguientes pasos:

    a. Comprobación de integridad, embalado y relación de etiquetado de los indicios.

    b. Firma de los involucrados en el traslado de indicios.

    c. Traslado de los indicios.

d. Firma de los involucrados en la recepción de los indicios.

e. Validación y entrega de los indicios transportados.

f. Firma del acta por parte de los involucrados.

g. Almacenamiento de los paquetes en un sitio seguro, adecuado y pensado exclusivamente para el almacenamiento de los indicios por parte del receptor.

Para el investigador encargado del trasporte de los indicios existen buenas prácticas que ofrecerán un mejor cuidado de en sus actividades. A continuación, se listan algunas:

- Mantener la evidencia electrónica alejada de fuentes magnéticas (imanes, emisores de radiofrecuencias, calor, entre otros).

- No transportar la evidencia por tiempos prolongados adicionales a los requeridos del punto de recolección hasta el punto de entrega, ya que las condiciones ambientales (temperaturas altas o bajas, humedad, calor) pueden dañar la evidencia.

- Fijar los paquetes durante el tiempo de traslado para evitar golpes y vibraciones excesivas.

- Limitar el acceso a los paquetes por personas ajenas a la investigación durante el traslado.

En el último tramo de la fase de preservación y traslado de indicios, sin importar si el investigador que adquiere los indicios es el mismo que los transporta o no, cuando el traslado se ha completado los paquetes deben ser almacenados en un sitio seguro, adecuado y pensado exclusivamente para dicho fin; para ello, seguirá las directrices del estándar *ISO/IEC 27040:2105*.

Estándar *ISO/IEC 27040:2105*

Esta norma detalla los procesos y condiciones para el almacenamiento seguro de información digital, administración, protección, minimización de los riesgos de daño y potencialización de su fiabilidad y disponibilidad. Para el cumplimiento de estas directrices debe asignarse un espacio exclusivo y con controles de seguridad estrictos para preservar intactos los indicios hasta la fase de análisis.

Cuando los indicios son recibidos para su almacenamiento y resguardo se tiene la necesidad de generar un Acta de Recepción y almacenamiento de evidencias, la cual deberá tener la siguiente información para un mantenimiento correcto de la cadena de custodia:

- Fecha y hora de recepción.

- Ubicación geográfica.

- Nombre y firma del investigador que trasladó los indicios.

- Listado de evidencias a recibir.

- Formato de recolección.

- Formato de traslado.

- Nombre y firma del investigador que recibe los indicios.

- Estado en la que se encuentran los indicios.

- Captura fotográfica del contenido de cada paquete.

- Descripción de cada evidencia.

- Corroboración de las etiquetas de evidencias.

- Propósito (almacenamiento, análisis, ambas).

Con la información descrita anteriormente puede construir el siguiente diagrama de flujo, con su formato correspondiente, el cual refleja las actividades de esta fase:

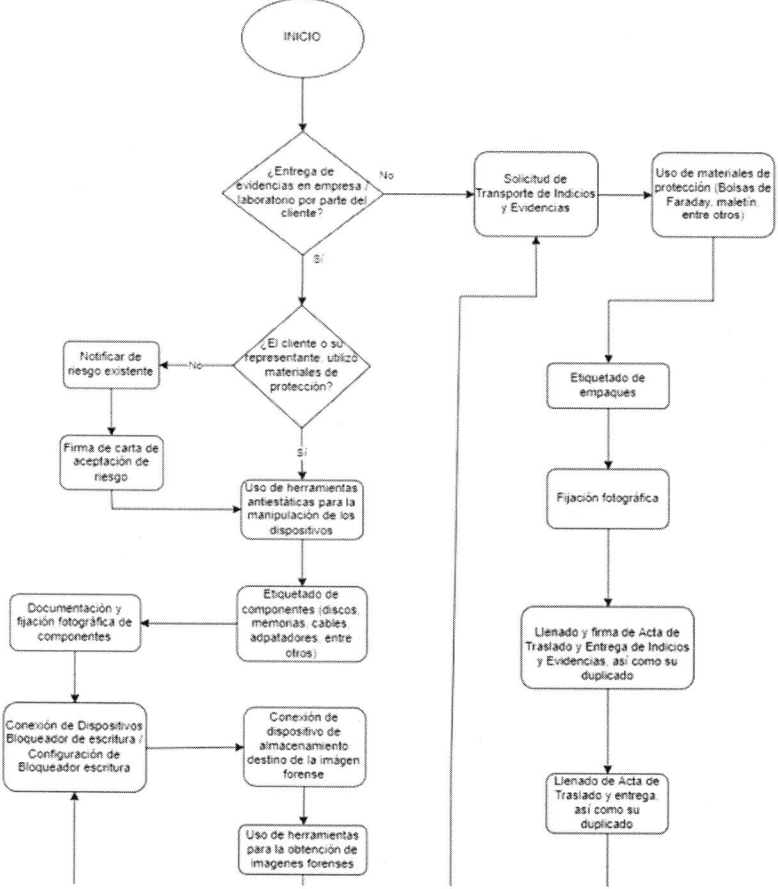

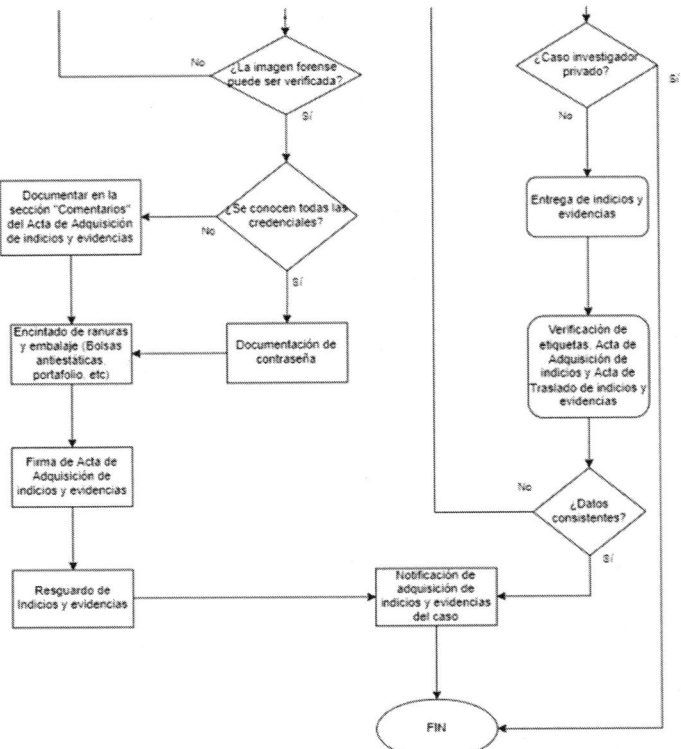

Figura 6-43. Diagrama de flujo de la fase de Preservación y traslado de indicios

A continuación, se muestra una parte del contenido del Acta de Preservación y traslado de indicios correspondiente a esta fase:

A través de la presente **Acta de Traslado, Entrega y Recepción de Indicios**, la/el(la) **EMPRESA ANALISTA** se hace constar que se realizará el traslado de los recursos físicos y lógicos que han sido recolectados y descritos en el *"Acta de Adquisición de Indicios"*, mismos que son propiedad de la/el **EMPRESA X/PARTICULAR**.

¿El investigador encargado de la adquisición será quien traslade los indicios?

☐ Sí. (Llenar a partir de la sección 2)
☐ No. (Llenar a partir de la sección 1)

Sección 1.

Información del origen de indicios		
Nombre del Investigador encargado de Adquisición y Embalaje de indicios:		
Nombre del Investigador encargado del traslado:		
Fecha:		Hora:
Dirección:		
Correo del investigador:		
Identificador del investigador:		
Destino:		

Sección 2.

Los recursos informáticos serán trasladados con el objetivo de reducir el riesgo de alterar su autenticidad, completitud, integridad y confiabilidad, haciendo uso de un maletín especializado para el traslado de indicios digitales y dispositivos electrónicos. Estas actividades, se llevarán a través de los siguientes medios:

☐ Carro particular

Fabricante:	
Modelo:	
Año:	
Placas:	

☐ Vuelo

Número de vuelo:	
Origen:	
Horario de salida:	
Destino:	
Horario de llegada:	

Figura 6-44. Partes del Acta de Preservación y traslado de evidencias

directrices de los estándares ISO/IEC 27035-2 (2016) e ISO/IEC 27040:2105 especificadas en la metodología EDAPREHD. Los recursos informáticos han sido obtenidos sin alterar su autenticidad, completitud, integridad y confiabilidad.

FIRMAS ELECTRÓNICAS		
Evidencia: **TipoDeDispositivo**	Etiqueta:	Firma electrónica: Algoritmo1: Firma Algoritmo 2: Firma
Evidencia: **UnidadFísica:\Nom breArchivo.extensi on**	Etiqueta:	Firma electrónica: Algoritmo1: Firma Algoritmo 2: Firma

Firmas	
Fecha:	
Hora:	
Lugar:	

Figura 6-45. Parte del contenido del Acta de Recepción de indicios

6.6 FASE 5: ANÁLISIS DE LOS INDICIOS Y EXTRACCIÓN DE LAS EVIDENCIAS

Esta fase medular del marco de trabajo EDAPREHD define la priorización en el análisis de los indicios, el uso de guías, normas y estándares internacionales para la obtención de evidencias a partir del uso de herramientas y comandos especializados en la protección de la integridad de cada recurso. Durante el proceso del análisis de los indicios también se realizará la comprobación o refutación de las premisas propuestas en la fase de estudio.

6.6.1 ESTÁNDARES INTERNACIONALES

Los estándares internacionales que proporcionan validez y respaldo a esta fase del marco de trabajo EDAPREHD son los siguientes:

UNE 71506:2013

Esta norma tiene como objetivo la definición del proceso de análisis de los indicios informáticos, además de un ciclo de gestión de evidencias informáticas, definiciones y abreviaturas que complementan su versión previa, *UNE 71505*. La norma *UNE 71506:2013* cuenta con los siguientes tres anexos:

- Anexo 1: modelo de un informe pericial.

- Anexo 2: competencias técnicas, profesionales y aptitudes del personal involucrado durante el proceso de una investigación en informática forense.

- Anexo 3: uso de herramientas (software y hardware) reconocidas por la comunidad forense internacional para realizar el análisis forense de los indicios informáticos.

ISO/IEC 27042:2015

En este estándar se indican procesos analíticos y técnicos en la selección y registro de hallazgos que puedan ser reproducibles en cualquier instancia que lo requiera, con la finalidad de ofrecer continuidad, validez, reproducibilidad y repetitividad. Además, menciona la necesidad de demostrar la competencia del equipo de investigación y la justificación en la selección del método de investigación, su validez ante otros métodos o marcos de referencia. Por último, propone a cada investigador la creación de nuevos métodos para la examinación de indicios digitales que no se hayan considerado previamente. Cada método debe ser argumentado para demostrar que es "adecuado para el propósito", ya que la aplicación de un método particular puede influir en la interpretación de cada indicio analizado bajo su proceso[6].

NMX-I-289-NYCE-2016

Esta norma mexicana establece una metodología para la realización y evaluación de las actividades del informático forense en equipos informático incluyendo de forma enunciativa, mas no limitativa, a todo aquel equipo que procese, almacene y/o transmite información y homogeniza los criterios y actividades relacionadas con el proceso forense y el análisis de la evidencia digital que se desarrolla en el país. El campo de aplicación de esta norma se encuentra en las personas u organizaciones que realicen actividades informáticas forenses en general en el territorio mexicano[7].

NIST SP 800-86

Esta guía para la integración de técnicas forenses en la respuesta a incidentes desarrollada por el NIST emite recomendaciones concentradas en los investigadores que analizan los indicios digitales a través de métodos y técnicas para obtener información que esclarezcan las incógnitas establecidas al inicio de la investigación. Las recomendaciones más destacadas son las siguientes:

a. El análisis debe realizarse únicamente en las copias de los indicios originales. La primera copia exacta obtenida durante la fase de adquisición es conocida como "copia maestra", mientras que las siguientes copias donde se llevará a cabo el análisis reciben el nombre de "copia de trabajo".

b. Validar la fidelidad y autenticidad de cada evidencia obtenida con la mayor cantidad de fuentes adicionales que comprueben los resultados.

---

[6] Organización Internacional de Normalización (2015). *27042:2015, Information technology — Security techniques — Guidelines for the analysis and interpretation of digital evidence.* 1 ed. ISO.
[7] Normalización y Certificación Electrónica (2016). *NMX-I-289-NYCE-2016.* 1 ed. NYCE.

c. Los analistas deben confiar en el número mágico de los indicios que analiza, no en las extensiones que poseen, esto facilitará la identificación real de los recursos que los integra.

d. Determinar la identidad de un atacante suele requerir mucho tiempo, es difícil de lograr y en algunos escenarios no puede determinarse. En cambio, el análisis de los indicios puede arrojar evidencia del control de algún recurso (sistema, servicio, dispositivo, cuenta, entre otros) por el atacante que permita anticipar una actividad maliciosa o evitarla, y se convierta así en una prioridad durante el análisis. Esclarecer la identidad y la intención de un atacante puede ser importante, especialmente si se lleva a cabo una investigación criminal, pero deben priorizarse los objetivos más importantes.

e. Las organizaciones y solicitantes deben ser conscientes de la complejidad técnica y estratégica de una investigación en informática forense. Un solo incidente de ciberseguridad puede generar una gran cantidad de registros en numerosas fuentes de datos diferentes y producir más información de la que los analistas pueden revisar. Deben establecerse tiempos reales para el análisis de cada indicio que se notifiquen al solicitante.

f. Los analistas deben relacionar las evidencias obtenidas. Aunar las evidencias obtenidas tras el análisis de cada indicio puede ayudar a determinar las actividades maliciosas tras un incidente de ciberseguridad y permitir la reconstrucción de los eventos que lo generaron.

Además de seguir las directrices de la norma *UNE 71506:2013*, el estándar *ISO/IEC 27042:2015* y la guía de trabajo del *NIST SP 800-86*, se añaden una serie de actividades para fortalecer esta fase del marco de trabajo EDAPREHD:

- Comprobar que los indicios a analizar se encuentren dentro de las competencias del entorno de investigación.

- Corroborar el estado y seguimiento de la cadena de custodia de las evidencias previamente a su análisis.

- En caso de ser requerido, solicitar las autorizaciones pertinentes para realizar el análisis según las legislaciones vigentes.

- Establecer una priorización de análisis de indicios según su posible relevancia o la información que pueda ofrecer.

- Para el caso donde sean requeridos y/o hallados nuevos indicios que no hayan sido considerados al inicio de la investigación, deberá establecerse un proceso adicional de adquisición, proceso y traslado que cumpla con una trazabilidad. Se deben especificar y documentar el impacto en el tiempo, el coste o la complejidad que representa esta acción.

- Todos los procesos y actividades deben ser realizados de manera metódica, auditable, repetible y defendible.

Debido a que un incidente de ciberseguridad pudo materializarse aprovechando diferentes brechas de seguridad, a través de vectores de ataque en contra de la infraestructura tecnológica (capítulo 1.2), un investigador independiente u organización especializada en servicios de análisis forense en materia de informática deberá determinar el nivel de prioridad que representa el análisis de cada indicio que haya dejado la actividad maliciosa (por ejemplo, en un vector de ataque de tipo phishing debe analizarse el correo electrónico en busca de indicios relacionados con un acceso no autorizado, antes que la búsqueda de malware en el dispositivo donde se tiene acceso).

Para detallar un proceso que priorice de una manera adecuada y pertinente el análisis de los indicios que puedan sufragar la mayoría de los cuestionamientos alrededor de un incidente de ciberseguridad, y así reducir los tiempos de respuesta y costes que conlleva, se establece el siguiente procedimiento para la priorización de análisis:

Potencial. Es la probabilidad de que los indicios puedan contener evidencias relevantes para la investigación. Se propone asignar los valores a la hipotética evidencia de la siguiente manera:

Potencial	Valoración	Probabilidad de relación con un incidente de ciberseguridad
Crítico	100	Muy probable
Alto	80	Altamente probable
Medio	60	Probable
Bajo	40	Poco probable

Tabla 6-3. Detalle del potencial generado por la hipotética evidencia contenida en un indicio dentro de una investigación

Impacto. Es el valor simbólico asignado a la evidencia potencial que puede contener un indicio para dilucidar así las cuestiones más relevantes asociadas a un incidente de ciberseguridad. Se propone asignar los siguientes valores:

Impacto	Puntaje	Descripción
Crítico	100	La evidencia potencial puede esclarecer una o más cuestiones importantes en la investigación.
Alto	80	La evidencia potencial esclarece algunas preguntas relevantes en la investigación.
Medio	60	No se tuvo acceso a la información crítica, pero hubo indicios en la disponibilidad de los servicios.
Bajo	40	No se tuvo acceso a la información, los procesos o los servicios críticos para el negocio.

Tabla 6-4. Detalle del impacto de una potencial evidencia contenida en los indicios dentro de una investigación

Una vez definido el potencial e impacto de cada indicio en la investigación, puede obtener un nivel de prioridad que determinará el orden en el que serán analizados:

$$Nivel\ de\ prioridad = \frac{(Potencial * 50) + (Impacto * 50)}{100}$$

Una vez obtenido el nivel de prioridad, puede compararlo con la siguiente tabla, que le brindará una prioridad de atención a cada resultado obtenido:

Puntuación	Nivel de prioridad	Descripción
91 - 100	Inmediata	La hipotética evidencia que existe en el indicio puede significar un hallazgo relevante y determinante en la investigación.
71 - 90	Urgente	El análisis del indicio puede arrojar evidencia que ayude a la implementación de medidas administrativas o mejoras en los sistemas afectados.
50 - 70	Alta	El análisis del indicio servirá como punto de inicio para la implementación de mejoras en la infraestructura tecnológica.
0 - 40	Media	El análisis del indicio ayudará en la mejora de la administración de la infraestructura tecnológica.

Tabla 6-5. Detalle del nivel de prioridad al analizar un indicio.

Con el nivel de prioridad obtenido puede realizar una matriz de prioridad que muestre gráficamente el posicionamiento requerido para cada indicio a analizar:

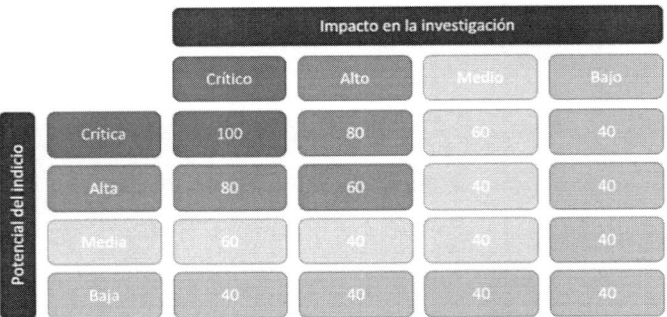

Figura 6-46. Matriz de prioridad del análisis de priorización de un análisis forense digital

Herramientas

Las herramientas utilizadas durante el análisis deben ser detalladas minuciosamente a través de la siguiente información:

- Nombre de la herramienta
- Versión
- Uso u objetivo

Análisis de los indicios y extracción de las evidencias

Una vez determinada la prioridad de análisis para cada indicio, se debe iniciar con los recursos adquiridos en la escena del delito. Cada campo del siguiente apartado analizará la información volátil, y posteriormente la información no volátil, de cada sistema operativo que se ha incluido dentro del alcance del presente escrito (Windows, GNU/Linux y MacOS), además de aquellos destinados a los dispositivos móviles (Android y iOS).

6.6.2 ANÁLISIS DE ENTORNOS WINDOWS

El proceso de análisis de indicios en Windows que se describe a continuación será compatible con cada versión del sistema operativo desde su versión 10.

Análisis de información volátil

Durante el análisis de un volcado de memoria RAM que se realizó en la fase de adquisición, podrá obtener indicios de suma importancia en una investigación (procesos activos, archivos en uso, puertos activos, registros utilizados, dispositivos conectados, archivos ejecutables, usuarios, contraseñas, entre otros). Para realizar el análisis se puede utilizar la herramienta **Volatility** (<https://www.volatilityfoundation.org/>), de manera independiente, o aprovechar su parte gráfica en **Volatility Workbench** (<https://www.osforensics.com/tools/volatility-workbench.html>):

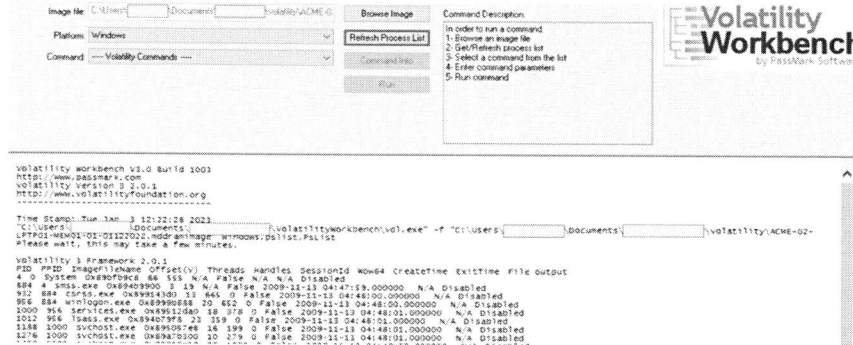

Figura 6-47. Obtención de procesos desde un volcado de memoria con Volatility

El menú desplegable *"Command"* contiene instrucciones definidas previamente para favorecer la obtención de indicios contenidos en el volcado de memoria.

A continuación, se muestra el análisis hacia los indicios de naturaleza volátil a través de comandos nativos del sistema Windows para simplificar la protección y el cumplimiento de la cadena de custodia:

Análisis de la información general del sistema

Este análisis proporcionará algunos detalles relacionados con el sistema operativo, que pueden ser relevantes en la investigación, como: ubicación, identificador único, correos asociados, tiempo de actividad, fecha de instalación, actualizaciones instaladas, entre otros.

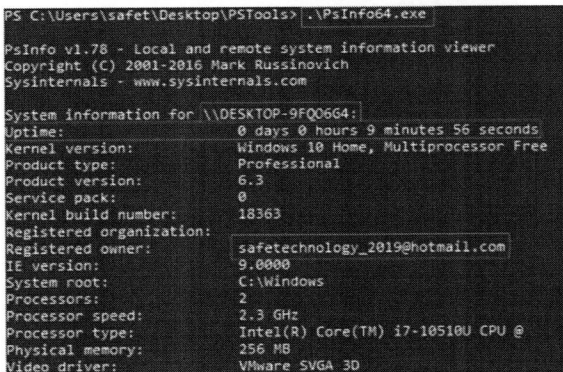

Figura 6-48. Obtención de evidencias sobre aspectos del sistema operativo a través de los comandos *systeminfo* y PsInfo64

Análisis de la red

El análisis sobre estos indicios puede arrojar evidencias sobre los atributos de red que posee un dispositivo en el momento de la adquisición, y que pueden convertirse en evidencia de una relación con el incidente que se investiga. Utilizará los siguientes comandos para obtener estos datos:

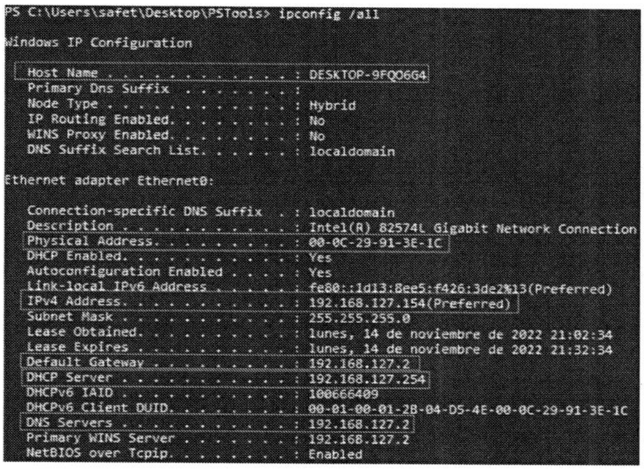

Figura 6-49. Obtención de evidencias a través del análisis de indicios de red con los comandos *ipconfig /all* -> listado de todas las interfaces disponibles, y *arp -a* -> muestra las conexiones activas

Análisis de los procesos en ejecución

El análisis de los procesos dentro del sistema puede indicar las tareas que se ejecutaban en el equipo durante el proceso de adquisición. Dependiendo de la configuración del sistema, puede determinar si algunos procesos son habituales para el funcionamiento o pueden estar relacionados con actividades maliciosas en el sistema.

Debido a la importancia de los procesos en los sistemas Windows, a continuación se listan algunos de sus procesos más críticos:

Proceso	Descripción
System	Proceso responsable de gestionar las tareas del sistema, de la comunicación con el hardware y el kernel del equipo para su uso.
Windows Logon Application (winlogon.exe)	Es el proceso responsable de realizar los cambios del sistema, desde un usuario, registro, evento, para mostrar los cambios en el reinicio del equipo o cierre de sesión.
Windows Session Manager (smss.exe)	Es el proceso responsable de crear la memoria virtual del sistema, además de iniciar procesos esenciales para el arranque, como *winlogon.exe* y *csrss.exe*.
Windows Startup Application (wininit.exe)	Es uno de los primeros procesos que se ejecutan al inicializar el sistema operativo y el último cuando se apaga, debido a que una de sus tareas es asegurarse de que los demás procesos terminen correctamente. También se encarga de iniciar otros procesos importantes como *lsass.exe* o *lsm.exe*.

Client Server Runtime Process (csrss.exe)	Es el proceso responsable de controlar procesos en segundo plano, entre los más importantes puede encontrar el proceso *conhost.exe*, responsable de abrir *cmd*.
Windows Explorer (explorer.exe)	El proceso que se encarga de gestionar los componentes de la interfaz gráfica como las ventanas del explorador, el escritorio, la barra de tareas, entre muchas más.
Local Security Authority Process (lsass.exe)	Es el proceso que se encarga de hacer cumplir la política de seguridad en el sistema.
Local Session Manager Service (lsm.exe)	Es el proceso encargado de analizar la fiabilidad de las fuentes en los archivos ejecutables, evitando así que se realicen cambios en las configuraciones del equipo.

Tabla 6-6. Procesos más importantes en los sistemas Windows

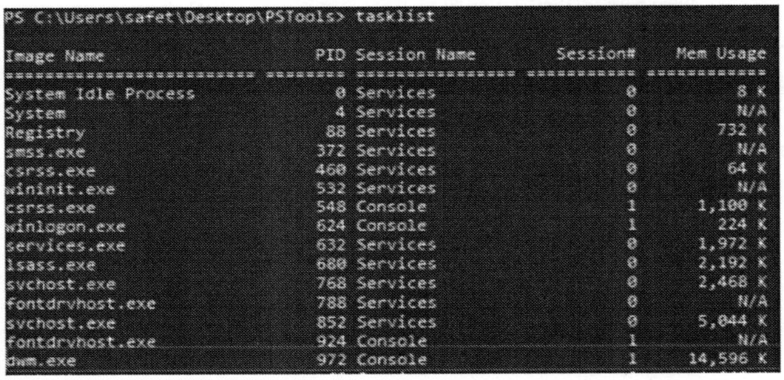

Figura 6-50. El comando *tasklist* nos muestra la memoria utilizada, su ProcessID, el servicio que lo utiliza y el nombre del proceso

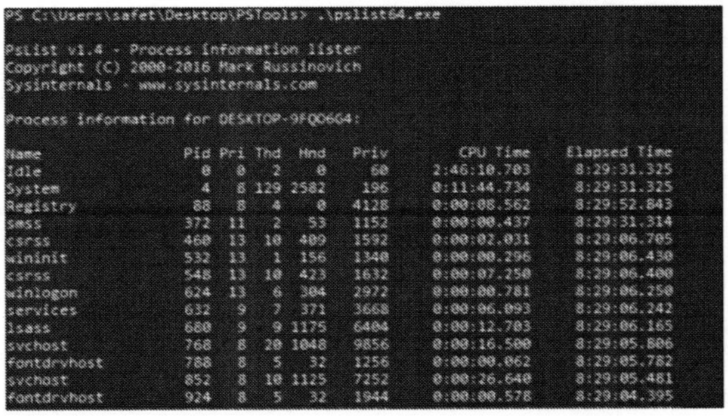

Figura 6-51. La herramienta pslist nos muestra más detalles, como el tiempo de procesamiento, los procesos virtuales asociados, entre otros

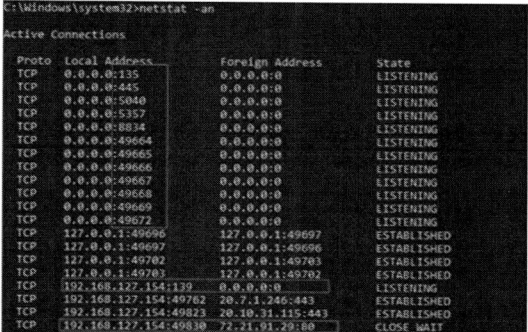

Figura 6-52. Información de red a registrar: hostname, dirección MAC, gateway, Servidor DNS, registro de conexiones arp y los puertos que posee abiertos

¿Los procesos pueden ocultarse? Pueden adherirse a otros procesos válidos del sistema y también pueden ejecutarse con un nombre distinto del malware, por lo que es necesario analizar cada subproceso relacionado. Vea el ejemplo "Poom – Videoconferencias".

Figura 6-53. El proceso "Poom - Videoconferencias" resultó contener el malware WannaCry, popular en 2017

Análisis de servicios activos

Un dato sumamente relevante durante el análisis de los servicios activos en el proceso de adquisición es el nombre asignado por el sistema operativo (*service_name*). A través de este dato puede realizarse la trazabilidad durante su ejecución, así como su origen y los procesos que dependen de él. En escenarios donde se presume la existencia de malware en el sistema, los servicios activos deben ser listados y determinar así su funcionamiento.

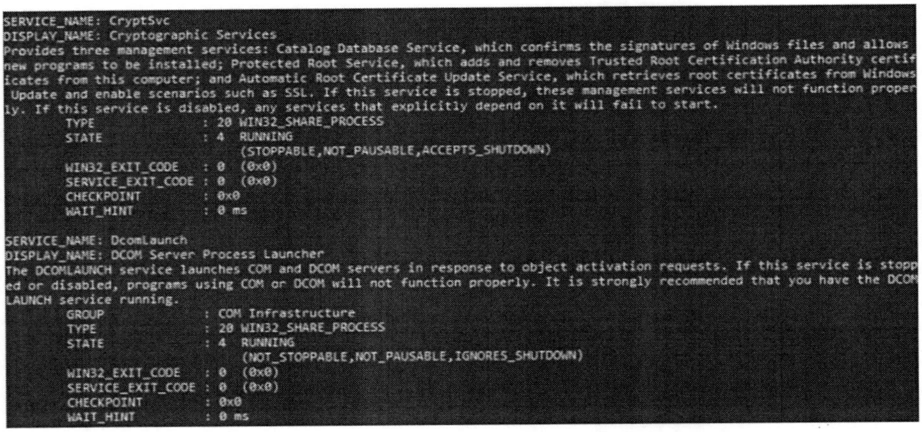

```
SERVICE_NAME: CryptSvc
DISPLAY_NAME: Cryptographic Services
Provides three management services: Catalog Database Service, which confirms the signatures of Windows files and allows
new programs to be installed; Protected Root Service, which adds and removes Trusted Root Certification Authority certif
icates from this computer; and Automatic Root Certificate Update Service, which retrieves root certificates from Windows
 Update and enable scenarios such as SSL. If this service is stopped, these management services will not function proper
ly. If this service is disabled, any services that explicitly depend on it will fail to start.
        TYPE               : 20 WIN32_SHARE_PROCESS
        STATE              : 4  RUNNING
                                (STOPPABLE,NOT_PAUSABLE,ACCEPTS_SHUTDOWN)
        WIN32_EXIT_CODE    : 0  (0x0)
        SERVICE_EXIT_CODE  : 0  (0x0)
        CHECKPOINT         : 0x0
        WAIT_HINT          : 0 ms

SERVICE_NAME: DcomLaunch
DISPLAY_NAME: DCOM Server Process Launcher
The DCOMLAUNCH service launches COM and DCOM servers in response to object activation requests. If this service is stopp
ed or disabled, programs using COM or DCOM will not function properly. It is strongly recommended that you have the DCOM
LAUNCH service running.
        GROUP              : COM Infrastructure
        TYPE               : 20 WIN32_SHARE_PROCESS
        STATE              : 4  RUNNING
                                (NOT_STOPPABLE,NOT_PAUSABLE,IGNORES_SHUTDOWN)
        WIN32_EXIT_CODE    : 0  (0x0)
        SERVICE_EXIT_CODE  : 0  (0x0)
        CHECKPOINT         : 0x0
        WAIT_HINT          : 0 ms
```

Figura 6-54. Salida de la herramienta PsService64

Análisis de registros del sistema

Para realizar un análisis del contenido de cada registro y su posible implicación en un incidente de ciberseguridad, debe listar el contenido de cada uno y conocer sus valores asignados para determinar si ha sido manipulado previamente. Todos los registros, excepto *HKEY_CURRENT_USER*, se encuentran en el directorio *%SystemRoot%\System32\Config* y se clasifican en las siguientes secciones:

- *HKEY_CLASSES_ROOT*: es la clase raíz, administra los atajos de teclado, interfaz de usuario, escritorio y reglas de funcionamiento personalizadas.

- *HKEY_CURRENT_USER (HKCU)*: es el registro volátil que contiene la información sobre la configuración de cada usuario, como las carpetas del usuario, los colores de la pantalla y la configuración del panel de control.

- *HKEY_LOCAL_MACHINE (HKLM)*: es el registro que almacena la información respecto a alguna configuración particular del sistema: contraseñas, archivos de arranque, archivos de instalación de software y ajustes de seguridad.

- *HKEY_USERS (HKU)*: registro que contiene los perfiles de usuario del sistema.

- *HKEY_CURRENT_CONFIG*: es el registro volátil que contiene la información del hardware que utiliza el equipo local al iniciar el sistema.

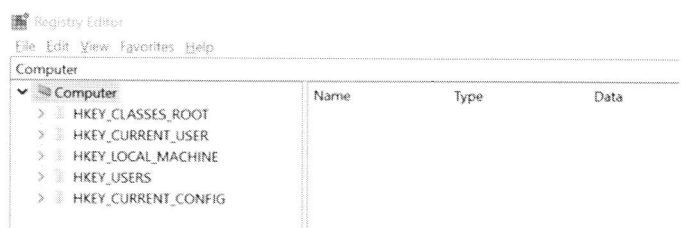

Figura 6-55. Arquitectura de los registros del sistema visualizada con la aplicación Registry Editor de Windows

Análisis de archivos temporales

Dentro de los indicios de evidencia de actividades maliciosas en el sistema con mayor frecuencia se encuentran los archivos temporales, ubicados en: *C:\Windows\Temp* de los sistemas Windows.

En el siguiente ejemplo, se encontró un artefacto llamado "Poom – Videoconferencias.exe", el cual levanta sospechosas por un tamaño fuera de lo común para un archivo ejecutable. Se analiza en el sitio oficial de Virus Total (<https://www.virustotal.com/gui/home/upload>) para descartar o confirmar que contenga algún tipo de malware:

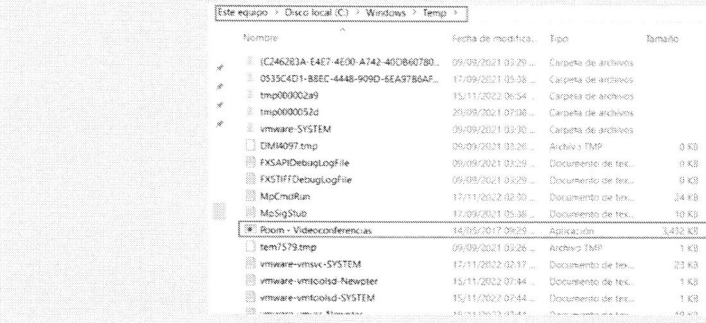

Figura 6-56. El artefacto se aloja en el directorio especificado para archivos temporales del sistema

Figura 6-57. A través de la validación de varias fuentes se determina que el artefacto contiene el malware de tipo ransomware conocido como WannaCry

Análisis de la información proveniente de navegadores web

Dentro de la inmensidad de indicios de un incidente de ciberseguridad en los navegadores web, debe analizarse el contenido de cada destino del historial de navegación, configuración requerida (cookies, caché) e información generada, como sesiones y descargas.

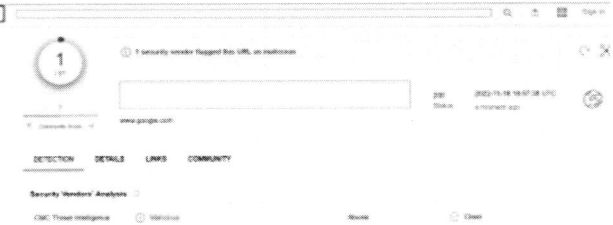

Figura 6-58. Los artefactos sospechosos deben ser analizados en un escenario controlado para conocer su naturaleza. El portal de Virus Total (https://www.virustotal.com) puede ayudarnos a analizar de manera rápida

Análisis de directorios y archivos más relevantes

Los sistemas Windows poseen directorios clave en una investigación forense en el ámbito digital por la información que contienen; conocer su contenido y ubicación ofrecerá un punto de partida para el analista. Los directorios más importantes son:

Directorio	Función
C:\Windows\System32	Directorio con los componentes del sistema
C:\Windows\System32\config	Directorio de los archivos de registro
C:\Windows\System32\drivers\etc	Directorio de archivos de resolución DNS y red
C:\Program Files\Common Files	Directorio de datos comunes del sistema
C:\ProgramData	Directorio con datos de programas compartidos
C:\Users\%usuario%\AppData\Roaming\Microsoft\Windows\Recent Items	Contiene un listado de los últimos recursos utilizados por el usuario
C:\ProgramData\Microsoft\Windows\Start Menu\Programs\	Directorio de herramientas en el sistema
C:\ProgramData\Microsoft\Windows\Start Menu	Directorio con el contenido de los programas en el menú de inicio
C:\ProgramData\Microsoft\Windows\Start menu\Programs\Startup	Directorio con el contenido de los programas lanzados en el inicio de Windows
C:\Users\Public	Directorio de las carpetas públicas compartidas
C:\ProgramData\Microsoft\Search\Data\Applications\Windows	Directorio que contiene la memoria caché de las búsquedas hechas en el sistema
C:\Windows\Temp	Archivos temporales del sistema
C:\Users\%usuario%\AppData\	Configuraciones personalizadas por el usuario
C:\Users\%usuario%\AppData\Local\Temp	Archivos temporales del usuario
C:\Users\%usuario%\AppData\Local\Microsoft\Windows\History	Información del historial del navegador Internet Explorer
C:\Users\%usuario%\AppData\Local\Google\Chrome\User Data\Default	Información importante sobre el navegador Google Chrome
C:\Users\%usuario%\AppData\Local\Mozilla\Firefox\Profiles	Información importante del navegador Mozilla Firefox

C:\Windows\Prefetch	Almacena información de las aplicaciones ejecutadas en el sistema para cargarlas más rápido
C:\Windows\System32\winevt\Logs	Registros del sistema

Tabla 6-7. Relación de directorios y archivos más relevantes en una investigación en sistemas Windows. El campo %usuario% se refiere al nombre de usuario al que pertenece el artefacto analizado

Artefactos clave del sistema

Los artefactos que pueden ofrecer indicios y/o evidencia de suma importancia para su investigación son:

Artefacto	Información que contiene
C:\\$MFT	Contiene la estructura e información sobre los archivos y directorios de un disco.
C:\Users\%usuario%\AppData\Roaming\Microsoft\Windows\PowerShell\PSReadLine\ConsoleHost_history.txt	Contiene el historial de comandos ejecutados en PowerShell.
C:\Windows\System32\config\SAM	Contiene las cuentas de usuario, sus descriptores de seguridad.
C:\Windows\System32\config\SECURITY	Almacena los datos que se asignan al registro en HKEY_LOCAL_MACHINE\SECURITY.
C:\Windows\System32\config\SOFTWARE	Almacena los datos que se asignan al registro en HKEY_LOCAL_MACHINE\SOFTWARE.
C:\Windows\System32\config\SYSTEM	Almacena los datos que se asignan al registro en HKEY_LOCAL_MACHINE\SYSTEM.
C:\Windows\System32\drivers\etc\hosts	Contiene los nombres de host asociados a

	direcciones IP que utilizará el sistema.
C:\Windows\System32\drivers\etc\services	Este archivo contiene los puertos configurados en el sistema para su uso por las aplicaciones.
C:\Windows\System32\drivers\etc\networks	Este archivo contiene asignaciones de nombre de red o número de red para las conexiones locales.
C:\pagefile.sys	Archivo que almacena de manera temporal parte de los datos intercambiados entre la memoria RAM y el sistema.
C:\Users\%usuario%\AppData\Local\Google\Chrome\User Data\Default\Preferences	Preferencias de usuario en el navegador Google Chrome.
C:\Users\%usuario%\AppData\Local\Google\Chrome\User Data\Default\Secure Preferences	Preferencias de seguridad en el navegador Google Chrome.
C:\Users\%usuario%\AppData\Local\Google\Chrome\User Data\Default\Cache\Cache_Data	Caché del navegador Google Chrome.
C:\Users\%usuario%\AppData\Roaming\Mozilla\Firefox\Profiles\%profileid%.default	Archivo de perfil de un usuario específico del navegador Mozilla Firefox.
C:\Users\%usuario%\AppData\Roaming\Mozilla\Firefox\Profiles\%profileid%.places.sqlite	Historial de navegación y marcadores del perfil de un usuario del navegador Mozilla Firefox.
C:\Users\%usuario%\AppData\Roaming\Mozilla\Firefox\Profiles\%profileid%.cookies.sqlite	Cookies almacenadas de un perfil específico del navegador Mozilla Firefox.
C:\Users\%usuario%\NTuser.dat	Archivo que contiene los preferencias del usuario (shellbags) del usuario.

Tabla 6-8. Artefactos clave de los sistemas Windows. El campo *%usuario%* se refiere al nombre de usuario al que pertenece el artefacto analizado

Eventos relevantes del sistema

Los análisis de los eventos del sistema pueden contener información relevante para determinar el tipo de actividad que se realizó durante un incidente de ciberseguridad. El origen del evento proporciona detalles de la aplicación o el servicio del sistema que ha lanzado el evento. Los registros de eventos de los sistemas *Windows* contienen la siguiente información:

Nivel. Indica la severidad del evento registrado por el sistema. Windows determina el nivel de severidad de la siguiente manera:

Nivel de severidad	Descripción
Verbose	Salida detallada del registro de eventos.
Information	Las aplicaciones y componentes del sistema operativo lo utilizan para indicar la ejecución exitosa de una operación.
Warning	Posiblemente generará un mal uso o problemas en el futuro.
Error	Operación fallida, indica el origen de un problema en un servicio, componente o aplicación del sistema operativo.
Critical	Problema en aplicación, componente o servicio que debe solucionarse de inmediato.

Tabla 6-9. Niveles de seguridad de eventos en sistemas Windows

ID. El identificador de cada evento registrado es único y se asocia a una actividad específica.

Detalles. La información específica de cada evento como categoría y palabras clave de utilidad para realizar un filtro en la búsqueda de una actividad o un identificador específico.

Nombre del usuario y equipo. La identificación de estas propiedades puede vincular un evento con el usuario que ha generado el evento.

Fecha y la hora del evento. Ayuda a realizar búsquedas antes o después de un espacio determinado en el tiempo en el que se ha generado el evento.

Según la *International Journal of Engineering Research &Technology* (IJERT), en su artículo "Utilizing Event Logs of Windows Operating System in Digital Crime Investigations"[8], resume los identificadores de eventos más relevantes en una investigación en informática forense:

---

[8] Koppolu N. (2021). "Utilizing Event Logs of Windows Operating System in Digital Crime Investigations". *International Journal of Engineering Research & Technology (IJERT)*, volumen 10, núm. 07, p. 654-660.

ID	Descripción	Tipo de log
1	La hora del sistema ha cambiado	System
19	Instalación exitosa: la actualización de Windows o la actualización de definiciones para Windows Defender se completaron correctamente	System
20	Error de instalación	System
42	El sistema está entrando en reposo (motivo de reposo: botón o tapa)	System
43	Instalación iniciada: se inició la actualización de Windows o la actualización de definiciones para Windows Defender	System
44	El servicio de actualización de Windows comenzó a descargar una actualización	System
106	Tarea programada	Windows Task Schedular (Operational)
141	Tarea eliminada	Windows Task Schedular (Operational)
200	Tarea ejecutada	Windows Task Schedular (Operational)
201	Tarea terminada	Windows Task Schedular (Operational)
1100	Cierre del servicio de registro de eventos	Security
1102	Registros de auditoría borrados	Security
1149	Usuario autentificado con éxito con un escritorio remoto	Terminal Services
4000	Intento de red inalámbrica conectada	System
4616	La hora del sistema cambió	Security
4624	Acceso exitoso	Security
4624	Inicio de sesión correcto	Security
4626	Error de inicio de sesión	Security
4634	Cierre de sesión exitoso	Security
4648	Intento de inicio de sesión con credenciales explícitas	Security
4648	Un intento de inicio de sesión con credenciales (podría ser un intento de acceso remoto)	Security
4688	Un nuevo proceso creado	Security

4689	Un proceso terminado	Security
4720	Nueva cuenta de usuario creada	Security
4722	Cuenta de usuario habilitada	Security
4723	Un miembro agregado al grupo local con seguridad habilitada	Security
4724	Restablecimiento de contraseña de usuario	Security
4728	Un miembro ha sido agregado al grupo global con seguridad habilitada	Security
4776	Se intentó validar las credenciales	Security
5140	Acceso al objeto compartido de red	Security
6005	Servicio de registro de eventos iniciado	System
6006	Servicio de registro de eventos detenido	System
6008	Cierre inesperado del sistema	System
6013	Tiempo de actividad del sistema	System
8194	Restauración del sistema creada con éxito	Application
8216	Se omitió la creación de la restauración del sistema	Application
8300	Se inició una copia de seguridad	Application
8301	Copia de seguridad completada	Application
8302	Actividad completada con éxito	Application

Tabla 6-10. ID de eventos de Windows más relevantes según la IJERT en su volumen 10

Análisis de usuarios activos en el sistema

Para realizar el análisis de los usuarios existentes, el esfuerzo debe centrarse en el artefacto *C:\Windows\System32\Config\SAM* del sistema. El análisis de este archivo puede brindarle información sobre los usuarios activos, la expiración y los cambios de contraseña, el último acceso al sistema o el última fallo de acceso, entre otros.

A través de la herramienta **Registry Viewer** puede interpretar la información contenida en el archivo *SAM* que ha sido obtenida en la fase de adquisición:

Figura 6-59. Usuarios existentes y sus propiedades visualizadas con la herramienta Registry Viewer

Otra herramienta que puede ser de utilidad es **wmic**, la cual ofrece la siguiente información relacionada con un usuario:

AccountType. Indica el tipo de cuenta de usuario a través de un identificador único dentro de un rango especificado.

Los rangos de los identificadores de usuario son:
- SID Rango ~ 500 – son usuarios creados por el sistema.
- SID Rango ~ 1000 – son usuarios creados en el sistema.

Description. Contiene una breve descripción de la cuenta de usuario en caso de que exista.

Disabled. Indica si la cuenta de usuario se encuentra activa o deshabilitada. Si este valor se establece en *FALSE*, la cuenta está activa.

Domain. Este campo indica si el equipo forma parte de un dominio; en caso de que esto no sea así, se mostrará el nombre del equipo en su lugar.

InstallDate. Es la fecha de creación de la cuenta del usuario en el sistema o dominio.

LocalAccount. Define si la cuenta de usuario existe en un equipo local, en un equipo del dominio, o si la cuenta de usuario se encuentra unida a un dominio.

Lockout. Muestra si la cuenta de usuario se encuentra bloqueada.

PasswordChangeable, PasswordExpires y *PasswordRequired.* Son opciones de seguridad para las contraseñas de cada cuenta de usuario.

SID. Es el identificador de seguridad (*SID*) asignado que define las limitaciones de la cuenta.

SIDType. Muestra el tipo de *SID* utilizado por la cuenta de usuario; 1 → cuentas de usuario, 2 → cuenta de grupo y 3 → cuenta de dominio.

Status. Representa el estado actual de la cuenta de usuario. Si la cuenta se encuentra en uso, contendrá una leyenda "*OK*"; cuando la leyenda es "*Degraded*", la cuenta puede ser utilizada por usuarios normales para iniciar sesión en el sistema.

Figura 6-60. Salida de la ejecución del comando *wmic*

Papelera de reciclaje

Una vez determinado el *SID* asociado a una cuenta de usuario, y con el apoyo de la herramienta **FTK Imager**, puede conocer los recursos eliminados por un usuario específico a través del contenido de la papelera de reciclaje ubicada en la ruta *X:\$Recycle.Bin* del sistema (X representa la letra asignada al dispositivo de almacenamiento).

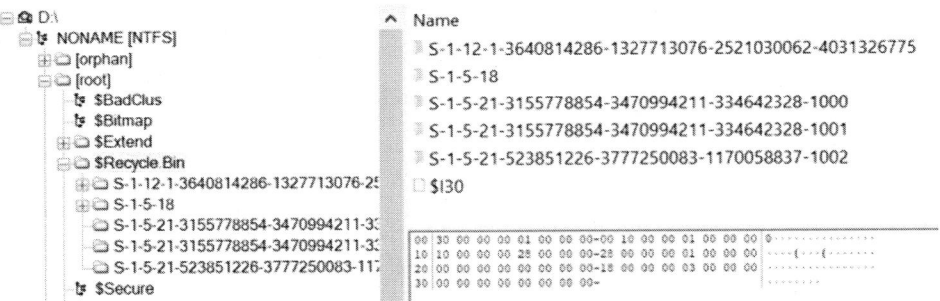

Figura 6-61. Visualización de la papelera de reciclaje con la herramienta FTK Imager

Dentro de cada directorio asociado a las cuentas existentes en el sistema se encuentran recursos cuyo nombre se inicia con los caracteres "*$I*", los cuales contendrán metadatos específicos del recurso eliminado (nombre, tamaño, hora y ubicación previa a su eliminación).

También se encuentran recursos con los caracteres iniciales en su nombre "*$R*", los cuales poseen el contenido del recurso eliminado. El nombre de estos archivos ya no será el conocido por el usuario previo a la eliminación, sino un valor aleatorio de seis caracteres.

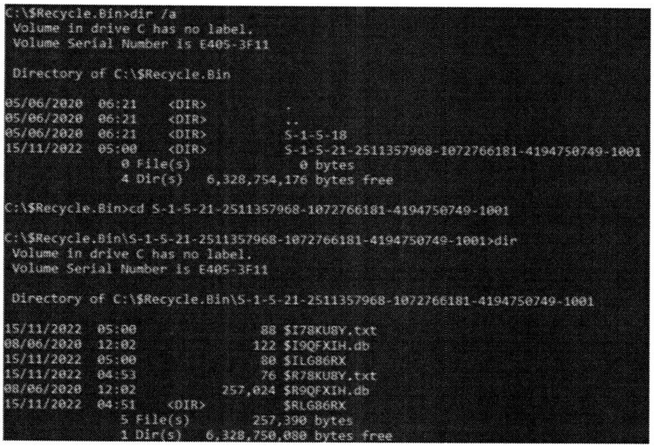

Figura 6-62. Contenido común de la papelera de reciclaje de los sistemas Windows

Análisis del intérprete de comandos

El registro de las instrucciones enviadas al sistema a través del intérprete de comandos podría definir si un usuario tenía conocimientos técnicos para realizar actividades maliciosas y el orden en el que pudo haberlas realizado. También puede indicarnos si las actividades maliciosas fueron realizadas con un conocimiento previo respecto a la información relacionada con una organización, usuario o dispositivo específico.

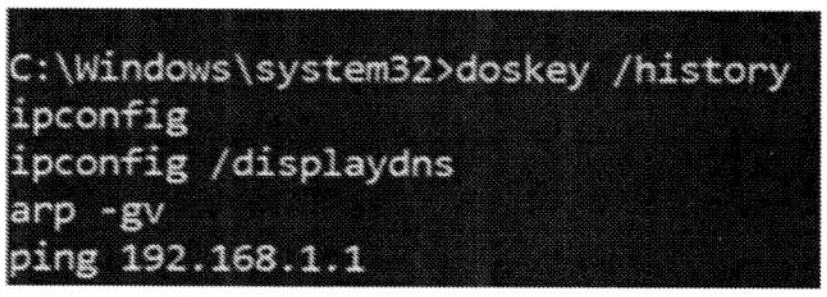

Figura 6-63. Obtención de información de la red del sistema a través del historial del intérprete de comandos

Análisis del disco duro y sus particiones

Durante el análisis del contenido de un disco es posible la recuperación total o parcial de la información que contenía previamente al proceso de adquisición, así como la estructura y organización que contenía. Con este análisis puede obtener:

- Cantidad de particiones accesibles que fueron creadas anteriormente.
- Identificar zonas ocultas o no administradas por el sistema operativo.
- Identificar el tipo de sistema de archivos existente en las particiones.
- Determinar si el contenido se encuentra cifrado.
- Comprobar el número mágico de cada recurso existente.

Espacio no asignado

En las investigaciones de informática forense en sistemas Windows es común encontrar malware dentro de los espacios no asignados en el disco. Con el apoyo de la herramienta **FTK Imager** se puede analizar este tipo de secciones de un disco duro.

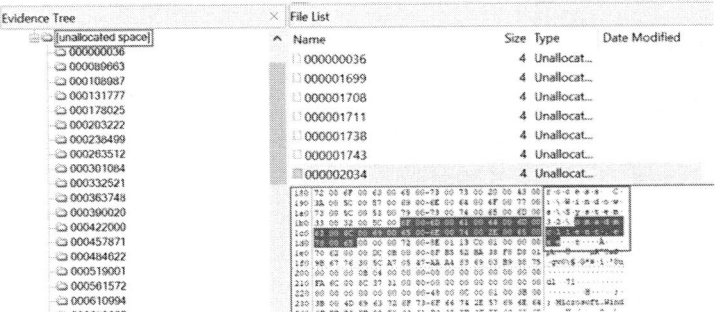

Figura 6-64. Visualización de un artefacto malicioso ubicado en el espacio no asignado con la herramienta FTK Imager

Volúmenes cifrados

Cuando se realiza la investigación de un incidente dentro de una organización, es común encontrarnos con discos cifrados debido al interés de añadir cierto nivel de privacidad y seguridad a la información que se encuentra en los equipos que administra. Para detectar si un disco se encuentra cifrado, puede utilizar herramientas como **Encrypted Disk Detector**[9] (útil para detectar el software de cifrado utilizado); también puede ver si un disco se encuentra cifrado a través de la herramienta **FTK Imager**.

Cuando se encuentra un volumen cifrado, debe solicitar la clave con el administrador del equipo, ya que el objetivo del análisis no se centra en validar la seguridad del disco, sino en analizar la información que contiene.

Figura 6-65. Visualización de un volumen cifrado a través de la interfaz gráfica de los sistemas Windows

---

[9] MAGNET Encrypted Disk Detector (2022). *Magnet Forensics* [en línea]. Recuperado el 7 de mayo de 2022 de: <https://www.magnetforensics.com/resources/encrypted-disk-detector/>.

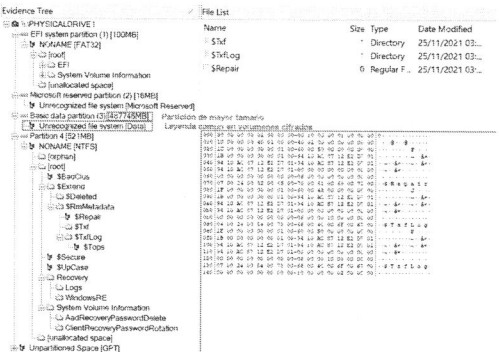

Figura 6-66. Detección del volumen cifrado

La leyenda "*Unrecognized file system*" en el volumen con mayor tamaño nos puede dar una guía sobre la partición que contiene el sistema operativo a analizar

Marcas de tiempo

Todo recurso en estos sistemas posee una fecha y hora de creación, modificación y uso. Su aplicación directa en una investigación se encuentra tanto en la creación de una línea de tiempo para explicar los eventos del incidente como en escenarios donde se requiere comprobar que una actividad se realizó en una fecha y hora específicas. Cada marca de tiempo se describe a continuación:

Tiempo de creación. Es la hora y fecha en la que se creó el recurso. Cuando se copia un archivo a otro sistema, la fecha en la que se realizó esta acción será el nuevo tiempo de creación y el tiempo de modificación permanecerá intacto.

Tiempo de modificación. Es la fecha de la última ocasión en la que se modificó un recurso a través de un usuario, proceso del sistema o aplicación.

Tiempo de acceso. Esta es la fecha en la que se realizó la consulta al contenido de un recurso por última vez (apertura, visualización, impresión).

Name	VID-20210902-WA0001.mp4
File Class	Reparse Point
File Size	2,275,257
Physical Size	2,293,760
Date Accessed	07/04/2022 09:39:01 p. m.
Date Created	07/04/2022 09:39:01 p. m.
Date Modified	04/10/2021 06:03:35 p. m.
Encrypted	False
Compressed	False
Actual File	True

Figura 6-67. Vista de marcas de tiempo de un recurso a través de la herramienta FTK Imager

6.6.3 ANÁLISIS DE ENTORNOS GNU/LINUX

El análisis forense para los sistemas GNU/Linux tendrá variaciones en función de la gran variedad de distribuciones que existen, además de la adaptación que realiza cada usuario en el sistema para su comodidad o uso específico. Sin embargo, en este apartado se propone uno a través de los artefactos más importantes del sistema, que almacenan indicios que potencialmente se pueden convertir en evidencias para una investigación.

Análisis de información volátil

La herramienta **Volatility** puede ayudarnos a analizar los archivos que contienen los volcados de memoria de cualquier ambiente (Windows, MacOS y GNU/Linux). Las opciones y formas de uso se pueden encontrar en su documentación oficial (<https://github.com/volatilityfoundation/volatility/wiki/Volatility-Usage>):

```
ubuntu@ubuntu:~/Desktop/volatility_2.6_lin64_standalone$ ./volatility_2.6_lin64_standalone -f ./../ACME-02-LPTP01-MEM01-01-01122022.mddramimage imageinfo
Volatility Foundation Volatility Framework 2.6
INFO    : volatility.debug    : Determining profile based on KDBG search...
          Suggested Profile(s) : WinXPSP2x86, WinXPSP3x86 (Instantiated with WinXPSP2x86)
                     AS Layer1 : IA32PagedMemory (Kernel AS)
                     AS Layer2 : FileAddressSpace (/home/ubuntu/Desktop/ACME-02-LPTP01-MEM01-01-01122022.mddramimage)
                      PAE type : No PAE
                           DTB : 0x39000L
                          KDBG : 0x805532e0L
          Number of Processors : 2
     Image Type (Service Pack) : 3
                KPCR for CPU 0 : 0xffdff000L
                KPCR for CPU 1 : 0xf7717000L
             KUSER_SHARED_DATA : 0xffdf0000L
           Image date and time : 2009-11-17 00:26:38 UTC+0000
     Image local date and time : 2009-11-16 16:26:38 -0800
```

Figura 6-68. Uso de la herramienta Volatility en ambientes GNU/Linux

Análisis de información no volátil

Durante la búsqueda de indicios existentes dentro de una imagen forense, las actividades deben centrarse en los artefactos más críticos del sistema, que utilizan estos archivos para realizar la configuración y el almacenamiento de información relacionada con los servicios y aplicaciones. A efectos del presente escrito, los artefactos que se muestran a continuación pertenecen a la distribución Debian 11.5.x.

Artefactos clave del sistema

Artefacto	Descripción
/etc/os-release	Contiene información sobre la versión del sistema operativo.
/var/log/messages	Registro del sistema con prioridad *info* (información), *notice* (notificación) o *warn* (aviso).
/etc/ssh/ssh_config	Archivo de configuración del servicio *ssh* (*secureshell*).
/etc/ssh/ssh_host_*_key	Contiene los registros de creación durante la instalación.

/etc/crontab	Archivo para crear tareas programadas en el sistema.
/var/log/daemon.log	Archivo que contiene información sobre los daemons que están activos en segundo plano en el sistema.
/etc/apt/sources.list	Archivo donde se listan los repositorios o fuentes disponibles de los paquetes de software que pueden ser administrados por el sistema.
/var/log/syslog	Archivo que posee el registro de todo suceso del sistema y el estatus de los servicios, como el arranque o los errores, entre otros.
/etc/init.d	Almacena los daemons del sistema.
/var/log/vsftpd.log	Archivo donde se almacenan los registros de la aplicación FTP.
/var/log/kern.log	Archivo donde se almacenan los registros sobre el kernel.
/var/tmp	Ubicación donde se almacenan los archivos temporales del sistema.
/etc/host.conf	Archivo que contiene la resolución de los nombres de los hosts.
/etc/hostname	Archivo que contiene el nombre del equipo.
/etc/localtime	Archivo con el registro de la zona horaria donde se encuentra el equipo.
/var/log/debug	Almacena los registros relacionados con la depuración de aplicaciones en el sistema.
/var/log/dpkg.log	Archivo con la información de instalación y desinstalación del software en el sistema con dpkg.
/var/log/apt/history.log	Archivo que contiene el histórico de instalaciones en el sistema con apt-get.
/var/log/apt/term.log	Archivo que almacena la información del intérprete de comandos en el momento de instalar y actualizar software con apt-get.
/usr/share/applications	Archivo con el registro de aplicaciones instaladas en el sistema.
/home/$USUARIO/.local/share/gnome-shell/application_state	Archivo con el registro de las aplicaciones más frecuentes del usuario.

/home/$USUARIO /.config/dconf/user	Archivo con la configuración en el menú de acceso rápido del usuario.
/home/$USUARIO /.local/share/recently-used.xbel	Archivo con el registro de los archivos recientemente utilizados por el usuario.
/home/$USUARIO /.cache/thumbnails/	Ubicación del sistema que almacena las miniaturas de los recursos visualizados y generados por el usuario.
/home/$USUARIO /.cache/tracker/	Almacena los índices de los archivos que el usuario agrega al sistema.
/media/$USUARIO/$VOLUMEN	Almacena los volúmenes agregados por el usuario.

Tabla 6-11. El campo *$USUARIO* hace referencia al nombre de cada usuario existente en el sistema

El campo *$VOLUMEN* hace alusión a cada volumen existente en el sistema.

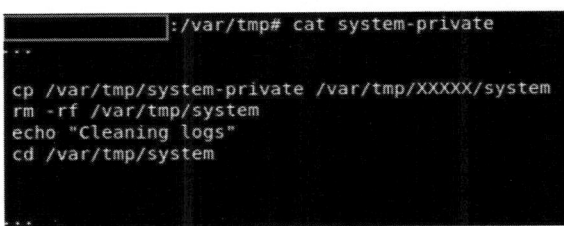

Figura 6-69. Fragmento de un script malicioso existente en la ubicación */var/tmp*

Artefactos de red

Artefacto	Descripción
/etc/network/interfaces	Contiene la configuración de la red del sistema.
/etc/hosts	Contiene la relación entre los nombres del dominio y las direcciones IP que serán válidas en el sistema.
/var/lib/dhcp/dhclient.leases	Registra las direcciones IP que se han asignado a los equipos que consumen el servicio *dhcp*.
/etc/resolv.conf	Contiene la información sobre la configuración del servicio DNS.
/etc/wpa_supplicant/	Contiene la configuración del equipo para la conexión con una red inalámbrica.
/etc/fstab	Contiene información sobre los volúmenes existentes en el equipo.

/etc/NetworkManager/System-connections/$SSID	Almacena la información de las conexiones inalámbricas utilizadas por el sistema.

Tabla 6-12. Artefactos de red más relevantes en los sistemas GNU/Linux. El campo $SSID se refiere a las redes inalámbricas a las que el dispositivo ha sido conectado

```
127.0.0.1        localhost
127.0.1.1        DebianCDFI

192.168.1.254   facebook.com

# The following lines are desirable for IPv6 capable hosts
::1        localhost ip6-localhost ip6-loopback
ff02::1 ip6-allnodes
ff02::2 ip6-allrouters
```

Figura 6-70. Es posible que el archivo *hosts* de un equipo haya sido modificado con el objetivo de realizar ataques de tipo phishing u otro tipo de ataque más elaborado

Artefactos de navegadores web

Directorio	Información contenida
/home/$USUARIO/.mozilla/firefox/$PERFIL	Información del usuario
/home/$USUARIO/.cache/mozilla/firefox/$PERFIL/cache2	Información del caché del navegador Mozilla Firefox
/home/$USUARIO/.mozilla/firefox/	
$PROFILE.default/places.sqlite	Historial de navegación del navegador Mozilla Firefox
/home/$USUARIO/.config/google-chrome/Default/Preferences	Preferencias del navegador Google Chrome
/home/$USUARIO/.config/google-chrome/Default	
/home/$USUARIO/.cache/google-chrome/Default/Cache	Configuración del navegador Google Chrome
/home/$USUARIO/.config/google-chrome/Default/Secure Preferences	Información del caché del navegador Google Chrome
	Preferencias de seguridad del navegador Google Chrome

Tabla 6-13. Lista de artefactos analizados durante una investigación que tiene relación con navegadores web. El campo $USUARIO hace referencia al nombre de cada usuario existente en el sistema

Accesos al sistema

Archivo	Descripción
/var/log/auth.log	Registro de todas las actividades que implican un proceso de autentificación.
/var/log/wtmp	Almacena el estado del sistema, la hora de reinicio y los inicios de sesión de los usuarios (proporcionando la hora, el nombre de usuario y la dirección IP, si está disponible).
/var/log/btmp	Archivo con registros de los intentos de inicios de sesión fallidos en el sistema.

Tabla 6-14. Artefactos relevantes durante el análisis de accesos no autorizados al sistema.

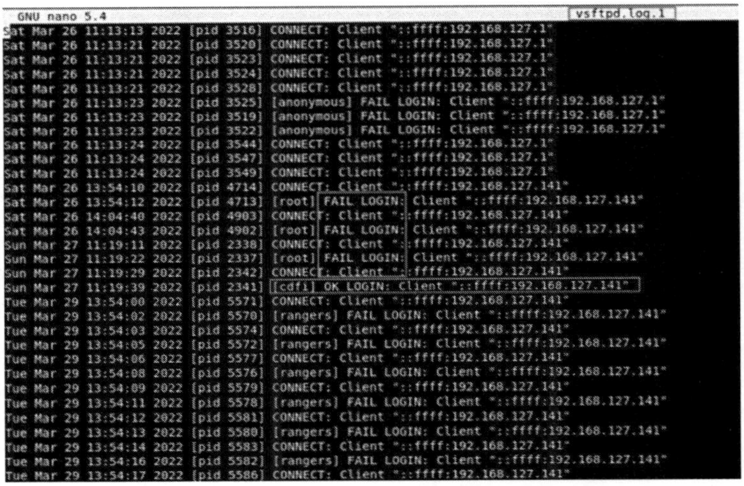

Figura 6-71. Análisis de intentos de acceso fallidos y uno exitoso, lo que genera una posibilidad de que el equipo analizado haya sido víctima de un ataque de tipo fuerza bruta para encontrar la contraseña del usuario *cdfi*.

Usuarios, contraseñas y grupos al que pertenecen

Archivo	Descripción
/etc/shadow	Archivo que contiene las contraseñas cifradas de cada usuario en el sistema. Si una cuenta no posee contraseña, debe ser analizada con más detalle.

/etc/passwd	Contiene el registro de cada usuario registrado en el sistema y sus capacidades. Los registros con un *UID 0:0* deben ser analizados más a fondo.
/etc/group	Archivo con el contenido de los grupos existentes del sistema.
/etc/sudoers	Protege una lista de los usuarios que pueden usar el comando *sudo* para obtener privilegios de súper usuario en el sistema.

Tabla 6-15. Artefactos relevantes para la búsqueda de evidencia de algún acceso no autorizado en el sistema

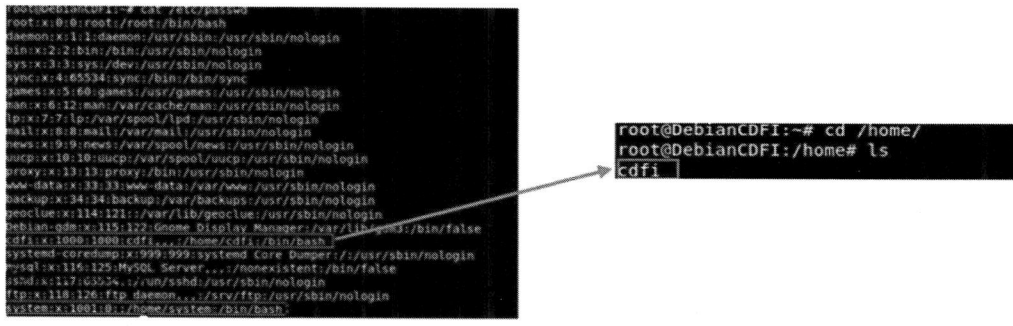

Figura 6-72. Se muestra un análisis de los usuarios donde existe un usuario "*system*", con un UID 1001 y sin archivo de tipo directorio *en/home*. Este podría ser un indicio de un usuario creado para actividades maliciosas

Perfil del usuario

Archivo	Descripción
/var/log/lastlog	Archivo con el registro de los usuarios logueados en el sistema.
/var/log/user.log	Archivo con el registro de todos los usuarios.
/var/log/wmtp	Archivo con registros de entradas del usuario al sistema en el momento de consulta.
~/. bash_login	Archivo que contiene configuraciones específicas de un usuario que se ejecutan cuando un usuario se conecta al sistema.
~/.bash_profile	Archivo que contiene información sobre el inicio de sesión de un usuario.
~/.bashrc	Contiene la información del Shell que tiene configurado el usuario del sistema.

~/.bash_logout	Archivo que limpia los archivos y se ejecuta cuando se realiza un inicio de sesión con otra cuenta de usuario diferente
/etc/aliases	Alias registrados por los usuarios del sistema.

Tabla 6-16. Artefactos más importantes para el análisis de evidencia que relacionen aspectos de usuarios en el sistema

6.6.4 ANÁLISIS DE ENTORNOS MACOS

El análisis forense en entornos MacOS debe realizarse acorde con las particularidades y las características del sistema que hayan sido agregadas por el usuario que hacía uso de él. Para realizar una investigación en informática forense de forma completa y concisa, analizará los artefactos más importantes del sistema por campo con el obtenido de ofrecer a los investigadores un punto de partida en el análisis de este tipo de sistemas.

Análisis de información volátil

El análisis de la información volátil puede realizarse en cualquier sistema operativo, siempre y cuando la herramienta o comando pueda interpretar y descifrar los datos del sistema de archivos APFS.

Las herramientas como **OS Forensics** y **Volafox** pueden ser de gran utilidad en el análisis de volcados de memoria de los sistemas de archivos APFS, debido a que son herramientas que pueden ser instaladas en este tipo de sistemas.

Análisis de información no volátil

El análisis de la información obtenida en la fase de adquisición debe realizarse a través de software especializado en descifrar e interpretar los artefactos de los entornos MacOS. Durante las actividades de análisis, el interés debe centrarse en los artefactos con extensión *.plist* (*PropertyList*), los cuales almacenan información detallada sobre las aplicaciones, los usuarios y las funcionalidades del sistema. Es importante enfatizar que los nombres y ubicaciones de los artefactos redactados en el presente escrito están concentrados en la versión Monterey 12.6.1 y pueden cambiar según la versión que se emplee. Algunos de los artefactos más relevantes para esta versión de los sistemas MacOS son los siguientes:

Artefactos con relación a los usuarios del sistema

Artefacto	Descripción
Library/Preferences/com.apple.loginitems.plist	Contiene el registro de los elementos del inicio de sesión.

Library/Mail Downloads/ Library/Containers/com.apple.mail/Data/ Library/Mail Downloads	Detalla los recursos que se encontraban adjuntos y fueron abiertos o descargados a través del correo electrónico por el usuario.
Library/Accounts/Accounts3.sqlite	Contiene la información sobre las cuentas de usuario existentes en el sistema.
Library/Containers/com.apple.mail/Data/ Library/Mail/V2/MailData/Accounts.plist	Almacena la información sobre las cuentas de correo existentes en el sistema.
Library/Preferences/com.apple.recentite ms.plist	Contiene el registro de los recursos abiertos recientemente.
/Users/$USERNAME/.bash_history	Protege el registro de los comandos introducidos en el intérprete de comandos.
/Users/$USERNAME/.Trash	Contiene el registro de los recursos eliminados por el usuario.

Tabla 6-17. Artefactos relacionados con las cuentas de usuarios en los sistemas MacOS

Artefactos relacionados con los navegadores web

Artefacto	Descripción
Navegador web: Safari. Ruta del sistema en común: ~ /Users/$USERNAME/Library/Safari/	
Bookmarks.plist	Almacena el registro de los marcadores del navegador (predeterminados y agregados por el usuario).
Downloads.plist	Artefacto que lista los archivos descargados.
Extensions/Extensions.plist	Artefacto que lista las extensiones instaladas.
History.plist	Contiene el registro del historial de navegación
HistoryIndex.sk	Es un índice del historial que utiliza el navegador para que el usuario pueda realizar búsquedas a través de palabras clave en las páginas web donde ha navegado previamente.
LastSession.plist	Artefacto que describe el estado y contenido de la última sesión creada.
LocalStorage/	Directorio que almacena información sobre cada página web visitada, guardándola en una base de datos de SQLite.

TopSites.plist	Artefacto que muestra los sitios favoritos de un usuario que se mostrarán al iniciar el navegador.
Webpageicons.db	Contiene el registro de los iconos de cada sitio web visitado.
Databases/Databases.db	Artefacto que protege bases de datos específicas de un sitio web.
Caches/com.apple.Safari/Cache.db	Es una base de datos de la memoria caché de los sitios web visitados previamente.
Caches/com.apple.Safari/Extensions/	Directorio que contiene el registro de las extensiones instaladas.
Caches/com.apple.Safari/Webpage Previews/	Es un directorio que contiene el registro de los sitios web visitados en formato de imagen (*png* o *jpg*) con una firma hash del nombre del sitio como nombre del artefacto
Cookies/Cookies.plist	Artefacto que almacena un registro de las cookies de los sitios web visitados.
Preferences/com.apple.Safari.plist	Artefacto que protege la información sobre las preferencias del usuario en el navegador.
Caches/Metadata/Safari/Bookmarks/	Es un directorio que contiene los marcadores que el usuario ha incluido
Caches/Metadata/Safari/History/	Directorio que contiene los archivos *.plist* que tienen relación directa con los sitios web visitados por el usuario.
Navegador: Google Chrome. Ruta del sistema en común: ~ /Users/$USERNAME/Library/Application Support/Google/Chrome/Default/	
History	Contiene el registro de navegación del usuario.
Bookmarks	Protege el registro de marcadores del navegador.
Cookies	Artefacto que contiene las cookies de navegación utilizadas por el usuario.
Login Data	Artefacto que contiene información relativa a los formularios de acceso que han sido almacenados.
Top Sites	Artefacto que contiene un registro de los sitios que han sido accedidos en más ocasiones por el usuario.
Databases	Contiene el registro de los datos y las sesiones guardadas por el usuario.
Local Storage	Almacena la información derivada de la navegación del usuario.
Web Data	Protege el registro de la información enviada a través de formularios.

/Library/Preferences/com.google. Chrome.plist	Contiene el registro de las preferencias del usuario en el navegador.
/Library/Caches/com.google.Chro me/Cache.db	Contiene el registro del caché del navegador.
Navegador Mozilla Firefox. Ruta del sistema en común: ~ /Users/$USERNAME/Library/ApplicationSupport/Firefox/	
Profiles/	Directorio que contiene los perfiles creados por el navegador.
Profiles/$PERFIL/Cookies.sqlite	Base de datos que almacena las cookies creadas a través de la navegación del usuario.
Profiles/$PERFIL/Downloads.sqlit e	Base de datos que contiene el registro de las descargas del usuario.
Profiles/$PERFIL/Formhistory.sqli te	Base de datos con el registro de la información introducida en los formularios.
Profiles/$PERFIL/Places.sqlite	Base de datos con el registro de los sitios introducidos a través del navegador.

Tabla 6-18. Artefactos relacionados con los navegadores Safari, Google Chrome y Mozilla Firefox en los sistemas MacOS

Artefactos del sistema

Artefacto	Descripción
Library/Preferences/com.apple.LaunchSer vices.QuarantineEventsV2	Contiene el registro de los artefactos que se han puesto en cuarentena después del análisis de la tecnología de seguridad Gatekeeper[10], nativa en los sistemas MacOS.
/Library/Receipts/InstallHistory.plist	Base de datos que protege el registro de las aplicaciones instaladas y sus actualizaciones.
/etc/localtime	Artefacto que almacena la hora local del equipo según la zona horaria definida en el momento de la instalación.
/private/var/db/dslocal/nodes/Default/ Users	Contiene artefactos que contienen el hash de contraseñas utilizadas para iniciar sesión de los usuarios en el sistema. Se encuentran en archivos .plist.

---

[10] Gatekeeper y la protección del tiempo de ejecución en macOS (s. f.). *Apple Support* [en línea]. Recuperado el 5 de junio de 2022 de: <https://support.apple.com/es-mx/guide/security/sec5599b66df/web>.

Ubicaciones de ejecución automática	
/System/Library/LaunchAgents/	Artefactos relacionados con los agentes de lanzamiento.
/Library/LaunchDaemons/	Contiene el registro de los daemons de lanzamiento
/Library/StartupItems/	Protege el registro de los elementos de inicio.
Misceláneos	
/var/log/	Directorio que almacena los logs generados por el sistema.
/Library/Logs/	Directorio que protege los registros de las aplicaciones del sistema.
/Library/Preferences/com.apple.loginwindow.plist	Base de datos que registra al último usuario que inició sesión en el sistema y algunas sugerencias de seguridad definidas por el usuario en caso de olvidar la contraseña.
/Library/Preferences/com.apple.Bluetooth.plist	Almacena el registro de las preferencias de los dispositivos bluetooth emparejados con el sistema.
/Library/Preferences/com.apple.Software Update.plist	Artefacto que contiene el registro de los intentos de actualización por parte del sistema. Se puede encontrar el último intento exitoso de actualización.
/Library/Preferences/com.apple.TimeMachine.plist	Contiene el registro de la información asociada a las copias de seguridad del sistema.
/Library/Preferences/SystemConfiguration/com.apple.airport.preferences.plist	Artefacto que contiene el registro de los dispositivos conectados al sistema en algún momento determinado.
/System/Library/CoreServices/SystemVersion.plist	Artefacto que contiene información sobre la versión del sistema operativo instalado.
/private/var/db/.AppleSetupDone	Artefacto con la información introducida por el usuario en el momento de la configuración del sistema operativo.
/Applications/	Contiene las aplicaciones del usuario.
Información asociada a la red	
/private/etc/hostconfig	Artefacto de configuración del equipo.
/private/etc/ntp.conf	Artefacto de configuración NTP.
/etc/hosts	Artefacto de configuración de hosts de confianza.

/Library/Preferences/SystemConfiguration /com.apple.airport.preferences.plist	Contiene el registro de las redes inalámbricas a las que el sistema se ha conectado.

Tabla 6-19. Artefactos de los sistemas MacOS que pueden contener información relevante en una investigación.

BUENAS PRÁCTICAS PARA EL ANÁLISIS EN SISTEMAS WINDOWS, GNU/LINUX Y MACOS

Además del procedimiento, los artefactos y directorios más relevantes que se han descrito en las secciones previas, el marco de trabajo EDAPREHD define las siguientes buenas prácticas para apoyar a los investigadores durante el proceso de análisis:

- Puesta a punto del entorno de análisis.

- Aislamiento del entorno donde se analiza la imagen forense respecto a la red de datos; en caso de que contenga malware, no se propagará en un ambiente no controlado.

- Analizar los informes provenientes de los equipos de respuesta a los incidentes (si aplica).

- Utilizar materiales antiestáticos para la manipulación de cada dispositivo, fuente de datos, dispositivo para el análisis y dispositivo de destino.

- Crear el registro de protección contra escritura para el dispositivo de almacenamiento fuente o utilizar hardware que realice esta función.

- Abrir los recursos empaquetados para el análisis de su contenido.

- Comprobar las cabeceras de cada recurso.

- Obtener la firma hash de cada nuevo recurso obtenido y/o creado a partir del proceso de análisis.

- Analizar la información relacionada con el hardware instalado y conectado al sistema analizado.

- Documentar cada artefacto que se encuentre durante el análisis.

- Analizar los registros de las auditorías de seguridad previas al análisis (si aplica).

- Analizar el nivel de permiso de cada artefacto.

- Analizar algunos otros artefactos importantes como:

    ○ Cola de impresión

    ○ Aplicaciones instaladas

    ○ Software de virtualización

    ○ Correos electrónicos

6.6.5 ANÁLISIS DE DISPOSITIVOS MÓVILES

En la actualidad, el uso de dispositivos de telefonía móvil se ha adaptado a las necesidades organizativas, por lo que es común que un colaborador posea información sensitiva (acceso al correo corporativo, documentos, contactos, entre otros), en su interior. Asimismo, los usuarios y grupos maliciosos se han adaptado rápidamente a estos entornos analizando cada modelo, versión y hardware que utiliza los sistemas operativos más populares en el mundo. Como consecuencia de este ciclo de vida, se ha generado un aumento significativo en la demanda de investigaciones en informática forense para atender estos incidentes de ciberseguridad.

Durante el análisis de los indicios adquiridos, debe darse por entendido que cada análisis tendrá variaciones que dependerán de la gama del dispositivo, la marca, el modelo y la versión del sistema operativo que contiene el dispositivo a analizar. Considerando estos posibles cambios, analizará los artefactos considerando los siguientes aspectos:

Borrado remoto. Existen procesos que realizan actividades en segundo plano, por lo que no muestran cambio alguno ante el usuario final y el investigador. Esto puede ser aprovechado por un usuario malicioso para emitir instrucciones de borrado a través de conexiones de internet, conocido como borrado remoto. El objetivo de un borrado remoto es eliminar toda la evidencia relacionada con las actividades e involucrados en un incidente de ciberseguridad, por lo que aislar cada dispositivo de cualquier tipo de red puede evitar estas actividades.

Borrado no intencionado. En el análisis forense con dispositivos móviles es crucial proteger el dispositivo incautado a través de un embalaje robusto y preparado para movimientos bruscos, y así evitar daños irreversibles en la información que contienen. Además, deben ser analizados las fuentes de emisión calor, magnetismo y electricidad que pudiesen dañar el contenido de los dispositivos para evitar la interacción con ellos.

Bloqueadores. Para reducir el riesgo de dañar la integridad de los indicios se requiere el uso de bloqueadores de escritura tanto a través de software como de hardware para proteger la pérdida de información por error del investigador.

Gama de los dispositivos. La gama de un dispositivo es el nivel de funcionalidades que posee. Su diversidad en el mercado y la rapidez con la que los fabricantes lanzan nuevos modelos y actualizaciones generan la necesidad en los investigadores de informática forense de adaptarse a las de condiciones y características del dispositivo que analizará, además de mejorar continuamente sus técnicas y herramientas. A continuación, se detallan los tres tipos de gama que puede contener un dispositivo móvil:

- **Gama alta:** contienen las mejores especificaciones para un dispositivo móvil (cámara, cifrado, seguridad, conectividad, respaldos, entre otros).

- **Gama media:** muestran un equilibrio entre la función más demandada en el mercado (almacenamiento, cámara, memoria RAM, entre otros) sacrificando otras funciones como la seguridad, o el borrado remoto, a un precio competitivo.

- **Gama baja:** cumplen con el funcionamiento básico de un dispositivo móvil con características limitadas para satisfacer las necesidades más comunes de los usuarios.

Funciones de seguridad. La implementación de mecanismos de seguridad en los dispositivos móviles, como la protección con contraseña, código PIN, patrón de descifrado, o incluso el doble factor, limita el acceso a los datos. Por lo que, en primera instancia, deben solicitarse los datos necesarios para el acceso; si no se encuentran, puede hacer uso de herramientas especializadas para accesos al sistema.

Tipo de análisis. Se pueden encontrar dos posibles escenarios:

- **Análisis consensuado.** En este escenario, el analista recibe el permiso de estudiar el dispositivo móvil por el usuario u organización que lo administra, así como las credenciales de acceso, datos de las cuentas y toda la información necesaria para conocer cada componente en su interior.

- **Análisis dirigido.** Este escenario considera una orden expresa de una instancia legal para realizar la investigación de indicios contenidos en el dispositivo móvil que se encuentra inmerso en cuestiones jurídicas para obtener información de autentificación del dispositivo o cuentas en él.

El uso de herramientas o técnicas que evadan los controles de seguridad influyen en la integridad de las evidencias que se pueden obtener posteriormente a su uso. Para realizarlo, debe cumplir con los siguientes requisitos:

- Solicitud y validación expresa por parte de una autoridad competente.

- Clonación del dispositivo para la realización de pruebas sobre la copia.

- Documentación de los procesos, resultados y herramientas obtenidas para demostrar su uso y valor en la investigación.

Cifrado. Los mecanismos de cifrado que se implementan en el dispositivo evitan que la información contenida sea legible ante un investigador de informática forense.

IMEI. El código IMEI (*International Mobile Station Equipment Identity*) realiza la función de identificar a un dispositivo en el momento de su conexión a una red de telefonía móvil, lo que brinda un número por cada ranura SIM que posea en su estructura. Contiene 15 dígitos organizados de la siguiente manera:

- Seis primeros caracteres asociados al *Type Allocation Code* (TAC) para indicar el país dónde fue fabricado el equipo.

- Los siguientes dos dígitos se refieren al *Final Assembly Code* (FAC), que indica el fabricante del equipo.

- Los siguientes seis dígitos son del número de serie del teléfono (SNR).

- El último carácter es el dígito verificador (también conocido como Spare) y se utiliza para comprobar que el IMEI es correcto.

Si el poseedor legítimo de un dispositivo móvil realiza una notificación sobre su pérdida o robo con las autoridades correspondientes de cada país, el código IMEI podrá ser bloqueado y en ocasiones puede rastrearse. Este tipo de acciones podría resultar positivas en casos en los que el objetivo es comprobar el uso de un dispositivo que no es propiedad de un usuario malicioso o, por el contrario, asociar al dispositivo con su poseedor.

Red de telefonía móvil. El registro de las conexiones que un dispositivo móvil realiza automáticamente a los puntos de acceso (APN – *Access Point Name*) puede brindar un trazo de la ruta que un usuario malicioso o víctima siguió para tener acceso a la red telefónica a través de las diferentes antenas APN que existen en cada ciudad y proveen las operadoras de telefonía. El análisis a la configuración de las APN y un registro de conexión por las operadoras de telefonía móvil podría ser de gran ayuda en las investigaciones donde se requiera saber la ruta que un usuario siguió en un espacio de tiempo determinado.

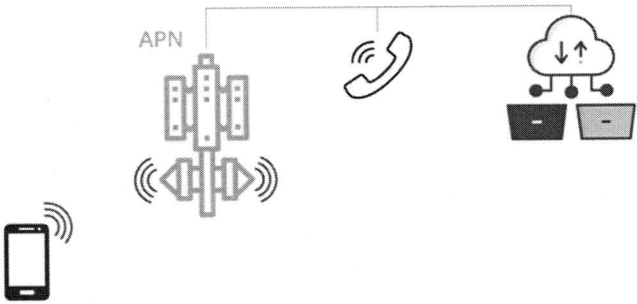

Figura 6-73. Arquitectura de una conexión telefónica y a internet a través de una APN

Datos en aplicaciones. Durante el análisis al contenido de las aplicaciones como las redes sociales, los correos, el historial de navegación, el transporte, el material corporativo, de entretenimiento o almacenamiento, pueden poseer un registro de información que sería de gran ayuda para la obtención de evidencias o una correlación de los usuarios vinculados a un usuario malicioso o víctima de un delito informático.

Multimedia. Estos artefactos pueden ser presentados como evidencias, ya que pueden contener datos de geolocalización, marcas de tiempo, incluso el modelo del dispositivo con el que fue creado dentro de sus metadatos.

 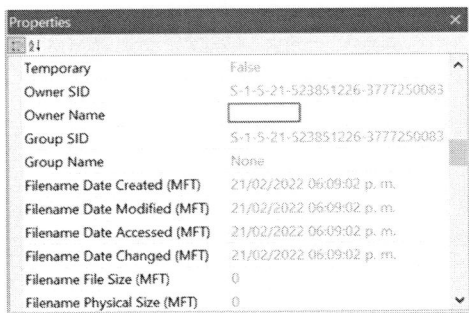

Figura 6-74. Metadatos contenidos en un recurso multimedia

Malware. Dentro de cada artefacto analizado es factible encontrar malware en su contenido, que provoca determinados cambios en el dispositivo, como el uso de batería excesivo, cierres inesperados, daño o borrado de información, uso del almacenamiento del dispositivo, la interrupción de las comunicaciones. Para su análisis debe crear un entorno especializado y determinar su funcionamiento.

Copias de seguridad. La portabilidad de los dispositivos móviles aumenta la posibilidad de daño y pérdida de la información que contienen; por lo que es posible que exista una copia de seguridad almacenada en el dispositivo o almacenada en internet del fabricante. Eso puede ofrecer información sobre su creación, contenido y destino.

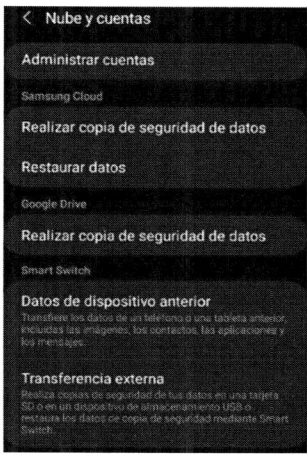

Figura 6-75. Opciones para realizar copias de seguridad en un dispositivo Samsung.

Información en la nube. Estos datos pueden ser descubiertos a través del análisis realizado en las aplicaciones, los correos y las cuentas de usuario de cada dispositivo. La búsqueda de indicios en entornos de nube puede aumentar considerablemente la cantidad de información a analizar, debido a que puede existir más de una copia de seguridad, información aún más antigua o relacionada con otros dispositivos que hayan tenido un usuario malicioso.

Ubicación. La información que brinda el Sistema de Posicionamiento Global – GPS puede permanecer en los registros de un dispositivo durante algunos meses, incluso desde el uso de la aplicación que hace uso de este servicio. Esta información puede ser de gran ayuda en la determinación de una localización geográfica en un tiempo específico de un dispositivo y/o usuario durante eventos de interés de un procedimiento legal.

Configuración de accesibilidad. El análisis de la configuración de accesibilidad de un dispositivo le puede brindar al investigador estadísticas del uso del dispositivo y pulsaciones en la pantalla táctil, demostrando las habilidades avanzadas o limitadas de un usuario, incluso determinar si posee alguna discapacidad.

Permiso de aplicación. Los permisos de una aplicación móvil muestran el acceso hacia características e información del dispositivo cuando se encuentra en uso o se ejecuta en segundo plano. Los permisos que son solicitados y no son necesarios para el funcionamiento de una aplicación pueden ofrecer indicios de un funcionamiento malintencionado[11].

A partir de los aspectos clave para el análisis de dispositivos móviles, se concentrará en los sistemas operativos más conocidos: iOS y Android.

6.6.5.1 Análisis en sistemas iOS

Los dispositivos móviles con sistemas iOS realizan el cifrado robusto para sus artefactos, como bases de datos, registros y configuración del sistema. En caso de que se realice un análisis no consensuado sobre este tipo de dispositivo, puede ser complicado acceder a su contenido.

Para realizar un análisis estructurado, a continuación, se describe la organización de directorios y artefactos en el sistema:

Directorio / Enlace	Descripción
Applications	Es un enlace simbólico hacia el artefacto */var/stash/Applications.pwn*.
bin	Contiene los archivos ejecutables del sistema.
cores	Normalmente vacío.
dev	Contiene archivos de dispositivos esenciales, como puntos de montaje para hardware conectado.
Developer	Normalmente vacío a menos que el dispositivo se use para el desarrollo de recursos.
etc	Es un enlace simbólico a *private/etc/*.
lib	Normalmente vacío.
Library	Contiene configuraciones y complementos del sistema.
mnt	Normalmente vacío, puede montarse un sistema de archivos según sea necesario.
private	Contiene los directorios *etc* y *var*, donde se encuentran artefactos como *fstab*, *passwd*, entre otros.
sbin	Contiene ejecutables del sistema.
System	Contiene las preferencias del sistemas, además de las del dispositivo.

---

[11] Koppolu N. (2021). "A Deep-dive Analysis on WhatsApp Artifacts and their Relevance in Crime Investigation". *International Research Journal of Engineering and Technology (IRJET),* vol. 8, núm. 08, p. 3101-3105.

tmp	Es un enlace simbólico a *private/var/tmp*.
User	Es un enlace simbólico a */var/mobile*.
usr	Contiene binarios de línea de comandos no esenciales, bibliotecas, archivos de encabezado y otros datos.
var	Es un enlace simbólico a */private/var/*.

Tabla 6-20. Estructura de directorios en el sistema iOS

Cifrado de información

La manera de cifrar cada recurso en los dispositivos iOS se lleva a cabo a través de una metodología de encriptación de archivos llamada "Protección de datos".

Parte de esta metodología se realiza a través de los volúmenes de sistema firmado (*Signed System Volume* – SSV), los cuales contienen un mecanismo en el kernel que comprueba la integridad del contenido del sistema durante la ejecución, así como su actualización, rechazando cualquier dato, ya sea código o no, que no cuente con una firma criptográfica válida del fabricante Apple. Además, el SSV refuerza el mecanismo de integridad al agregar funciones hash, lo que lo habilita para incluir todos los bytes de los datos de un archivo. Los datos del dispositivo de almacenamiento interno (incluidos los metadatos del sistema de archivos) se generan a través de una función hash, posteriormente el resultado se compara con un valor esperado en los metadatos del sistema de archivos. En caso de no coincidir, el sistema asume que los datos han sido alterados y no los devolverá al software que los solicita.

El algoritmo de cifrado del SSV es *SHA256* y se almacena en el árbol de metadatos del sistema de archivos principal. Debido a que cada nodo del árbol comprueba de forma recursiva la integridad de los valores hash de los elementos secundarios, el valor hash del nodo raíz (sello) abarca cada espacio en el SSV, lo que significa que la firma criptográfica cubre todo el volumen del sistema. Los cargadores de arranque de los dispositivos iOS comprueban que el sello se encuentre intacto y coincida con un valor firmado por Apple antes de permitir que el dispositivo inicie el kernel. Los usuarios no pueden desactivar la protección de SSV en los dispositivos iOS.

Además, los sistemas operativos iOS ofrecen capas de protección adicionales para asegurar que las aplicaciones móviles (conocidas como apps) no contengan ningún malware conocido y no hayan sido alteradas por terceros. Esto genera una cuidadosa mediación en el acceso que solicitan las apps a los datos del usuario; por ello, todas las apps se obtienen en la tienda oficial (App Store) en una zona protegida en primera instancia[12].

---

[12] *Seguridad del volumen del sistema firmado en iOS, iPadOS y macOS* (s. f.). Apple Support [en línea]. Recuperado el 30 de junio de 2022 de: <https://support.apple.com/es-mx/guide/security/secd698747c9/1/web/1>.

Artefactos de base de datos (SQLite)

Todas las aplicaciones en los sistemas iOS realizan el almacenamiento de sus datos en artefactos de tipo bases de datos de SQLite. El contenido de estos artefactos puede ser visible con herramientas que leen e interpretan los datos de este formato.

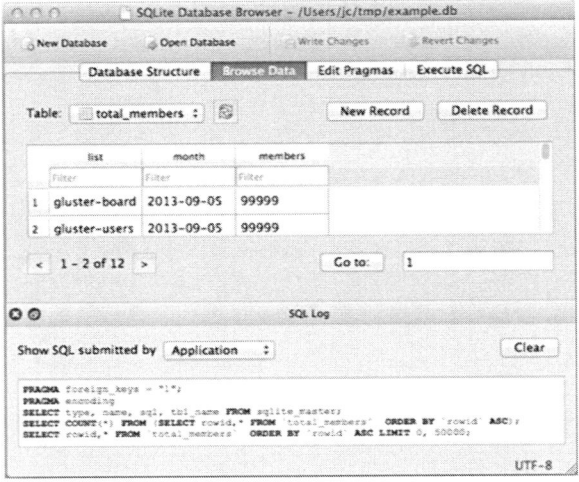

Figura 6-76. Interfaz de la herramienta SQLite Browser
<https://sqlitebrowser.org/>

Artefactos de listado de propiedades (*plist*)

En los sistemas iOS, los artefactos más utilizados se encuentran con el formato *plist* (*PropertyList*) y comúnmente poseen información de configuraciones y preferencias en el sistema y el dispositivo. Su contenido puede ser visto con cualquier editor de texto.

Con el conocimiento adquirido sobre la estructura y organización de los sistemas iOS, las actividades de análisis de indicios deben centrarse en la ubicación de los artefactos que podrían convertirse en una evidencia trascendental durante una investigación. A continuación se muestra un listado de los directorios y artefactos más sobresalientes en los dispositivos móviles con iOS:

Directorio	Descripción
/private/var/mobile/Applications	Lista las aplicaciones instaladas en el sistema.
/User/Applications/	Contiene el identificador del dispositivo y contiene aplicaciones instaladas en el sistema por un usuario.

<Application_Home>/AppName.app	Contiene el paquete de aplicaciones. Este archivo no se respalda.
<Application_Home>/Documents/	Contiene artefactos relacionados con cada app.
<Application_Home>/Library/	Contiene artefactos específicos de la aplicación.
<Application_Home>/Library/Preferences /	Contiene artefactos de preferencias de aplicaciones.
<Application_Home>/Library/Caches/	Contiene el artefacto de soporte específico de la aplicación y no se realiza una copia de seguridad.
<Application_Home>/tmp/	Contiene artefactos temporales del sistema.

Tabla 6-21. Directorios más relevantes en el análisis de sistemas iOS

Artefacto	Descripción
/private/var/root/Library/Lockdown/data _ark.plist	Contiene información del titular de la cuenta y el dispositivo.
/private/var/mobile/Library/Accounts/Ac counts3.sqlite	Protege información de la cuenta.
/private/var/mobile/Library/DataAccess/ AccountInformation.plist	Contiene información de la cuenta que se usó para configurar las aplicaciones.
/private/var/root/Library/Preferences/co m.apple.preferences.network.plist	Registra la información de las redes inalámbricas del dispositivo.
/private/var/mobile/Library/Caches/com. apple.mobile.installation.plist	Contiene la lista de las aplicaciones instaladas.
/private/var/mobile/Library/Preferences/ com.apple.AppStore.plist	Contiene la configuración de la App Store.
/private/var/mobile/Library/preferences/	Contiene información de la configuración y los ajustes.
/private/var/root/Library/Lockdown/Pair _records/	Contiene registros de dispositivos emparejados y certificados de bloque y emparejamiento.
/private/ var/preferences/Systemconfiguration/co m.apple.network.identification.plist	Contiene información de la red y sus características.
/private/var/mobile/Library/BullitenBoar d/ClearedSections.plist	Contiene un registro de las notificaciones borradas.

/private/var/keychains/Keychain-2.db	Protege las contraseñas guardadas en el sistema.
/private/var/wireless/Library/Preferences/com.apple.commcenter.plist	Almacena información sobre la tarjeta SIM.
/private/var/mobile/Library/Preferences/com.apple.springboard.plist	Contiene el orden de las aplicaciones en cada pantalla.
/private/var/logs/	Contiene los registros del sistema.
/private/var/preferences/SystemConfiguration/com.apple.wifi.plist	Contiene el registro de las redes Wi-Fi conocidas y la información relacionada a ellas.
/private/var/mobile/Library/	Contiene los datos relacionados con la comunicación, las preferencias, el historial de Internet y la memoria caché, las pulsaciones de teclado.
/private/var/mobile/Media/	Contiene la información de archivos multimedia como audios, vídeos o fotos del usuario.
/private/var/mobile/Library/AddressBook.sqlitedb	Almacena el directorio de contactos del dispositivo.
/private/var/wireless/Library/CallHistory/Call_History.db	Contiene el histórico de llamadas telefónicas.
/private/var/mobile/Library/Calendar/Calendar.sqlitedb	Protege el calendario del sistema.
/private/var/mobile/Library/Mail/	Registra los correos contenidos en el dispositivo.
/private/var/mobile/Library/Preferences/com.apple.Maps.plist.	Contiene la información relacionada con las últimas búsquedas, las coordenadas de longitud y latitud de los mapas propios de Apple.
/private/var/mobile/Library/Notes/notes.sqlite	Contiene las notas creadas por el usuario.
/private/var/mobile/Library/caches/com.apple.UIKit.pboard	Almacena los datos del portapapeles del dispositivo.
/private/var/mobile/Library/Keyboard	Contiene la configuración de las preferencias y lenguajes del teclado.
/private/var/root/Library/Caches/locations/consolidated.db */private/var/root/Library/Caches/locations/cache_encryptedA.db*	Contiene información de ubicación GPS relacionada con cada punto de acceso Wi-Fi y la torre de telefonía móvil que alcanzó el teléfono.

/private/var/mobile/Library/Caches/Snapshots/	Contiene las capturas de pantalla realizadas por el usuario.
/private/var/mobile/Applications/$app_UID/Library/Caches/Snapshots	Contiene las capturas realizadas por la aplicación.
/private/var/mobile/Library/Spotlight/	Almacena las peticiones al buscador en el dispositivo por el usuario.
SMS	
/private/var/mobile/Library/SMS/sms.db	Registra los SMS, MMS y los mensajes de la aplicación iMessages enviados y recibidos.
/Library/SMS/Attachments/	Almacena los adjuntos enviados a través de SMS, MMS o iMessages.
/Library/SMS/Drafts	Almacena los borradores guardados por el usuario.
Información de navegación	
/private/var/mobile/Library/Safari/Bookmarks.db	Almacena los marcadores de navegación.
/Library/Cookies/Cookies.binarycookies	Protege las cookies de navegación.
/Library/Caches/Safari/Recentsearches.plist	Almacena las búsquedas más recientes que fueron realizadas por el usuario.
/Library/Preferences/com.apple.mobilesafari.plist	Registra las preferencias de navegación del usuario.
/Library/Safari/Suspendedstate.plist	Registra el estado del navegador Safari cuando el usuario apaga el dispositivo o cuando el navegador está dañado.
/Library/Safari/Thumbnails/	Almacena las miniaturas de la actividad del navegador.
/Library/Caches/com.apple.mobilesafari/Cache.db	Contiene las descargas recientes y los objetos almacenados en el caché por el navegador.
/Library/Safari/History.plist	Contiene el historial de navegación del usuario.

Tabla 6-22. Artefactos más relevantes durante el análisis a sistemas iOS

6.7.5.2 Análisis en sistemas Android

Debido a que no existe una herramienta que correlacione cada indicio y obtenga evidencias por sí sola, el analista debe comprender la arquitectura de los sistemas Android a la perfección para llevar a cabo un análisis forense completo, ya que es posible encontrar hallazgos relevantes durante su procedimiento. En el presente apartado se detallan los puntos esenciales a considerar en un análisis en este tipo de sistemas.

Modo Depuración USB

Habilitar este modo de depuración en el dispositivo proporciona acceso a la información que contiene a través de la conexión *Android Debug Bridge* – ADB. A partir de la versión 4.2 de Android, las opciones de desarrollador están ocultas de forma predeterminada y deben ser habilitadas en todo dispositivo que debe ser analizado. A continuación, se ofrecen los pasos generales para habilitar el modo depuración USB:

1. En el menú de configuraciones, busca la opción *"Número de compilación"* o *"Build Number"*. Una vez ubicada la opción, presiónala siete veces. Se mostrará una notificación sobre la habilitación del modo de desarrollador en el dispositivo.

2. Una vez habilitado el modo de desarrollador, se debe acceder a las *"Opciones de desarrollador"* o *"Developer Options"*.

3. Habilita la opción *"Depuración USB"* o *"USB Debbuging"*.

Los pasos y opciones a seguir para habilitar el modo de depuración USB en un dispositivo móvil pueden variar según el modelo y lenguaje del dispositivo. En caso de que el dispositivo a analizar no contenga alguna opción especificada anteriormente, podrá buscar alguna palabra clave relacionada en la barra de búsqueda de las configuraciones.

Nivel de acceso al contenido

La profundidad del análisis y la capacidad de recuperar la información dependerá del grado de acceso al dispositivo y su contenido. A continuación, se mostrarán los dos niveles de acceso que existen:

Nivel de acceso usuario. Este es el nivel que poseen todos los dispositivos móviles con sistemas Android por defecto, las carpetas y particiones del sistema se encuentran ocultas y sin acceso al usuario común.

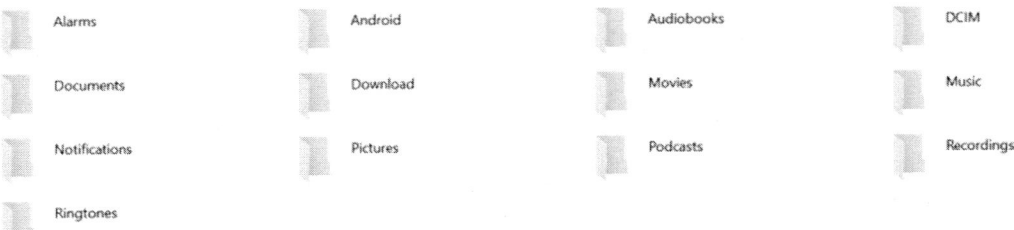

Figura 6-77. Visualización del sistema de archivos de Android a nivel de acceso usuario

Nivel de acceso administrador. En algunos casos, puede encontrar un dispositivo con sistema Android habilitado con permisos de superusuario. Como consecuencia de que este sistema operativo se basa en los sistemas GNU/Linux, también posee un usuario root con los más altos privilegios en el sistema; por lo que un dispositivo con este tipo de permisos también se lo conoce como "rooteado". Sin embargo, conseguir este nivel de acceso requiere de un cambio significativo en los procesos de seguridad e integridad del sistema Android instalado por el fabricante del dispositivo. Una vez con este nivel de acceso, los artefactos y rutas ocultos a un usuario común se vuelven visibles y accesibles para cualquier usuario, incluyendo a un investigador en informática forense.

Para determinar qué nivel de acceso posee el sistema, evitar instalar aplicaciones para determinarlo será imperativo; por lo que se puede realizar una búsqueda de aplicaciones que permitan rootear el dispositivo o la navegación por rutas específicas por el dispositivo para determinarlo.

La mayoría de la información que se analiza en los sistemas Android se encuentra en bases de datos de tipo SQLite para utilizar su formato de código abierto con el objetivo de almacenar datos de manera estructurada. Estas bases de datos contendrán los artefactos más relevantes para un analista y se encuentran con la ruta */data/data/<Nombre del paquete de la aplicación>/databases/<nombre base de datos>*. Los artefactos más relevantes en los sistemas Android son:

Artefacto	Descripción
/data/data/	Contiene los datos de las aplicaciones que generalmente se instalan en un subdirectorio de esta carpeta.
/data/data/com.android.browser	Artefacto que contiene los archivos de datos del navegador por default.
/data/data/com.android.providers.contacts/databases/contacts2.db	Almacena la información relacionada con los contactos .
/data/data/com.android.providers.contacts/databases/calllog.db	Contiene la información relacionada con las llamadas entrantes, salientes y perdidas.
/data/data/com.android.providers.telephony/databases/mmssms.db	Protege la información relacionada con los mensajes SMS y MMS.
/data/data/com.android.providers.telephony/databases	Contiene datos de todas las tarjetas SIM utilizadas en el dispositivo, incluido el *Internacional Circuit Card Identifier* (ICCID), el número de teléfono (si se almacenó en la tarjeta SIM) y el *Mobile Country Code* (MCC) y *Mobile Network Code* (MNC), que se utilizan para identificar al proveedor de la red.
/data /data/com.android.providers.downloads/databases/downloads.db	Almacena la información relacionada con los archivos descargados de internet.
/data/com.whatsapp/databases/wa.db	Protege la información sobre los contactos de la aplicación WhatsApp.

/data/com.whatsapp/databases/ msgstore.db	Contiene la información sobre los mensajes de texto en la aplicación WhatsApp.
/data/data/com.facebook.katana/databa ses/prefs_db	Almacena la información sobre el perfil de usuario de la aplicación Facebook.
/data/data/com.facebook.katana/databa ses/contacts_db2	Contiene la información sobre los contactos de los usuarios dentro de la aplicación Facebook.
/data/data/com.facebook.katana/databa ses/threads_db2	Protege la información sobre los mensajes privados de la aplicación Facebook.
/data/com.google.android.apps.maps/dat abases	Almacena los datos relacionados con la aplicación Google Maps.
/data/data/com.skype.raider/databases/	Almacena información relevante de la aplicación Skype.
/data/data/com.facebook.orca/database s/	Protege la información utilizada por la aplicación Messenger.
/data/data/com.google.android.gm/	Contiene información asociada con la aplicación Gmail.

Tabla 6-23. Artefactos más relevantes en los sistemas Android

Buenas prácticas para el análisis de dispositivos móviles

Durante el análisis de sistemas iOS y Android, algunas buenas prácticas que un investigador forense en materia de informática debe seguir son:

- Puesta a punto del entorno de análisis.
- Validación de permisos y/o jurisdicciones involucradas.
- Definición de un alcance y limitaciones para el análisis.
- Aislamiento del dispositivo a través de materiales antiestáticos.
- Captura fotográfica del estado inicial del dispositivo.
- Documentación del estado, ubicación, fecha y horario del dispositivo a analizar. Si el dispositivo se encuentra encendido, hay que documentar el estado de la batería, de la red y la pantalla.
- Evitar actividades intrusivas que pudiesen modificar o dañar los indicios.
- Expulsar el dispositivo SIM del dispositivo.
- Expulsar el almacenamiento externo.
- Activación del "modo avión" en el dispositivo en caso de ser necesario.
- Filtrado por extensión, palabras clave, tamaño o contenido en artefactos.
- Análisis de cuentas asociadas al dispositivo.

- Análisis del contenido de la información en las aplicaciones.

- Análisis de los respaldos asociados al dispositivo.

- Análisis de los metadatos de los artefactos y las evidencias.

Los análisis en los entornos móviles pueden ser realizados con ayuda de herramientas de software libre, pero debido a la falta de mantenimiento y mejoras pueden quedarse rezagadas en comparación con las nuevas versiones que salen constantemente en el mercado. Las herramientas comerciales pueden ser de gran ayuda para analizar la información. Estas herramientas pueden implementar inteligencia artificial (IA) y Machine Learning (ML) para la búsqueda de indicios que se conviertan en evidencia. Entre las herramientas más reconocidas, se encuentran:
- Cellebrite UFED
- Oxygen
- Elcomsoft

Los procesos descritos se reflejan en el siguiente diagrama de flujo de Análisis de indicios y extracción de evidencias:

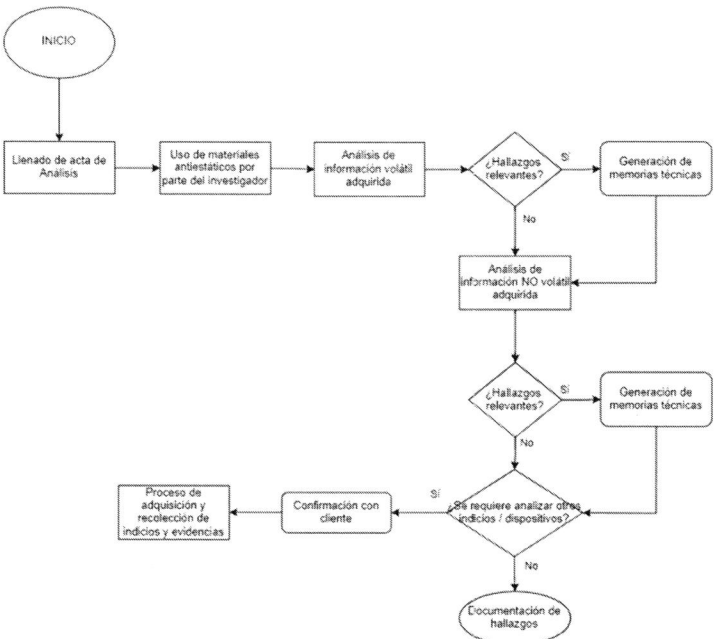

Figura 6-78. Diagrama de flujo de la fase de Análisis de indicios y extracción de evidencias

6.7 FASE 6: DETERMINACIÓN Y DOCUMENTACIÓN DE HALLAZGOS

Este proceso requiere una documentación estricta, emitiendo respuestas que deben ser claras, concisas y muy cuidadosas para no involucrar o influir en ninguna parte de forma directa o indirecta respecto de las interrogantes que esclarecen un incidente de ciberseguridad. Esta fase se considera como una guía para el investigador y una antesala de la creación de los informes finales y el dictamen pericial debido a la determinación de hallazgos, la correlación de cada evidencia obtenida y la respuesta a las siguientes preguntas:

Definición de un ¿qué?

La respuesta a esta pregunta resulta de la descripción del contenido, funcionamiento e impacto de cada evidencia obtenida durante la fase de análisis, y representa la causa del incidente de seguridad informática.

Definición de un ¿dónde?

El esclarecimiento de la ubicación donde fue encontrada la evidencia se realiza a través del seguimiento del proceso de etiquetado de los indicios físicos y lógicos, determinando el dispositivo y componente donde se alojaba.

Definición de un ¿cómo?

Para definir la respuesta a esta interrogación se aprovecha la documentación de cada fase y la correlación de cada indicio, actividad, procedimiento, evidencia y cada actividad que se generó durante el incidente de ciberseguridad.

Definición de un ¿cuándo?

El posicionamiento temporal de las actividades relativas a un incidente de seguridad informática facilitará la creación de una secuencia de cada actividad realizada durante el incidente de ciberseguridad.

Definición de los involucrados

La definición del autor de un incidente de seguridad informática, ya sea un usuario o un grupo delictivo, dependerá de los siguientes factores:

> **Estado del equipo.** En el escenario donde el estado del equipo no permite la lectura y extracción de la información requerida para la investigación, los requerimientos para su reconstrucción podrían rebasar las capacidades de un investigador y limitar el acceso a la evidencia que revele el autor del incidente de ciberseguridad.

> **Integridad modificada.** Este condicionante se presenta cuando los dispositivos y sistemas han sido tratados por un personal no capacitado en el ámbito de la informática forense, lo que abre la posibilidad al uso de herramientas que alteren

la integridad de los indicios. La cadena de custodia podría perderse por completo y crear un riesgo potencial para invalidar toda la investigación.

Fortalecimiento del ataque informático. Este campo depende de la experiencia y habilidades que posean los usuarios maliciosos en el momento de provocar el incidente de seguridad. El conocimiento de procesos forenses y de seguridad informática podría brindar una guía al usuario malicioso sobre qué artefactos e información podrían comprometer su anonimato.

En casos específicos, donde es posible determinar el autor de un incidente de ciberseguridad, ya sea un usuario o grupo delictivo, no puede ser asociado a una persona. Esto sucede debido a que un usuario es un elemento existente en una instancia digital (usuarios, alias, contraseñas, entre otros), que se asigna a una persona que pertenece al mundo físico. Debido a esta conexión entre elementos de diversos contextos, se requiere la actuación de un agente externo (institución, organización, entre otros) que brinde información que pueda relacionar la asignación de un elemento digital a una persona inequívocamente a través de algún proceso interno (asignación de usuario, correo, contraseña, equipos, entre otros).

En informática, a la capacidad de demostrar o probar la entrega y recepción de información por alguna de las partes a través de algún medio (correo, notificación, mensaje, entre otros) se la conoce como "No repudio", lo que genera la necesidad de comprobar la recepción o el envío de información a través de los metadatos de artefactos de un recurso o plataforma. Será facultad exclusiva de la entidad jurídica determinar las personas físicas que han sido responsables de un delito informático utilizando la información presentada en este apartado y la documentación que la complemente.

Definición de un ¿por qué?

Esta respuesta depende de una confesión expresa del autor del incidente de ciberseguridad, lo que requiere de la intervención de otros agentes, criminólogos, psicólogos o especialistas de esta índole (capítulo 1.4), además de la participación de abogados, notarios u otra autoridad competente que certifique su contenido y pueda ser utilizado en un juicio. Debido a esto, es poco común que este interrogante pueda ser esclarecido.

6.8 FASE 7: ELABORACIÓN DEL DICTAMEN PERICIAL Y JUICIO EXPERTO

La fase culminante del marco de trabajo EDAPREHD es la elaboración de los informes finales y del dictamen pericial en materia de informática forense. Los informes finales serán destinados al solicitante de la investigación, mientras que el dictamen pericial será elaborado con dirección a una instancia legal. A través de la obtención de información relevante, y fruto del seguimiento del presente marco de trabajo, será posible la elaboración de los informes requeridos:

Informe ejecutivo

Es el informe que detalla gráficamente cada actividad que se realizó sobre su infraestructura tecnológica y provocó el incidente de ciberseguridad, obteniendo una respuesta concisa a las preguntas al respecto de su materialización. Su objetivo es facilitar la comprensión del informe en el foro donde se presenta, ya que será presentado al solicitante y a las personas relevantes de la investigación, el uso de gráficos como líneas de tiempo, animaciones, tablas, imágenes o demostraciones en vivo será de gran apoyo.

Informe técnico

Este informe es aquel que posee los detalles específicos al respecto de componentes, artefactos, rutas o procesos utilizados durante las actividades maliciosas con el objetivo de facilitar la reparación por el personal de tecnologías de la información de una organización. En el contenido de este informe también puede encontrarse la metodología utilizada, las herramientas, los hallazgos ordenados de mayor a menor criticidad y los anexos.

Dictamen forense

Este informe es realizado cuando el objetivo de una investigación es fortalecer una postura ante una instancia legal a través de las cualidades técnicas de un perito especializado; por lo que posee una connotación jurídica. Su contenido suele ser una combinación entre el lenguaje y contenido gráfico de un informe ejecutivo, y el fundamento técnico que respalde cada hallazgo para brindarle al dictamen las características de ser auditable y repetible.

Para la creación de un dictamen forense se deben considerar algunos criterios, estándares y directrices de organismos reconocidos internacionalmente, que especifican los requerimientos para la creación de este documento. Algunos de ellos son:

- *UNE 197010:2015.* Esta norma describe los criterios generales que deben seguirse para la elaboración de informes y dictámenes periciales sobre Tecnologías de la Información y las comunicaciones.

- *UNE 50132.* Define el contenido de un dictamen pericial, como título, capítulos y apartados.

- **INTERPOL** – *Global Guidelines for Digital Forensics Laboratories*. Esta guía de buenas prácticas define las directrices para realizar un dictamen final completo.

Posteriormente al estudio y análisis de cada norma, así como de las directrices mencionadas previamente, se proponen una serie de requerimientos base para la elaboración de un dictamen pericial con características de completitud, auditabilidad y validez jurídica en Latinoamérica, además de alinearse con cada fase del marco de trabajo EDAPREHD. La estructura propuesta es la siguiente:

- Antecedentes del servicio.
  - o Referencias al NDA/Contrato.
  - o Descripción del incidente.
  - o Objetivo de la investigación.

- ○ Resumen ejecutivo.
- Entorno de la investigación.
    - ○ Alcance de la investigación.
    - ○ Personal de la investigación.
    - ○ Estándares, normas, guías o marco de trabajo que fueron empleados en la adquisición, preservación, traslado y almacenamiento de los indicios.
    - ○ Documentación de la escena del delito.
    - ○ Procedimiento de adquisición de los indicios.
    - ○ Procedimiento de preservación de los indicios.
    - ○ Herramientas utilizadas en la adquisición, preservación y transporte de los indicios.
    - ○ Formatos que detallen el cuidado de la cadena de custodia.
- Proceso de análisis de los indicios y extracción de las evidencias digitales.
    - ○ Herramientas utilizadas.
    - ○ Proceso de análisis y extracción de evidencias.
    - ○ Correlación de evidencias.
- Descripción de los hallazgos.
- Nombre y firma de las personas involucradas en la elaboración y solicitud del servicio.
- Anexos.

A continuación, se definirá cada apartado del dictamen pericial en materia de informática:

Antecedentes del servicio

Referencias al contrato y acuerdo de confidencialidad

Este apartado del dictamen especifica la solicitud expresa de alguna organización, institución, representante legal o persona física para la realización del dictamen pericial; por lo que puede hacer referencia a los nombres especificados en el contrato y hacer referencia al seguimiento del acuerdo de confidencialidad, firmados previamente a la investigación.

Como buena práctica, se debe especificar un identificador hacia el control interno del investigador o empresa especializada que realizó la investigación.

Descripción del incidente

Este apartado debe contener una reseña sobre el incidente de ciberseguridad que fue el motivo por el cual se solicitó la investigación. Sumado a la descripción, y debido a que es un informe posterior al análisis, se puede mencionar el nivel de impacto hacia la infraestructura tecnológica o de información, los objetivos de las actividades maliciosas, y catalogar al incidente dentro de uno o varios tipos delito (capítulo 1.2).

Objetivo de la investigación

En esta sección debe ser redactado el objetivo de la investigación, el cual deberá emitir cierta certeza de la imparcialidad y validez sobre el punto de partida de la investigación; lo que requiere partir de conjeturas no probadas o requerimientos del cliente. Algunos ejemplos sobre la redacción de objetivos se describen a continuación:

- "Analizar la información recibida para determinar el origen de actividades no controladas en...".
- "Recabar información que alcaren el origen del incidente de seguridad detectado por...".
- "Conocer el impacto a la infraestructura tecnológica relacionado al incidente...".

Resumen ejecutivo

En esta sección se resumen de manera breve y concisa las actividades realizadas, así como los hallazgos obtenidos durante la investigación.

Entorno de la investigación

Definición del alcance del análisis forense

Un alcance bien definido en el dictamen pericial define los dispositivos, sistemas, usuarios, información o artefactos objeto de la investigación. El universo de recursos deberá ser claro y acotado para establecer un límite en la búsqueda de evidencias para la investigación del incidente de ciberseguridad.

Personal asignado para la investigación

La definición del personal que realizó alguna actividad dentro de la investigación puede ser apoyada con los siguientes apartados:

- Nombre completo.
- Identificador interno (si aplica). Identificador del investigador dentro de una organización.
- Credenciales. Se deben especificar las certificaciones, cursos, experiencia y formación que avalen la capacidad del investigador para realizar parte o toda la investigación.

Una autoridad competente, interesada en identificar a cada actor en una investigación, podría obtener una respuesta inmediata a través de una relación entre un investigador y la etapa en la que ha participado, como se muestra a continuación:

Nombre / Identificador	Etapa de la investigación asignada
Luis Ortiz	Adquisición, preservación, análisis, determinación de hallazgos y elaboración del dictamen pericial
Juan Pérez	Traslado

Tabla 6-24. Ejemplo de asignación de actores y actividades dentro de una investigación

Estándares, normas, guías o marco de trabajo utilizados

Dentro de un dictamen pericial, la especificación de cada directriz que se ha seguido durante los procesos de adquisición, preservación, traslado y almacenamiento seguro de los indicios proporcionarán un respaldo a cada actividad realizada y validez ante una entidad jurídica. Algunos ejemplos son:

"*RFC 3227*. El seguimiento a este estándar se refiere al proceso de recopilación y la documentación de indicios, determinando la volatilidad de cada uno de ellos para realizar la toma de decisión sobre qué información recolectar primordialmente".

"**ISO/IEC 27037:2012**. Las indicaciones para los procedimientos de identificación, recolección, adquisición y preservación de indicios digitales de este estándar han sido estrictamente seguidas a través de…".

El marco de trabajo EDAPREHD puede ser referenciado en su completitud debido a que sus pilares se encuentran basados en estándares internacionales, regionales y buenas prácticas, además de detallar cada fase de una investigación en informática forense; lo que incluye el análisis y la documentación de hallazgos.

"**EDAPREHD**. El seguimiento de este marco de trabajo proporciona los procedimientos para cumplir con los siguientes estándares internacionalmente reconocidos para la adquisición de indicios:

- *RFC 3227*
- *ISO/IEC 27037:2012*
- INTERPOL; *Global Guidelines for Digital Forensics Laboratory*

Este marco de trabajo, al poseer sus bases en los estándares más robustos para investigaciones forenses en términos de informática, proporciona validez ante instancias jurídicas en Latinoamérica y de manera internacional…".

Dictamen Pericial
Etapa final de la investigación, donde se redactan los hallazgos de manera concisa y clara.

Determinación de Hallazgos
Se decriben los hallazgos finales sin opinion o juicio del investigador.

Análisis de indicios y extracción de evidencias
Fase que describe como se analiza cada indicio, obteniendo evidencias a través del proceso.

Estudio del caso
Fase donde se obtienen los detalles del caso por medio de entrevistas, revisión de información o análisis de datos.

Escena del delito
Documentación de los componentes del lugar físico, lógico y digital donde se registró el delito informático.

Adquisición de indicios
Se enlistan todos los indicios y se, etiquetan para ser identificados fácilmente.

Preservación y traslado de indicios
Proceso que describe como se resguarda cada indicio que es transportado, asegurando su integridad y disponibilidad.

Figura 6-79. Representación gráfica del marco de trabajo EDAPREHD

Documentación de la escena del delito

Este apartado describe el estado de la escena en el momento de llegada del perito informático apoyándose en los medios gráficos obtenidos, como la captura fotográfica. Para detallar las condiciones de la escena del delito, el Acta de Documentación de la escena del delito de la fase 2 de la metodología EDAPREHD ofrecerá la información necesaria.

Procedimiento de adquisición de indicios

Para describir el proceso de adquisición de indicios se debe redactar brevemente cómo fueron realizadas las actividades, solo referenciar las directrices, procesos, estándares y buenas prácticas que se han seguido para llevarlas a cabo. El Acta de Adquisición de indicios, en la fase 3 del marco de trabajo EDAPREHD, contiene la información requerida para complementar este apartado. Por ejemplo:

"Los procesos determinados en el *RFC 3227* han sido estrictamente seguidos durante la adquisición de los indicios a través de su volatilidad, por lo que se adquirió la información volátil de...".

"Siguiendo las directrices del estándar *ISO/IEC 27037:2012*, se realizó el etiquetado de cada indicio obtenido...".

Procedimiento de preservación de la evidencia

En este apartado se describe de forma sencilla y ordenada cada proceso que se realizó para el embalaje, traslado y almacenamiento seguro de los indicios adquiridos en la escena del delito. Las actas generadas en la fase 4 del marco de trabajo EDAPREHD ofrecerán toda la información requerida para complementar este apartado. Por ejemplo:

"El procedimiento de embalaje fue generado a través del uso de materiales antiestáticos para el aislamiento de cada indicio obtenido y su traslado con el uso de un maletín especializado...".

"A través de los procedimientos establecidos en el estándar *ISO/IEC 27040:2105* se realizó el almacenamiento seguro de los indicios con ayuda de los mecanismos de acceso...".

"Como resultado del seguimiento de las buenas prácticas de la norma *UNE 71505-2:2013*, se creó el proceso de gestión de la evidencia con las acciones a través de la siguiente tabla, que especifica la etiqueta asignada a cada indicio...".

Herramientas utilizadas

Las herramientas utilizadas durante las fases de adquisición, preservación y traslado deberán ser mencionadas, y especificada la siguiente información:

- Nombre
- Fabricante
- Versión (si aplica)
- Uso u objetivo

Para aquellas herramientas que requieren una licencia para su uso, se debe hacer referencia a la licencia (no a la licencia en sí), la documentación y el soporte. En el caso de herramientas de software libre, se debe demostrar la integridad de cada herramienta, incluso puede estipularse en un anexo del dictamen pericial.

Proceso de análisis de indicios y extracción de evidencias digitales

Este apartado es la pieza fundamente en un dictamen pericial, ya que contiene el detalle a alto nivel de las actividades realizadas y la justificación sobre el análisis de los indicios que condujeron a la obtención de las evidencias digitales. Además, debe contener un respaldo de los estándares, directrices y/o marcos de trabajo en los que se apoyó el investigador para el análisis. A continuación se detalla un ejemplo:

"Siguiendo rigurosamente el estándar *ISO/IEC 27042:2015* se realizó el análisis del indicio con la etiqueta lógica ACME-01-LPTP-01-02-01122022, a través de la herramienta FTK Imager...".

Este proceso puede ser construido con ayuda en la fase 5 del marco de trabajo EDAPREHD.

Herramientas utilizadas

Contiene el listado de las herramientas utilizadas durante el análisis. De manera similar al proceso de adquisición, preservación y traslado de indicios, se requiere especificar la siguiente información:

- Nombre

- Fabricante
- Versión (si aplica)
- Tipo de licenciamiento
- Uso u objetivo

Para aquellas herramientas que requieren una licencia para su uso, se debe hacer referencia a la licencia (no a la licencia en sí), la documentación y el soporte. En el caso de herramientas de software libre, se debe demostrar la integridad de cada herramienta, incluso puede estipularse en un anexo del dictamen pericial.

Proceso de análisis de indicios y extracción de evidencias

Este apartado debe contener los datos obtenidos de cada indicio, el motivo por el cual se ha analizado, el motivo del análisis de algún recurso que resultó en la obtención de evidencias para la investigación. Ejemplo:

"Durante el análisis del indicio con la etiqueta ACME-02-PROC-01-01-04122022 indicaba la presencia de un proceso llamado *poom.exe*, al analizar los puertos asociados a este proceso en el indicio ACME-02-PUER-01-04-01122022 se encontró su ejecución en el puerto 8081. Durante el análisis del indicio con la etiqueta ACME-02-SERWEB-01-04-01122022 se encontró un artefacto que permite la ejecución de código remoto...".

Correlación de evidencias

Este apartado contiene la relación de cada evidencia con el objetivo de describir las actividades maliciosas que provocaron el incidente de ciberseguridad. Ejemplo:

"Como consecuencia de la obtención de evidencias que confirma la existencia de un servicio web no autorizado por la organización ACME en el dispositivo con la etiqueta ACME-02-15-LPTP-01, así como los puertos abiertos no reconocidos en el indicio con la etiqueta ACME-02-PUER-01-04-01122022 y el hallazgo del historial de navegación web que se encuentra en el indicio ACME-02-FIREWEB-01-04-01122022, se puede corroborar que el dispositivo formaba parte de un grupo de sistemas utilizados para el minado de criptomonedas para el sitio xxx.com".

Descripción de los hallazgos

Los hallazgos de una investigación deben ser claros, certeros, sin ambigüedades y libres de suposiciones por parte del analista. Debido a la relevancia y el foro al que va dirigido, los hallazgos deben ser redactados en un lenguaje sencillo evitando los términos técnicos en la medida de lo posible. Ejemplos de una correcta redacción de los hallazgos se muestran a continuación:

"Como consecuencia del análisis de los recursos borrados por el usuario del sistema ACME, se encontró un artefacto asociado al software malicioso que permitió el acceso no autorizado al dispositivo que contiene la base de datos de la organización ACME...".

"El 2 de abril, a las 09:30 h, del centro de la ciudad de Bogotá en Colombia, la cuenta de correo gerente1@acme.com recibió un correo con un documento adjunto, que al ser analizado resultó contener software malicioso que permitió el acceso remoto al dispositivo para el usuario desarrollo3 en el sistema...".

Algunas preguntas que los hallazgos deben esclarecer son:

- ¿Cuándo fue vulnerado el equipo?

- ¿Cómo fue vulnerado el equipo?

- ¿Qué usuario llevó a cabo el incidente de seguridad?

- ¿Qué vector de ataque utilizó el usuario malicioso?

- ¿Qué impacto tuvo el incidente de ciberseguridad?

- ¿Pudo recuperarse la información afectada?

Si bien no todas las cuestiones podrán ser respondidas en todos los casos, un analista forense debe priorizar el mayor número de respuestas e información respecto a un incidente de seguridad. Como apoyo gráfico, se puede crear una línea de tiempo que esquematice el procedimiento que se llevó a cabo durante las actividades maliciosas para facilitarla a un personal no técnico. Como nota importante, durante la redacción de los hallazgos, en ningún caso deberá asociarse a una persona física, debido a que esta señalización es únicamente en virtud de una autoridad jurídica.

Las bases de este apartado del dictamen informático estarán en la fase 6 del presente marco de trabajo.

Anexos

El último fragmento, pero no menos importante de un dictamen pericial, contendrá todos los artefactos que puedan generar un mejor entendimiento sobre los procesos, hallazgos, herramientas o información que puedan ser de valor para la investigación, y sean muy extensos para ser citados por completo en el dictamen. Estos anexos pueden contener:

- Permisos emitidos por el solicitante o la autoridad competente.

- Artefactos analizados o recuperados.

- Archivos de ofimática que poseen información de relevancia para la investigación.

- Archivos multimedia analizados o recuperados.

- Glosario. Tendrá como objetivo explicar los términos más técnicos que son de interés para las personas involucradas e interesadas en el caso de que no posean formación en ámbitos informáticos. Este glosario puede contener:

  - Definiciones. Referidas a tecnicismos que son estrictamente necesarios en el informe y que el lector deberá conocer para el entendimiento completo del dictamen (ejemplos: dirección IP, puerto, dirección MAC, firma hash, entre otros).

  - Abreviaturas. Si bien dentro del contexto en el primer nombramiento de los organismos, procesos o entidades deberán contener su significado, este apartado proporcionará al lector ubicar el significado de una abreviatura específica en cualquier momento.

Juicio experto

Una vez terminada la investigación y la entrega de los informes, cabe la posibilidad de que la presencia de los investigadores sea requerida para la exposición de procesos, hallazgos y credenciales que los habilitan para realizar sus funciones.

Su contraparte será un profesional de la informática forense cuyo único objetivo es analizar un dictamen pericial en materia de informática para ofrecer su opinión al respecto de la validez de los procedimientos y análisis realizados que se detallan en el documento.

Ambos profesionales serán conocidos como "testigo de juicio experto" ante una instancia jurídica. Aunque el requerimiento de fecha, hora y lugar específico de cuándo será requerida su presencia para defender o analizar un dictamen pericial en materia de informática no puede definirse de manera arbitraria, deberá acudir en el momento en que sea requerido para cumplir con su objetivo por la instancia jurídica correspondiente. Cabe señalar que, en el caso de haber pertenecido a una organización especializada en informática forense en el momento de la elaboración del dictamen, deberá acudir a la audiencia establecida aun si ya no trabaja para dicha organización en el momento de la solicitud de su presencia.

6.9 EXPECTATIVAS

Teniendo en cuenta que la informática forense es una ciencia que se encarga de la adquisición, preservación y análisis de indicios para la extracción de evidencias, existe un problema en la actualidad: el aumento significativo en los incidentes de ciberseguridad que influye en una gran cantidad organizaciones en el mundo de forma constante requiere de más y mejores investigadores para ofrecer una atención especializada.

El objetivo primordial de la creación del marco de trabajo EDAPREHD es ofrecer una referencia para cualquier profesional de la informática que desee acceder al ámbito forense en materia de informática a través de las siete fases que lo componen, previamente estudiadas, analizadas y robustecidas a partir de directrices, normas, buenas prácticas y estándares internacionalmente reconocidos y utilizados en la investigación de incidentes de ciberseguridad, con el objetivo de realizar dictámenes con validez en Latinoamérica y España.

Como cada obra que es pensada, elaborada y expuesta al público no pretende ser el único marco de trabajo disponible para los profesionales de la informática forense. Sin embargo, la creación del marco de trabajo EDAPREHD ha sido pensada como una base sólida en el procedimiento de mejora en la informática forense, departamentos de TI privadas y existentes en entidades gubernamentales, así como en la elaboración de requerimientos para servicios relacionados con investigaciones de un forense digital en empresas que sufren de incidentes de seguridad informática.

Asimismo, se pretende brindar una pauta para las autoridades e instancias jurisdiccionales en el fortalecimiento del marco legal para ofrecer un sentido de la consecuencia a los usuarios que realicen actividades maliciosas en infraestructuras tecnológicas de organizaciones, instituciones, entidades gubernamentales o en dispositivos de particulares.

CAPÍTULO 7
IMPLEMENTACIÓN DEL MARCO DE TRABAJO EDAPREHD

La implementación de los procesos, herramientas, estándares y buenas prácticas del marco de trabajo EDAPREHD permitirá a estudiantes y profesionales que quieren acceder recientemente al ámbito de la ciberseguridad, así como a aquellos que posean conocimientos sólidos, introducirse en la informática forense. Durante el presente capítulo se mostrarán simulaciones de investigaciones reales llevadas a cabo por el autor, protegiendo la privacidad de los datos e información real de cualquier persona, organización, incluso el software especializado involucrado en cada investigación.

Cabe mencionar que cada escenario que a continuación se detalla posee su particularidad, sus limitaciones y sus dependencias del marco legal de cada país y región donde se implemente. Sin embargo, la flexibilidad que brinda el marco de trabajo EDAPREHD facilitó la resolución de cada uno de ellos.

7.1 IMPLEMENTACIÓN DEL MARCO DE TRABAJO EDAPREHD EN UN ESCENARIO DE RANSOMWARE

7.1.1 CONTEXTO DEL ESCENARIO

En el departamento de seguridad informática de la empresa ACME en la ciudad de México existe un equipo de respuesta a los incidentes conformado por profesionales de la seguridad de la información. Además, en el departamento se encuentran algunos profesionales de la respuesta a los incidentes y analistas de la informática forense que conforman el equipo de incidentes de la empresa ACME.

El lunes 6 de junio de 2022, el departamento recibió una llamada urgente de la empresa LATAMX, en la cual se mencionó que algunos equipos de su infraestructura tecnológica habían sido cifrados durante la madrugada de ese mismo día y requerían el apoyo del equipo de respuesta a los incidentes para dar con una solución.

Siguiendo el proceso establecido en el marco de trabajo EDAPREHD, la empresa ACME realizó la firma del NDA emitida por LATAMX con el objetivo de conocer más información sobre el caso y dimensionar si sus capacidades cubrían las necesidades solicitadas. Al corroborar que las capacidades eran suficientes, ACME generó una cotización, la cual fue aceptada por LATAMX, e inició la creación y firma del contrato de servicios.

El equipo de respuesta a los incidentes de la empresa ACME acudió al lugar del incidente un par de horas posteriores a la solicitud del servicio. Durante su visita, los investigadores realizaron los procedimientos de respuesta a los incidentes conforme a los procedimientos establecidos en los estándares *ISO/IEC 27035-1:2016* y *NMX-I-289-NYCE-2016*, restaurando los servicios críticos de la empresa LATAMX en las 24 horas posteriores al incidente. Durante este proceso, el equipo de respuesta a los incidentes realizó la adquisición de imágenes forenses de los servidores y dispositivos de algunos de sus colaboradores para su análisis posterior. Se entregó un informe especificando las actividades realizadas por los especialistas, incluyendo las entrevistas, la documentación de la escena del delito, la adquisición de indicios, su preservación y traslado al laboratorio especializado de ACME para su análisis posterior.

7.1.2 ESTUDIO DEL CASO

Una vez terminadas las actividades realizadas por el equipo de respuesta a los incidentes, un investigador en informática analizó la documentación que fue entregada. En estos informes, se encontraban las entrevistas realizadas por el equipo de respuesta a los incidentes al personal de la empresa LATAMX. La información más relevante es la siguiente:

Pregunta 1: ¿Hubo algún alertamiento o amenaza de ataque?

Respuesta del administrador de seguridad: "Sí, alrededor de las 01:55:12 h del sábado 4 de junio, la solución de antimalware envió un correo sobre la detección de ransomware en un equipo. Sin embargo, no se analizó por el especialista debido a que se encontraba en un evento anual en Perú y se asignó su análisis con un miembro de su equipo".

Pregunta 2: ¿Han existido cambios en el personal que tuviera conocimiento sobre los accesos o tecnologías en la infraestructura?

Respuesta del gerente de Tecnologías de la Información: "Sí, hace dos años hubo cambios en cuanto al puesto de administrador del servicio de Active Directory, además del administrador de seguridad hace un año".

Pregunta 3: ¿Algún integrante del equipo de los administradores de servicios y/o servidores ha recibido algún correo para introducir sus credenciales y/o descargar software?

Respuesta del administrador del servicio de active directory: "Sí, la semana pasada recibí un correo sobre la actualización de la plataforma de reuniones virtuales que utilizamos en la organización con remitente de su fabricante, nuestra solución de seguridad no lo detectó como maliciosa y actualicé el software sin percibir cambio alguno o indicio de mal funcionamiento".

La información analizada hasta este momento de la investigación propició la creación de las siguientes premisas:

- Infección de ransomware (comprobado).

- Posible robo de información a través de un delito informático de tipo phishing.

- Investigación centrada y con conocimiento previo de información relevante sobre la organización LATAMX por parte del o los atacantes.

Debido a que fueron grabadas digitalmente con el consentimiento de los entrevistados, se protege el contenido de las entrevistas según los estándares *ISO/IEC 27035-2* (2016) y *NMX-I-289-NYCE-2016*.

7.1.3 DOCUMENTACIÓN DE LA ESCENA DEL DELITO

La documentación de la escena del delito ha sido realizada por el equipo de respuesta a los incidentes, proporcionando el Acta de Aocumentación de la escena del delito, la cual contiene el indicador para cada dispositivo de la escena del delito con su respectiva captura fotográfica. La información más relevante se detalla a continuación:

Indicador	Descripción
1	Servidor de Active Directory
2	Servidor de Correos
3	Servidor de aplicaciones
4	Servidor de respaldos
5	Equipo personal asignado al administrador de Active Directory
...	...

Tabla 7-1. Parte del Acta de Documentación de la escena del delito realizada por el equipo de respuesta a los incidentes

7.1.4 ADQUISICIÓN DE INDICIOS

Esta fase de la investigación también fue realizada por el equipo de respuesta a los incidentes, documentando los resultados obtenidos en el Acta de Adquisición de indicios. Este documento contiene el análisis de riesgos correspondiente al proceso de adquisición, así como el registro de las etiquetas físicas y lógicas que son asignadas a cada indicio obtenido, que fortalecen la cadena de custodia establecida en los procedimientos previos. Parte de la información relevante se representa en la siguiente tabla:

Etiqueta física	Etiqueta lógica	Descripción
LATX-01-SRV-AD-01	*LATX-01-DD-IMGAD01-01*	Imagen forense del disco duro del servidor de Active Directory.
LATX-01-SRV-BK-01	*LATX-01-DD-IMGRES01-01*	Imagen forense del disco duro del servidor de respaldos.
LATX-01-LPTP-01-01	*LATX-01-DD-IMGLPTP01-01*	Imagen forense del disco duro de laptop del administrador del servicio de Active Directory.
...	...	...

Tabla 7-2. Tabla existente en el informe entregado por el equipo de respuesta a los incidentes con la relación de las etiquetas físicas y lógicas de cada dispositivo adquirido en la escena del delito

7.1.5 PRESERVACIÓN Y TRASLADO DE INDICIOS

1. El proceso de preservación de las evidencias se llevó a cabo de la siguiente manera:

2. Llenado y firmado del Acta de Preservación y traslado de indicios.

3. El traslado fue realizado en el vehículo corporativo.

4. A la entrega de los indicios obtenidos por el equipo de respuesta a los incidentes, se realizó la revisión y validación de cada identificador, dato, etiqueta física y lógica e información especificada en el Acta de Documentación de la escena del delito para completar el Acta de Entrega y recepción de indicios por un investigador forense que los recibió, lo que fortaleció la cadena de custodia.

5. Una vez que se validó la información contenida en cada acta, se realizó la protección de las evidencias de manera segura en el laboratorio de informática forense de la empresa ACME. Se anexó la documentación de los controles de acceso al laboratorio forense, así como su registro de accesos para asegurar la integridad de los indicios.

6. Se documentaron los controles y buenas prácticas del marco de trabajo EDAPREHD, que fueron seguidos por el personal del laboratorio para la preservación de los indicios:

    a. Etiquetado y registro de contenedores que contendrán los indicios.

    b. Captura fotográfica de los indicios y su sitio de protección.

7. Se realizó la creación de copias adicionales para el proceso de análisis de los indicios y la asignación de etiquetas físicas y lógicas. Un fragmento de la documentación generada es la siguiente:

Etiqueta física	Etiqueta lógica	Descripción
LATX-01-SRV-AD-01	LATX-01-DD-IMGAD01-01	Imagen forense del disco duro del servidor de Active Directory.
	LATX-01-DD-IMGAD01-02	Imagen forense de respaldo del disco duro del servidor de Active Directory.
	LATX-01-DD-IMGAD01-03	Imagen forense para análisis del disco duro del servidor de Active Directory.
LATX-01-SRV-BK-01	LATX-01-DD-IMGRES01-01	Imagen forense de disco duro del servidor de respaldos.
	LATX-01-DD-IMGRES01-02	Imagen forense de respaldo del disco duro del servidor de respaldos.
	LATX-01-DD-IMGRES01-03	Imagen forense para el análisis del disco duro del servidor de respaldos.
LATX-01-LPTP-01-01	LATX-01-DD-IMGLPTP01-01	Imagen forense de disco duro del equipo personal del administrador de Active Directory.
	LATX-01-DD-IMGLPTP01-02	Imagen forense de respaldo del equipo personal del administrador del Active Directory.
	LATX-01-DD-IMGLPTP01-03	Imagen forense para el análisis del disco duro del laptop administrador de Active Directory.

Tabla 7-3. Registro de las etiquetas físicas y lógicas creadas para la preservación de los indicios realizadas por el equipo de respuesta a los incidentes

7.1.6 ANÁLISIS DE INDICIOS Y EXTRACCIÓN DE EVIDENCIAS

Debido a la confirmación de la existencia de ransomware en el sistema en por lo menos un equipo, la fase de análisis de la evidencia comenzó con la creación de un ambiente controlado para el análisis de sistemas Windows y su puesta a punto con herramientas de apoyo para estos escenarios y con estricta adhesión a la norma *NMX-I-289-NYCE-2016*.

La priorización del análisis se realizó de la siguiente manera:

Potencial: Crítico   Impacto: Crítico

$$Nivel\ de\ prioridad = \frac{(100 * 50) + (100 * 50)}{100} = 100$$

Por lo que el nivel de prioridad fue **Inmediata:**

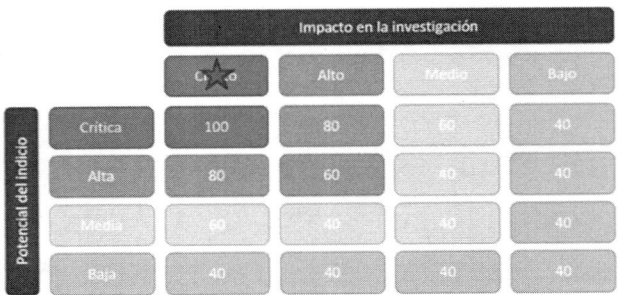

Las herramientas utilizadas durante la fase de análisis de los indicios se muestran en la siguiente tabla:

Nombre	Versión	Uso
Bloc de notas	22H2	Visualizador de textos.
Microsoft Office (Excel, PowerPoint y Word)	2204	Utilizado para integrar los datos recopilados de la investigación y la creación de informes.
Navegador Mozilla	110.0 (64-bit)	Navegador web para la búsqueda de información en fuentes abiertas.
Navegador Tor	10.5	Navegador web para el acceso al sitio especificado en la nota de rescate.
OS Forensics	8.0.1008	Herramienta de análisis forense.
Outlook	2016	Visor de correos electrónicos.
SublimeText	3.2.2	Búsqueda de patrones entre indicios y anotaciones.
Tableau Forensic Imager	Tx1	Creador de imágenes forenses.
Virus Total	API v3	Plataforma de análisis de malware en artefactos digitales.
VmWare Workstation	15.5.6	Virtualización de sistemas operativos.
Windows	10 pro	Sistema operativo donde se llevó a cabo el análisis.
Windows PowerShell	5.1.19041.2364	Obtención de firmas electrónicas de manera nativa.

Tabla 7-4. Herramientas utilizadas durante la investigación

Al iniciar el análisis se obtuvieron los datos del equipo personal del administrador del servicio de Active Directory a través de la imagen forense con la etiqueta lógica LATX-01-DD-IMGLPTP01-03:

Dato	Contenido
Nombre del equipo:	LATAMX_ALFA01
Sistema operativo:	Windows 10 Pro
ID del producto:	SA4RD-TGSAA-AAAKJ-NAALA
Raíz:	*C:\Windows*
Zona horaria:	Central Standard Time (México)
Último apagado el sistema:	03/06/2022 06:45:53 h

Tabla 7-5. Configuración de red del equipo personal del administrador del servicio de Active Directory

Se analizaron los usuarios existentes en el equipo y se obtuvo la siguiente información relevante:

Usuario	SID Windows	Fecha de creación
Administrator	S-1-5-21-2387991234-2387649271-86231913-500	01/03/2017 02:59:32 p. m.
Admin.ad	S-1-5-21-2981425171-2345678234-87324596-500	11/04/2019 10:52:08 a. m.
Alopez	S-1-5-21-2981425171-2345678234-87324596-1165	22/10/2018 09:32:11 a. m.
Pperez	S-1-5-21-2981425171-2345678234-87324596-1108	26/11/2020 04:31:09 p. m.

Tabla 7-6. Según los registros de usuarios en LATAMX, el usuario *Pperez* se corresponde con el antiguo administrador del servicio de Active Directory

Durante el análisis a los recursos eliminados en el sistema, en el directorio *C:\$Recycle.Bin* se encontraron recursos eliminados por el usuario *Admin.ad* con fecha de modificación del 02 de junio del 2022 a las 10:04:54 a. m., entre los cuales se encuentra un artefacto ejecutable asociado al software de videoconferencias utilizado en la organización LATAMX con el nombre *Poom.exe*:

Algoritmo firma hash	Firma hash
MD5	7068E6C3A84DC2B93DDCEC3A266C44E1
SHA256	21DE46ADEB3989E6543B75E08D1ED59685821613D3E4E8008C694D3BC7143CC2
SHA512	15CD1C47F78E2C1D519909F33F78615EA62FCE624DBF0641923928F4D479131314586C5781270839CCA6F07E711809EE20E0F506295DE82641E79FA5CF1476A1

Tabla 7-7. Firmas hash obtenidas del artefacto *poom.exe*

El análisis del correo electrónico del usuario *Alopez* se llevó a cabo a través del artefacto
%SystemRoot%\Users\alopez.LATAMX\AppData\Microsoft\Outlook\a.lopez@latamx.com.pst
y se encontraron los siguientes hallazgos:

Authentication-Results: spf=softfail (sender IP is ███████████)
smtp.mailfrom=outlook.com; dkim=pass (signature was verified)
header.d=outlook.com;dmarc=pass action=none
header.from=outlook.com;compauth=pass reason=100
Received-SPF: SoftFail (protection.outlook.com: domain of transitioning
outlook.com discourages use of ███████████ as permitted sender)
Received: from esa.hc5496-5.iphmx.com (████████) by
SN1NAM02FT0046.mail.protection.outlook.com (10.97.5.4) with Microsoft SMTP
Server (version=TLS1_2, cipher=TLS_ECDHE_RSA_WITH_AES_256_GCM_SHA384) id
15.20.5944.18 via Frontend Transport; ███████████ +0000
Received-SPF: Pass (esa.hc5496-5.iphmx.com: domain of
████████████████████ designates
40.92.44.16 as permitted sender) identity=mailfrom;
client-ip=██.██.44.16; receiver=esa.hc5496-5.iphmx.com;
envelope-from= ██████████████████████
x-sender= ██████████████████████
x-conformance=spf_only; x-record-type="v=spf1";
x-record-text="v=spf1 ip4:40.92.0.0/15 ip4:40.107.0.0/16
ip4:52.100.0.0/14 ip4:104.47.0.0/17 ip6:2a01:111:f400::/48
ip6:2a01:111:f403::/49 ip6:2a01:111:f403:8000::/50

**Figura 7-1. Detalles del correo malicioso que fue recibido el miércoles 1 de junio del 2022
a las 17:30:01 h del centro del México**

**Figura 7-2. El enlace malicioso dirige a un portal que no concuerda con la página oficial
del software Poom**

Se realizó el análisis del historial de navegación web del dispositivo portátil y se obtuvieron los siguientes hallazgos:

Se obtuvo un registro de acceso a la página <https://paginaphishing.com/?=khajslahfj93ns> por el usuario *Alopez* a las 17:37:23 h del horario de la ciudad de México, el miércoles 1 de junio del 2022:

Figura 7-3. Con posterioridad al acceso se encuentra la descarga del artefacto *Poom.exe*, que no se encuentra en la ubicación *C:/Users/alopez.LATAMX/Downloads*

Figura 7-4. Al acceder al enlace <https://paginaphishing.com/?=khajslahfj93ns>, se visualiza una página que no pertenece a la página oficial del software de videoconferencias Poom (<https://poom.com/Downloads>)

Al analizar el sitio <https://paginaphishing.com/?=khajslahfj93ns>, la selección del botón con la leyenda de *"Descarga"* genera la descarga automática de un artefacto llamado *Poom.exe*. Se generó su firma electrónica hash, que encontró la similitud con la firma del artefacto encontrado en los recursos eliminados del sistema en el directorio *C:\$Recycle.Bin*, y que posee una fecha y hora de modificación de miércoles 1 de junio del 2022, 17:43:19 h:

Origen	Nombre	MD5	SHA256	SHA512
$Recycle.bin	*Poom.exe*	52c40870402e0f63fe245c63e2f73683	21DE46ADEB3989E6543B75E08D1ED59685821613D3E4E8008C694D3BC7143CC2	15CD1C47F78E2C1D519909F33F78615EA62FCE624DBF0641923928F4D479131314586C5781270839CCA6F07E711809EE20E0F506295DE82641E79FA5CF1476A1
Portal web	*Poom.exe*	52c40870402e0f63fe245c63e2f73683	21DE46ADEB3989E6543B75E08D1ED59685821613D3E4E8008C694D3BC7143CC2	15CD1C47F78E2C1D519909F33F78615EA62FCE624DBF0641923928F4D479131314586C5781270839CCA6F07E711809EE20E0F506295DE82641E79FA5CF1476A1

Tabla 7-8. Comparativa entre el artefacto *poom.exe*, descargado del portal apócrifo, y el que se encontraba en la papelera de reciclaje del equipo personal del administrador del servicio de Active Directory

Al analizar el contenido del artefacto en el sitio de análisis de artefactos y páginas web llamada Virus Total (https://www.virustotal.com) se obtuvieron los siguientes resultados:

Figura 7-5. Resultado del análisis del artefacto *Poom.exe* en el portal de Virus Total

- Tipo de software: Ransomware

- Nombre: BlackCat

- Tamaño: 14,533 KB

- Tipo de cifrado: dfrpnzw

Al analizar el funcionamiento del ransomware BlackCat en un ambiente controlado se muestra la nota de rescate:

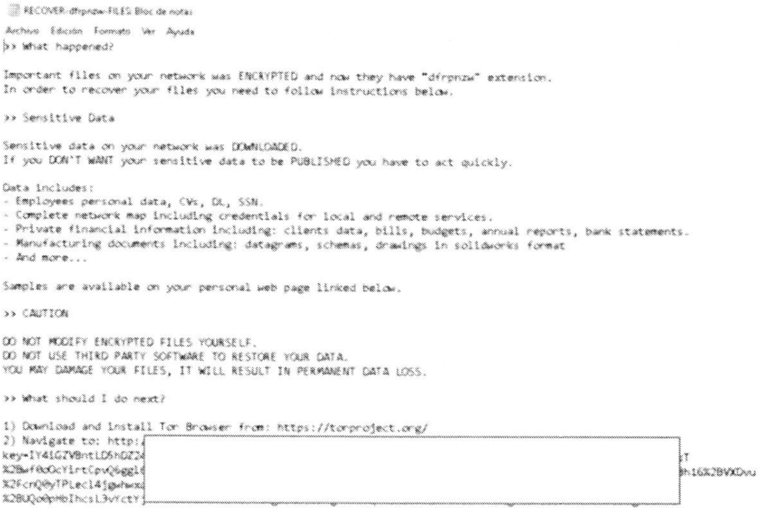

Figura 7-6. Nota de rescate del ransomware BlackCat

Al analizar el contenido del directorio de recursos temporales del sistema, se encontró evidencia de la creación de un directo en la ubicación *C:\temp* por el usuario *Admin.ad* el miércoles 1 de junio a las 17:43:12 h, donde se encontró una copia del ransomware BlackCat en un archivo llamado *Poom.exe*.

Al acceder al enlace mencionado en la nota de rescate se obtuvo el siguiente portal:

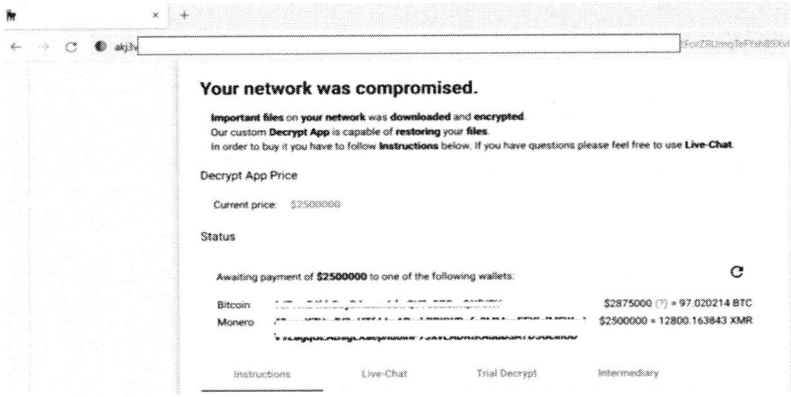

Figura 7-7. Instrucciones para realizar el pago del rescate de la información cifrada por el ransomware BlackCat

El 4 de junio del 2022, a las 01:55:12 h, la solución de antimalware corporativa envió una alerta de la presencia de software malicioso de tipo ransomware en diferentes equipos de la infraestructura tecnológica de la empresa LATAMX, todos con el mismo comportamiento:

ID	Ubicación

- 2904   *%WINDIR%\firefox.exe*
- 3416   *C:\Users\alopez.LATAMX\Downloads\Poom.exe*
    - 3676   *%TEMP%\Poom.exe*
    - 3748   *C:\Windows\System32\wuapihost.exe*
- 620   *C:\Windows\System32\cmd.exe*

File create

A suspicious file was observed .... Medium ● New ● Detected
Suspicious sequence of exploration activities .... Low ● New ● Detected
Suspicious behavior by cmd.exe was observed .... Medium ● New ● Detected

[81480] cmd.exe "cmd" /c "C:\Users\...
Suspicious behavior by cmd.exe was observed .... Medium ● New ● Detected

[122226...] REG ADD "HKLM\SOFTWARE\Microsoft\Windows N... /t /v Debugger /t REG_...
Sticky Keys binary hijack detected .... Medium ● New ● Detected

Figura 7-8. Alertamiento de la herramienta de antimalware corporativa de LATAMX

Al analizar la imagen forense del servidor de Active Directory, con la etiqueta lógica LATX-01-DD-IMGAD01-03, se obtuvieron los siguientes datos:

Dato	Contenido
Nombre del equipo:	LATAMX_AD.local
Sistema operativo:	Windows Server 2016
ID del producto:	LU245-A5C73-B276I-F4E1R
Raíz:	*C:\Windows*
Zona horaria:	Central Standard Time (México)
Último apagado del sistema:	06/06/2022 10:03:15 h

Tabla 7-9. Datos del servidor de Active Directory

Se analizó la configuración de red del equipo y se obtuvo la siguiente información:

Dato	Contenido
Tipo	DHCP
Dominio	latamx.com.mx
Dirección ip	123.90.110.130
Máscara subred	255.255.252.0
Gateway	123.90.10.254
DNS	123.90.10.252, 123.90.10.253

Tabla 7-10. Configuración de red del servidor de Active Directory

Al analizar el directorio de recursos temporales *C:\Windows\Temp* se encontró el artefacto *Poom.exe*:

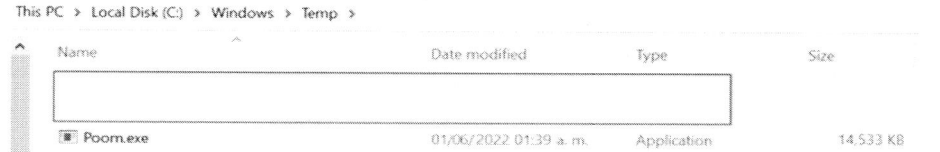

This PC › Local Disk (C:) › Windows › Temp ›

Name	Date modified	Type	Size
Poom.exe	01/06/2022 01:39 a. m.	Application	14,533 KB

Figura 7-9. Ubicación del artefacto *Poom.exe* en el directorio de artefactos temporales del servidor de Active Directory

Al obtener las firmas electrónicas del artefacto, se confirma que se trata del mismo artefacto que fue descargado en el equipo con la etiqueta LATX-01-DD-IMGLPTP01-03:

Origen	Nombre	MD5	SHA256	SHA512
LATX-01-DD-IMGLPTP01-03	*Poom.exe*	52c40870402e0f63f e245c63e2f73683	21de46adeb3989e6 543b75e08d1ed596 85821613d3e4e800 8c694d3bc7143cc2	15CD1C47F78E2C1 D519909F33F7861 5EA62FCE624DBF06 41923928F4D4791 31314586C578127 0839CCA6F07E7118 09EE20E0F506295D E82641E79FA5CF14 76A1
LATX-01-DD-IMGAD01-03	*Poom.exe*	52c40870402e0f63f e245c63e2f73683	21de46adeb3989e6 543b75e08d1ed596 85821613d3e4e800 8c694d3bc7143cc2	15CD1C47F78E2C1 D519909F33F7861 5EA62FCE624DBF06 41923928F4D4791 31314586C578127 0839CCA6F07E7118 09EE20E0F506295D E82641E79FA5CF14 76A1

Tabla 7-11. Comparativa entre los artefactos *poom.exe* del equipo personal del administrador y el servidor de Active Directory

Al analizar la imagen forense del servidor de respaldos de LATAMX con la etiqueta LATX-01-DD-IMGRES01-03 se obtuvieron los siguientes datos:

Dato	Contenido
Nombre del equipo:	LATAMX_BACKUPS
Sistema operativo:	Windows Server 2016
ID del producto:	41ER2-76GH2-11B54-LK231
Raíz:	*C:\Windows*
Zona horaria:	Central Standard Time (México)
Último apagado del sistema	06/06/2022 09:12:16 h

Tabla 7-12. Datos del servidor de respaldos

Se analizó la configuración de red del equipo y se obtuvo la siguiente información:

Dato	Contenido
Tipo	DHCP
Dominio	latamx.com.mx
Dirección ip	123.90.110.120
Máscara subred	255.255.252.0
Gateway	123.90.10.254
DNS	123.90.10.252, 123.90.10.253

Tabla 7-13. Configuración de red del servidor de respaldos

Al analizar el directorio de recursos temporales *C:\Windows\Temp* se encontró el artefacto *Poom.exe*:

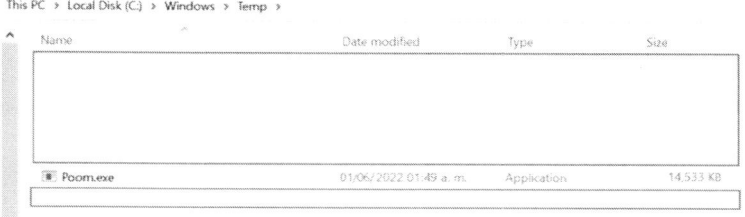

This PC › Local Disk (C:) › Windows › Temp ›

Name	Date modified	Type	Size
Poom.exe	01/06/2022 01:49 a. m.	Application	14.533 KB

Figura 7-10. Ubicación del artefacto *poom.exe* en el servidor de respaldos

Al obtener las firmas electrónicas del artefacto encontrado *Poom.exe* encontrado en el directorio de recursos temporales del servidor de respaldos, se confirma que se trata del mismo que fue descargado en los equipos con la etiqueta lógica LATX-01-DD-IMGLPTP01-03 y LATX-01-DD-IMGAD01-03:

Origen	Nombre	MD5	SHA256	SHA512
LATX-01-DD-IMGRESO1-03	*Poom.exe*	52c40870402e0f63fe245c63e2f73683	21de46adeb3989e6543b75e08d1ed59685821613d3e4e8008c694d3bc7143cc2	15CD1C47F78E2C1D519909F33F78615EA62FCE624DBF0641923928F4D479131314586C5781270839CCA6F07E711809EE20E0F506295DE82641E79FA5CF1476A1

LATX-01-DD-IMGLPTP 01-03	*Poom.exe*	52c40870402e0f63fe245c63e2f73683	21de46adeb3989e6543b75e08d1ed59685821613d3e4e8008c694d3bc7143cc2	15CD1C47F78E2C1D519909F33F78615EA62FCE624DBF0641923928F4D479131314586C5781270839CCA6F07E711809EE20E0F506295DE82641E79FA5CF1476A1
LATX-01-DD-IMGAD01-03	Poom.exe	52c40870402e0f63fe245c63e2f73683	21de46adeb3989e6543b75e08d1ed59685821613d3e4e8008c694d3bc7143cc2	15CD1C47F78E2C1D519909F33F78615EA62FCE624DBF0641923928F4D479131314586C5781270839CCA6F07E711809EE20E0F506295DE82641E79FA5CF1476A1

Tabla 7-14. Comparativa de la firma hash del artefacto *poom.exe* encontrado en tres dispositivos analizados

La búsqueda de información sobre las direcciones de las plataformas digitales de pago en criptomonedas no arrojó información relevante para la investigación.

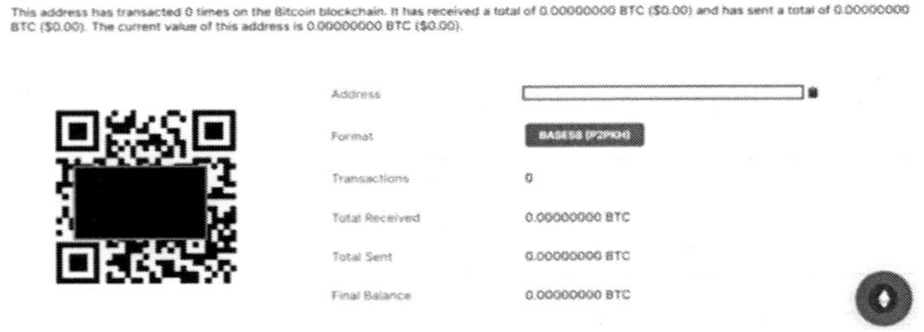

Figura 7-11. No se encontraron indicios sobre la realización de un pago a la cuenta especificada en la nota de rescate

Habiendo descartado las premisas restantes, la teoría sobre la infección de malware de tipo ransomware fue correcta, y se obtuvo la siguiente información, que NO será estipulada en el dictamen pericial:

- El nivel técnico requerido para la realización del ataque es alto y requiere el conocimiento de herramientas y versiones que se encuentran en la infraestructura tecnológica de LATAMX.

7.1.7 DETERMINACIÓN DE HALLAZGOS

A través de los datos obtenidos de los indicios analizados se determinaron los siguientes hallazgos:

- Se recibió un correo malicioso en la cuenta **a.lopez@latamx.com** el **miércoles 1 de junio del 2022** a las **17:30:01 h** y a las **17:37:23 h** accedió al enlace malicioso que dirigía a la página <https://paginaphishing.com/?=khajslahfj93ns>.

- El usuario *a.lopez* del equipo, con la etiqueta lógica **LATX-01-DD-IMGLPTP01-03**, descargó el artefacto *Poom.exe* a las **05:40:14 h**.

- El software malicioso se ejecutó el **miércoles 1 de junio** a las **17:41:20 h** creando una copia de su contenido en la carpeta *C:\Windows\Temp*.

- El software contenido en el artefacto *Poom.exe* es de tipo ransomware y corresponde al nombre de **BlackCat**.

- Se detectaron movimientos en la red de la empresa LATAMX provenientes del equipo **12.39.98.11** (**Administrador AD**) hacia los equipos con las direcciones ip **123.90.110.120** (**Servidor de Active Directory**) y **123.90.110.130** (**Servidor de Respaldos**) con el usuario *Admin.ad*.

- Se encontró una copia del software malicioso *Poom.exe* en la ubicación *C:\Windows\Temp* de los equipos **123.90.110.120** (**Servidor de Active Directory**) y **123.90.110.130** (**Servidor de Respaldos**).

- La búsqueda de información sobre las direcciones de criptomonedas confirma que no ha sido realizado pago alguno por el rescate solicitado.

- Se comprobó la pérdida de los indicios en los equipos analizados debido a la manipulación de los equipos posteriores al incidente de ciberseguridad.

- Las actividades realizadas en el plano tecnológico han sido validadas y asociadas en el presente dictamen de informática forense, dando pauta a otros procesos de validación y rectificación a la empresa LATAMX y a las autoridades correspondientes.

7.2 IMPLEMENTACIÓN DEL MARCO DE TRABAJO EDAPREHD EN UN ESCENARIO DE ACCESOS NO AUTORIZADOS

7.2.1 CONTEXTO DEL ESCENARIO

El jueves 25 de agosto del 2022, en la ciudad de Santiago de Chile, el director del área de ciberseguridad de la organización UrbanGoCars recibió un correo desde un servicio de correo electrónico cifrado llamado Proton Mail, donde se solicitaba realizar un pago en criptomonedas para evitar la difusión de información sensitiva de la compañía, como correo, contraseñas, proveedores, clientes, direcciones, números telefónicos y nombres completos de sus colaboradores. Tras estos acontecimientos, UrbanGoCars, a través de su director de seguridad, solicitó el apoyo de un investigador independiente especializado en informática forense para llevar a cabo un análisis de su infraestructura tecnológica y determinar si existió algún acceso no autorizado o fuga de la información de la organización.

Siguiendo el proceso establecido en el marco de trabajo EDAPREHD, el investigador independiente generó el NDA correspondiente de la investigación para brindarle la seguridad a la organización de que su información confidencial sería resguardada, también sirvió para realizar el dimensionamiento de las necesidades solicitadas. Al corroborar que las capacidades por parte del investigador particular podían cubrir las necesidades con facilidad, el investigador generó una cotización de sus servicios. La cotización fue aceptada por UrbanGoCars, lo que permitió generar el contrato y realizar su firma por los interesados.

7.2.2 ESTUDIO DEL CASO

Como primera actividad del investigador en informática forense, se realizó una investigación de información en las fuentes abiertas sobre la empresa UrbanGoCars sin obtener información relevante para la investigación. No obstante, se obtuvo información sobre el giro de la organización, las legislaciones nacionales y las limitaciones en su región geográfica.

Producto de la investigación de las fuentes abiertas, se requirió el consentimiento firmado por cada colaborador que fue interrogado, especificando las actividades y la gestión de las grabaciones realizadas por el investigador independiente, como marcan las legislaciones que rigen el territorio chileno. Para cumplir estos requisitos, previamente a cada entrevista se realizó la firma autógrafa de cada consentimiento. Bajo el supuesto de que cada colaborador poseía la misma posibilidad de ser responsable o formar parte de la materialización del incidente de ciberseguridad en la infraestructura tecnológica de la empresa UrbanGoCars, se realizaron entrevistas por separado con cada involucrado.

Preguntas realizadas al coordinador de ciberseguridad de UrbanGoCars:

- ¿Cuáles fueron la fecha y hora aproximadas de la recepción del correo de notificación?
- ¿Qué personal recibió el correo de notificación?

- ¿Qué colaborador alertó sobre el correo de notificación?

- ¿Ha habido algún incidente de seguridad en los últimos años?

- ¿El acceso de algún colaborador que ya no trabaja actualmente en UrganGoCars sigue teniendo credenciales activas?

- ¿La información crítica (direcciones IP, cuentas, usuarios, contraseñas, entre otros) ha sido modificada desde la salida de algún colaborador de su equipo?

- ¿Qué soluciones de seguridad informática posee la empresa?

- ¿Quién se encarga de administrar las soluciones de seguridad informática en UrbanGoCars?

- ¿Existe algún plan de respuesta a los incidentes de seguridad informática en UrbanGoCars?

- ¿En qué fecha se realizó la última auditoría de seguridad informática?

- ¿Se realizó la notificación de los responsables de cada área sobre los hallazgos de la auditoría de seguridad informática?

- ¿Qué personal se encarga de gestionar la reparación de las vulnerabilidades de la infraestructura tecnológica de UrbanGoCars?

- En el área de seguridad informática, ¿existe algún plan de formación para sus integrantes?

La información más relevante de esta entrevista fue la siguiente:

- El coordinador del área de ciberseguridad de la organización UrbanGoCars poseía el informe de la última auditoría de seguridad informática, que se llevó a cabo en la infraestructura tecnológica entre las fechas del 21 de marzo al 1 de abril del 2022 por el proveedor AllSafe2Tech.

- El coordinador del área de ciberseguridad mencionó haber compartido el informe de la última auditoría que se realizó a la infraestructura tecnológica de UrbanGoCars, y que los hallazgos no requerían una respuesta inmediata.

- El coordinador del área de ciberseguridad mencionó que no existía plan de respuesta a los incidentes de ciberseguridad.

- El coordinador del área de ciberseguridad mencionó que no se habían modificado los controles de acceso ni reparado las vulnerabilidades en la última autoría de ciberseguridad por falta de organización y autorización de sus superiores.

- La antigüedad del coordinador de seguridad era de siete años en el puesto.

Preguntas realizadas al director de ciberseguridad de UrbanGoCars:

Durante la entrevista con el director de ciberseguridad, se realizaron las siguientes preguntas en busca de obtener información de valor para la investigación:

- ¿Cuáles fueron la fecha y hora aproximadas de la recepción del correo de notificación?

- ¿Qué personal recibió el correo de notificación?
- ¿Qué colaborador alertó sobre el correo de notificación?
- ¿Qué influencia podría tener el incidente?
- ¿Existe premura en el tiempo de análisis?
- ¿Quién es el responsable de crear un plan de respuesta a los incidentes de ciberseguridad para la organización?
- ¿Existe algún servicio o herramienta para realizar la revisión/monitoreo del flujo de red?
- ¿Qué soluciones de ciberseguridad existen en la infraestructura de UrbanGoCars?
- ¿Quién es el responsable de la administración de las soluciones de ciberseguridad?
- ¿Posee acceso a los informes de la última auditoría de ciberseguridad?

La información más relevante obtenida a través de esta entrevista fue la siguiente:

- Ascenso a ese puesto hacía cuatro meses (desde el viernes 1 de abril del 2022).
- El director del área de ciberseguridad recibió el correo de notificación el jueves 25 de agosto del 2022 a las 09:27 h, hora local del centro de Chile.
- El plan de respuesta a los incidentes en ciberseguridad de UrbanGoCars se encontraba en desarrollo por el director del área de ciberseguridad desde su ascenso.
- El director del área de ciberseguridad no había sido notificado de las vulnerabilidades existentes en la infraestructura tecnológica de UrbanGoCars.
- El director del área de ciberseguridad no tenía acceso a los informes de la última auditoría de ciberseguridad.
- El director del área de ciberseguridad planeaba la implementación de nuevas tecnologías de ciberseguridad para fortalecer la infraestructura tecnológica.
- El director del área de ciberseguridad mostró su descontento con el desempeño del proveedor AllSafe2Tech debido a la sensación de poco acompañamiento.
- El director del área de ciberseguridad desconocía el estado de las debilidades informáticas detectadas por el proveedor AllSafe2Tech.

Preguntas realizadas al administrador del área de red de la empresa UrbanGoCars:

Para obtener información relevante en la investigación se realizaron las siguientes preguntas:

- ¿Cuánto tiempo lleva en el cargo actual?
- ¿Ha sido avisado del correo de notificación recibido en la organización?
- ¿Conoce el proceso que se realizó para la notificación del correo de notificación?

- ¿La administración de la red se lleva a cabo por el personal de UrbanGoCars o por algún proveedor?

- ¿Se identificó algún flujo o petición inusual en la red de UrbanGoCars?

- ¿Cuánto tiempo ha pasado desde la última auditoría de seguridad informática?

- ¿Ha sido notificado sobre las vulnerabilidades encontradas durante la última auditoría en ciberseguridad?

- ¿Posee acceso a los informes de la última auditoría de ciberseguridad?

- ¿Recibió algún alertamiento sobre accesos no autorizados, malware o escaneos no autorizados?

La información más relevante de esta entrevista fue:

- El administrador del área de red llevaba cuatro años en el puesto actual.

- El administrador del área de red conocía a rasgos generales el incidente de seguridad sin conocer quién ni cómo se realizó el hallazgo.

- El administrador del área de red poseía la posibilidad de solicitar los flujos de la red sobre cualquier dispositivo y solución de seguridad informática de la infraestructura tecnológica al proveedor AllSafe2Tech.

- El administrador del área de red realiza la administración de red, la gestión de alertas y el seguimiento a solicitudes de los colaboradores de UrbanGoCars a través del proveedor AllSafe2Tech.

- El administrador del área de red no realizó ninguna solicitud de los flujos de red con el proveedor AllSafe2Tech con posterioridad a la recepción del correo de notificación.

- El administrador del área de red mencionó tener conocimiento de las vulnerabilidades de la infraestructura tecnológica establecidas en los informes de la última auditoría de seguridad informática.

Se realizó la documentación de las entrevistas realizadas al personal de la organización UrbanGoCars. Debido a que fueron grabadas digitalmente con el consentimiento expreso del entrevistado se documentaron en el Acta de Estudio del caso para comenzar la cadena de custodia.

La información obtenida hasta este momento de la investigación incitó a la creación de las siguientes premisas para la investigación:
- Fuga de información a través del proveedor AllSafe2Tech.
- Accesos no autorizados dentro de la red interna de UrbanGoCars.
- Involucramiento en el incidente del administrador de red de UrbanGoCars.
- Explotación de vulnerabilidades críticas por algún usuario o grupo de ciberdelincuentes desde el exterior.

7.2.3 DOCUMENTACIÓN DE ESCENA DEL DELITO

Debido a la particularidad del caso, se solicitó el acceso al correo de notificación para analizar su contenido sin requerir la documentación de escena alguna.

Posteriormente al análisis de los informes de auditoría de seguridad informática

En primer lugar, no fue necesario realizar la documentación de alguna escena del delito debido a que no se encontraba involucrado ningún dispositivo en un incidente de ciberseguridad. Sin embargo, posteriormente al análisis de los flujos de la red y al involucramiento del equipo personal del administrador de la red, se determinó acordonar el lugar de trabajo de este colaborador para realizar el proceso de documentación de la escena del delito, estipulado en el marco de trabajo EDAPREHD. Parte del contenido del Acta de Documentación de la escena del delito fue la siguiente:

7.2.4 ADQUISICIÓN DE INDICIOS

En una primera instancia, se realizó la adquisición del correo de notificación en un dispositivo de almacenamiento externo debido a la naturaleza digital del correo electrónico. Esto a través de la creación de una primera Acta de Adquisición de indicios:

Fijación Fotográfica	☐ Sí	☐ No – razón:
	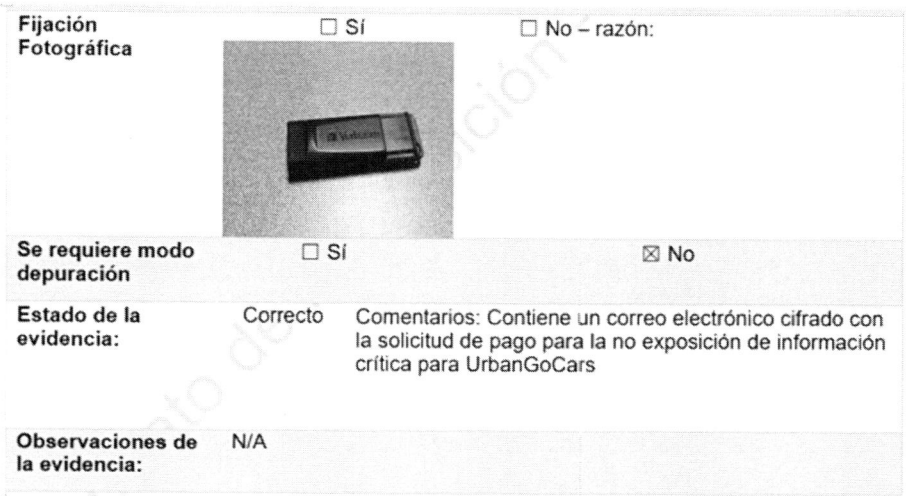	
Se requiere modo depuración	☐ Sí	☒ No
Estado de la evidencia:	Correcto	Comentarios: Contiene un correo electrónico cifrado con la solicitud de pago para la no exposición de información crítica para UrbanGoCars
Observaciones de la evidencia:	N/A	

Figura 7-12. Primera Acta de Adquisición de indicios realizada con el correo de notificación

Posteriormente al análisis de los informes de auditoría de seguridad informática

Siguiendo los procesos definidos en el marco de trabajo EDAPREHD como investigador independiente, se utilizaron materiales dieléctricos para la manipulación del dispositivo móvil para la realización de las siguientes tareas:

- Etiquetado físico del dispositivo.

- Embalaje del dispositivo con materiales antiestáticos.

- Se realizaron dos imágenes forenses del equipo personal del administrador de red, que fueron almacenadas en diferentes dispositivos de almacenamiento, cifrados y documentados correctamente.

- Se solicitó la contraseña de acceso del sistema.

Se realizó la creación de una segunda Acta de Adquisición de indicios con el análisis de riesgos correspondiente al proceso de adquisición, así como el registro de las etiquetas físicas y lógicas, asignadas a cada indicio obtenido, que fortalecieron la cadena de custodia establecida en los procedimientos previos. Parte de la información más relevante de este documento se representa en la siguiente tabla:

Etiqueta física	Etiqueta lógica	Descripción
UGC-01-LPTP-01-01-26082022	*UGC-01-DD-IMGLPTPRED01-01*	Imagen forense del disco duro del equipo personal del administrador de red.
	UGC-01-DD-IMGLPTPRED01-02	Imagen forense de respaldo del equipo personal del administrador de red.
	UGC-01-DD-IMGLPTPRED01-03	Imagen forense para el análisis de indicios del equipo personal del administrador de red.
UGCX01-CLPTP-RED-01	*N/A*	Cargador del equipo personal del administrador de red.
UGC-01-LPTP-01-01-26082022	*UGC-02-DD-IMGLDAP01-01*	Imagen forense del disco duro del servidor LDAP.
	UGC-02-DD-IMGLDAP01-02	Imagen forense de respaldo del servidor LDAP.
	UGC-02-DD-IMGLDAP01-03	Imagen forense para el análisis de indicios del servidor LDAP.

Tabla 7-15. La adquisición de los dispositivos contenidos en esta tabla se llevó a cabo después de una primera fase del análisis sobre los informes de la auditoría de seguridad informática entregada por AllSafe2Tech

7.2.5 PRESERVACIÓN Y TRASLADO DE INDICIOS

Debido a que este caso específico fue llevado como un investigador independiente, las actividades de preservación de los indicios se realizaron de la siguiente manera:

- Se utilizaron bolsas antiestáticas para el transporte de los discos de almacenamiento que contenían las imágenes forenses del equipo personal del administrador de red.

- Se usó un maletín forense para el transporte del dispositivo tipo laptop recolectado.

- Cumplimentación y firma del Acta de Preservación y traslado de indicios.

- El traslado de los indicios fue realizado en un vehículo privado, los datos fueron especificados en el acta de preservación y traslado de indicios.

En este escenario, las evidencias no fueron entregadas a otro personal o laboratorio forense; por lo que se siguieron los estándares *ISO 27037:2012* y *UNE 71505:2013* para proteger los indicios y las evidencias para ser analizados posteriormente.

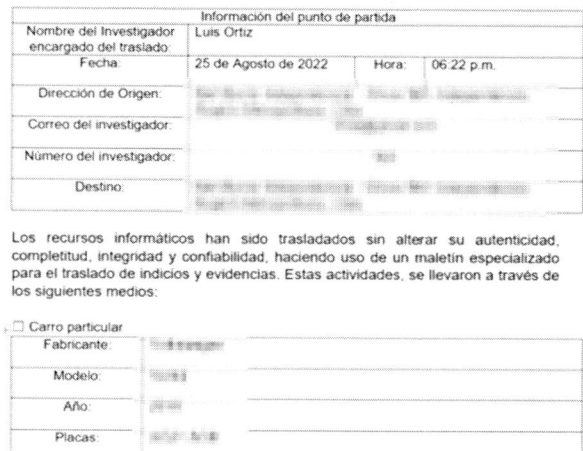

Figura 7-13. Contenido del acta de preservación y traslado de indicios

7.2.6 ANÁLISIS DE INDICIOS Y EXTRACCIÓN DE EVIDENCIAS

La priorización del análisis del correo de notificación se realizó de la siguiente manera:

Potencial: Medio   Impacto: Alto

$$Nivel\ de\ prioridad = \frac{(60 * 50) + (80 * 50)}{100} = 70$$

Por lo que el nivel de prioridad fue **Alta**:

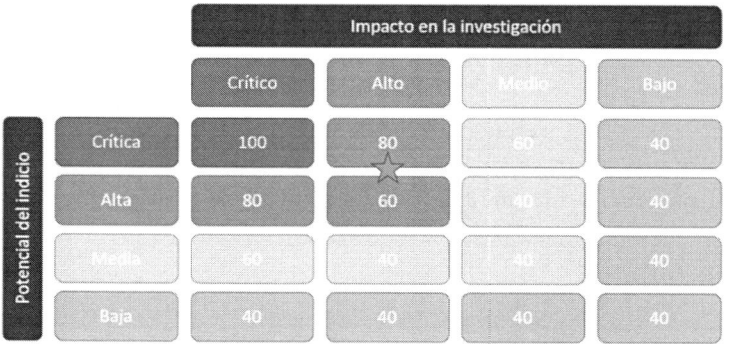

Figura 7-14. Nivel de prioridad del análisis de indicios relacionados con el caso de UrbanGoCars

Con el análisis de los indicios obtenidos, se concentró primeramente en el análisis del correo malicioso recibido por el director de seguridad, sin obtener hallazgos relevantes para la investigación:

conexionfailureskabilsk <conexionfailureskabilsk@proton.me>
Para:

We have the information of your domain accounts, passwords, IP addresses, emails, full names of your collaborators, telephone numbers and addresses:

****
Administrators of your infrastructure:

Alan Revilla Molina | [   ] | alan.revilla@urbangocars.cl | urbangocars2022 | Montañas Paos #234, Chile

Juan Levis Anderson | [   ] | juan.levis@urbangocars.cl | urbangocars2021 | Av always live, Chile

Diana Alejandra Cortés Ramírez | [   ] | diana.cortes@urbangocars.cl | urban2020 | Av. Europa #9831, Chile

María Itzel Roldán Ortiz | [   ] | itzel.roldan@urbangocars.cl | gocars123 | Arten #128, Santiago, Chile

do you want more information about your collaborators?
***************Providers****************

Cosci
Voomware
SilarWons
Ticketwo
Doll
Mecrosift
AllSafe2Tech

We are still on your network, any attempt to delete or change passwords will mean they don't care about spreading and losing your information. If you don't want that to happen, send 6.21 BTC to the account [   ]

If we do not receive the payment before September 1, the information will be published in various forums, so attacks on your infrastructure and top managers will be carried out day after day and start looking for a new job.

Figura 7-15. Correo malicioso enviado desde el servicio de correo electrónico cifrado Proton Mail

Los informes entregados por la empresa AllSafe2Tech en la auditoría de seguridad informática realizada del 21 de marzo al 1 de abril del 2022 (con enfoques tanto de red externa como de red interna) contenían dos hallazgos relevantes: el servidor LDAP poseía la dirección IP 172.10.31.230 y contenía los servicios *ftp* y *ssh* activos.

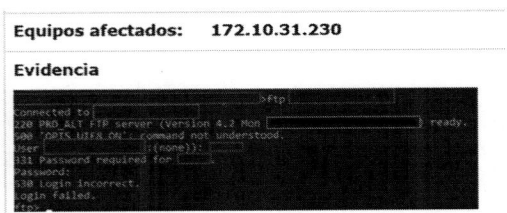

Figura 7-16. Hallazgos del servicio *ftp* activo en la auditoría realizada por AllSafe2Tech

Equipos afectados: 172.10.31.230

Evidencia

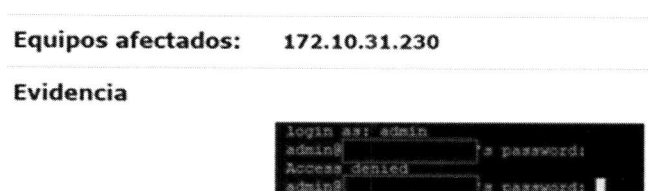

Figura 7-17. Hallazgos del servicio *ssh* activo en la auditoría realizada por AllSafe2Tech

Debido a estos hallazgos, se solicitó al coordinador de seguridad evidencia de la notificación de las vulnerabilidades a los encargados de remediar esas vulnerabilidades en específico, sin mostrar prueba alguna. Este hecho confirma que no se realizó la notificación de los informes entregados por el proveedor AllSafe2Tech al coordinador del área de ciberseguridad hacia los responsables de la reparación de vulnerabilidades en la infraestructura tecnológica de UrbanGoCars.

Con el seguimiento a la información obtenida durante el análisis de los informes de la auditoría de seguridad informática, se solicitaron los flujos de red al respecto de los protocolos *ftp* y *ssh* hacia el equipo con la dirección IP 172.10.31.230 con el proveedor AllSafe2Tech. La resolución a esta petición se realizó a través del ticket interno del proveedor con identificador SJHA-1233, adjuntando un artefacto en formato *xlsx* que se relaciona con el software de ofimática Excel llamado "*Log_red.xlsx*". Este artefacto contenía los registros de las peticiones de red a través de los protocolos *ssh* y *ftp* hacia el equipo vulnerable en los últimos meses. Se obtuvieron sus firmas electrónicas y se muestran en la siguiente tabla:

Archivo	Log_red.xlsx
MD5	948CC9D5DECFC8FFB80FE180B6DAD273
SHA256	F1B7024068A08840E0DB1EF04F6729582F336EEF0C574FE37FC59295C1C81C4E
SHA512	4BBF1C47F78E2C0D019909F33F74238EA53FCE748DBF0641923928F4D479131314586C5781270839CCA5F03D711809EE20E0F506295DE82641E79FA5CF1280E3

Tabla 7-16. Obtención de firmas hash del recurso *Log_red.xlsx*

ID evento	Fecha	Hora	Ip origen	Ip Destino	Protocolo	Puerto
3190	31/03/2022	12:01:10 a. m.	172.15.1.21	172.10.31.230	ftp	21
3191	31/03/2022	12:11:01 a. m.	172.15.1.21	172.10.31.230	ftp	21
3192	31/03/2022	1:56:18 a. m.	172.15.1.21	172.10.31.230	ftp	21
3193	31/03/2022	1:57:11 a. m.	172.15.1.21	172.10.31.230	ftp	21
3194	31/03/2022	1:57:11 a. m.	172.15.1.21	172.10.31.230	ftp	21
3195	31/03/2022	1:57:12 a. m.	172.15.1.21	172.10.31.230	ftp	21
3196	31/03/2022	1:57:12 a. m.	172.15.1.21	172.10.31.230	ftp	21
3197	31/03/2022	1:57:13 a. m.	172.15.1.21	172.10.31.230	ftp	21
3198	31/03/2022	1:57:13 a. m.	172.15.1.21	172.10.31.230	ftp	21
3199	31/03/2022	1:57:14 a. m.	172.15.1.21	172.10.31.230	ftp	21
3200	31/03/2022	1:57:14 a. m.	172.15.1.21	172.10.31.230	ftp	21
3201	31/03/2022	1:57:15 a. m.	172.15.1.21	172.10.31.230	ftp	21
3202	31/03/2022	1:57:16 a. m.	172.15.1.21	172.10.31.230	ftp	21
3203	31/03/2022	1:57:16 a. m.	172.15.1.21	172.10.31.230	ftp	21
3204	31/03/2022	1:57:16 a. m.	172.15.1.21	172.10.31.230	ftp	21
3205	31/03/2022	1:57:17 a. m.	172.15.1.21	172.10.31.230	ftp	21
3206	31/03/2022	1:57:17 a. m.	172.15.1.21	172.10.31.230	ftp	21
3207	31/03/2022	1:57:18 a. m.	172.15.1.21	172.10.31.230	ftp	21
3208	31/03/2022	1:57:20 a. m.	172.15.1.21	172.10.31.230	ftp	21
3209	31/03/2022	1:57:19 a. m.	172.15.1.21	172.10.31.230	ftp	21
3210	31/03/2022	1:57:19 a. m.	172.15.1.21	172.10.31.230	ftp	21

ID evento	Fecha	Hora	Ip origen	Ip Destino	Protocolo	Puerto
3212	31/03/2022	2:31:10 a. m.	172.15.1.21	172.10.31.230	ssh	22
3213	31/03/2022	2:32:01 a. m.	172.15.1.21	172.10.31.230	ssh	22
3214	31/03/2022	2:43:11 a. m.	172.15.1.21	172.10.31.230	ssh	22
3215	31/03/2022	2:43:11 a. m.	172.15.1.21	172.10.31.230	ssh	22
3216	31/03/2022	2:43:12 a. m.	172.15.1.21	172.10.31.230	ssh	22
3217	31/03/2022	2:43:13 a. m.	172.15.1.21	172.10.31.230	ssh	22
3218	31/03/2022	2:43:13 a. m.	172.15.1.21	172.10.31.230	ssh	22
3219	31/03/2022	2:43:14 a. m.	172.15.1.21	172.10.31.230	ssh	22
3220	31/03/2022	2:43:14 a. m.	172.15.1.21	172.10.31.230	ssh	22
3221	31/03/2022	2:43:15 a. m.	172.15.1.21	172.10.31.230	ssh	22
3222	31/03/2022	2:43:15 a. m.	172.15.1.21	172.10.31.230	ssh	22
3223	31/03/2022	2:43:15 a. m.	172.15.1.21	172.10.31.230	ssh	22
3224	31/03/2022	2:43:17 a. m.	172.15.1.21	172.10.31.230	ssh	22
3225	31/03/2022	2:43:18 a. m.	172.15.1.21	172.10.31.230	ssh	22
3226	31/03/2022	2:43:18 a. m.	172.15.1.21	172.10.31.230	ssh	22
3227	31/03/2022	2:43:19 a. m.	172.15.1.21	172.10.31.230	ssh	22
3228	31/03/2022	2:43:19 a. m.	172.15.1.21	172.10.31.230	ssh	22
3229	31/03/2022	2:43:20 a. m.	172.15.1.21	172.10.31.230	ssh	22
3230	31/03/2022	2:43:20 a. m.	172.15.1.21	172.10.31.230	ssh	22
3231	31/03/2022	2:43:21 a. m.	172.15.1.21	172.10.31.230	ssh	22
3232	31/03/2022	2:43:22 a. m.	172.15.1.21	172.10.31.230	ssh	22

Figura 7-18. La dirección IP 172.15.1.21 realiza peticiones constantes hacia el equipo 172.10.31.230 a través de los protocolos *ftp* y *ssh*

Con el análisis de los flujos de red enviados por Allsafe2Tech, se solicitó el acceso a los registros del servidor 172.10.31.230 relacionados con el servicio de *ftp* que se almacenan en el artefacto ubicado en */var/log/vsftpd*. Una vez obtenido el artefacto, se realizó su análisis y se encontraron registros sobre intentos de acceso al equipo de manera constante. Este comportamiento es típico de un ataque de fuerza bruta, que tuvo como objetivo el servidor LDAP de UrbanGoCars a través del servicio *ftp* para obtener un acceso al servidor sin autorización previa.

Figura 7-19. Se detectaron 231 intentos de acceso y la descarga de artefactos críticos del sistema relacionados con los usuarios, grupos y sus contraseñas por parte de la IP 172.12.1.21 hacia el servidor LDAP

Incident #	IP Origen	IP Destino	Summary	Priority	Category	Status	Creado Por	Assigned To	Open Date	Departme
ERT-313681	170.2.13.8	172.10.27.231	Escaneo de red	Medium	Mantenimiento Prev	Abierto	Ortiz Carrera, María	Eric del Valle	07/02/2022 09:35	Seguridad
ERT-313682	170.2.13.8	172.10.27.230	Escaneo de red	Medium	Mantenimiento Prev	Abierto	Romero Almanza, Arturo	Eric del Valle	07/02/2022 09:36	Seguridad
ERT-313683	170.2.13.8	172.10.27.232	Servicio no activo	Medium	Mantenimiento Prev	Abierto	Perez Fuentes, Carmen	Eric del Valle	12/02/2022 22:15	Seguridad
AET-326384	170.4.14.161	172.10.27.12	Actualización de	Medium	Mantenimiento Prev	Cerrado	Rodriguez Toledo, Daniel	Eric del Valle	12/02/2022 22:29	Seguridad
ERT-313697	170.2.13.8	172.10.27.241	Escaneo de red	Medium	Mantenimiento Prev	Abierto	Salas Morales, Martin	Eric del Valle	14/02/2022 09:15	Seguridad
ERT-313698	170.2.13.8	172.10.27.242	Escaneo de red	Medium	Mantenimiento Prev	Abierto	Alvarado Sánchez, Ricardo	Eric del Valle	14/02/2022 09:18	Seguridad
ERT-313700	170.2.13.8	172.10.27.242	Escaneo de red	Medium	Mantenimiento Prev	Abierto	Romero Casillas, Fernando	Eric del Valle	14/02/2022 09:20	Seguridad
ANA-315052	172.15.1.21	172.10.31.230	Acceso fuera de	High	Acceso no autorizad	Abierto	Santibanez Cruz, Rodrigo	Eric del Valle	25/02/2022 23:37	Seguridad
ANA-315053	172.15.1.21	172.10.31.230	Pruebas de segu	High	Acceso no autorizad	Abierto	Lopez Cruz, Jocelyn	Eric del Valle	25/02/2022 23:57	Seguridad

Figura 7-20. Registro de alerta de accesos no autorizados por parte de AllSafe2Tech

Debido a que la dirección IP 172.15.1.21 no se encontraba asignada a ningún equipo en el momento de la solicitud de búsqueda en la infraestructura tecnológica de la empresa

UrbanGoCars, se solicitaron los históricos de asignaciones y accesos a la red que tuviera configurada dicha dirección IP y se obtuvieron los siguientes resultados:

Figura 7-21. Solicitud con fecha 22 de enero del 2022 con la asignación de dirección IP 172.10.31.130 a un equipo DELL modelo Latitude 5400 perteneciente al Departamento de Tecnologías de la Información

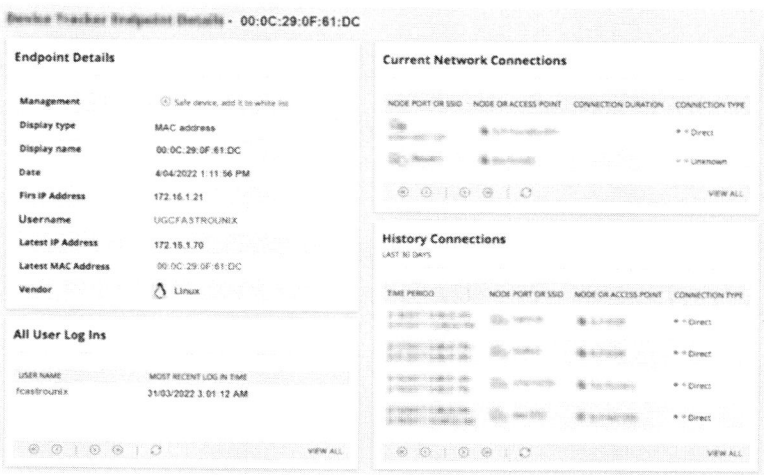

Figura 7-22. La solución de administración de activos en UrbanGoCars muestra el cambio de la dirección IP de 172.15.1.21 al valor 172.15.1.70 para el equipo del equipo con la dirección MAC 00:0C:29:0F:61:DC

Análisis de la papelera de reciclaje

Durante el análisis del directorio *C:\\$Recycle.Bin* con la herramienta FTK Imager, de la imagen forense, con la etiqueta lógica UGC-01-DD-IMGLPTPRED01-03, se encontraron algunos archivos eliminados por un usuario llamado *ugcfcastrounix* con fecha de modificación del 30 de junio del 2022 a las 02:48:54 p. m., entre los cuales se encuentra una carpeta llamada *kali-linux-2021.3-vmware-amd64*:

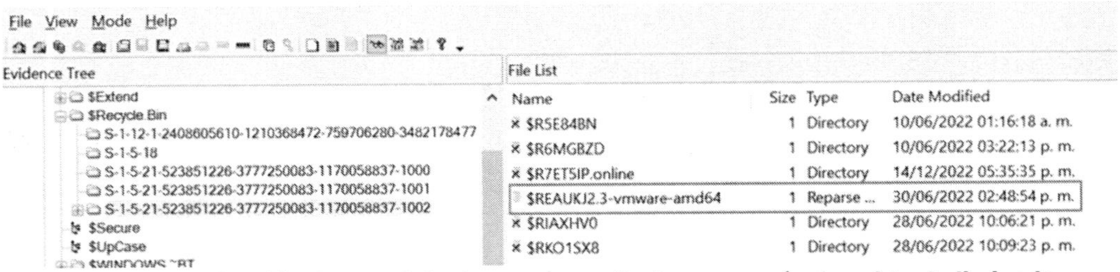

Figura 7-23. Ubicación de un artefacto correspondiente a una máquina virtual eliminada por el usuario *ugcfcastrounix*

Durante el análisis del artefacto, encontrado en un ambiente controlado del sistema Windows, se determinó que se trataba de una máquina virtual de la distribución Kali-Linux en su versión 2021.3:

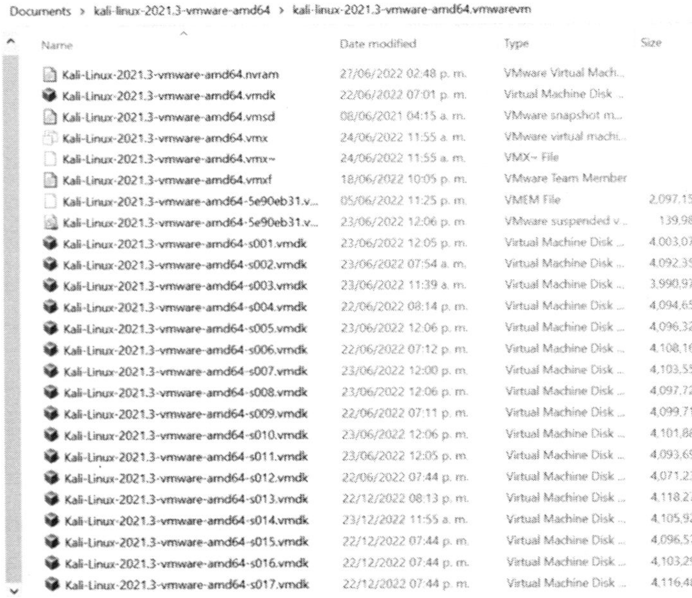

Figura 7-24. Contenido del directorio encontrado en la papelera de reciclaje del equipo con la etiqueta lógica UGC-01-DD-IMGLPTPRED01-03

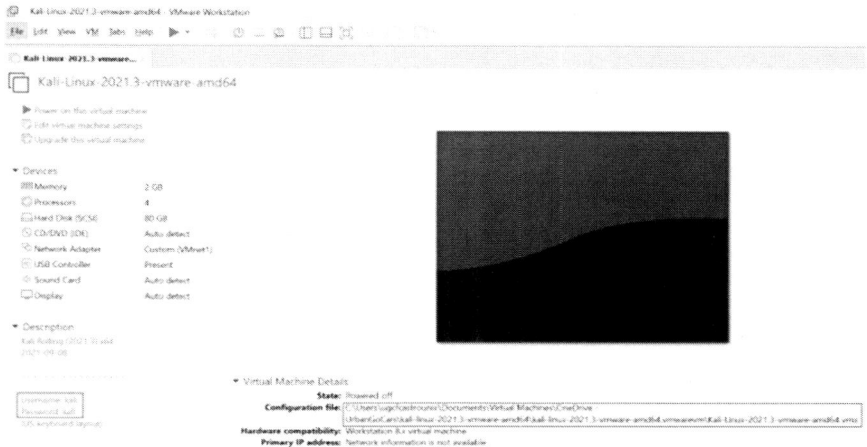

Figura 7-25. Apertura del contenido del directorio con la herramienta VmWare Workstation Pro

Se encuentra el nombre de la máquina virtual, así como el usuario y la contraseña por defecto.

A través del análisis del contenido de la máquina virtual de tipo GNU/Linux se encontraron los artefactos descargados en el ataque al protocolo *ftp* del servidor 172.10.31.230 en la carpeta */home/kali/Documents/info/*, sus firmas electrónicas coinciden con los archivos originales que se encuentran en la imagen forense con la etiqueta lógica UGC-02-DD-IMGLDAP01-03, la cual pertenece al servidor LDAP de la organización UrbanGoCars:

Firma	Artefacto	¿Coincide?
Hash	Shadow	
MD5	2100F3D3C064EF070901F1DB28CFCF82	
SHA256	47FE0678D57E770FEE6EED3EDED988418FD4BE336C86B189ACFAF0962364C346	Sí
SHA512	6FF16DEBC9C77EF7E6EB58F89D18CEB332AACF93BD35D991D7D999DF7CE926DBACAED21E9A1AB247497D136AFF03A8542A1BEC8ACCA5C4A4EA575A521489343A	
Hash	Passwd	
MD5	BF52FC29F3FD754693CE4A6FF11575E7	
SHA256	E56B457E3F3B8104DDEAB52028E934863C2A28E49EEAA557EA68F274E2893BC2	Sí
SHA512	711BA9C63F7C5C2322D1F8FEA7347D9AFA345C8FF902BAA90A0117109FE03BADB7EB2358187521DB5171498	

	01C63614D8F0FCDDF0353D4B4A5FCE966E599C13A	
Hash	**Group**	
MD5	CD882FAD7D395E73CDDB3BEA604A3DF3	
SHA256	504D11C7930E90E8F8BFE8F5A973E5DA2E8E3EBA5842 9DBB7D733C4BDBA0E1CB	Sí
SHA512	30752EBE7377CBD67F6ADBA12E16AD07BA99ECE105D 03A7005D56B8CFC7DB5DB25E6DD2DAD22E9548A9848 3E8A218E601F37E6E385B8E62228102302DCFF0C22	
Hash	**Hosts**	
MD5	3255DA8ED0938F08C8A3B459E8B9DC73	
SHA256	6FD9C7BD387AFB44604A06BF2E5791DFA9EB058653D DAA1F9ACCD2EB4A365055	Sí
SHA512	9D849FE8E8A24335669E2585C5A4FEC42B4194971ABD 9EE1C4D51C43EE12E2FE15DC7B211965E182ADB2A9EC 23AA23B3199368D25B8635C76D420778AC481D93	

Tabla 7-17. Comparativa entre las firmas electrónicas de los recursos *shadow, passwd, group* y *hosts* encontrados en la máquina virtual encontrada en la papelera de reciclaje del equipo con la etiqueta lógica UGC-01-DD-IMGLPTPRED01-03 y el servidor LDAP con la etiqueta UGC-02-DD-IMGLDAP01-03

Al analizar el historial del intérprete de comandos del único usuario en el sistema, se encontraron comandos asociados a las peticiones y el lanzamiento de un ataque de fuerza bruta con el usuario root y un diccionario llamado "*diccionario*.txt" dirigidos al protocolo *ftp* del servidor LDAP con la dirección IP 172.10.31.230, a través de la herramienta hydra:

```
┌──(root💀kali)-[/home/kali/Documents/info]
└─# history
    1  apt update
    2  apt upgrade
    3  apt update
    4  apt upgrade
    5  ifconfig
    7  ping 172.10.31.230
    8  nmap 172.10.31.230
    9  cd /home/kali/
    9  nano diccionario.txt
   10  cat diccionario.txt
   11  nano diccionario.txt
   12  hydra -h
   13  hydra -t 5 -V
   14  mkdir info
   15  cd info
   16  hydra -t 5 -V -f -l root -P diccionario.txt ftp://172.10.31.230
   17  hydra -l root -P
   18  hydra -l root -P diccionario.txt ssh://
```

Figura 7-26. Historial del intérprete de comandos en la máquina virtual del usuario *kali* del equipo con la etiqueta lógica UGC-01-DD-IMGLPTPRED01-03

Análisis del entorno de nube corporativo

Con la información obtenida en los hallazgos previos, teniendo en cuenta el control de los puertos USB de la organización UrbanGoCars mencionado, y validado en el informe de auditoría de seguridad informática, se realizó el análisis al entorno de nube de la cuenta fcastro@urbangocars.cl debido a la facilidad de descargar y subir información a la cuenta de cada usuario corporativo. Este análisis arrojó el hallazgo de una carpeta llamada *kali-linux-2021.3-vmware-amd64* en la sección *"Recycle bin"*:

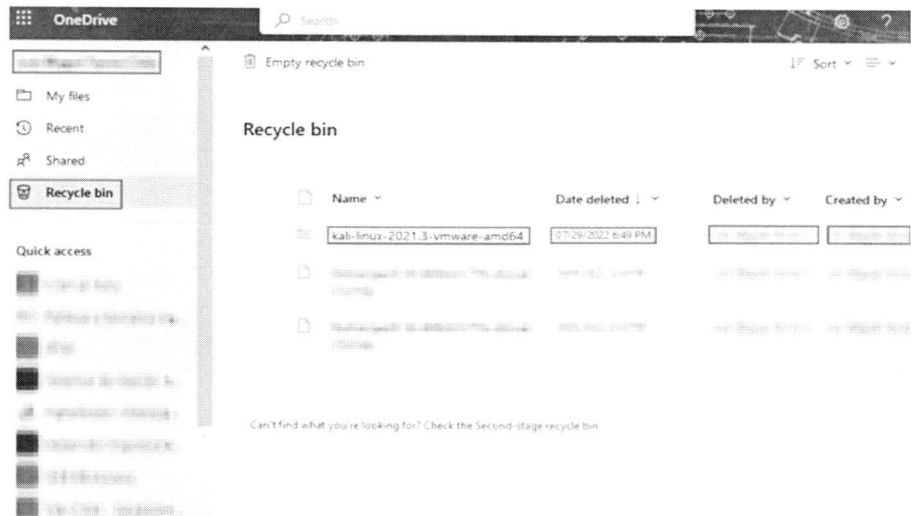

Figura 7-27. Artefactos encontrados en la carpeta *"Recycle bin"* de la cuenta de nube corporativa fcastro@urbangocars.cl

Tras el análisis de la máquina virtual en la sección *"Recycle bin"* de la cuenta fcastro@urbangocars.cl y la máquina virtual alojada en la papelera de reciclaje del equipo con la etiqueta física UGC-01-LPTP-01-01-26082022 se determina que son las mismas.

Las herramientas utilizadas durante la fase de análisis fueron:

Nombre	Versión	Uso
Outlook	2016	Visor de correos electrónicos.
Adobe Acrobat Reader	22.3.20310.0 64 - bit	Visor de artefactos en formato pdf.
Microsoft Office (Excel, PowerPoint y Word)	2204	Utilizado para integrar los datos recopilados de la investigación y la creación de informes.
VmWare	15.5.6	Virtualización de sistemas operativos.

Workstation		
Windows	10 pro	Sistema operativo donde se llevó a cabo el análisis.
Windows PowerShell	5.1.19041.2364	Obtención de firmas electrónicas de manera nativa.
VmWare Workstation	15.5.6	Virtualización de sistemas operativos.
FTK Imager	4.5.0	Apertura y navegación por el contenido de los discos analizados.
OneDrive	21.205.1003.0003	Visualización de los recursos en la nube corporativa.
OS Forensics	8.0.1008	Suite de análisis forense.
Navegador Mozilla	110.0 (64-bit)	Navegador web para la búsqueda de información en fuentes abiertas.
SublimeText	3.2.2	Búsqueda de patrones entre los indicios y anotaciones.

Tabla 7-18. Herramientas utilizadas durante la investigación

Las premisas relacionadas con los accesos no autorizados, la participación del administrador de red de UrbanGoCars y la explotación de vulnerabilidades críticas de la infraestructura tecnológica de la organización fueron correctas.

La premisa relacionada con la fuga de información a través del proveedor AllSafe2Tech fue descartada debido a su colaboración para el esclarecimiento de las actividades realizadas durante el incidente de ciberseguridad.

7.2.7 DETERMINACIÓN DE HALLAZGOS

Sobre la base del análisis de la evidencia se pudieron determinar los siguientes hallazgos:

- A través del análisis de los informes de análisis de vulnerabilidades y pruebas de penetración llevadas a cabo por la empresa AllSafe2Tech entre el 21 de marzo y 1 de abril del 2022, se encontraron los hallazgos de los servicios *ssh* y *ftp* activos en el equipo 172. 10.31.230.

- El equipo con la dirección IP 172. 10.31.230 ofrece el servicio LDAP.

- Los informes de análisis de vulnerabilidades y pruebas de penetración realizados por la empresa AllSafe2Tech no fueron compartidos con el área o el personal de la empresa UrbanGoCars, encargada de remediar las vulnerabilidades informáticas.

- El análisis de los flujos de red compartidos por la empresa AllSafe2Tech muestra solicitudes a través del protocolo SSH (puerto 22) y FTP (puerto 21) desde el equipo con la etiqueta física UGC-01-LPTP-01-01-26082022, el cual cuenta con la dirección IP 172.15.1.21 hacia el equipo con la dirección IP 172.10.31.230.

- El equipo 127.10.21.230 tiene asignado un nombre de equipo UGCBD, así como la dirección MACF8:C1:45:E3:1A:2A, en la que ofrece un servicio de tipo base de datos en la empresa UrbanGoCars.

- El análisis del equipo 127.10.21.230 muestra accesos no autorizados al servidor LDAP el 31 de marzo del 2022 a partir de las 01:56:19 a. m., horario del centro de Chile, desde la dirección IP 172.15.1.21, a través del servicio *ftp* después de 230 intentos fallidos.

- El análisis de los registros del servicio *ftp* en el servidor LDAP muestra la descarga de artefactos críticos del sistema, como lo son:

    o Contraseñas de usuarios administradores del equipo.

    o Usuarios administradores del equipo.

    o Grupos del equipo.

    o Configuración de resoluciones IP.

Se encontró una solicitud de cambio de dirección IP desde el usuario *ugcfcastrounix* hacia el proveedor **AllSafe2Tech**, el cual tenía asignada la dirección IP **172.15.1.21**, el **4 de abril del 202**2, para obtener la dirección IP actual de la máquina virtual **172.15.1.70**.

En el entorno de nube corporativo de la cuenta fcastro@urbangocars.cl se encontró una copia de la máquina virtual utilizada para realizar el ataque al servidor **LDAP** con los artefactos obtenidos.

7.3 IMPLEMENTACIÓN DEL MARCO DE TRABAJO EDAPREHD EN UN ESCENARIO DE MALWARE PARA DISPOSITIVOS MÓVILES

7.3.1 CONTEXTO DEL ESCENARIO

El 19 de marzo del 2022, en la ciudad de Buenos Aires, en Argentina, un usuario particular contactó a un investigador en informática forense solicitando su apoyo para analizar el origen de la exposición de algunas imágenes íntimas suyas que habían sido enviadas a través de una aplicación de mensajería instantánea hacia conocidos y familiares. Además, el particular había recibido mensajes a través de esta misma aplicación móvil en los que le solicitaban un pago para detener la publicación de estas imágenes en sus redes sociales, y su entorno laboral y familiar.

Siguiendo el proceso establecido en el marco de trabajo EDAPREHD, el investigador en informática forense generó el NDA correspondiente de la investigación para brindarle la seguridad al usuario particular de que su información confidencial sería resguardada, también sería de utilidad para realizar el dimensionamiento de las necesidades solicitadas. Al corroborar que las capacidades del investigador particular podían cubrir las necesidades con facilidad, el investigador generó una cotización de sus servicios. La cotización fue aceptada por el usuario particular, lo que permitió generar el contrato y realizar su firma por los interesados.

7.3.2 ESTUDIO DEL CASO

Durante las actividades del estudio del caso se realizó la entrevista con el dueño del dispositivo. Debido a la particularidad de la investigación sobre un dispositivo móvil que es propiedad de un particular, se realizaron las siguientes preguntas para obtener más información del incidente:

- ¿Qué dispositivo posee?
- ¿Qué información ha sido expuesta?
- ¿A partir de qué fecha es la divulgación de las imágenes íntimas?
- ¿Alguien más tiene acceso a su dispositivo/contraseñas/cuentas?
- ¿Cuánto tiempo de uso tiene su dispositivo móvil?
- ¿Ha conectado el dispositivo móvil a redes públicas?
- ¿Qué configuración posee en sus redes sociales?
- ¿Qué familiares/conocidos han recibido las imágenes íntimas?
- ¿Ha instalado alguna aplicación móvil en su dispositivo previamente al incidente?
- ¿Ha recibido algún correo con promociones, beneficios o solicitudes de instalación y/o actualización de datos?

La información más relevante obtenida a través de la entrevista es:

- El dispositivo que el usuario utilizó durante su viaje de placer posee el sistema operativo Android 7.1.2 y cuenta con cobertura de telefonía móvil en esa región.
- La información revelada de manera no autorizada es: imágenes íntimas.
- Las publicaciones de las imágenes íntimas comenzaron a partir del miércoles 16 de marzo del 2022 por medio de redes sociales a través del envío de mensajes privados al propietario del dispositivo solicitando depósitos de criptomonedas, se comparten las capturas de pantalla.
- El particular no ha compartido las contraseñas de sus redes sociales, correo, código o patrón de bloqueo del dispositivo, ya que es de su uso exclusivo.
- El uso del dispositivo móvil es de cinco años aproximadamente (a partir del 6 de enero del 2017 y exclusivo para viajes a Europa).
- Las conexiones a las redes a través del protocolo Wi-Fi que el usuario recuerda en ese dispositivo son cuatro: red de su lugar de residencia, red de residencia de sus familiares, red laboral y red de alojamiento privado en viajes de placer recurrentes a España.

- El particular tuvo un viaje de placer a la ciudad de Madrid, España, entre las fechas del 25 de febrero al 5 de marzo del 2022.

- El particular menciona que para realizar videollamadas con algunos familiares y conocidos se conectó a la red de su alojamiento privado.

- El particular menciona que, mientras trataba de conectarse a la red Wi-Fi del alojamiento, se desplegó una página web donde mencionaba que el acceso a internet se ofrecería exclusivamente al descargar e instalar una aplicación móvil llamada Remote Control.

- El particular menciona que la descripción de la aplicación Remote Control describía acciones como el control de los dispositivos tecnológicos del alojamiento privado (pantallas, altavoces, estacionamiento, entre otros). Una vez instalada la aplicación, la conexión a internet se activó.

Se realizó la documentación de la entrevista con el particular. Debido a que fueron grabadas digitalmente con el consentimiento expreso del entrevistado, se documenta en el Acta de Estudio del caso para comenzar la cadena de custodia.

La información obtenida hasta este momento de la investigación llevó al investigador particular a realizar las siguientes premisas:
- Infección de malware en el hospedaje del viaje de placer.
- La aplicación Remote Control puede contener malware.
- Difusión de información en sus redes sociales.

7.3.3 DOCUMENTACIÓN DE ESCENA DEL DELITO

Debido a la particularidad del caso, no hubo una escena del delito que documentar.

7.3.4 ADQUISICIÓN DE INDICIOS

Siguiendo los procesos definidos en el marco de trabajo EDAPREHD, se utilizaron materiales dieléctricos para la manipulación del dispositivo móvil y la realización de las siguientes tareas:

- Etiquetado físico del dispositivo.

- Embalaje del dispositivo con materiales antiestáticos.

- Se realizaron dos imágenes forenses del dispositivo móvil, guardadas en diferentes discos duros, los cuales fueron cifrados y documentados correctamente.

- Se solicitó el patrón y código de desbloqueo.

Se realizó la cumplimentación del acta de adquisición de indicios con el análisis de riesgos correspondiente al proceso de adquisición, así como el registro de las etiquetas físicas y lógicas que son asignadas a cada indicio obtenido, que fortalecen la cadena de custodia establecida en los procedimientos previos. Parte de la información más relevante de este documento se representa en la siguiente tabla:

Etiqueta física	Etiqueta lógica	Descripción
CKS-01-TELMOV-01-01-19032022	CKS-01-DD-IMGTELMOV01-01	Imagen forense del dispositivo móvil.
	CKS-01-DD-IMGTELMOV01-02	Imagen forense de respaldo del dispositivo móvil.
	CKS-01-DD-IMGTELMOV01-01	Imagen forense para el análisis de indicios en el dispositivo móvil.

Tabla 7-19. Contenido del Acta de Adquisición de indicios

Figura 7-28. Captura fotográfica del dispositivo móvil del particular

Se solicitó la firma en el documento que contenía el permiso por parte del usuario para realizar la activación de la función "Depuración USB" del dispositivo una vez llegado al laboratorio forense.

7.3.5 PRESERVACIÓN Y TRASLADO DE INDICIOS

Debido a que este caso específico fue realizado como investigador independiente, se realizaron las actividades de la fase de preservación de los indicios de la siguiente manera:

- Se utilizaron bolsas antiestáticas para el transporte de los discos de almacenamiento que contenían las imágenes forenses del dispositivo móvil.

- Se usó un maletín forense para el transporte del dispositivo móvil recolectado.

- Cumplimentado del acta de preservación y traslado de indicios.

- El traslado de los indicios fue realizado en un vehículo privado, los datos fueron especificados en el acta de preservación y el traslado de indicios.

En este escenario, las evidencias no fueron entregadas a otro personal o laboratorio forense; por lo que se siguieron los estándares *ISO 27037:2012* y *UNE 71505:2013* para proteger los indicios y evidencias para ser analizados posteriormente.

7.3.6 ANÁLISIS DE INDICIOS Y EXTRACCIÓN DE EVIDENCIAS

La priorización del análisis de la aplicación maliciosa se realizó de la siguiente manera:

Potencial: Crítico   Impacto: Crítico

$$Nivel\ de\ prioridad = \frac{(100 * 50) + (100 * 50)}{100} = 100$$

Por lo que el nivel de prioridad fue **Inmediata**:

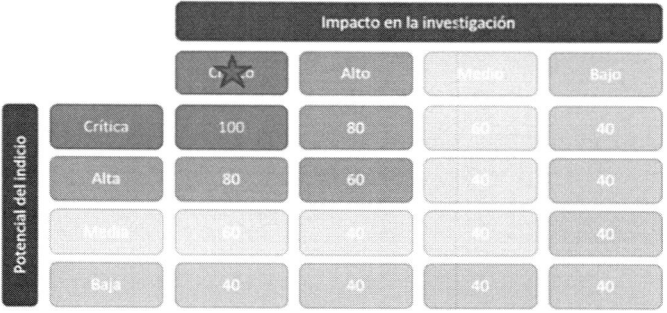

Debido a la naturaleza del caso, se analizaron las conexiones de red en el dispositivo móvil para conocer más acerca de la información compartida en cada una de ellas. Se encontró así una aplicación instalada durante el viaje de placer que realizó el particular. Al analizarla, se obtuvieron los siguientes resultados:

- Nombre de la aplicación: RemoteControl.apk

- Versión: 1.0

- **Firma electrónica 1 - MD5:** 2B6D93018906273594E2FC2272483581

- **Firma electrónica 3 - SHA512:**
  84151576041C194CA8CF062CA7B3DB810C0401E1678CAD6AA18046CEE2AFE
  A374C2D49ED311D1289DA162C43B5924CCAFD90AE9F4484F5613506DAF3A3
  FE22F1

```
PS D:\> Get-FileHash .\RemoteControl.apk -Algorithm SHA512 | Format-List

Algorithm : SHA512
Hash      : 84151576041C194CA8CF062CA7B3DB810C0401E1678CAD6AA18046CEE2AFEA374C2D49ED311D1289DA162C43B5924CCAFD90AE9F4484F5613506DAF3A3FE22F1
Path      : D:\RemoteControl.apk
```

- Icono de la aplicación:

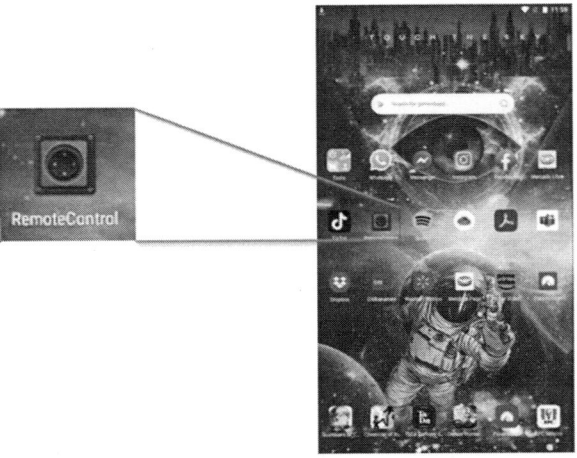

Durante el análisis de la aplicación *RemoteControl.apk*, se obtuvo la fecha de la última modificación: 16 de noviembre del 2021 a las 03:38:58 p. m., sin especificar la zona horaria.

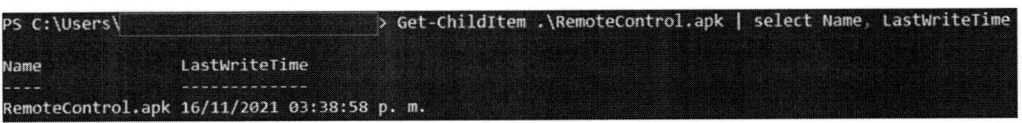

Figura 7-29. Análisis de los metadatos del recurso *RemoteControl.apk*

Durante el análisis de los permisos de la aplicación RemoteControl, se obtuvo la siguiente información:

Permiso de la aplicación	Capacidad
android.permission.ACCESS_COARSE_LOCATION	Acceso a la ubicación aproximada del dispositivo.
android.permission.ACCESS_FINE_LOCATION	Acceso a la ubicación precisa del dispositivo.
android.permission.ACCESS_NETWORK_STATE	Acceso a la información acerca de las redes.
android.permission.ACCESS_WIFI_STATE	Acceso a la información de las redes Wi-Fi.
android.permission.CALL_PHONE	Permite iniciar llamadas telefónicas.

android.permission.CAMERA	Acceso a la cámara del dispositivo.
android.permission.CHANGE_WIFI_STATE	Permite que las aplicaciones cambien el estado de conectividad Wi-Fi.
android.permission.INTERNET	Acceso a abrir conexiones desde el dispositivo.
android.permission.READ_CALL_LOG	Permite leer el registro de llamadas del dispositivo.
android.permission.READ_CONTACTS	Permite leer los contactos del dispositivo.
android.permission.READ_PHONE_STATE	Permite leer el estado del dispositivo.
android.permission.READ_SMS	Permite leer el registro de mensajes SMS del dispositivo.
android.permission.RECEIVE_BOOT_COMPLETED	Permite recibir información del sistema para conocer el momento de reinicio de este.
android.permission.RECEIVE_SMS	Permite recibir mensajes SMS.
android.permission.RECORD_AUDIO	Permite realizar grabaciones de audio.
android.permission.SEND_SMS	Permite enviar mensajes SMS.
android.permission.SET_WALLPAPER	Permite establecer un fondo de pantalla.
android.permission.WAKE_LOCK	Utiliza componentes del sistema para evitar entrar en modo suspensión del procesador.
android.permission.WRITE_CALL_LOG	Permite escribir registros de llamadas.
android.permission.WRITE_CONTACTS	Permite escribir contactos en el dispositivo.
android.permission.WRITE_EXTERNAL_STORAGE	Permite la escritura en almacenamientos externos.
android.permission.WRITE_SETTINGS	Permite modificar las configuraciones del dispositivo.

Tabla 7-20. Listado de permisos de la aplicación Remote Control

Permissions

⚠ android.permission.ACCESS_COARSE_LOCATION
⚠ android.permission.CAMERA
⚠ android.permission.INTERNET
⚠ android.permission.ACCESS_FINE_LOCATION
⚠ android.permission.SEND_SMS
⚠ android.permission.WRITE_CALL_LOG
⚠ android.permission.READ_CALL_LOG
⚠ android.permission.WRITE_EXTERNAL_STORAGE
⚠ android.permission.RECORD_AUDIO
⚠ android.permission.WRITE_CONTACTS
⚠ android.permission.CALL_PHONE
⚠ android.permission.READ_PHONE_STATE
⚠ android.permission.READ_SMS
⚠ android.permission.CHANGE_WIFI_STATE
⚠ android.permission.RECEIVE_SMS
⚠ android.permission.READ_CONTACTS
ⓘ android.permission.ACCESS_NETWORK_STATE
ⓘ android.permission.SET_WALLPAPER
ⓘ android.permission.RECEIVE_BOOT_COMPLETED
ⓘ android.permission.WRITE_SETTINGS
ⓘ android.permission.ACCESS_WIFI_STATE
ⓘ android.permission.WAKE_LOCK

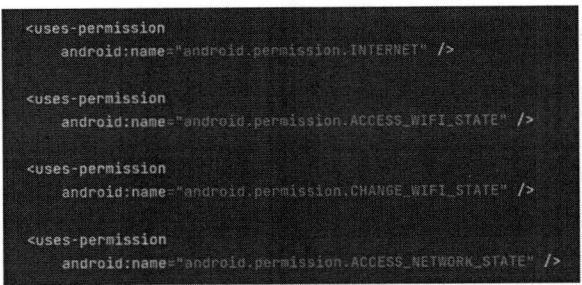

Figura 7-30. Análisis de permisos de la aplicación *RemoteControl.apk* en la plataforma Virus Total y a través de un análisis estático del código de la aplicación

Durante el análisis al certificado de la aplicación se obtuvieron los siguientes datos:

- **Válido desde:** 2019-05-29 22:28:34
- **Válido hasta:** 2037-02-25 08:02:15
- **Serial Number:** 1
- **Thumbprint:** 7eff6e1449d8ca8c2fb54da235fa218c8258a857

Destino del certificado:

- **Distinguished Name:** C:US/O=Android/CN=Android Debug
- **Country Code:** US/O=Android/CN=Android Debug

Emisor del certificado:

- **Distinguished Name:** C:US/O=Android/CN=Android Debug
- **Country Code:** US/O=Android/CN=Android Debug

Durante el análisis de seguridad de la aplicación Remote Control se hizo con la herramienta web de Virus Total (https://www.virustotal.com/gui/home/upload) y se obtuvieron los siguientes resultados:

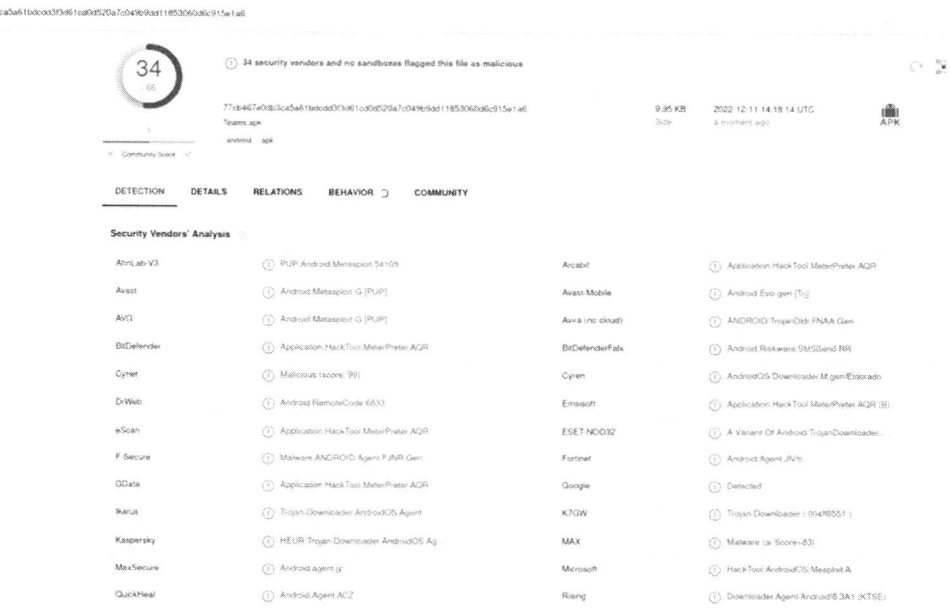

Figura 7-31. Análisis de la aplicación a través del portal de Virus Total

Fabricante analizador	Resultado
AhnLab-V3	PUP/Android.Metasploit.54109
Arcabit	Application.HackTool.MeterPreter.AQR
Avast	Android:Metasploit-G [PUP]
Avast-Mobile	Android:Evo-gen [Trj]
AVG	Android:Metasploit-G [PUP]
Avira (no cloud)	ANDROID/TrojanDldr.FNAA.Gen
BitDefender	Application.HackTool.MeterPreter.AQR
BitDefenderFalx	Android.Riskware.SMSSend.RR
Cynet	Malicious (score: 99)
Cyren	AndroidOS/Downloader.M.gen!Eldorado
DrWeb	Android.RemoteCode.6833
Emsisoft	Application.HackTool.MeterPreter.AQR (B)
eScan	Application.HackTool.MeterPreter.AQR

ESET-NOD32	A Variant Of Android/TrojanDownloader.Agent.JN
F-Secure	Malware.ANDROID/Agent.FJNR.Gen
Fortinet	Android/Agent.JN!tr
GData	Application.HackTool.MeterPreter.AQR
Google	Detected
Ikarus	Trojan-Downloader.AndroidOS.Agent
K7GW	Trojan-Downloader (004ff8551)
Kaspersky	HEUR:Trojan-Downloader.AndroidOS.Agent.jy
MAX	Malware (ai Score=83)
MaxSecure	Android.agent.jy
Microsoft	HackTool:AndroidOS/Mesploit.A
QuickHeal	Android.Agent.ACZ
Rising	Downloader.Agent/Android!8.3A1 (KTSE)
Sophos	Andr/Bckdr-RXM
Symantec Mobile Insight	Hacktool:Mesploit
Tencent	HackTool.Android.Metasploit.awe
Trellix (FireEye)	Application.HackTool.MeterPreter.AQR
Trustlook	Android.Malware.General (score:4)
VIPRE	Application.HackTool.MeterPreter.AQR
VirIT	Android.Trj.RemoteCode.KC
ZoneAlarm by Check Point	HEUR:Trojan-Downloader.AndroidOS.Agent.jy

Tabla 7-21. Resultado del análisis de la aplicación Remote Control por cada fabricante de antivirus

Para determinar el tipo de funcionamiento que posee la aplicación, se analiza en un ambiente controlado a fin de determinar su interacción con las redes inalámbricas, los dispositivos y las tecnologías:

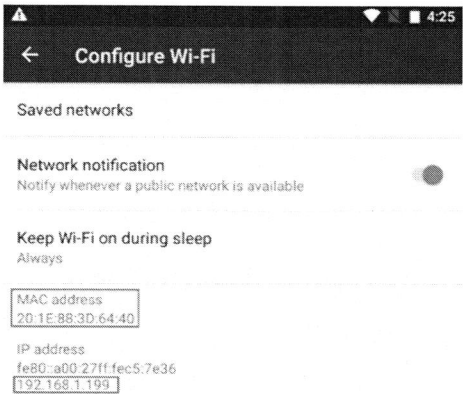

Figura 7-32. La dirección IP 192.168.1.199 y MAC 20:1E:88:3D:64:40 fueron asignadas por el software emulado para realizar la investigación

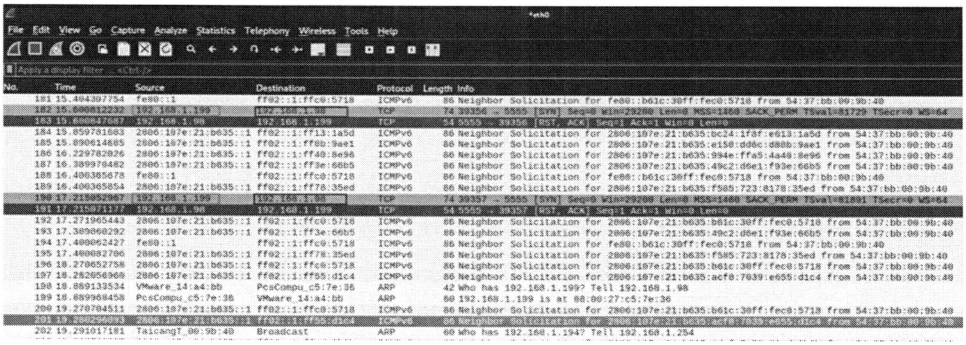

Figura 7-33. Captura del tráfico de red generado por la aplicación Remote Control

Al analizar el flujo de red que se genera al ejecutar la aplicación Remote Control se encontró que se intentó establecer una conexión a la dirección IP 192.168.1.98, ya que se encuentra en la columna "*Destination*" de la herramienta Wireshark a través del puerto 5555.

Al analizar el código fuente de la aplicación Remote Control se obtuvieron indicios de su creación a través del software "metasploit", que se utiliza para la incrustación de malware en aplicaciones móviles.

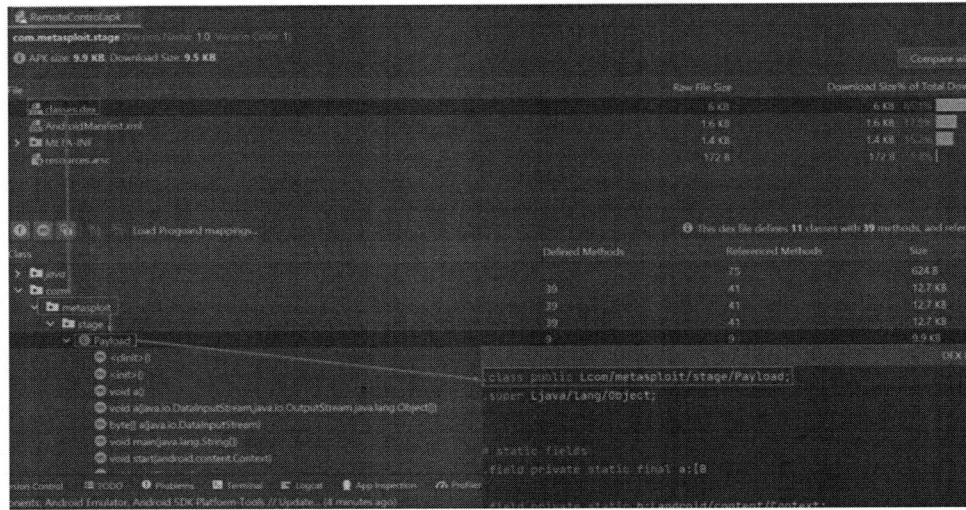

Figura 7-34. A través del software Android Studio se obtuvieron indicios sobre la creación de la aplicación a través del software "metasploit"

Con los indicios obtenidos a través del análisis del código de la aplicación, se realizó una investigación en fuentes abiertas para determinar la creación de aplicaciones maliciosas con el software "metasploit"; por lo que se recreó el escenario con esta información:

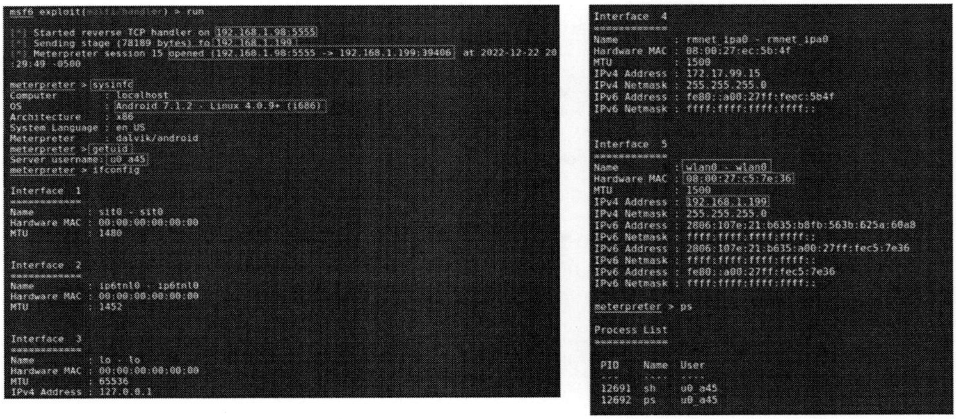

Figura 7-35. Recreación del ataque que se generó a través de la aplicación Remote Control con "metasploit"

Análisis de mensajería instantánea

Durante el análisis de los mensajes recibidos a través de aplicación de mensajería instantánea se obtuvo el detalle de la hora (acorde a la ciudad de Buenos Aires), los números telefónicos y el texto recibido por los familiares del particular:

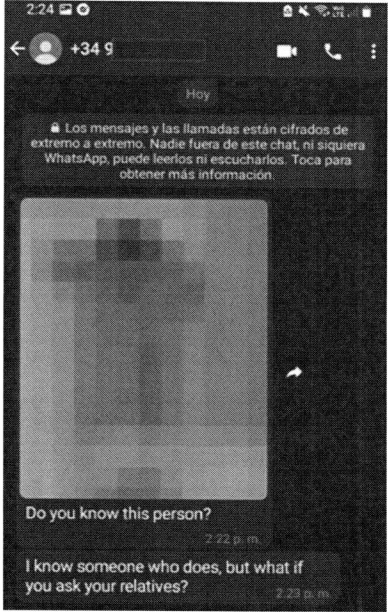 

Figura 7-36. Imagen enviada al familiar del particular el lunes 16 de marzo del 2022 a las 14:24 h

Figura 7-37. Mensaje enviado al particular a las 14:20 h del lunes 16 de marzo del 2022

También se concluyó que ambos números fuente de los mensajes recibidos solicitando un pago provenían de España a través del prefijo telefónico +34 XXXXXXX y +34 9XXXXXX:

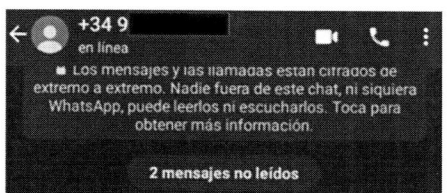 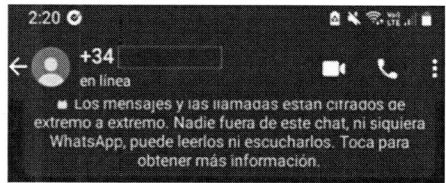

Figura 7-38. Números telefónicos desde donde fueron enviados los mensajes que solicitaban un pago en criptomonedas

Al realizar una investigación de información en fuentes abiertas sobre el número telefónico se encontró una publicación en el portal

<https://empresamarketing.es/marketing/1/201/> con datos asociados a una empresa de mercadotecnia y cobros telefónicos ACME:

2	1		+34
3	2		+34
4	3		+349012342
5	4		+34
6	5		+34
7	6		+34
8	7		+34
9	8		+34
10	9		+34
11	10		+34
12	11		+34
13	12		+34
14	13		+34
15	14		+34
16	15		+34
17	16		+34
18	17		+34
19	18		+34
20	19		+34
21	20		+34

Figura 7-39. Captura de pantalla de los primeros 20 usuarios que se ofertan al público, visibles para cualquier usuario, presuntamente para comprobar la fidelidad del contenido

Al investigar la ubicación de la empresa de mercadotecnia y cobros telefónicos ACME, en su portal web (<https://empresamarketing.es/marketing/1/201/>), se detectó que se localizaba al lado del lugar de hospedaje con la dirección: Av. Siempre viva, 3432, Madrid, España.

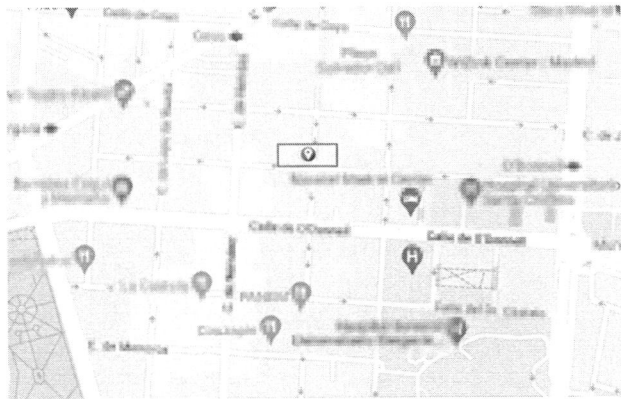

Figura 7-40. Ubicación de la organización llamada ACME

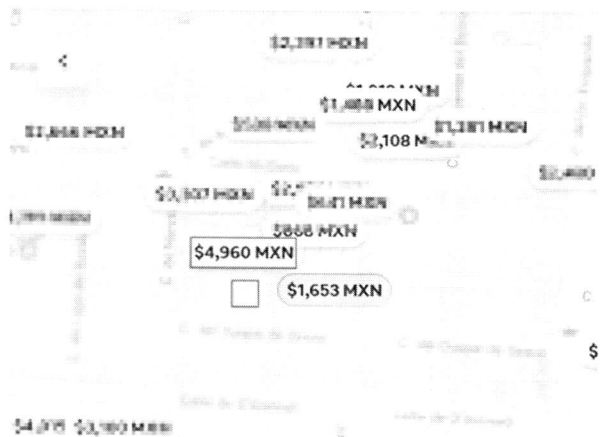

Figura 7-41. Ubicación del alojamiento privado que se oferta en una aplicación móvil

Habiendo descartado las otras premisas, la premisa sobre la infección de malware en el hospedaje del viaje de placer fue correcta, y se obtuvo la siguiente información que NO será estipulada en el dictamen pericial:

El nivel técnico requerido para la realización del ataque es bajo y accesible en portales web.

Las herramientas utilizadas durante la fase de análisis de los indicios se muestran en la siguiente tabla:

Nombre	Versión	Uso
Android Studio	Electric Eel | 2022.1.1	Plataforma para el análisis de código de la aplicación móvil.
FTK Imager	4.5.0	Apertura y navegación por el contenido de los discos analizados.
Kali Linux	10.04.2 LTS	Plataforma de análisis y exportación de información relevante en la investigación.
Microsoft Office (Excel, PowerPoint y Word)	2204	Utilizado para integrar los datos recopilados de la investigación y la creación de informes.
Navegador Google Chrome	110.0.5481.178 (Build oficial) (64 bits)	Búsqueda de información en fuentes abiertas.
NOX Player	7.0.2.0	Emulador del sistema operativo Android.
SublimeText	3.2.2	Búsqueda de patrones entre los indicios y

		anotaciones.
Virus Total	API v3	Plataforma de análisis de malware en artefactos digitales.
VmWare Workstation	15.5.6	Virtualización de sistemas operativos.
Windows	10 pro	Plataforma donde se realizó parte del análisis y la documentación.
Windows PowerShell	5.1.19041.2364	Obtención de firmas electrónicas de manera nativa.
Wireshark	3.4.2	Análisis de flujos de red.

Tabla 7-22. Herramientas utilizadas durante la investigación

7.3.7 DETERMINACIÓN DE HALLAZGOS

A través de los datos obtenidos de los indicios analizados se han determinado los siguientes hallazgos:

- El acceso no autorizado al dispositivo y a la información sensitiva del particular se llevó a cabo a través de la descarga y ejecución de la **aplicación móvil Remote Control.**

- La fecha de última modificación de la aplicación es del **16 de noviembre del 2021,** a las **03:38:58 p. m.**, de una zona horario no definida.

- La aplicación Remote Control es catalogada como maliciosa a través de su análisis en el portal **Virus Total** (https://www.virustotal.com/gui/home/upload). Permite ejecutar código malicioso de manera remota en beneficio de quien se conecte después de ejecutar la aplicación.

- La dirección IP solicitada por la aplicación Remote Control es **192.168.1.98** a través del puerto **5555.**

- La dirección **IP 192.168.1.98** debe encontrarse en la misma red que el dispositivo que contiene la aplicación.

- Los permisos de la aplicación permiten el acceso a:

  ○ Cámaras del dispositivo

  ○ Ubicación

  ○ Registros de llamadas telefónicas

  ○ Registros de contactos

  ○ Almacenamiento del dispositivo

- Al recrear el escenario de ataque, se puede confirmar que los permisos que posee la aplicación permiten al usuario malicioso con la dirección IP 192.168.1.98 la posibilidad de establecer una conexión remota al dispositivo móvil que posee la aplicación Remote Control, a través del puerto **5555**, y navegar en su contenido, así como administrar sus funciones.

- El análisis de los números telefónicos confirma que ambos números fuente de los mensajes recibidos solicitando un pago provienen de España **+34 XXXXX1** y **+34 XXXXX2.**

- La investigación de información en fuentes abiertas sobre el número telefónico coincide con una divulgación de información encontrado en el portal (**https://empresamarketing.es/marketing/1/201/**) respecto a la empresa ACME, en el que se muestra el nombre e ID de empleado de la persona física a la que está asignado.

- La empresa **ACME** tiene una actividad empresarial asociada a la mercadotecnia y cobros telefónicos con dos años de existencia en el domicilio **XXX, No. XX, XXX, España**, según su portal (**<https://empresamarketing.es/marketing/1/201/>**).

- Las actividades realizadas en el plano tecnológico han sido validadas y asociadas en el presente dictamen de informática forense dando pauta a otros procesos de validación y rectificación a los departamentos, entidades y autoridades correspondientes.

7.4 EFECTIVIDAD DEL MARCO DE TRABAJO EDAPREHD

La efectividad del marco de trabajo propuesto ha sido evaluada en una gran diversidad de escenarios y se han encontrado las siguientes características:

Adaptabilidad

La capacidad de ser utilizada en escenarios en donde se considera la colaboración de profesionales del análisis forense con equipos de respuesta a incidentes genera una demarcación de los límites y responsabilidades para cada grupo de trabajo. La adaptabilidad del marco de trabajo EDAPREHD permite ser seguida por profesionales de la informática forense que realicen actividades de manera independiente. Asimismo, las organizaciones especializadas en el campo podrán adoptar fácilmente los procesos establecidos y formar a su personal para cumplir con cada proceso estipulado.

Flexibilidad

Esta característica del marco de trabajo EDAPREHD permite adaptarse a escenarios en los sistemas operativos más conocidos (Windows, GNU/Linux), así como a entornos móviles (Android e iOS).

Intuitiva

La simplicidad de cada fase del marco de trabajo genera una fácil comprensión para cada miembro de equipos diversos, dedicados a las investigaciones en informática forense o a la formación de nuevos investigadores en el campo.

Completitud

La construcción de cada fase del marco de trabajo ha sido generada con el objetivo de analizar cualquier detalle dentro de una investigación en informática forense para obtener evidencias a partir de cada indicio de la escena del delito.

Internacionalización

El marco de trabajo EDAPREHD ha sido construido por los estándares internacionalmente reconocidos, así como la implementación de buenas prácticas de organismos especializados en la informática forense.

Validez

La implementación del marco de trabajo EDAPREHD en diversos escenarios proporciona validez al proceso de obtención de evidencias ante las entidades jurídicas.

CAPÍTULO 8
LEGISLACIÓN RELACIONADA CON LA INFORMÁTICA FORENSE

8.1 MARCO LEGAL EN MÉXICO

Constitución de los Estados Unidos Mexicanos

En la *Carta Magna* de México se establece el principio de la inviolabilidad de las comunicaciones privadas en su artículo 16, donde se estipula que solamente la autoridad judicial federal tiene la facultad de proveer una autorización para realizar una intervención en las comunicaciones en general, lo que engloba a las informáticas. Algunas dependencias del Gobierno mexicano facultadas para solicitar una intervención son:

- Centro de Investigación y Seguridad Nacional (CISEN).
- Policía Federal.
- Ministerio Público a través de cada Estado del territorio mexicano.

Una institución que tiene la responsabilidad de administrar las intervenciones en las comunicaciones en el ámbito de la informática forense es la Fiscalía General de la República, quien determina los requerimientos técnicos y de equipamiento necesarios para llevar a cabo las interceptaciones de las comunicaciones privadas y la recolección de datos.

Por otro lado, el *Código Nacional de Procedimientos Penales* (CNPP) establece los principios que deben seguirse en un análisis de informática forense. Además, estableciendo quién puede ejercer como perito con el siguiente requerimiento:

"Los peritos (en general) deberán poseer título oficial en la materia relativa al punto sobre el cual dictaminarán y no tener impedimento alguno para el ejercicio profesional, siempre que la ciencia, el arte, la técnica o el oficio sobre el que vaya emitirse el peritaje esté reglamentada. En caso de no estarlo, deberá designarse a una persona que pueda demostrar conocimientos profundos de forma idónea relativa a la actividad sobre la que se vaya a emitir el peritaje".

También, el CNPP establece que la cadena de custodia deberá contener los siguientes elementos:

- Identificación de la evidencia.

- Estado original de la evidencia.

- Condiciones de recolección de la evidencia.

- Preservación de la evidencia.

- Embalaje y traslado de la evidencia.

- Lugares y fechas de permanencia.

- Cambios que en cada custodia se haya realizado.

- Registro del nombre e identificación de toda persona que haya estado en contacto con la evidencia.

Este organismo también destaca la importancia de aplicar las prácticas recomendadas a nivel internacional o normas estandarizadas, habitualmente publicadas por entidades internacionalmente reconocidas, por ejemplo, ISO, FBI o cuerpos policíacos especializados.

En México existen normas que son publicadas bajo la administración de la Secretaría de Economía (SEECO) a través del organismo nacional de Normalización y Certificación Electrónica (NYCE). Se ha establecido una norma relativa a los procedimientos de la informática forense, identificada como *NMX-I-289-NYCE-2016*, y que posee el título **"Tecnologías de la Información - Metodología de Análisis Forense de Datos y Guías de Ejecución"**. Esta norma es la referencia primordial utilizada para demostrar que se han seguido las prácticas recomendadas para la adquisición, preservación y análisis de la evidencia digital durante una investigación realizada en el territorio mexicano.

Como complemento, las recomendaciones emitidas por cuerpos internacionales como el FBI, las guías emitidas por el NIST, ENISA en Europa, y otras guías con prácticas recomendadas, pueden apoyar el procedimiento de un perito en informática forense, lo que ha incentivado la creación del marco de trabajo EDAPREHD.

Con la llegada del nuevo sistema penal acusatorio mexicano, las fallos metodológicos durante el proceso de recolección y análisis de indicios, así como la falta de formación de los investigadores en nuevas tecnologías, herramientas y procedimientos, genera incredulidad al respecto de cada evidencia presentada ante una instancia jurídica. De esta manera, se requiere que los peritos estén formados en ámbitos técnicos y jurídicos para ofrecer informes claros y contundentes que generen un apoyo real a las autoridades jurídicas encargadas de emitir conclusiones, producto de su intervención en una investigación.

En México existe una falta de tipificación de los delitos informáticos en las legislaciones del país; sin embargo, en la siguiente tabla se mencionan algunos delitos y su relación (mas no tipificación) con artículos del *Código Penal Federal*:

Delito	Artículo	Relación
Espionaje	127 al 129	Malware, ingeniería social, intervención de comunicaciones
Rebelión	133 al 135	Sitios web, comunicaciones móviles
Terrorismo	133 al 135	Malware, sitios web, comunicaciones móviles
Sabotaje	140	Malware, ingeniería social, accesos no autorizados
Conspiración	141	Difusión a través de internet y dispositivos móviles
Delitos en materia de vías de comunicación	167 a 168	Malware, intervención de comunicaciones, decodificación de comunicaciones
Violación de correspondencia	173, 176 177	Malware, intervención de comunicaciones, decodificación de comunicaciones
Delitos contra la salud	193 y 194	Difusión a través de Internet y dispositivos móviles
Corrupción de las personas	200, 202, 202 bis	Difusión a través de Internet y dispositivos móviles
Trata de personas	205, 206 bis	Difusión a través de Internet y dispositivos móviles
Revelación de secretos	210, 211, 211 bis	Malware, ingeniería social, bots
Accesos no autorizados a sistemas informáticos	211 bis 1 al 211 bis 7	Malware, ingeniería social, bots
Falsedad	234 al 246	Falsificación de documentos a través de software y hardware, phising, distribución a través de internet y dispositivos móviles
Delitos contra la paz y seguridad de las personas (amenazas)	282 y 283	Correo electrónico, mensajería instantánea, mensajes escritos, telefonía móvil
Homicidio	302	Malware, redes informáticas, sistemas informáticos
Robo	367, 368	Malware, ingeniería social, redes informáticas, sistemas informáticos

Fraude	386	Phising, pharming, ingeniería social, malware, bots
Extorsión	390	Correos electrónicos, mensajería instantánea, mensajes de texto
Operaciones con recursos de procedencia ilícita	400	Fraudes financieros, sitios web, dispositivos móviles
Delitos electorales	403, 405	Correos electrónicos, redes sociales, mensajería instantánea

Tabla 8-1. Relación de algunos delitos con algunos artículos, sin tipificarlos completamente

8.2 PROPUESTA A LA LEGISLACIÓN EN MÉXICO

A través de un estudio del marco legal mexicano y de diversos países del mundo, se puede determinar que la unificación de un marco legal aplicable de manera internacional es compleja debido a la variación que presenta cada país en relación con los demás atendiendo a sus necesidades y objetivos particulares. Sin embargo, las similitudes que se presentan de manera regional en los países de Latinoamérica permiten proponer directrices estandarizadas en materia jurídica para realizar la tipificación de delitos informáticos con el objetivo de apoyarse en ciencias como la informática forense para proceder en su investigación. Para fortalecer la propuesta de un marco legal unificado o similar en el campo de la tipificación de delitos informáticos se realizó una entrevista al doctor en Derecho de la Facultad de Derecho y Criminología de la Universidad Autónoma de Nuevo León, Daniel Alberto Garza de la Vega, en la que se trataron temas de interés entre la delgada línea del ámbito legal y el mundo informático. A continuación, se detallarán los aspectos más importantes de esta entrevista, realizada el 19 de agosto de 2022:

Sobre la tipificación de delitos:

"El derecho tipifica la conducta. En el artículo 14 constitucional mexicano, en su tercer párrafo, habla de un principio de legalidad al que comúnmente se le conoce como principio de ley dentro de la conducta para los efectos de regularla y la pena que genera su incumplimiento".

"No hay pena sin ley, por lo que el legislador tiene que estar ligado al día a día para estar pendiente en la regulación de la conducta del ser humano".

Sobre los procesos que deben seguirse para elaborar una propuesta al marco legal:

"Es un tema muy importante en el que, desde los centros de investigación, desde los expertos como tú (Luis Ortiz), desde los que analizan el Derecho, se junten y empiecen a crear mesas de trabajo, como la presente que estás elaborando, y se comience con ofrecer la experiencia de cada especialista para subsanar la falta de tipificación de los delitos informáticos".

Sobre las instituciones/autoridades que se encargan de los cambios en el *Código Penal* mexicano:

> "Una vez que se proponga un proceso robusto, debería publicarse inmediatamente para ser regulado y entregado a los legisladores. Una vez que los legisladores se empapen en las actividades estipuladas en el artículo 71 y 72 constitucional mexicano en materia federal, que son las iniciativas de ley, deben estructurar, afinar y publicar una reforma. Una vez terminado este proceso, debe adicionarse una fase de formación de los funcionarios públicos y del sistema jurisdiccional de manera general".

Una vez rescatados los puntos más relevantes de la entrevista con el Dr. Daniel Garza, a continuación se precisan algunas otras propuestas en el aspecto técnico que contribuyen al fortalecimiento del marco legal mexicano en materia de la informática forense:

Sobre la formación del personal activo de las autoridades jurisdiccionales

La capacitación para todo el personal que ejerza, dictamine y labore dentro del sistema jurisdiccional, deberá ser concisa y dirigida específicamente hacia los conocimientos profesionales que le brinden a cada funcionario, el entendimiento de dictámenes, términos, procedimientos y herramientas válidas en una investigación en informática forense. Esta capacitación debería realizarse por lo menos cada año, para iniciar un programa de capacitación constante que no dependa de ciclos presidenciales y/o del personal jurisdiccional de cada país donde sea requerido realizarse.

Debido a la propuesta de capacitación de profesionales del derecho en todos sus ámbitos, debe aplicarse un proceso de enseñanza específico, en donde el deseo natural de una aplicación inmediata de nuevos conocimientos deberá ser alimentado por el personal encargado de la capacitación. En la capacitación propuesta en esta sección, el lenguaje técnico, procedimientos especializados y/o términos complejos deberán ser modificados a medida de los posible para brindar una facilidad de adaptación al entorno, lenguaje y necesidades inmediatas con resultados a la brevedad.

Sobre la determinación de casos requirentes

Para los casos específicos que requieran el apoyo de un perito en material de informática, deberán ser determinados dentro de un nuevo proceso inmerso en la manera de asignar funcionarios dentro de una investigación. Este proceso debe contar con el planteamiento, el análisis de requerimientos para cada solicitud, y ser auditable y evaluado dentro de investigaciones donde se encuentren las siguientes peculiaridades:

- Indicios de un delito a través de medios digitales
- Potenciales evidencias dentro de dispositivos electrónicos
- Daños en sistemas y dispositivos informáticos

A través de la formación y especialización de los peritos en informática forense pueden esclarecerse, comprobarse y dictaminarse las causas, medios, procedimientos, técnicas y consecuencias del uso malicioso de los dispositivos y medios informáticos.

Sobre los requerimientos de formación para un perito en informática forense

Debido al grado de especialización que debe poseer un profesional de la informática para incurrir en el ámbito de la informática forense (capítulo 4), se propone solicitar los siguientes requerimientos a los profesionales de la informática para ejercer como perito informático:

I.   Formación profesional en el ámbito de la informática forense mayor a tres años.

     Con este requerimiento aumenta la probabilidad de que el perito en cuestión haya realizado investigaciones como parte de una organización especializada en ese campo utilizando herramientas, procedimientos y estándares internacionalmente reconocidos. Esto brindará la certeza de los conocimientos previos en materia de informática forense.

II. Certificaciones impartidas por instituciones registradas ante organismos nacionales y/o internacionales.

     La presentación de certificaciones internacionalmente reconocidas brindará la certeza de las capacidades técnicas de un investigador en materia de informática forense.

III. Poseer un título y un carné profesional.

     Estos documentos oficiales le permitirán a un perito identificarse en instancias legales, comprobando el final de su formación académica de manera satisfactoria.

IV. Contar con cinco años de experiencia comprobables en el campo de la seguridad informática.

     Este requerimiento brindaría certeza al perito en informática forense del conocimiento de las técnicas, las herramientas y los procedimientos utilizados por un usuario malicioso para un delito informático.

¿Qué procedimiento debería establecerse para la asignación de peritos?

Dentro de cada caso en el que se encuentre inmerso el uso de un dispositivo tecnológico, la asignación de un perito informático debería ser solicitada por la entidad jurisdiccional que realice la investigación. Esto debería ser posible a través de una institución nacional, regional o internacional de profesionales de la informática forense para dar respuesta a estas necesidades; por lo que cada país podría iniciar un procedimiento para el registro de profesionales que deseen prestar sus servicios a través de esta entidad centralizada.

Estos requerimientos podrían ser utilizados en instancias legales en países de Latinoamérica, siempre y cuando las entidades lo consideren necesario para fortalecer sus procesos probatorios en investigaciones de esta índole.

CAPÍTULO 9
INFORMACIÓN FORENSE: ACTUALIDAD Y PROYECCIÓN

9.1 PRESENTE DE LA INFORMÁTICA FORENSE

Hoy en día, la investigación forense digital es una rama de la informática muy poco conocida entre los profesionales del gremio, esto provoca que sus beneficios sean poco aprovechados y explotados, aunque puede ser de utilidad para el esclarecimiento de actividades mal intencionadas hacia los sistemas informáticos de corporaciones, instituciones gubernamentales y organismos. El aumento en la demanda de dispositivos electrónicos generada a raíz del confinamiento mundial, derivado de la pandemia de la COVID-19 en el 2020, creó una nueva necesidad a las organizaciones de proteger la seguridad de la información a los colaboradores que requería poseer un equipo informático para realizar labores desde su hogar. Esta acción derivó en un aumento del uso indebido de los dispositivos no organizativos, es decir, dispositivos personales de cada colaborador que no contaban con mecanismos o controles de ciberseguridad y generaban un mayor riesgo ante un ataque informático, que podía desembocar en divulgación de información, suplantación o propagación de malware entre dispositivos corporativos, personales e incluso familiares.

A través de estas problemáticas hubo un aumento significativo en los delitos informáticos en el mundo, que aprovechaban la escaza de configuración y robustecimiento en los dispositivos personales, así como aquellos que salían del perímetro y la gestión de cada organización. Un contraste importante ante el aumento de los ataques informáticos en la actualidad sigue siendo la escaza inversión en los dispositivos, las herramientas de protección y el monitoreo, así como la gestión de la infraestructura tecnológica por parte de los directivos de algunas organizaciones. Tomando como base este contexto y las necesidades actuales para hacer frente a los incidentes de ciberseguridad, serán tareas específicas de los directores de seguridad de la información (*ChiefInformation Security*

Officer – CISO), gerentes y administradores de las áreas de tecnologías de la información el analizar, esquematizar y presentar ante las mesas directivas el posible impacto de un ataque informático en la disponibilidad, integridad y confidencialidad de la información organizacional, así como las consecuencias colaterales como el impacto en su reputación, producción y confianza con sus clientes y asociaciones con algunos proveedores.

Cambiando la perspectiva de un punto tecnológico hacia un horizonte jurídico, la internacionalización de los ataques en ciberseguridad que hoy en día se presenta es cada vez más común aprovechando que en internet no existen delimitaciones geográficas, y un delito informático puede materializarse en Latinoamérica desde Norteamérica, Europa u otro continente. La ausencia de legislaciones específicas que engloben los delitos informáticos en la actualidad se debe al desconocimiento de las fortalezas y beneficios que ofrece la informática forense, así como a la nula colaboración entre los profesionales de la seguridad informática y del Derecho que permitan crear legislaciones, regulaciones y tipificación de delitos realizados a través de dispositivos electrónicos. Si estas regulaciones son creadas, los incidentes en seguridad informática podrían ver una disminución al poseer un marco legal que especifique un proceso para intentar determinar al autor de las acciones maliciosas y determinar sus consecuencias. Esta brecha de conocimiento y colaboración entre los agentes capacitados para conocer los beneficios de la informática forense podrían fortalecer el marco legal de cada país de Latinoamérica y otras regiones del mundo. Hoy en día, en países como Argentina, Chile, Colombia y México las investigaciones en informática forense son más frecuentes, pero cuentan con cierta disparidad debido a la falta de un marco legal regulatorio, que no solicita los mismos parámetros para que un profesional de la informática pueda acceder a la investigación forense digital ni estipula los procedimientos que debe seguir para dar validez a su investigación. Otro aspecto es la distinción clara entre un delito realizado por un humano en un ámbito físico y un delito informático que se realiza a través de un dispositivo electrónico (tipificación del delito), esto determina sentencias para los actores que materializan los delitos informáticos que pueden catalogarse como risibles y poco eficaces para la erradicación de esta conducta criminal.

El primer paso para obtener los beneficios de la informática forense es la formación constante de los profesionales de la informática que deseen acceder a esta ciencia creciente, así como la creación de equipos de respuesta a los incidentes en diversas regiones, el establecimiento de procedimientos o marcos de trabajo fundamentados en las mejores prácticas y estándares internacionales. La problemática más común para el estudio de la informática forense es la barrera del lenguaje en la documentación internacional, ya que es común encontrarla en inglés.

Este es otro obstáculo que el marco de trabajo EDAPREHD busca resarcir; la barrera del lenguaje para los profesiones de la informática provenientes de países de habla hispana, debido a que los fundamentos de la informática forense no son originarios de la región de Latinoamérica, sino de la Unión Europea y diversos organismos de los Estados Unidos de Norteamérica. Las organizaciones que han liderado la informática forense desde su concepción, así como la documentación que han elaborado y que seguirán liberando, pueden generar una brecha en el entendimiento de conceptos básicos que permitan una especialización por parte de los profesionales de la informática que deseen acceder a la investigación forense digital debido al lenguaje en el que son creados. Una vez superada esta barrera del lenguaje, podría robustecerse la formación y crear más y mejores profesionales que puedan brindar un apoyo al sector público y privado que, hoy en día, escasea.

9.2 LA INFORMÁTICA FORENSE: SU EVOLUCIÓN Y FUTURO

La informática forense posee un gran potencial para convertirse en una de las profesiones de mayor proyección durante la presente década como consecuencia de la digitalización de los datos, el aumento en el uso de dispositivos electrónicos y, por ende, en los incidentes de ciberseguridad que se materializan día a día. Estos últimos pueden ser vistos en mapas interactivos como en los sitios web de organizaciones especializadas como Kaspersky (<https://cybermap.kaspersky.com/es>) o Fortinet (<https://threatmap.fortiguard.com>).

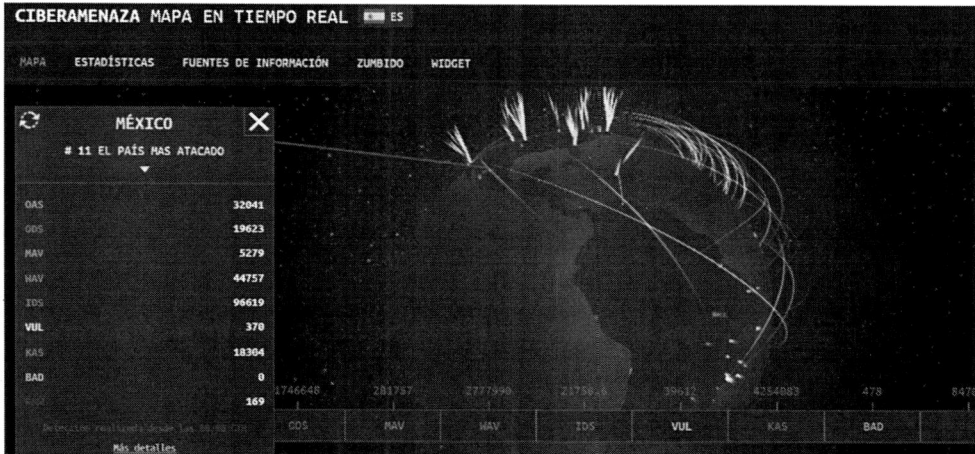

Figura 9-1. Mapa interactivo de ciberamenazas en tiempo real de Kaspersky

Sin embargo, la informática forense debe adaptarse a cada tecnología existente, así como aquella que se encuentra en curso de perfeccionamiento o incluso en su fase de concepción, con el objetivo de dilucidar los interrogantes en la información que contengan cuando se encuentren inmersos en una investigación. Las tecnologías a las que se comienza a acceder desde el comienzo del presente siglo son la nube (Cloud), el internet de las cosas (*Internet of Things* – IoT) o la tecnología operacional (*Operational Technology* – OT). Estas tecnologías requieren implementar técnicas vanguardistas para realizar el análisis en términos de la informática forense, como la inteligencia artificial (*Artificial Intelligence* – AI) y el aprendizaje automático (*Machine Learning* – ML). A continuación, se verá cada técnica y tecnología de manera superficial para conocer los retos y beneficios de su involucramiento en investigaciones forenses digitales.

9.2.1 LA INTELIGENCIA ARTIFICIAL EN LA INFORMÁTICA FORENSE

La inteligencia artificial (IA) es una rama de la informática que puede ser entendida como aquella que pretende ofrecer las mismas capacidades de raciocinio de un ser humano a los sistemas informáticos a través de la conjunción de algoritmos que ofrecen una facilidad de tomar decisiones a través de distintos condicionantes. Aunque no existe una definición clara debido a las variaciones entre las distintas fuentes, se pueden utilizar los enfoques descritos por Stuart J. Russell y Peter Norvig en su obra *Inteligencia artificial. Un enfoque moderno*[1]:

Sistemas que piensan como humanos	Sistemas que piensan racionalmente
«El nuevo y excitante esfuerzo de hacer que los computadores piensen… máquinas con mentes, en el más amplio sentido literal». (Haugeland, 1985)	«El estudio de las facultades mentales mediante el uso de modelos computacionales». (Charniak y McDermott, 1985)
«[La automatización de] actividades que vinculamos con procesos de pensamiento humano, actividades como la toma de decisiones, resolución de problemas, aprendizaje…» (Bellman, 1978)	«El estudio de los cálculos que hacen posible percibir, razonar y actuar». (Winston, 1992)
Sistemas que actúan como humanos	Sistemas que actúan racionalmente
«El arte de desarrollar máquinas con capacidad para realizar funciones que cuando son realizadas por personas requieren de inteligencia». (Kurzweil, 1990)	«La Inteligencia Computacional es el estudio del diseño de agentes inteligentes». (Poole *et al.*, 1998)
«El estudio de cómo lograr que los computadores realicen tareas que, por el momento, los humanos hacen mejor». (Rich y Knight, 1991)	«IA… está relacionada con conductas inteligentes en artefactos». (Nilsson, 1998)

Figura 9-2. Definiciones de la inteligencia artificial organizadas en cuatro categorías

Para comprender y conocer las capacidades que la IA podría obtener en el futuro, las obras de ciencia ficción creadas por los escritores Isaac Asimov[2], Arthur Clarke[3] o Robert Heinlein[4], tridente conocido como los tres grandes (*Big Three*), profundizaron en la imaginación de un mundo donde cada aspecto de la vida cotidiana era realizado a través de la IA y otras técnicas tecnológicas, que comienzan a reflejarse en la actualidad de los seres humanos.

---

[1] Russell, S.J., Norvig, P. (2003). *Artificial Intelligence: A Modern Approach*. Prentice Hall. p. 2.
[2] Sadurní, J. M. (2020). *Isaac Asimov, maestro de la ciencia ficción*. National Geographic [en línea]. Recuperado el 11 de octubre de 2022 de: <https://historia.nationalgeographic.com.es/a/isaac-asimov-maestro-ciencia-ficcion_15035>.
[3] Sadurní, J. M. (2019, diciembre 16). *Arthur C. Clarke, el escritor visionario del futuro*. National Geographic [en línea]. Recuperado el 11 de octubre de 2022 de: <https://historia.nationalgeographic.com.es/a/arthur-c-clarke-escritor-visionario-futuro_15019>.
[4] Lecturalia. (s. f.). *Robert A. Heinlein: libros y biografía autor*. Lecturalia [en línea]. Recuperado el 11 de octubre de 2022 de: <https://www.lecturalia.com/autor/2565/robert-a-heinlein>.

Dentro de las situaciones incómodas de la implementación de la informática forense, las investigaciones extensas que requieren la búsqueda y los análisis de grandes cantidades de indicios digitales son un proceso complejo y con heterogeneidad en su contenido[5]. Debido a los numerosos indicios que requieren ser analizados en estos escenarios, así como la gran cantidad de evidencias que pueden desprenderse de ellos, sumado al escenario donde un investigador u organización especializada sean requeridos en varias investigaciones de manera habitual, atrasaría su resolución y esclarecimiento al no brindar una respuesta oportuna. Para maximizar la efectividad de los planes de respuesta a incidentes, análisis de indicios y extracción de evidencias, la implementación de herramientas físicas y lógicas que utilicen IA puede significar una diferencia notable ante los competidores del mismo campo debido a la posible detección y reconocimiento de patrones para descubrir evidencia oculta en recursos digitales que no hubiesen sido analizados de manera manual por la falta de tiempo, o por la necesidad del cliente de obtener un resultado en la investigación. Esto significa analizar una mayor cantidad de información y minimizar los tiempos de respuesta para dirigir el esfuerzo de los investigadores en un análisis más certero, filtrar los indicios y evidencias, así como mejorar sus informes finales[6].

9.2.2 EL APRENDIZAJE AUTOMÁTICO EN LA INFORMÁTICA FORENSE

Con el origen de la inteligencia artificial, el aprendizaje automático ha sido considerado como el núcleo de las funciones y algoritmos que determinan el reconocimiento de patrones, almacenamiento y comparación de hallazgos, así como la predicción del comportamiento con datos obtenidos durante el análisis de indicios. Posee los s guientes cuatro algoritmos para la mejora del procesamiento de la información digital, que dependen de la salida esperada y del tipo de entrada:

Machine Learning supervisado. Se suministran algoritmos que contienen datos de entrenamiento con una categoría especificada y definida para evaluar las correlaciones entre los datos de entrada y salida, con un simple y fácil diseño.

Machine Learning sin supervisar. Se implementan algoritmos con datos de entrenamiento sin una categoría especificada definida para intentar definir las conexiones entre los datos entrantes y salientes.

Machine Learning semisupervisado. Es una combinación de los dos algoritmos previos; se administra una pequeña cantidad de datos categorizados y de una gran cantidad de datos sin etiquetar para intentar categorizarlos según los datos previamente introducidos.

Machine Learning por refuerzo. Su objetivo es crear un modelo que obtenga resultados por fases para establecer un nuevo objetivo a corto plazo hasta alcanzar una meta final.

---

[5] Rahmat Mohammed (2020). "Digital Forensics and Artificial Intelligence a Study". *International Journal of Innovative Science and Research Technology.* Vol. 5, núm. 12, p. 252-254.
[6] Abiodun A. Solanke, Maria Angela Biasiotti (2022). "Digital Forensics AI: Evaluating, Standardizing and Optimizing Digital Evidence Mining Techniques-2. *KI - Künstliche Intelligenz.* Vol. 36, p. 1-3.

El aprendizaje automático puede verse como un enfoque óptimo para resolver los problemas que existen en el campo de la ciencia forense digital, como: una gran cantidad de información a analizar, diversidad de los indicios obtenidos, la limitación de tiempo para realizar el análisis de cada indicio, lo que reduce el tiempo de respuesta de un investigador al involucrarse en varios casos de manera paralela. El aprendizaje automático mejora el proceso debido al manejo de una gran cantidad de datos en un corto período de tiempo con un alto nivel de precisión y resultados de buena calidad[7].

El aprendizaje automático es una subcategoría de la inteligencia artificial, debido a que intenta imitar el procesamiento de un ser humano y su transformación con el nuevo conocimiento a través de datos y procesos obtenidos durante su vida.

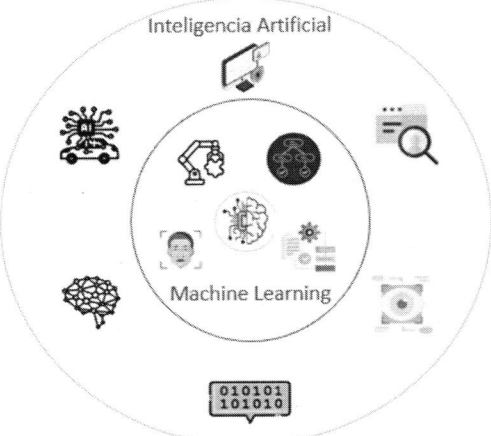

Figura 9-3. Relación de la Inteligencia Artificial y el Machine Learning

9.2.3 LA INFORMÁTICA FORENSE EN LA OT

La tecnología operativa (*OperationalTechnology* – OT) comprende un conjunto de sistemas utilizados para administrar, monitorear y controlar las operaciones industriales (por ejemplo, electricidad, agua, productos farmacéuticos, entre otros). La implementación de la informática forense y sus procedimientos para estos sistemas requieren una serie de extensiones dedicadas a los dispositivos y componentes exclusivos de OT. Para el análisis de estos recursos se requieren conocimientos y habilidades especializadas para obtener información de valor en una investigación, por lo que los investigadores de la informática forense deben adaptarse al lenguaje industrial, los procesos y el funcionamiento nato de una infraestructura OT. La interacción con el personal técnico que opera estas infraestructuras de

---

[7] A. M. Qadir y A. Varol (2020). "The Role of Machine Learning in Digital Forensics", *8th International Symposium on Digital Forensics and Security (ISDFS)*. Beirut, Lebanon, p. 1-5, doi: <10.1109/ISDFS49300.2020.9116298>.

tecnología operacional será una fuente de conocimiento pura que brinde apoyo en la comprensión de los incidentes de ciberseguridad.

Como apoyo al establecimiento de un proceso unificado para el análisis de tecnologías OT, el NIST ha elaborado su informe interinstitucional 8428, llamado *Forensics and Incident Response (DFIR) Framework for OperationalTechnology (OT)*. En este documento se propone un marco de trabajo dedicado a la tecnología operativa con el objetivo de ampliar los procesos técnicos tradicionales de la informática forense en elementos OT, además de crear términos especializados, herramientas y presentar sus propiedades únicas[8].

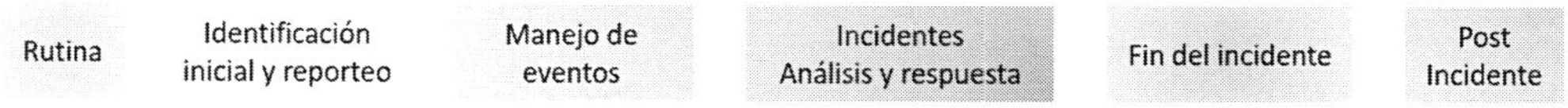

Rutina	Identificación inicial y reporteo	Manejo de eventos	Incidentes Análisis y respuesta	Fin del incidente	Post Incidente

Figura 9-4. Framework de OT FDIR propuesto por el NIST

9.2.4 LA INFORMÁTICA FORENSE EN EL IOT

El internet de las cosas (*Internet of Things* – IoT) es una rama de la informática especializada en el conjunto de dispositivos que se utilizan en la vida cotidiana que son conectados a través de una red para intercambiar datos, recursos e información a través de sensores, software y condiciones específicas[9]. El objetivo del IoT es brindar comodidad a usuarios finales en su vida diaria a través de dispositivos que se adapten a diferentes ámbitos, como el laboral, el escolar, apoyar en la automatización del hogar, realizar el monitoreo de salud o la accesibilidad de los espacios públicos, entre otros.

El análisis forense de dispositivos IoT se concentra en recopilar, adquirir y preservar datos de los dispositivos IoT que puedan esclarecer investigaciones donde alguna persona los utilizara mientras un delito informático (incluso de cualquier índole) se materialice. Debido a que la concepción de los dispositivos IoT centra sus capacidades en aprovechar la memoria limitada que se les asigna para realizar el procesamiento de las funciones idealizadas, ya que solo pueden procesar un número limitado de conjuntos de instrucciones predeterminados. Para poder regular estas debilidades y otros procedimientos, se requiere de una legislación eficaz para estipular como necesaria la captura, el monitoreo y el análisis de la comunicación con otros dispositivos y redes de comunicación en los dispositivos IoT.

---

[8] Salfati, E. y Pease, M. (2022). "Digital Forensics and Incident Response (DFIR) Framework for Operational Technology (OT)", *NIST Interagency/Internal Report (NISTIR),* National Institute of Standards and Technology, Gaithersburg, MD, [en línea]. En: <https://doi.org/10.6028/NIST.IR.8428>, <https://tsapps.nist.gov/publication/get_pdf.cfm?pub_id=934922>. (Recuperado el 23 de julio de 2022).
[9] Vishwakarma, R. y Jain, A. K. (2020). "A survey of DDoS attacking techniques and defence mechanisms in the IoT network. Telecommunication Systems: Modelling, Analysis, Design and Management", *Springer,* vol. 73(1), p. 3–25.

Como respuesta a los desafíos que se encuentran en el momento de obtener datos fiables y relevantes de dispositivos IoT, los autores Mazhar, Saleem, Almogren, Arshad, Jaffery, Rehman, Shafiq y Hamam han desarrollado un marco de trabajo en su artículo *"Forensic Analysison Internet of Things (IoT) Device Using Machine-to-Machine (M2M) Framework"*, donde proponen obtener datos íntegros, analizados y estructurados que se pueden usar con fines de investigación en el campo de la investigación forense digital a través de un proceso que detecta automáticamente un incidente de ciberseguridad materializado en dispositivos IoT utilizando un marco de trabajo de máquina a máquina (M2M). Además, proponen una solución al problema de la adquisición de evidencia para los incidentes de ciberseguridad en dispositivos IoT mediante la introducción de un servidor de registro de terceros llamado "cebolla de seguridad", que podría facilitar la determinación del impacto y las causas del incidente por medio de algoritmos de aprendizaje automático (*Machine Learning*) para la detección automática de ataques.

En este marco de trabajo, la limitación de la adquisición de datos se resuelve mediante un registro de los servicios de terceros, debido a que el tráfico de red de los dispositivos IoT se redirige a un servidor de registro, donde los registros y alertas de tráfico malicioso durante un ataque informático se almacenan para ser utilizados en una investigación en informática forense. Estos registros almacenados podrían analizarse para recopilar información sobre incidentes y usuarios maliciosos por medio de un enfoque de aprendizaje automático utilizando el conjunto de datos generado a partir de estos registros[10].

---

[10] Mazhar, M. S. et al. (2002). "Forensic Analysis on Internet of Things (IoT) Device Using Machine-to-Machine (M2M) Framework". *Ed. Electronics*, 11, 1126, p. 1.

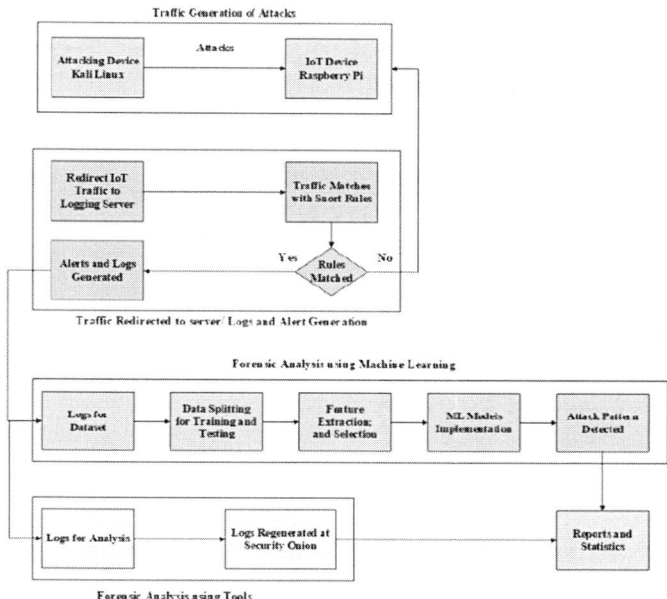

Figura 9-5. Metodología propuesta en el Framework M2M

9.2.5 LA INFORMÁTICA FORENSE EN LOS AMBIENTES DE NUBE

La tecnología de la nube (*cloud* en inglés) es una metáfora designada a la red mundial de los servidores, servicios y dispositivos que interactúan entre sí y son accesibles solamente a través de internet. Esta tecnología ha revolucionado los métodos mediante los cuales se almacenan, procesan y transmiten los datos digitales debido a la rápida adopción de la tecnología por los usuarios y organizaciones. Debido a la adopción acelerada de la informática en la nube, ha surgido la necesidad de alinear la ciencia forense digital con este dominio con el objetivo de identificar, recopilar, preservar y analizar datos, evidencias e información que brindan las plataformas que proveen estos servicios.

El NIST Cloud Computing Forensic Science Working Group (NCC FSWG) fue liberado en el 2020 con el objetivo de darle solución a los desafíos de la ciencia forense en el entorno de la nube que no pueden abordarse con las herramientas y las metodologías en infraestructuras convencionales, y desarrollar planes para la investigación de estándares para esta tecnología. En el informe *Interinstitucional 8006* del NCC FSWG se establece un procedimiento para la obtención de datos de registro y en los medios de una infraestructura en la nube para esclarecer los problemas asociados a los servicios que administran, almacenan y proveen los datos relativos al tiempo, la ubicación, el acceso y el cambio o borrado de información confidencial que se encuentran inmersos en los servicios de nube[11].

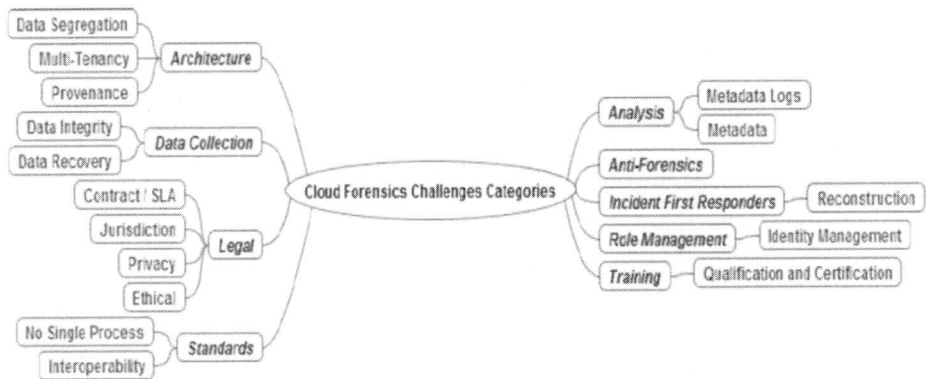

Figura 9-6. Categorías y subcategorías de los retos de la informática forense en la tecnología de la nube del NCC FSWG

Es posible que los investigadores de informática forense y las instancias jurídicas encuentren una resistencia de parte de las empresas proveedoras de los servicios de nube para proporcionar el acceso a la información y recursos requeridos en una investigación a medida que los conceptos de propiedad y custodia de datos sean recalcados. Sin embargo, para un trabajo en conjunto con las autoridades competentes de cada país o región, la información necesaria para esclarecer las preguntas de una investigación en informática forense puede ser obtenida a través de una solicitud especializada. Es necesario recalcar que la existencia de la información almacenada por las organizaciones, aplicaciones, sistemas y tecnologías puede estar sujeta a la política individual del proveedor para el almacenamiento y duración del ciclo de vida de datos específicos[12].

---

[11] National Institute of Standards and Technology (2020). *NISTIR 8006, NIST Cloud Computing Forensic Science Challenges.* NIST.
[12] Mazhar, M. S. et al. (2002). "Forensic Analysis on Internet of Things (IoT) Device Using Machine-to-Machine (M2M) Framework". *Ed. Electronics*, 11, 1126, p. 2.

GLOSARIO

Active Directory. Término creado en Microsoft para referirse a la implementación de un servicio de directorio en un sistema distribuido de ordenadores.

Alfanumérico. Secuencia de caracteres compuestos por números, letras y caracteres especiales existentes en el alfabeto latino y arábigo.

Algoritmo. Conjunto ordenado y finito de operaciones que permiten hallar la solución de un problema.

Alias. Conjunto de caracteres que identifican a un recurso ante un sistema informático.

Anglicismo. Vocablo o palabra tomado del inglés.

Antiestático. Elemento que impide la formación de electricidad estática.

Anti-spam. Es una solución de software que restringe la entrega de correos electrónicos no deseados.

API. Es un recurso informático con definiciones, procedimientos y protocolos tecnológicos especificados para realizar la comunicación entre dos o más programas informáticos.

Apt-get. Es un sistema de administración de paquetes de software remotos que pueden ser instalados en los sistemas operativos derivados de la distribución Debian.

Aqueos. Nombre colectivo utilizado para referirse a un conjunto de habitantes de la mayor parte de lo que hoy en día comprende el país conocido como Grecia.

Binario. Aquel dato que solo puede tener dos valores; verdadero o falso, también puede ser 1 o 0.

BIOS. Componente electrónico que indica las funciones básicas de arranque e identificación, configuración y control del hardware en un dispositivo.

Bot. Es un software que imita el comportamiento humano en un sistema informático sin conocimiento del usuario.

Búfer. Es una localización de memoria donde se almacena información temporal para ser utilizada por una aplicación o proceso determinado.

Certificado. Es un recurso generado por una entidad especializada en el campo para comprobar la identidad de un sistema informático.

Ciberespionaje. Actividades maliciosas realizadas en contra de una organización o una entidad gubernamental.

Ciencia forense. Conjunto de disciplinas que colaboran en la investigación y esclarecimiento de hechos relacionados con actos delictivos.

Cifrar. Transformar un recurso en un conjunto de caracteres de acuerdo con una clave, un mensaje o texto, con el objetivo de limitar su acceso a un destinatario determinado.

Clúster. Conjunto de servidores conectados entre sí mediante una red de alta velocidad para cumplir un mismo propósito.

Código fuente. Es un conjunto de instrucciones concretas para realizar un fin específico, escritas en un lenguaje de programación.

Comando. Es una instrucción enviada por un usuario hacia un sistema informático para que la procese y realice.

Confidencialidad. Principio que garantiza que un recurso informático solo puede ser accedido por usuarios y personas autorizadas para ello.

Contenedor. Recurso informático con la capacidad de almacenar otros recursos de menor tamaño.

Control de seguridad informática. Proceso que aplica medidas para proteger las vulnerabilidades de un sistema informático.

Controlador de sistema. Es un software que permite la comunicación entre un sistema operativo y un componente de hardware.

Cookie. Conjunto de caracteres almacenados en el navegador web de un usuario que puede ser creado y consultado por un servicio web.

Criptomonedas. Moneda virtual gestionada por una red de ordenadores descentralizadas que cuenta con un sistema de cifrado para asegurar las transacciones entre los usuarios.

Dato lógico. Aquel dato que solo puede tener un valor determinado.

Dirección IP. Valor único que identifica a un dispositivo en Internet o en una red local y que se expresa con 4 conjuntos de 3 dígitos, cada uno puede variar entre los valores 0-255.

Disponibilidad. Es la capacidad de garantizar que un recurso informático podrá ser accedido por un usuario en un momento determinado.

Dispositivo electrónico. Conjunto de componentes electrónicos interconectados para procesar o almacenar información digital.

DNS. Es el servicio que asocia dispositivos a través de su dirección IP y el nombre de un dominio que tiene asignado para ser entendible por cualquier usuario.

Dominio. Es el nombre único e irrepetible que identifica a un grupo de recursos dentro de una misma red.

Dpkg. Es un sistema de administración de paquetes de software descargados previamente en los sistemas operativos derivados de la distribución Debian.

Entorno de ejecución. Sistema informático que contiene los componentes necesarios para la ejecución de un software o aplicación determinada.

Eslabón. Es un elemento necesario para el enlace de acciones, procesos y actividades.

Estándar. Acuerdo documentado que contiene especificaciones técnicas u otros criterios precisos para ser usados consistentemente como reglas, guías o definiciones de características para asegurar que los materiales, productos, procesos y servicios cumplan con su propósito.

Etimología. Origen de las palabras, razón de su existencia, de su significación y de su forma.

Exploit. Es un software que aprovecha una vulnerabilidad en un sistema informático.

Extensión. Cadena de caracteres asociada a un recurso informático que ayuda a un usuario y sistema operativo a distinguir su contenido.

FTP. Es un protocolo de transferencia de recursos de manera remota a través de una red sin cifrar su contenido.

Hexadecimal. Es un sistema de numeración con 16 dígitos posibles para representar cifras.

Hilo de ejecución. Característica de un sistema operativo para el procesamiento de tareas específicas al mismo tiempo.

Índice. Identificador único que contiene una referencia hacia datos específicos.

Información digital. Aquella información administrada a través de un sistema informático.

Integridad. Es el término acuñado a la información que no ha sido modificada desde su creación.

Interfaz de red. Es un componente físico o lógico que permite crear una conexión entre dos dispositivos a través de algún protocolo especificado dentro de una red.

Interfaz gráfica de usuario. Es un software que brinda un entorno visual de recursos informáticos a un usuario.

Interfaz táctil. Es un componente sensible al tacto que permite la comunicación de un usuario y un dispositivo electrónico.

Kernel. Es el intermediario entre el hardware y el software de un dispositivo electrónico.

LDAP. Protocolo informático que permite el almacenamiento y acceso a un recurso desde otro sistema distribuido de ordenadores diferente.

Lenguaje de programación. Conjunto de instrucciones y caracteres utilizado para permitir la interacción de un sistema con un usuario y dar paso a la creación de software.

Lista blanca. Registro que contiene información sobre entidades y recursos que pueden acceder a elementos de un sistema informático.

Máscara de red. Es una combinación de bits que permite conocer el tamaño de una red y ubicar un dispositivo dentro de ella.

Memoria caché. Recurso informático que permite almacenar información y acelerar su intercambio de datos con un sistema informático.

Meta-comando. Es la combinación de teclas para realizar una tarea específica y sencilla en un sistema informático.

Metadato. Es la información más elemental relacionada con un dato.

Microprocesador. Circuito constituido por componentes electrónicos que realiza el procesamiento central de un dispositivo electrónico.

MMS. Son mensajes con contenido multimedia como imágenes o sonidos, entre otros.

Nativo. Adjetivo que se asocia a un componente que ha surgido dentro de un mismo sistema.

Nodo. Punto de intersección entre dos redes distintas a través de software o un dispositivo.

Nube. Es una metáfora designada para la red mundial de servidores, servicios y dispositivos que interactúan entre sí y accesibles solamente a través de internet.

Obturador. Dispositivo mecánico de una cámara fotográfica por el que se controla el tiempo de exposición de la película a la luz.

Ofimática. Automatización y optimización de procesos administrativos en las oficinas mediante sistemas informáticos.

Partición. División conceptual de un medio de almacenamiento.

Perfilación criminal. Proceso de identificación de las características psicológicas de una persona basándose en los delitos que ha cometido que pueden proporcionar una descripción general de su personalidad.

Política de seguridad. Conjunto de reglas que especifican las actividades que pueden realizarse y cuáles no dentro de un sistema informático.

Prefijo telefónico. Sucesión numérica asignada a cada demarcación territorial y que se encuentra previa a todo número telefónico.

Procesador. Unidad funcional de un dispositivo electrónico que se encarga de la búsqueda, interpretación y ejecución de instrucciones.

Proselitismo. Empeño o afán con que una persona o institución tratan de convencer y partidarios para una causa o doctrina.

Protocolo. Es un conjunto de reglas que se establecen en el proceso de comunicación entre dos sistemas.

Puerta de enlace. Es un dispositivo o elemento lógico que establece una conexión entre dos redes distintas.

Radiofrecuencia. Término asociado a las ondas que forman parte del espectro electromagnético (3 Hz–300 GHz) que puede ser transmitida a través de un conductor y recibida por una antena.

Segundo plano. Término que se refiere a la ejecución de un proceso con una prioridad baja y con poco procesamiento asignado, y que no se muestra de manera gráfica en el sistema.

Sensor. Dispositivo que detecta variaciones de algún campo en su entorno y genera una salida de tipo lógica.

Servidor. Es un dispositivo o sistema informático que almacena, gestiona y suministra recursos a sistemas que tengan acceso y autorización para disponer de ellos.

Servidor. Es un recurso informático que proporciona diversos servicios a sistemas que se encuentren conectados a él a través de una red.

Sesión. Es un intercambio de mensajes que contienen información, entre dos o más sistemas de comunicación digital, o entre un sistema y un usuario.

Shellbag. Es un recurso informático que almacena información relacionada con las preferencias de visualización de los recursos por parte de un usuario.

SIM. Es una tarjeta que contiene un chip para permitir la conexión e identificación a la red de telefonía, es extraíble y de tamaño pequeño.

Sistema de archivos. Estructura informática que gestiona el almacenamiento, organización y procesamiento de los recursos de un sistema operativo.

Sistema informático. Conjunto de dispositivos electrónicos interrelacionados con el objetivo de administrar y procesar información digital.

Sistema operativo. Conjunto de programas informáticos que gestiona los recursos físicos y lógicos en un dispositivo.

Sistema operativo. Software que gestiona los recursos físicos y lógicos de un dispositivo electrónico.

Software libre. Es el software que respeta la libertad de los usuarios y la comunidad permitiendo que los usuarios tengan la libertad de ejecutar, copiar, distribuir, estudiar, modificar y mejorar un software.

SQLite. Es un motor de base de datos de tipo SQL y de carácter transaccional, de código abierto, que se caracteriza por su ligereza y el almacenamiento persistente de información.

SSH. Protocolo informático cuya función es el acceso remoto a los recursos a través de un canal cifrado.

Subproceso. Conjunto lógico de tareas y unidad mínima a la que el sistema operativo le asigna un tiempo de procesamiento hasta que cumpla su propósito.

Tipificación. Clasificación de un conjunto de elementos en clases o conjuntos con características particulares.

Token. Es un recurso informático que sustituye a un usuario y/o contraseña utilizado para validar el acceso a un sistema informático.

Trazabilidad. Es la capacidad de todo proceso que permite conocer cada una de sus etapas, desde su origen hasta un momento específico de su existencia.

UEFI. Es un software que contiene mejoras al BIOS como conexión a internet, mayor velocidad y sencillez con el fin de administrar el arranque de un dispositivo.

UNIX. Sistema operativo desarrollado en 1969 en los laboratorios Bell de AT&T.

USB. Dispositivos de almacenamiento compuestos por componentes electrónicos que permite transferir información entre dos dispositivos.

Velcro. Sistema de cierre o sujeción formado por dos tiras de tejidos diferentes que se enganchan al entrar en contacto.

Volatilidad. Característica de un recurso informático que permite que desaparezca la información que contiene si la alimentación eléctrica es suprimida.

Vulgarismo. Es una expresión sintáctica empleada en lugar de la palabra correcta y que se utiliza en un entorno comunicativo coloquial.

Vulnerabilidad. Debilidad dentro de los sistemas informáticos que permite ser utilizada para comprometer su seguridad.

Windows Defender. Aplicación de seguridad creada por Microsoft para proteger sus sistemas operativos Windows ante diversos tipos de malware.

XML. Formato que define un conjunto de reglas para la codificación de documentos digitales.

Marcombo es una editorial especializada en libros técnicos y
científicos que cuenta con más de 75 años de experiencia.

Los títulos de Marcombo están escritos por grandes
especialistas y tratan materias sobre tecnología, empresa,
instalaciones y otros temas relacionados con las ciencias e
ingenierías. Asimismo, Marcombo publica libros sobre formación
profesional, certificados de profesionalidad y universitarios;
materias de siempre y actuales que avalan una rigurosa y
dilatada trayectoria editorial.

Marcombo está a su disposición para ofrecerle las mejores obras
técnicas, científicas y de formación de ayer, hoy y siempre. Los
autores, nacionales e internacionales, comparten su amplia
experiencia mostrando tutoriales de contenidos paso a paso,
expertos consejos e ideas motivadoras que reforzarán sus
conocimientos. Estos libros son una valiosa herramienta con la
que potenciará notablemente sus habilidades y conocimientos
técnicos.

Queremos agradecer su confianza en los libros de Marcombo.
Por eso, queremos compartir con usted diversos regalos digitales
de algunos de los temas de referencia. Puede acceder a ellos
dentro del apartado **Contenido gratuito** en www.marcombo.com